C O N T E N T S

性的マイノリティ 判例解説

はしがき

I 性的指向と刑事規制

1 ソドミー法のヨーロッパ人権条約適合性 ── ダジャン対イギリス …………〔谷口洋幸〕…(2)
　〈国際〉ヨーロッパ人権裁判所・1981年10月22日・判決
2 ソドミー法の合衆国憲法適合性 ── ローレンス対テキサス ……………〔志田陽子〕…(6)
　〈アメリカ〉合衆国最高裁判所・2003年6月26日・判決
Column 1 ソドミーと性的指向 ……………………………………………………〔石田　仁〕…(13)
3 性行為合意年齢の差異 ── LおよびV対オーストリア ………………〔谷口洋幸〕…(14)
　〈国際〉ヨーロッパ人権裁判所・2003年1月9日・判決
4 性行為合意年齢の差異 ── ウィリアム・リョン対香港司法省 ……………〔廣江倫子〕…(18)
　〈中国〉香港控訴院・2006年9月20日・判決

II 性別の変更

5 性同一性障害特例法以前のトランスセクシュアルと
　戸籍上の性別変更 ── TS戸籍続柄訂正事件 ………………………………〔國分典子〕…(24)
　〈日本〉①名古屋高等裁判所・1979（昭和54）年11月8日・決定
　　　　②浦和家庭裁判所川越支部・1989（平成元）年5月25日・審判
　　　　③水戸家庭裁判所土浦支部・1999（平成11）年7月22日・審判
　　　　④東京高等裁判所・2000（平成12）年2月9日・決定
Column 2 ブルーボーイ裁判とは何だったか ……………………………〔石田　仁〕…(29)
6 インターセクシュアルの戸籍上の性別変更 ── IS戸籍続柄訂正事件 ………〔清水雄大〕…(30)
　〈日本〉札幌高等裁判所・1991（平成3）年3月13日・決定
7 性同一性障害特例法の合憲性 ── 子なし要件違憲訴訟 ………………〔二宮周平〕…(35)
　〈日本〉①最高裁判所第3小法廷・2007（平成19）年10月19日・決定
　　　　②最高裁判所第1小法廷・2007（平成19）年10月22日・決定
Column 3 GID特例法制定に関する個人的な思い出 ……………………〔大島俊之〕…(41)

i

目　次

　8　性同一性障害者の名の変更の年齢差別 —— 性転換法違憲決定 ……………〔嶋崎健太郎〕…(42)
　　　〈ドイツ〉連邦憲法裁判所第1法廷・1993年1月26日・決定
　9　性別記載変更拒否のヨーロッパ人権条約適合性
　　　—— グッドウィン対イギリス ……………………………………………〔建石真公子〕…(47)
　　　〈国際〉ヨーロッパ人権裁判所・2002年7月11日・判決

Ⅲ　平等と尊厳

　10　刑事収容施設におけるトランスセクシュアルの扱い
　　　—— 四谷署留置場事件 ……………………………………………………〔岡田久美子〕…(54)
　　　〈日本〉東京地方裁判所・2006（平成18）年3月29日・判決
　11　同性愛を推測させる表現と名誉毀損 —— 毎日新聞社事件 ………………〔髙佐智美〕…(59)
　　　〈日本〉東京高等裁判所・2006（平成18）年10月18日・判決
　12　トランスセクシュアルの顔面醜状の後遺障害認定
　　　——「ニューハーフ」損害賠償請求事件 …………………………………〔山下敏雅〕…(63)
　　　〈日本〉東京地方裁判所・1999（平成11）年4月28日・判決
　13　同性愛者の保護を禁止する州憲法の連邦憲法適合性
　　　—— ローマー対エヴァンス ………………………………………………〔大野友也〕…(68)
　　　〈アメリカ〉合衆国最高裁判所・1996年5月20日・判決
　14　私的な団体による同性愛者の差別 —— ボーイスカウト対デイル ………〔金澤　誠〕…(73)
　　　〈アメリカ〉合衆国最高裁判所・2000年6月28日・判決
　Column 4　宗教と性的マイノリティ ……………………………………………〔堀江有里〕…(79)
　15　大学における同性愛者に対する反差別方針と連邦資金
　　　—— ラムズフェルド対FAIR ………………………………………………〔金澤　誠〕…(80)
　　　〈アメリカ〉合衆国最高裁判所・2006年3月6日・判決

Ⅳ　表現・集会・結社の自由

　16　性表現に対する法的制限の合憲性 —— 晶晶書庫わいせつ雑誌押収事件 …〔呉　煜宗〕…(86)
　　　〈台湾〉司法院大法官会議・2006年10月26日・大法官解釈
　17　青少年保護法による同性愛インターネットサイトの
　　　有害媒体物指定 —— エックスゾーン事件 ………………………………〔李　錫兌〕…(91)
　　　〈韓国〉ソウル高等法院・2003年12月16日・判決、解釈
　18　性的マイノリティの表現の自由と商標権
　　　—— SFAA対合衆国オリンピック協会 ……………………………………〔志田陽子〕…(95)
　　　〈アメリカ〉合衆国最高裁判所・1987年6月25日・判決
　Column 5　ヘイトスピーチと多文化社会と性的マイノリティ ………………〔志田陽子〕…(100)

目 次

19 性的指向に基づく公共施設の宿泊利用拒否 —— 府中青年の家事件 ………〔齊藤笑美子〕… (101)
　　〈日本〉東京高等裁判所・1997（平成9）年9月16日・判決

20 性的マイノリティの集会の自由 —— バンチュコウスキ対ポーランド ………〔齊藤笑美子〕… (106)
　　〈国際〉ヨーロッパ人権裁判所・2007年5月3日・判決

Column 6 旧社会主義諸国におけるLGBTパレード禁止 ………………〔山下　梓〕… (110)

Ⅴ 雇用と労働環境

21 別性容姿で就労することの申出と企業秩序
　　　—— S社性同一性障害者解雇事件 ………………………………〔清水弥生〕… (112)
　　〈日本〉東京地方裁判所・2002（平成14）年6月20日・決定

22 トランスセクシュアルを理由とする職場での差別
　　　—— P対Sおよびコーンウォール県 …………………………〔田巻帝子〕… (117)
　　〈国際〉ヨーロッパ司法裁判所・1996年4月30日・判決

23 トランスセクシュアルを理由とする採用の拒否
　　　—— A対ウェストヨークシャー警察署長 …………………〔長谷川聡〕… (122)
　　〈イギリス〉貴族院・2004年5月6日・判決

24 性的指向を理由とする軍隊からの解雇
　　　—— ラスティック＝プリーンおよびベケット対イギリス …………〔谷口洋幸〕… (126)
　　〈国際〉ヨーロッパ人権裁判所・1999年9月27日・判決

25 性的指向を理由とする差別と性差別の関係
　　　—— マクドナルド対スコットランド法制長官 ………………〔長谷川聡〕… (130)
　　〈イギリス〉貴族院・2003年6月19日・判決

26 同性間のセクシュアル・ハラスメント —— ニコル他対アステカ社 ………〔池田弘乃〕… (134)
　　〈アメリカ〉第9巡回区合衆国控訴裁判所・2001年7月16日・判決

Ⅵ 同性カップルの生活保障

27 同性カップルの「内縁」認定の可否
　　　—— エールフランス事件・保険受給資格事件 …………………〔大島梨沙〕… (140)
　　〈フランス〉破毀院社会部・1989年7月11日・判決

28 同性パートナーへの社員家族割引の適用と性差別
　　　—— グラント対サウスウェスト鉄道会社 ……………………〔田巻帝子〕… (145)
　　〈国際〉ヨーロッパ司法裁判所・1998年2月17日・判決

29 遺族年金の同性パートナーへの支給 —— ヤング対オーストラリア …………〔馬場里美〕… (150)
　　〈国際〉規約人権委員会・2003年9月18日・見解

30 同性パートナーの居住権 —— カルナー対オーストリア ……………〔齊藤笑美子〕… (154)
　　〈国際〉ヨーロッパ人権裁判所・2003年7月24日・判決

目　次

Column 7　事実婚カップルと社会保険・住居・医療 …………………〔杉浦郁子〕…(158)

Ⅶ　婚姻とパートナーシップ制度

31　同性愛と離婚理由 —— 夫の同性愛を性的異常として離婚を容認した事例 ……〔角田由紀子〕…(160)
　　〈日本〉名古屋地方裁判所・1972（昭和47）年2月29日・判決

32　ドイツ基本法の婚姻保護と同性カップル
　　　—— パートナーシップ法合憲判決 ……………………………〔三宅雄彦〕…(165)
　　〈ドイツ〉連邦憲法裁判所第1法廷・2002年7月17日・判決

Column 8　ヨーロッパにおける同性パートナーシップ法 ……………〔渡邉泰彦〕…(170)

33　婚外カップルの立法化の合憲性 —— パックス合憲判決 …………〔齊藤笑美子〕…(171)
　　〈フランス〉憲法院・1999年11月9日・判決

34　同性婚の有効性 ——「ベグルの婚姻」事件 ……………………〔大島梨沙〕…(176)
　　〈フランス〉破毀院第1民事部・2007年3月13日・判決

35　同性婚禁止法の合憲性 —— グッドリッジ対マサチューセッツ州公衆衛生局 ……〔大野友也〕…(181)
　　〈アメリカ〉マサチューセッツ州最高裁判所・2003年11月18日・判決

36　同性婚容認判決 —— 婚姻法照会 ……………………………〔榎澤幸広〕…(186)
　　〈カナダ〉最高裁判所・2004年12月9日・判決

37　同性婚を禁ずる婚姻法の定義を違憲とした判決
　　　—— フーリエ事件・レズビアン＝ゲイ平等プロジェクト事件 ……〔榎澤幸広〕…(190)
　　〈南アフリカ〉憲法裁判所2005年12月1日・判決

Column 9　セクシュアリティは婚姻の条件か？ ………………………〔角田由紀子〕…(194)

Ⅷ　性的指向と親子関係

38　親権付与と権利の平等享有 —— ダ・シウヴァ対ポルトガル ……〔齊藤笑美子〕…(196)
　　〈国際〉ヨーロッパ人権裁判所・1999年12月21日・判決

39　同性愛者に対する養子縁組禁止の合憲性 —— ロフトン対子ども家庭省 ……〔鈴木伸智〕…(200)
　　〈アメリカ〉第11巡回区合衆国控訴裁判所・2004年1月28日・判決

40　性的指向と養子縁組 —— E.B対フランス ……………………〔齊藤笑美子〕…(206)
　　〈国際〉ヨーロッパ人権裁判所・2008年1月22日・判決

41　同性パートナーへの親権行使の委譲の可能性 —— カミーユとル事件 ……〔齊藤笑美子〕…(210)
　　〈フランス〉破毀院第1民事部・2006年2月24日・判決

目 次

Ⅸ 国境を越える問題

42 同性愛者の難民該当性 ── シェイダ事件 ……………………………〔髙佐智美〕…(216)
〈日本〉東京地方裁判所・2004（平成16）年2月25日・判決

43 同性パートナーの滞在権 ── CおよびL.M対イギリス ……………〔齊藤笑美子〕…(220)
〈国際〉ヨーロッパ人権委員会・1989年10月9日・決定

44 同性婚の無効と戸籍訂正 ── フィリピン人事件 ……………………〔大村芳昭〕…(223)
〈日本〉佐賀家庭裁判所・1999（平成11）年1月7日・審判

［解説1］裁判制度解説（227）
［解説2］用語解説（233）
　　　　判例索引（237）
　　　　事項索引（241）
　　　　執筆者紹介（243）

◇ 凡　例 ◇

Ⅰ　見出し
　各項目の見出しには、①通し番号、②各項目の主たる争点を示す主題、③事件の呼称・通称名を示す副題、④国名、⑤裁判所・判決等の日付、対象となる文書の種類、⑥出典、⑦執筆者名を収めている。ヨーロッパ人権条約監督機関、ヨーロッパ司法裁判所、規約人権委員会といった国際的機関による裁判等については、④において＜国際＞と記した。

Ⅱ　各項目の構成
　コラムを除く各項目の本文は「事実概要」、判決等の「要旨」、「評釈」からなる。

Ⅲ　裁判制度解説
　様々な国や機関の裁判等を取り上げる本書の読者の便宜を考慮し、巻末に各国および機関の簡単な制度解説を付した。ヨーロッパ司法裁判所、香港、カナダ、南アフリカについては、解説を付していないので本文中の説明を参考にされたい。

Ⅳ　用語解説
　ジェンダー／セクシュアリティ関連用語、ならびに本書で最も多く登場するヨーロッパ人権条約上のいくつかの権利については、まとめて巻末に「用語解説」を付した。用語解説の対象となる語には、各項目における初出時のみ、アスタリスク（＊）を右肩に付し、解説対象用語であることを示した。
　　例：性的指向＊

―――― 講座国際人権法 ③ ――――

芹田健太郎・戸波江二・棟居快行・薬師寺公夫・坂元茂樹 編集代表
The Domestic Implementation of International Human Rights Law

国際人権法の国内的実施

A5変・上製　定価：本体 1,1000 円（税別）　ISBN978-4-7972-1683-7 C3332

国際人権法の国内実施に伴う、理論的・実務的課題を析出

国際人権法の国内実施に伴う、理論的・実務的課題を析出し、基礎的かつ最先端の議論を行った、好評シリーズ第3巻。各分野から研究者、実務家が広く集う国際人権法学会の創立20周年企画。第4巻『国際人権法の国際的実施』も同時刊行。

◇目　次◇
◇第1部　総　論◇
1　国際人権保障における自治体の権能と義務〔大津　浩〕
2　国内裁判所における国際人権の適用をめぐって〔棟居快行〕
3　日本の裁判所における国際人権規範の解釈適用
　　　―一般的意見と見解の法的地位をめぐって〔坂元茂樹〕
4　国際人権法における国内人権機関の役割と機能〔山崎公士〕
5　アセアンにおける人権機関の成立〔稲　正樹〕
◇第2部　各国の国内裁判における国際人権◇
6　フランスの国内裁判における国際人権
　　　―欧州人権条約およびEU法との交錯〔大藤紀子〕
7　国際人権条約の司法的国内実施の意義と限界
　　　―新たな展開の可能性〔江島晶子〕
8　欧州人権・基本権保障の中のドイツ連邦憲法裁判所〔門田　孝〕
9　アメリカ裁判所における国際人権法の援用〔宮川成雄〕
10　韓国の国内裁判における国際人権〔呉　美英〕
◇第3部　国内裁判における国際人権法の国内実施◇
11　生命の権利と死刑〔武村二三夫〕
12　刑事捜査における人権―自由権規約第5回報告書審査を通じて〔東澤　靖〕
13　国際人権法上の国家の義務と被疑者、被告人の権利〔北村泰三〕
14　受刑者処遇における国際人権法の国内実施
　　　―長期拘禁問題を素材として〔海渡雄一〕
15　国際人権と福祉〔内野正幸〕
16　ジェンダー関連領域における国際人権法と国内裁判〔山元　一〕
17　重大な人権侵害と戦後補償裁判〔内藤光博〕

―――― 講座国際人権法 ④ ――――

芹田健太郎・戸波江二・棟居快行・薬師寺公夫・坂元茂樹 編集代表
The International Implementation of International Human Rights Law

国際人権法の国際的実施

A5変・上製　定価：本体 1,2800 円（税別）　ISBN978-4-7972-1684-4 C3332

国際人権法の国内実施に伴う、理論的・実務的課題を析出

国際人権法の国内実施に伴う、理論的・実務的課題を析出し、基礎的かつ最先端の議論を行った、好評シリーズ第4巻。各分野から研究者、実務家が広く集う国際人権法学会の創立20周年企画。第3巻『国際人権法の国内的実施』も同時刊行。

◇目　次◇
◇第1部　総　論◇
1　国連憲章第103条の憲章義務の優先と人権条約上の義務の遵守に関する覚え書き〔薬師寺公夫〕
◇第2部　国連機関◇
2　総論―国連諸機関による人権活動〔安藤仁介〕
3　国連による人権との取組み―歴史的沿革（1945～2006年）〔横田洋三〕
4　人権理事会の創設とその活動―評価と課題〔木村徹也〕
5　国連人権理事会における普遍的定期審査〔小畑　郁〕
6　国際連合における人権保障制度と高等弁務官〔白石　理〕
7　国際人権の実施におけるNGOの役割〔滝澤美佐子〕
◇第3部　国際条約機関◇
8　自由権規約委員会の履行監視活動〔岩沢雄司〕
9　性差別なき世界へ―女性差別撤廃委員会の挑戦〔阿部浩己〕
10　子どもの権利委員会〔大谷美紀子〕
11　拷問等禁止条約およびその選択議定書の国際的実施〔今井　直〕
12　人権保障機構としてのILO〔吾郷眞一〕
◇第4部　地域的機関◇
13　欧州人権裁判所の欧州人権条約解釈再考
　　　―仮保全措置の拘束力に関する判断を素材として〔戸田五郎〕
14　米州人権条約制度における「回復（reparation）」概念の展開〔栢木めぐみ〕
15　アフリカの人権保障システム―発展と課題〔西立野園子〕
16　アフリカ人権レジームと「ジンバブエ問題」〔杉木明子〕
◇第5部　国際刑事裁判◇
17　旧ユーゴ国際刑事裁判所の活動〔多谷千香子〕
18　ルワンダ国際刑事裁判所の設立及び活動の意義〔稲角光恵〕
19　カンボジア特別法廷の法的構造と実務的課題〔野口元郎〕
20　被害者救済の機関としての国際刑事裁判所〔古谷修一〕
◇第6部　人権会議◇
21　障害者と国際人権法―「ディスアビリティ法学」の構築〔川島　聡〕
22　「先住民族の権利に関する国連宣言」の意義と課題
　　　―土地に対する権利を中心として〔小坂田裕子〕

―――― 講座国際人権法 ① ――――
国際人権法と憲法
A5変・上製・456頁　本体 1,1000 円（税別）　ISBN978-4-7972-1681-6 C3332
憲法と国際人権の人権保護の法的内実

―――― 講座国際人権法 ② ――――
国際人権規範の形成と展開
A5変・上製・544頁　本体 1,2800 円（税別）　ISBN978-4-7972-1682-4 C3332
国際法と国内法の人権保護の法的内実

〒113-0033　東京都文京区本郷6-2-9-102　東大正門前
TEL:03(3818)1019　FAX:03(3811)3580　E-mail:order@shinzansha.co.jp

　信山社
http://www.shinzansha.co.jp

職場のいじめとパワハラ・リストラQA150

水谷　英夫　著　　　　ISBN978-4-7972-8564-2　定価：本体3,800円＋税

=== 会社でのいじめの対策にそのまま使える ===

営業のノルマが達成できないときに、「お前の存在が目障りだ。居るだけでみんなが迷惑している。」などと言われたら、どういう気持ちがするだろうか……①パワハラ・いじめ②派遣・期間工切り・リストラの2つのテーマを中心に、多数の具体事例と対策を掲載。法律を知らない方にも、基礎知識編やコラムをもうけ、分かりやすく構成した、信頼の執筆者による、信頼の書。

職場のセクハラ　使用者責任と法

小島　妙子　著　　ISBN978-4-7972-8549-9　定価：本体2,400円＋税

労働者の人間の尊厳と、使用者にはセクハラやいじめ・パワハラのない職場環境を整備し、「ディーセント・ワーク」が保障される職場を目指す責任がある。職場におけるセクハラについて、使用者責任を中心に論じ、使用者・労働者双方に必要な理論の展開と最新事例の検討を行ったセクシュアル・ハラスメント論の最先端。第一人者よる事業主・使用者から労働者まで必読の書。

ジェンダーと雇用の法

水谷　英夫　著　ISBN978-4-7972-8555-0　定価：本体2,800円＋税

格差拡大による貧困が叫ばれ、雇用分野のジェンダー平等戦略の立ち遅れが顕著になっている。女性の雇用問題をとりまく環境の変化に伴う、ジェンダー問題・平等と雇用の関わり等々、目指すべき方向性を検討・研究する。

職場のいじめ 「パワハラ」と法

水谷　英夫　著　ISBN4-7972-8535-4　定価：本体2,800円＋税

社会的な病理現象となった「いじめ」。深刻さを増す「職場のいじめ」の実態、背景と問題点を明らかにし、職場いじめに対するEU諸国等の先験的な対策を概観したうえで、法的諸問題の検討と対策を提示する。

労働法判例総合解説シリーズ

監修：毛塚勝利・諏訪康雄・盛誠吾

長大な判例文の中から重要部分のみをピックアップ、なぜ重要なのかを丁寧に一件一件、定評ある学者による解説を付した好評書。

労働法判例総合解説 12
競業避止義務・秘密保持義務
石橋　洋　著

重要判例とその理論的発展を整理・分析
ISBN978-4-7972-5770-0 C3332　　定価:本体2,500円＋税

労働法判例総合解説 20
休憩・休日・変形労働時間制
柳屋　孝安　著

労働時間規制のあり方を論点別に検証
ISBN978-4-7972-5770-0 C3332　　定価:本体2,600円＋税

労働法判例総合解説 37
団体交渉・労使協議制
野川　忍　著

団体交渉権の変質と今後の課題を展望
ISBN978-4-7972-5787-8 C3332　　定価:本体2,900円＋税

労働法判例総合解説 39
不当労働行為の成立要件
道幸　哲也　著

不当労働行為の実体法理と成否を検証
ISBN978-4-7972-5789-2 C3332　　定価:本体2,900円＋税

信山社　理論と実際シリーズ

時代の要請に応える　実践理論　理論から実際を　実際から理論を

インタラクティブな視座により新しい道筋を示す

企業結合法制の実践
中東正文　3,570円（税込）

事業承継法の理論と実際
今川嘉文　3,780円（税込）

輸出管理論
国際安全保障に対応するリスク管理・コンプライアンス
田上博道・森本正崇　4,410円（税込）

農地法概説
宮崎直己　3,990円（税込）

国際取引法と信義則
加藤亮太郎　3,780円（税込）

生物多様性とCSR　企業・市民・政府の協働を考える
宮崎正浩・籾井まり　3,990円（税込）

生物遺伝資源へのアクセスと利益－生物多様性条約の課題
（財）バイオインダストリー協会　生物資源総合研究所
監修／磯崎博司・炭田精造・渡辺順子・田上麻衣子・安藤勝彦　編
4,515円（税込）

特許侵害訴訟の実務と理論
布井要太郎　3,990円（税込）

刑事訴訟法判例総合解説シリーズ

上訴の申立て　大渕敏和　2,900円　　　迅速な裁判／裁判の公開　羽渕清司　2,200円

〒113-0033　東京都文京区本郷6-2-9-102　東大正門前　TEL03-3818-1019　FAX03-3818-3580
笠間来栖支店　〒309-1625　茨城県笠間市来栖2345-1　TEL0296-71-0215　FAX0296-72-5410
笠間才木支店　〒309-1611　茨城県笠間市笠間515-3　TEL0296-71-9081　FAX0296-71-9082

信山社　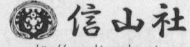

性的マイノリティ
判例解説

谷口洋幸・齊藤笑美子・大島梨沙 編

信山社
SHINZANSHA

6071-01011

は し が き

　本書は、性的マイノリティに関連する諸問題について、国内外の判例の紹介と評釈を行った研究書である。

　2004年に司法改革の一環としてスタートした法科大学院において、判例の研究は重要な素材のひとつである。しかしながら、性的マイノリティに関連する諸問題を取り上げるとき、法解釈論の参考となる判例や資料を探すことは困難をきわめる。国内ではこれまで、判例研究の対象として扱われてきた例は少なく、実際の訴訟や裁判例も決して多いとはいえない。ところが、訴訟にいたらないまでも、性的マイノリティの人々が経験する生きにくさは深刻なものであり、そのことは性的マイノリティの自殺未遂経験・自殺念慮率の異常な高さによって推し量ることができる。全国対象の意識調査では19.1％であるのに対して、ゲイ／バイセクシュアル男性は65.9％、レズビアン／バイセクシュアル女性は74.9％、トランスジェンダーは68.7％という統計結果がある（"共生社会をつくる"セクシュアル・マイノリティ支援全国ネットワーク『セクシュアル・マイノリティ理解のために（DVD資料）』より）。他方、学術の分野において、ジェンダー／セクシュアリティの学際的な広がりの影響は法学の分野にも及んでいる。しかしながら、国内におけるジェンダー／セクシュアリティと法学研究の多くは、性別二元制や異性愛規範への問いかけまでに至っておらず、性的マイノリティの問題はコラム化――とりあえず言及はするものの、正面から取り上げない位置づけ方――される傾向にある。

　国内における判例研究の少なさやジェンダー法学におけるアリバイ的な目配せの現状の背景には、そもそも性的マイノリティをめぐる法解釈の実例が世の中に知られていないことがあると考えられる。そこで、本書では、性的マイノリティに関連する主要判例を一覧できる研究書を目指して、これまで性的マイノリティに関連する裁判例を学術誌等で取り上げてきた経験をもつ専門研究者の方々に、国内外の判例について紹介と解説の執筆をお願いした。

　性的マイノリティという概念を定義することは難しいが、本書では性別二元制や異性愛主義の外側に位置づけられる人々や関係性を指す意味で用いている。具体的な人間像としては、性分化疾患をもつ人々、性別違和や性同一性障害をかかえている人々、性的指向が異性のみに向いていない人々が想定される。そもそも、性的マイノリティに関連する日本国内の判例が量的に少ないことは周知の事実である。そのため、事案として日本でも生じているはずの諸問題を中心に、諸外国および国際機関の判例を幅広く取り上げることとした。また、本書では、収録の対象を狭義の判例（＝裁判所の判決）に限定せず、重要な法解釈論が展開されている国際機関の見解なども紹介・解説

の対象とした。このような研究対象の幅広さにともなう理解の難しさを補うべく、とりあげている諸国の司法制度や国際機関についての制度解説も巻末に掲載したので参照されたい。また、性的マイノリティという概念そのものになじみの薄い方々に向けて、本書でとりあげられている専門用語の解説も収録した。そのほか、適当な判例がない、ジェンダー／セクシュアリティの論点が判例では汲み上げられないなどの理由で、単独の評釈として取り上げることが適わないトピックについては、コラムの形態で収録した。論点の重要性は評釈に劣らない。是非ご一読いただきたい。

　ここで各章の内容を簡単に紹介する。本書は、全9章からなる。

　第1章「性的指向と刑事規制」では、同性間性行為を規制する立法が問題とされた海外のケースのみを集めた。アメリカ合衆国およびヨーロッパでは、ソドミー法が違憲とされる、あるいは異性間との性的成人年齢の差異が違法なものとされる、つまり同性間（特に男性間）の性行為が道徳的に非難の余地なきものとして判例上確立されるまでに長大な時間を要したことが分かる。同性間性行為に課された欧米諸国における道徳的負荷の大きさをうかがわせる。コモン・ローの影響下にあった香港で存在した同種の規制についても取り上げている（→4）。

　第2章「性別の変更」では、国内判例として、特例法制定以前の戸籍の続柄訂正に関する個別的判断（→5）と、特例法制定後のいわゆる「子なし要件」の合憲性に関する最高裁決定（→7）を取り上げている。そこで浮かび上がるのは、特例法制定以前も以後も、性別二元制と異性愛規範のジェンダー秩序が再生産されていることである。このことは、そもそも何のための性別記載なのか、という疑問に読者を立ち返らせるであろう。日本の裁判所が性別変更を憲法問題として真正面から取り扱っているとは言えないのに対し、ドイツ連邦憲法裁判所の活発な憲法判断が際立つ（→8）。最近の連邦憲法裁判所判決には非婚要件や手術要件といったジェンダー秩序を体現する諸要件の揺らぎもみられ、連邦憲法裁判所はヨーロッパ人権裁判所の一歩先を行くヨーロッパのトップランナーであるように思われる。

　第3章「平等と尊厳」では、人格権や平等それ自体が中心的論点となっている国内外の判例を集めた。公権力に対して、そして市民的秩序の中で私人に対して、性的マイノリティの平等かつ尊厳のある取扱をどのように要求できるかという問題を提起している。特に、性的マイノリティに対する差別意識が私人間において「からかい」「嘲り」といった形態をとり、政治的な正しさ（Political correctness）の問題としてすら認識されていない日本において、私人間問題は重要性を帯びるが、それは一筋縄ではないことをボーイスカウト集団からの同性愛者の排除を合憲としたボーイスカウト対デイル（→14）が示している。

　第4章「表現・集会・結社の自由」は、表現の自由に関連する判例を集めた。よく知られた府中青年の家事件（→19）もここに位置づけた。公権力による性的マイノリティの表現の自由の規制の事例では、東アジアおよび中・東欧の話題を多く扱ってい

はしがき

る。

　第5章「雇用と労働環境」および第6章「同性カップルの生活保障」は、雇用と社会保障に関わってもっとも豊富な判例がみられる領域である。警察や軍隊といったホモソーシャル（同性間、特に男性間の親密な連帯、そうであるがゆえに同性間のエロチックな関係を排除する）な組織における排除が見直される傾向が看取できる。日本の事例は、別性容姿での就労が問題となったS社事件（→㉑）のみにとどまった。同性カップルの生活については、今日の日本でも年金や住居等をめぐって深刻な矛盾が生じているはずであり、より積極的な社会的争点化が待たれるところである。

　この分野では、多くの国・地域が「性差別禁止」、すなわち「ジェンダー」に基づく差別の禁止についての法規範をすでに備える中で、性アイデンティティや性的指向に基づく差別の禁止をも「性差別禁止」が包摂できるのかという論点が生まれている。「ジェンダー」とは、性別二元制や異性愛主義をも含めた性別秩序であると理解するのであれば、日本でも、ジェンダーに基づく差別に関する法理論を、この観点から深化させる必要があるだろう。

　さて、平等と尊厳、生活保障といった多くの要素とつながる最大の論点が第7章「婚姻とパートナーシップ制度」で現れる。婚姻をいかに定義するのかが分岐点となる。現在では、パートナーシップ制度の合憲性についてはほぼ決着がつき、同性婚の禁止が平等原則に反しないかが最大の論点となっている。フランスでは婚姻の定義を立法に投げ返す傾向が定着する一方（→㉞）、同性婚の禁止を憲法違反であるとする例が北米や南アフリカであらわれている（→㉟および㊲）。婚姻を、生殖が期待される「制度」としてとらえるのか、あるいは「市民的権利」としてとらえるのかが問われている。

　第8章「性的指向と親子関係」は同性婚の開放と同様に紛糾する論点である親子関係に関するヨーロッパとアメリカ合衆国の判例を取り上げた。単身の同性愛者および同性カップルの親子関係に関する法制は国によって相当の幅があるが、少なくともヨーロッパでは性的指向のみに基づく同性愛者「個人」に対する取扱の差異は許されなくなりつつある。ところで、本章で2件（→㊵および㊶）を取り上げたフランスでは、同性婚の論点は、同性カップルの親子関係への参入を認める、あるいは拒絶するための一里塚として争われ、現状では婚姻が親子関係の基礎たることなどを理由として同性婚が拒絶される。これに対し、アメリカでは、同性カップルによる子育ては既成事実化している州も多く（ただし本書で取り上げたフロリダの事件（→㊴）は異なる）、同性婚は、平等や市民権という一種象徴的な争点として現れているところに特徴があるといえよう。

　第9章は「国境を越える問題」を集めた。入国管理は最もセンシティブな領域であり、難民認定においても同性パートナーの滞在資格についても国境の壁が大きく立ちはだかる。難民認定については、消極的な日本の難民受け入れが改めて問われたシェイダ事件（→㊷）を収録している。

はしがき

　性的マイノリティに焦点をあてて専門に研究している研究者が少ない中で、執筆を承諾いただいた専門研究者の方々には心より御礼を申し上げたい。編集作業がなかなか思うように進まず、最初に原稿依頼をはじめた2007年12月から刊行まで、4年もの歳月を要することとなった。刊行にこぎつけられたのは、執筆者の方々の寛大なご協力のおかげである。この4年間に生じた変化による改稿作業も快くお引き受けいただき、迅速にご対応くださった。心より感謝を申し上げたい。

　本書のような試みが成功しているかどうかは、読者の判断を待たなければならない。しかしながら、編者としては、本書が性的マイノリティの諸問題をめぐる国内の現状に一石を投じるものと自負している。本書によってこのテーマに関心をもつ実務家や研究者が増え、性的マイノリティという位置づけを与えられている人々の生きづらさが少しでも解消されれば、望外の幸せである。

　2011年11月

　　　　　　　　　　　　　　　　　　　　　　　　　　　　　　編　者

◆ I ◆
性的指向と刑事規制

I 性的指向と刑事規制

1 ソドミー法のヨーロッパ人権条約適合性
── ダジャン対イギリス

〈国際〉ヨーロッパ人権裁判所・1981年10月22日・判決
Dudgeon v. the United Kingdom, Series A No.45.

〔谷口洋幸〕

●事実概要

本件は北アイルランド刑法のソドミー行為処罰規定（→ Column 1）に関連する人権侵害が争われた事例である。

申立人ダジャン（Dudgeon）は男性同性愛者であり、イギリス国内において同性愛*者の人権保障活動に従事していた。1976年1月、ダジャンは薬物使用の容疑にもとづいて警察の家宅捜査をうけた。この捜査の過程で警察当局はダジャンが男性との性行為などを記録していた書類を押収した。同書類にもとづいて、警察当局はダジャンに対して4時間半におよぶ尋問を行った。尋問の中では、ダジャンの性生活に関する詳細な質問が繰り返された。このため、ダジャンは北アイルランド刑法のソドミー行為処罰規定によって、自身の私生活が不当に侵害されていると主張し、ヨーロッパ人権条約（以下、条約）8条（私生活の尊重を受ける権利*）および条約8条に関連する条約14条（権利の平等享有*）の違反を主張した。

申立は、ヨーロッパ人権委員会（以下、委員会）によって受理された。委員会は争われている規定について、成人男性の間で合意の上に行われる私的な性行為に適用される点が8条に違反すると判断した。8条に関連する14条違反の申立については、8条違反が認定された以上、審査する必要がないとした。本件は政府によってヨーロッパ人権裁判所（以下、裁判所）へと付託された。

●判決要旨

国内刑法のソドミー行為処罰規定（以下、ソドミー法）が処罰対象とするソドミー行為は、8条に規定される「私生活（private life）」に該当する。性行為の一形態としてのソドミー行為（この事件の場合は男性同性間の性行為）は、個人の「私生活の最も内面にかかわる事柄」である。この点については、当事者間にも争いはない。

さらに、このソドミー法は、同規定の「存在それ自体」が、申立人の私生活に「継続的かつ直接的に影響を与えている」。なぜなら、ソドミー法を遵守することは、同性愛的な性向（homosexual tendenc[y]）から必然的に惹起される行動に対して、自制を強いることを意味する。ソドミー法を遵守しないこと、すなわち、処罰対象となる行為を遂行することは、そのことのみで申立人は刑事訴追の対象となるのである。このため、ソドミー法は、たとえ申立人に適用された事実がなくとも、存在それ自体が私生活への干渉となる。

この干渉は、8条2項にいう「道徳の保護」および「他者の権利および自由の保護」という観点から一定の正当性をもつ。しかしながら、同時に8条2項に規定される「民主的社会における必要性」も検証しなければならない。すなわち、(a) 8条の権利の制約に、差し迫った社会的必要（pressing social need）があるか否か、さらには、(b) 干渉の目的（＝正当化事由）とその目的を達成するための手段との間に均衡性が保たれているか否かを判断しなければならない。

(a)「差し迫った社会的必要」について、これまで「道徳の保護」にもとづく権利の制約については、締約国に広範な裁量の余地（margin of appreciation）が認められてきた。しかし、その裁量の余地は無制限に認められるものではない。まず、制約の目的や制約される権利の性質によって、裁量の余地は変化する。本件のように私生活の最も内面にかかわる事柄への干渉には、著しく深刻な理由（particularly serious reasons）が必要となる。また、ヨーロッパ諸国の共通実行にも目を向けなければならない。イギリスの他の地域でもヨーロッパ評議会加盟国でも、すでに本件のような成人男性間で合意の上に行われる私的な性行為は、処罰の対象から外されている。したがって、当該規定の存続に、「差し迫った社会的必要」は認められない。

　(b)「目的と手段の均衡性」については、ソドミー法を存続させることから得られる社会全体の利益よりも、同法が「申立人のような同性愛指向（homosexual orientation）をもつ人々の生活に与える悪影響」の方が深刻である。他者が当該行為について衝撃や不快感を受けるとしても、そのことが同規定を維持すべき理由とはならない。したがって、同法は目的と手段が均衡を逸している。ただし、処罰対象とならない年齢の基準については、国家に第一義的な決定権があるものと考える。

　8条に関連する14条の権利侵害については、上記のとおりにソドミー法の8条違反が認定された以上、重ねて14条との関連で検討する必要はない。

●評　釈

1　ソドミー行為処罰規定（ソドミー法）

　ソドミー法とは、最も広義には生殖に関連しない性行為（獣姦、自慰行為、婚前性行為、など）を処罰する法規定の総称である。本件が典型的なように、多くのソドミー法の規制対象は、同性間（とくに男性同士）の性行為に向けられている。ヨーロッパ人権条約が成立した当初から、ドイツやオーストリアを被申立国として、ソドミー法に関連する申し立てがなされてきた。いずれも「健康の保護」「道徳の保護」「他者の権利および自由の保護」などの理由から、正当化されてきた。1970年代半ばから、委員会レベルではソドミー法を8条違反と位置づける傾向があったが（X v. the United Kingdom, Report of 12 October 1978, Decisions and Reports Vol.19, pp. 66-81）、裁判所において8条違反が認定されたのは本件がはじめてである。

　本件で争われた北アイルランドのソドミー行為処罰規定とは、具体的には1861年人身犯罪法61条・62条および1885年改正刑法11条である。人身犯罪法61条・62条は「男色」「自然に反する性行為」という文言によって、男性と男性または男性と女性の肛門性交、動物との肛門性交または膣性交を処罰対象とし、最高で終身の拘禁刑を規定し、その未遂にも最高で10年の拘禁刑を科していた。改正刑法11条は男性と男性による「著しい不品行（gross indecency）」を処罰対象とし、最高で2年の拘禁刑を科していた。いずれも、同意があったことは抗弁とならず、年齢による適用の制限も規定されていない。ダジャン事件の判決にもとづき、同規定は1982年に改正され、21歳以上の男性間で私的に行われる性行為は処罰の対象から外された。1994年にはこの年齢設定が18歳に引き下げられた。これに対して、異性間および女性同性間の性行為は、17歳以上が処罰の対象外となっている。この年齢設定の差異についても多くの事件が提起されている（→本書3）。

　なお、2008年現在、およそ80カ国が国内にソドミー法をもち、イラン、パキスタンなど9カ国では死刑が科されている。

2　ソドミー行為と8条の権利

　本件で権利侵害が認定された8条は、私生活の尊重を受ける権利（以下、私生活の権利）を規定している。国際人権法の歴史において、私

Ⅰ 性的指向と刑事規制

生活の権利は世界人権宣言以来の長い歴史をもつ。用いられている文言に多少の違いはあるが、この権利が人権保障のひとつの重要な柱であることは、起草過程等において繰り返し確認されてきた。私生活の権利は、保障される「私生活」の具体的な内容が明確ではないことや、絶対不可侵の権利ではなく、一定程度の正当性が認められれば干渉が許されうる点に特徴がある。

私生活という概念は厳密な定義になじまない経験的な概念であり、他の実体規定にあてはまらない内容を残余的に包含しうるものと理解されてきた。この権利のもとで、これまで、犯罪捜査における通信傍受、個人情報の収集・所持、性別の変更、氏名などに関連する人権侵害が争われている。条約の発効当初から、委員会において8条の権利の根源は「人格性(personality)の尊重」にあることが一貫して確認されてきた。本件はソドミー行為を個人の「私生活の最も内面にかかわる事柄」として明確に位置づけることによって、8条の権利の範疇においた。ただし、性行為は常に干渉が禁止される私生活ではない。たとえば、強かん(X and Y v. the Netherlands, Judgment of 26 March 1985, Series A No.91)やSM行為(Laskey, Jaggard and Brown v. the United Kingdom, Judgment of 19 February 1997, Reports 1997-I.)は、尊重を受ける私生活の範囲外にある。

8条2項は、私生活への干渉(interference)が正当とみなされる基準を例示的に列挙している。2項は、(1)法律にもとづく干渉であること、(2)列挙される8つの正当化事由(国の安全、公共の安全、国の経済的福利、無秩序の防止、犯罪の防止、健康の保護、道徳の保護、他者の権利・自由の保護)のいずれかに該当すること、(3)民主的社会において必要であること、という3つの基準をもつ。本件でも裁判所は、これらの基準に沿って解釈を展開している。本件について注目されるのは、(3)の解釈において、ソドミー行為の処罰を正当化するためには「著しく深刻な理由(particularly serious reason)」が必要と

の見解が示された点である。政府は、「道徳の保護」「他者の権利および自由の保護」を正当化事由とし、具体的には北アイルランドのキリスト教的風土や未成年者等の被傷性のある人々の保護を同規定の目的に挙げていた。これに対して裁判所は、この政府の主張が、規定の絶対性・包括性を説明するには不十分であると判断した。すなわち、当該規定は本件のような成人男性間における合意にもとづく私的な性行為までも処罰対象としており、そこには「著しく深刻な理由」を見出すことができないのである。

こうして、ソドミー行為に関連する私生活の権利を制約するためには、きわめて厳格な正当化理由が要求されることとなった。ただし、本件は北アイルランド法の絶対性・包括性を不当な権利侵害と認定した事件であり、権利の制限の「正当化事由」の内容は問題とされていない点にも留意しなければならない。実際、裁判所は、ソドミー行為の刑事規制そのものには「道徳の保護」「他者の権利および自由の保護」といった正当化事由があることをおおむね認めている。この正当化事由が、異性間の性行為一般に対する刑事規制と同じ内容であるか、あるいは同性間での性行為について特別な正当化事由が含まれうるのか、本件の判断からは明らかではない。ただし、本件以降に委員会で争われた事件では、異性間の性行為や関係性の権利保障よりも同性間のそれに厳しい制限を課す際に、本件の判断が参照されている。ソドミー法の条約違反をはじめて認定した本判決が、こういった逆説的な効果を生み出してしまったことも否めない。

3 国際判例の展開

本件は、ソドミー法をめぐる後の類似事件に大きな影響を与えた。1988年のノリス対アイルランド(Norris v. Ireland, 26 October 1988, Series A No.142)では、本件と淵源を同じくするアイルランドの刑法規定について条約違反が認定された。また、1993年のモディノス対キプロス

（Modinos v. Cyprus, 22 April 1993, Series A No.259）は司法長官によりソドミー法の執行が停止されている状況であったが、本件と同じく8条の権利侵害が認定された。さらに2000年のADT対イギリス事件（A.D.T v. the United Kingdom）では、複数人の同性間で行われる性行為の禁止についても、8条の権利侵害が認定されている。

本件は、ヨーロッパ人権条約を離れて、国際人権自由権規約委員会（以下、規約人権委員会）へも波及した。1994年のトゥーネン対オーストラリア事件（Toonen v. Australia, Views of 4 April 1994, U.N. Doc. CCPR/C/50/D/488/1992）において、規約人権委員会は、タスマニア州のソドミー法が、国際人権自由権規約17条（私生活の権利）および24条・2条（平等の権利）に違反するとの見解（Views）を示した。同見解では、政府が援用したHIV/AIDSの蔓延防止という正当化事由が明確に否定されたことが注目される。規約人権委員会は、むしろ刑事罰を逃れるために性行為が秘密裏に行われることこそ、HIV/AIDSの蔓延防止政策にとって有害であると述べている。

ソドミー行為を8条によって保障される内容として位置づけた本件の判旨は、その後の国際判例の展開を通して、国際人権法における私生活の権利に関する確定的な解釈となっている。さらには、性的指向*にもとづく軍隊からの解雇（→本書24）、同性愛であることを理由とする監護権の否定（→本書38）、公文書の性別訂正（→本書9）などでも、その基盤となる事件として援用されており、本件はまさに性的マイノリティに関連する国際判例の出発点である。

4　日本法への示唆

ソドミー行為禁止規定は、日本法のもとでは明治刑法の時代に「鶏姦罪」として存在していた。ただし、同法は施行後わずか数年で廃止されており、本件と同種の案件が日本で提訴される可能性は皆無である。

しかしながら、本件から次第に定式化されていった8条の権利は、日本の憲法13条の幸福追求権に類似した法論理をもつ（倉持孝司「プライバシーの権利と私生活、私的生活の尊重：憲法の視点から」国際人権18号）。また、8条の権利は、日本も締約国となっている国際人権自由権規約17条と同じ淵源をもつ。このことから、本件が展開した8条の解釈は、法的拘束力はもたないまでも、日本法の解釈においても一定の比重をもちうるものである。

【参考文献】

① 髙井裕之2008「同性愛行為に刑罰を科する国内法と私生活の保護—ダジョン判決」戸波江二ほか編『ヨーロッパ人権裁判所の判例』（信山社）313-317頁

② 谷口洋幸2001「ヨーロッパ人権条約における同性愛」大学院研究年報〔法学研究科篇〕30号（中央大学）53-65頁

③ （抄訳）初川満訳著2002『ヨーロッパ人権裁判所の判例』（信山社）233-256頁

④ 戸田五郎2006「ホモセクシュアルとトランスセクシュアルの人権」松井芳郎編集代表『判例国際法（第3版）』（東信堂）334-336頁

Ⅰ 性的指向と刑事規制

2 ソドミー法の合衆国憲法適合性
—— ローレンス対テキサス

〈アメリカ〉合衆国最高裁判所・2003年6月26日・判決
Lawrence v. Texas, 539 U.S. 558 (2003)

〔志田陽子〕

●事実概要

テキサス州は、「同性の者との逸脱した性交」を犯罪とする、いわゆるソドミー法（→ Column 1）を定めている。この「逸脱した性交」は、「ある者の性器の一部と別の者の口または肛門を接触させること」または「別の者の性器または肛門に物体を挿入すること」と規定されている。

本件上訴人であるローレンス（Lawrence）およびガーナー（Garner）は、両者とも男性である。テキサス州内で警官が別件で通報を受け、ローレンスのアパートに立ち入ったところ、彼がガーナーと上記テキサス州法に違反する行為をおこなっているところを目撃した。2名は逮捕および起訴され、テキサス州裁判所から罰金刑を伴う有罪判決を受けた。控訴を受けた州控訴裁判所も、この種のソドミー法を合憲とした合衆国最高裁判所のバワーズ判決（Bowers v. Hardwick（1986））にしたがい、有罪判決を支持した。これに対して上記2名が合衆国最高裁判所に上訴したのが、本判決である。

合衆国最高裁判所は、この上訴を受けて以下の3点を審査の対象とした。
・当該の州法は、平等保護条項に反するか。
・当該の州法は、デュープロセス（適正手続）条項が保障する「自由」および裁判所がその一環として認めてきたプライバシーの利益を侵害するか。
・この事例で先例拘束性をもつとされるバワーズ判決は、変更されるべきか。

これについて、合衆国最高裁判所は、6対3の多数で原判決を破棄し、州裁判所に差し戻した。多数意見のうちオコナー判事1名が理由において異なる見解を述べつつ結果に同調。一方、スカリア判事は反対意見を述べている。

●判決要旨

ケネディ判事法廷意見の概要は、以下のようにまとめられる。

本件で争われているのは、デュープロセス条項のもとで保障される自由（liberty）の行使としておこなわれる私的な行為について、上訴人が自由（free）な立場であるかどうかである。この点につき、当裁判所は、バワーズ判決を再検討することが必要と認める。

バワーズ判決で提示された争点は「合衆国憲法は同性愛*者にソドミー行為をおこなう基本的な権利を与えているか」というものだったが、これは問題となっている自由の範囲を正しく認識していない。これは当該の主張をした個人を貶めるものである。合衆国憲法が保護する自由は、同性愛者に、その家庭と私生活の中で性的な関係をもちながら、なおかつ自由な個人の尊厳を保持することを選択する権利を認めている。

バワーズ判決は、（誤った歴史的経緯認識を論拠とするとともに、）同性愛行為を不道徳であると非難する強力な声が長年にわたって存在するということをも論拠としているが、当裁判所の職務はすべての者に保障されるべき自由の範囲を確定することであり、自らの道徳律を強制することではない。本件にとって関連のあるわが国の法と伝統は、次のものである——それは、

自由とは、性にかかわる私生活をどのように行うかに関して、成人に実体的な保護を与えることである、という認識である。

バワーズ判決後に出された2つの判決（ケイシー判決とローマー判決（→本書13））が、バワーズ判決への疑問を一層深いものとしている。本件のテキサス州法は平等保護条項に違反するものであり、その根拠はローマー判決に求められるという上訴人らの主張は支持されうるものだが、その一方で、当裁判所はバワーズ判決そのものの正当性を問題とする必要があると結論する。

これに付け加えて、当該のテキサス州法が課しているスティグマは、軽微なものではない。軽罪とはいえ、性犯罪の前科がつき求職時の履歴書にこれが記載されるなど、当人の尊厳にとって重大な意味をもつことになるからである。

バワーズ判決は、注意深い分析に耐えられるものではなく、判決当時においても今日においても誤っているため、ここに判例変更される。

この法廷意見に対して、オコナー判事の結果同調意見は、以下のように異なる論理構成を主張している。

「私は、本件テキサス州法が違憲であることの理由を、実体的デュープロセスではなく、平等保護条項に求める。当裁判所は一貫して「政治的に不人気な集団を害するあからさまな願望」のような目的は州の正当な利益とは言えないと判断し、このような場合、合理的基礎の基準による審査をより厳格な形で適用し、平等保護条項に基づいて違憲と判断してきた。本件で争われている法律は、ソドミー行為を同性間の場合のみ犯罪としており、異性間の場合には犯罪としていない。

ソドミー法に基づいて訴追がおこなわれることは珍しく、刑事罰も軽いとはいえ、有罪判決は重大な影響を与える。刑事犯罪で有罪判決を受けた者は職業に就く資格を制限されるし、刑事法以外の分野でも同性愛に対する差別を是認するという副次的効果を生じる。

本件は、バワーズ判決とは異なる争点を提起している。問題となっている州法は、犯罪行為の抑止の道具ではなく同性愛に対する嫌悪と非難の表明として作用している。…テキサス州のソドミー法は、同性愛を「生涯にわたる不利益とスティグマ」に貶める。下層階級の創設になりかねない法律上の分類は、平等保護条項と両立しえない。」

これらの多数意見に対し、スカリア判事の反対意見（首席判事およびトーマス判事同調）は、以下のような概要である。

まずスカリア判事は、法廷意見を法解釈の「安定性と確実性の要請」を無視する解釈として批判する。そして法廷意見がバワーズ判決を覆すに足る論拠を持ちえているかどうかを検討し、当該訴訟で主張されている事柄が、デュープロセス条項の保護に値するものとして必要とされる「基本的権利」性を備えているかどうかにつき法廷意見は言及しておらず、この決定的な点を覆すことなくバワーズ判決を覆すことは論理的根拠のない結論になっていると言う。そして、法廷意見のみならずオコナー判事の平等保護論に基づく違憲判断についても、（人民による）「道徳的な反感の表明」を違憲とすることは憲法解釈の創作である、と批判する。そして、法廷意見は「中立を守るべき本来の役割を逸脱して、文化戦争の一方に加担した」と批判している。

● 評　釈

1　同性愛者の権利訴訟をめぐる3つの問題系——自由、平等、文化戦争

同性愛、人工妊娠中絶、人種差別是正政策の可否などに対する関心の強さは、1970年代からアメリカの世論を分ける政治的争点となってきた。

人権保障の観点から言えば、この状況で論争の俎上に乗せられることによって、その実生活と社会的存在が翻弄される結果となっている一

I 性的指向と刑事規制

定の人間たちにとって、これは深刻な問題となってくる。

ところが、ここでは2つの意味で、この問題の克服がきわめて困難な状態となってしまう。

ひとつには、こうした問題領域が「文化戦争」として語られることで、問題の憲法的「シリアスさ」が薄められていく傾向が生じる。状況の是正を求める者たちの主張が、軽視あるいは滑稽視されてしまうのである。1986年に同じソドミー法の憲法適合性が争われたパワーズ判決には、その傾向が顕著に現れていた。一方、「文化戦争」を社会現象としてよりシリアスなものとしてとらえる立場からは、逆に「社会的衝突を悪化させる危険がある」という理由で（司）法の不介入が正当化されやすくなり、その結果、問題の解決が立憲的な歯止めなしのポピュリズムにゆだねられてしまう、という危険が生じる。

2003年6月、ローレンス判決において、合衆国最高裁判所は、一定の性行為に刑事罰を課す法律（いわゆるソドミー法）に違憲判決を下した。この判決では、裁判官たちの見解は大きく3つに分かれた。ひとつは、個人のプライベートな行動の自由を奪うことにおいて当該の法律を違憲としたケネディ判事法廷意見、もうひとつは、当該法律がさまざまな不平等の原因として作用してきたことにおいて平等保護違反と論じるオコナー判事の意見、そしてもうひとつは、この種の対立に裁判所は関与すべきではなかったとするスカリア判事反対意見の3つの見解である。この3つの線には、避妊や人工妊娠中絶の問題から同性愛者の権利問題まで、性にかかわる裁判をめぐって戦わされてきた多くの議論が集約されている。

このことを明確にするために、これに先立つローマー判決（→本書13）を見てみよう。この判決は、コロラド州内の公共組織は性的指向に基づく差別を是正する措置をとらない、と明文規定したコロラド州憲法修正条項を、合衆国憲法に違反すると判断したケースである。この州憲法修正条項は1992年に当該州の住民投票によって——当該州内の手続としては適法に——成立したものであることから、この判決は「民主主義による決定の実体的限界」に関する合衆国最高裁の解釈姿勢が問われる問題として注目された。この判決でケネディ判事執筆による法廷意見はコロラド州憲法第2修正条項を違憲と判断したが、その主要な根拠は、この修正条項は「憎悪」すなわち「政治的に不人気な集団に対し害を加えようというむき出しの願望」を根拠としているとしか読めない、というものだった。本件ローレンス判決におけるオコナー判事の意見は、このローマー判決の論理で本件ソドミー法を違憲と判断すべきである、というものだった。

一方、スカリア判事は、ローマー判決反対意見中、次のように論じる。当該の修正条項は、同性愛と同性愛者に対する憎悪を動機とするものではなく、「当該法律の使用を通じて、政治的に力のある少数者が伝統的な性道徳を覆そうとする動きに対抗して、この性道徳を維持する」ことを目的として考案されたものであり、こうした文化闘争の成り行きは民主過程にゆだねるのが最善であって、裁判所が介入すべき問題ではない、と。スカリア判事はこの考え方を、本件ローレンス判決でも堅持している。

多くの州では、ソドミー法が禁じているのは同性間・異性間を問わず一定の行為だったが、それらは一般社会では同性間の性交において行われるものと了解されているため、この処罰規定は「同性愛」を処罰する法として理解されてきた。

性の領域を私的・個人的自由としてとらえる視点に加えて、性の領域における自由・平等の問題は法によって線引きをこうむった者たちの公的生活のありかたに影響しているという市民的平等の観点から問題をとらえる視点がある。この中で、現在論争の的となっている論題は、同性婚を異性婚と同じ正式な婚姻として認めるか否か、という問題だろう。

本判決で問題となった事柄は、こうした中ではもっとも古典的な問題に属する。しかし、そのように憲法的救済が拒まれてしまう人権の「飛び地」現象がなぜこれほどにあからさまに起きたのか、なぜ合衆国最高裁がこの法律を違憲と判断するまでにこれほどの時間を経なければならなかったのか、そして当事者が実際には稀にしか適用されない法文について違憲判決を勝ち取ることに固執したのはなぜだったのか、といった角度から考察してみると、ソドミー法問題がたしかに市民的平等の問題を含むものであることが見えてくる。

判例、学説ともに、これらの問題をどのように構成するかという入り口の段階で見解が分かれ、議論が続いてきた。まず1960年代から70年代にかけてグリズウォルド判決（Griswold v. Connecticut, 381 U. S. 479 (1965)）からロー判決（Roe v. Wade, 410 U. S. 113 (1972)）を中心として、性・生殖・身体に対する自己決定権確立の方向が見られた。これは、性の自律を中核とした個人の自由を確立しようとする系列である。同じ時期、「同性愛者」を異性愛*者とは異なる扱いに服せしめるさまざまな法律・政策・警察実務に対して反対運動が起きてくる。たしかにソドミー法による訴追が実際に行われることは稀で、訴追の恐れはほとんどの当事者にとって主たる関心事ではなかった。問題は、ひとたびそうしたアイデンティティが明るみに出たならば、社会から事実上「犯罪者」としての烙印を押される、という危険だった。これが、さまざまな市民的権利を剥奪することを正当化する根拠となっていたからである。これは、一定のアイデンティティへの偏見から生じる不平等を問題とする系列である（Thomas 1992）。さらに、ここに司法が介入することは社会的対立を悪化させる危険があるから、あるいはこの種の争いは価値観の争いだから司法は介入すべきでない、といった議論の立て方がある（志田2006）。

この分類に照らして続く1980年代を見ると、ここではいわゆるソドミー法の憲法適合性が争われ、バワーズ判決で合憲と判断されたことが注目される。ここでは、人工妊娠中絶規制の憲法適合性が争われたロー判決を中心として自己決定権タイプのプライバシー権を憲法上の権利として認める判決の流れができており、これが多くの学説で性に関する個人の自律を権利として認める流れとして受け止められていたことから、同じ内容のプライバシー権によってソドミー法に違憲判決が下されることが期待されていた（たとえば Tribe1978 p.941-46; Richards 1979）。しかし裁判所は、「プライバシー権」を「同性愛者に」適用することを否定した。このときの裁判所による争点抽出によって、「特定の性行為の態様」を禁じていた法律の問題が「同性愛者」を拒否する多数者の政治的決定の自由の問題へと変化したことは、争点認識の誤りとして、多くの学説によって批判されている（Tribe1988 p.1421-24; Tribe & Dorf 1991, p73-80; Sunstein1988 p.1173; Hunter1992, p.538-40)。

次の1990年代には、前記ローマー判決で、性的指向を理由とした差別について州が是正策を講じることを禁じたコロラド州憲法修正条項は、合衆国憲法に違反する、との違憲判断が出された。ここでは、上述のバワーズ判決の先例拘束性については言及されずに終わっている。法廷意見は、もっぱら平等保護の観点に立ち、この件における特定の集団への名指しには、敵意による価値低落以外の根拠を見出せない、合衆国憲法にはこのような法律を許容する伝統は存在しない、と論じた。これに対し、スカリア判事は、この種の「文化闘争」（Kulturkampf）に裁判所は関与すべきでなく、これは民主過程にゆだねるべき問題である、との反対意見を表明している。

そしてローレンス判決において、ソドミー法の憲法適合性が再び争われた。法廷意見は、性の自律型自己決定権の同性愛者への適用を認め、バワーズ判決を覆した。これに対し、オコナー判事は、これはソドミー法の存在によって同性愛者の社会的地位が貶められてきたことの問題

I 性的指向と刑事規制

だから平等保護の問題であるとし、スカリア判事は、上述と同じ観点に基づき、本件は裁判所が関与すべきでない問題だった、との反対意見を表明する。このように、2003年判決に現れた3つの見解には、1960年代から続いてきた議論がよく集約され反映されていたと言える。

ローレンス判決によってソドミー法が違憲と判断された後になって、とりわけこうした刑法をもたなかった日本からこの問題を眺めてみれば、この判決が出るのは時間の問題だったのであって、むしろなぜこの判決を出すのにこれほどの時間を必要としたのか——バワーズ判決から数えたとしても17年——ということのほうが不思議に思えるのではないだろうか。

ここには、アメリカ社会がこの問題に対してとくに感情的になりやすく、政治決定の産物である立法も有権者からの支持を受けるためにはこうした要素を無視できず、司法も結果的にこの流れを「中立」とみなす判断をしてきた、ということが関係している。しかしその流れをローマー判決が変えたことは、前記のとおりである。ローレンス判決の論理構成を、ケネディ法廷意見のように実体的デュープロセス（プライバシー）に求めるにせよ、オコナー判事のように平等保護に求めるにせよ、ローマー判決以後、実質は「同性愛者へのプライバシー否定」ないし「同性愛者の市民権剥奪」として機能していたソドミー法が違憲の判断を受けることは時間の問題だったと言ってよいだろう。

2 ローレンス判決における違憲判断の論理構成

では、論理の問題としては、ケネディ判事法廷意見とオコナー判事の意見のどちらがすぐれているのだろうか。

ソドミー法が社会でどのように機能しているか、という実態を議論の正面に据えたという点では、オコナー判事の論理構成のほうがすぐれているように見える。しかしこれは、テキサス州のソドミー法が同一の行為につき同性間で行われる場合を罰する規定になっていたことをとらえた議論であることに注意を要する。バワーズ判決で問題となったソドミー法は、法文上は同性間・異性間ということに触れておらず、中立に一定の行為を処罰対象としていた。しかし実際の警察実務においては、この法が適用されるのはもっぱら同性愛者に対してのみだったので、バワーズ判決法廷意見はその点にわざわざ注目して、「同性愛者に適用される限りにおいて」当該ソドミー法の憲法適合性を判断する、と論じ、合憲と判断したわけである。このように法文上は中立で適用の慣行が差別的である場合に、ローレンス判決におけるオコナー判事の平等論は、そうした慣行を生みだしている法文を違憲と判断するところまで踏み込むだろうか。おそらくそうはならず、（警察の適用慣行を問題とすることはできても）法文のほうは合憲との判断になり、本件でオコナー判事自身が「バワーズ判決は誤りではないので覆す必要はない」と論じているのもその意であると見るべきだろう。したがって、本件のオコナー判事の平等論では、法文上は中立なソドミー法については違憲判断は出てこないことになる。

これに対して、ケネディ判事法廷意見は、原告の主張を平等保護の観点から解決することも可能であることを述べつつ、敢えて実体的デュープロセス上の「自由（liberty）」の概念によって違憲判断を行い、その結果、バワーズ判決を覆している。もともと、バワーズ判決の原告は、合衆国最高裁への上訴にあたって、平等保護論を争点として提出せず、（同性愛者・異性愛者の区別なく万人に保障されるべきものとしての）「プライバシー権」のみを根拠として争う姿勢をみせていた。これに対するバワーズ判決法廷意見の上記のような争点提示を、ケネディ判事法廷意見は、主張者個人を貶める争点認識であったと述べているわけである。

アメリカの判例では、自己決定権型のプライバシー権を認めるにあたって、複数の条文の趣旨（半影）に依拠するという論法をとってきた。

これに対し、明確な根拠条文のない権利を認めることは裁判所の役割に照らして問題があるとの指摘、プライバシー権の保護範囲が際限なく広がることを懸念する指摘が、繰り返されてきた。この点から見ればたしかに、実体的デュープロセス保障における「自由」＝「プライバシー」を根拠とした違憲判断は、理想的な論理構成とは言えない。これに対して裁判所のほうでは、プライバシー権を認めるにあたって、そこに「基本的権利」（fundamental right）が存在することを要件とすることで、プライバシー権の内容に歯止めをかけてきた。こうした判例法理を前提として、本件ケネディ判事法廷意見はこの「基本的権利」というタームを用いていないではないか、との批判も出されている（スカリア判事反対意見）。しかしケネディ判事法廷意見は、「基本的権利」という用語を用いてはいないものの、「基本的権利とは何か」を論じるさいに裁判所が用いてきた「我が国の伝統」という用語を用いながらバワーズ判決の誤りを論証しているので、この批判は実質的には当たっていないことになる。

また、実定法解釈としての根拠の甘さという欠陥を言うならば、個人の性領域における自由の問題について、それ以外の多くの判決が同じ欠陥を共有してきたこと全体を問題としなければならないだろう。ここで、事実上「同性愛者」に処罰または市民権剥奪を課している法律に対して特殊選択的に「筋を通そう」「欠陥のある法理は避けよう」と言い、他の問題に対しては「理論上の欠陥はあるが仕方ない」と目をつぶる結果になるのでは、当該の人々の人権保障状況から見れば、選択的に司法救済を拒まれているということになってしまう。

むしろ、オコナー判事のように当該の法文が事実上当該の人々の市民権を剥奪する方向で機能している状況に考察を及ぼすのであれば、人権状況を実態にそくして考察する姿勢をあと一歩進めて、多くのソドミー法は明文上は中立であっても実社会では同性愛者処罰法として認識されていた事実、またバワーズ判決における裁判所もその認識に乗った上で判断していたという事実に着目して、バワーズ判決は誤りだったとの結論に至っても良かったのではないだろうか。

社会的事実、そしてバワーズ判決が後の裁判に与えた影響によって、ソドミー法問題は「同性愛者の性のありかたを処罰することの可否」の問題と認識されるにいたった（その認識はソドミー法の歴史を検討するとむしろ近年のことであり、これがアメリカの「伝統」であるとすることは誤りであることをケネディ法廷意見は述べている）。そうなってしまった後にソドミー法の違憲性を争う訴訟が起きてくれば、その考察の中に、「そのような差別的扱いが許されるかどうか」という視点を入れないでおくことはできないだろう。したがって、平等保護からのアプローチによってこの事例が解決されうることを認めている点では、ケネディ判事法廷意見もオコナー判事の意見も、同等に正当である。しかし、先例を覆す大仕事を伴うケネディ判事の論理のほうが、アメリカの諸州に残存してきた明文上は中立な形をとっているソドミー法を一挙に違憲と宣言する社会的意味をもつ点で、大きな射程範囲と波及効果をもつことになる。オコナー判事やスカリア判事がその点を認識しつつ「裁判所が1つの事件を解決するにあたって、そんな大きな仕事にまで手を出すことはやめよう」と言いたかったのだとすれば、その危惧は的を射ている。しかし、訴訟当事者が自らの具体的事件救済について裁判所に「筋を通してほしい」と求め、筋を通そうとするならばこの結論になる、と言える以上、裁判所は、結論を出すことに躊躇すべきではないだろう。学説の中には、平等論は「自身の意志で変更できない（本人の責に帰することのできない）要素にかんして差別は許されない」という論理を基礎にしており、自身の意志でそうした生き方を選んでいる人間の自尊を救済する理論を組みにくいため、当人の意志的選択の自由を保障するプライ

I 性的指向と刑事規制

バシー権のほうが優れているとする見解もある（Richards1999）。一見すると、平等保護論を主張したオコナー判事のほうが、広い社会的視野で問題を考察し、洗練された根拠に基づいているように見えるのだが、本件の背後にある多くのソドミー法被害者を救済する論理としては、ケネディ判事の素朴な論理のほうが、広い帰結をもたらすことになる。これについては多くの論評があるが、筆者は上のような理由により、敢えて素朴な自由論に徹したケネディ判事法廷意見の歴史的意義を重く見たい。（この法廷意見を高く評価するものとして Goldberg 2004; Sager2004 など）

【参考文献】

① 志田陽子 2006『文化戦争と憲法理論』法律文化社
② 篠原光児 2004「ソドミー法と同性愛者の権利」アメリカ法 2004
③ 根本猛 2005-02-28「＜判例研究＞実体的適正手続の新たな射程：いわゆるソドミー法をめぐって」静岡大学法政研究 9（4）
④ Goldberg, Suzanne B., 2004. Moral-Based Justifications for Lawmaking: Before and After *Lawrence v. Texas*, 88 *Minnesota L. Rev.* 1233.
⑤ Hunter, Nan D. 1992. Life After Hardwick, 27 *Harv. C-R.C-L. L. Rev.* 531
⑥ Richards, David A. J. 1979. Sexual Autonomy and the Constitutional Right of Privacy: A Case Study in Human Rights and the Unwritten Constitution, 30 *Hastings L. J.* 957
⑥ ――. 1999. *Identity and the Case for Gay Rights*, (Chicago: University of Chicago Press).
⑦ Sager, Laurence G., 2004. *Justice in Plainclothes: A Theory of American Constitutional Practice*, (New Haven: Yale University Press).
⑧ Sunstein, Cass R., 1988. Sexual Orientation and The Constitution: A Note on the Relationship Between Due Process and Equal Protection, 55 *U. Chi. L. Rev.* 1161
⑨ Thomas, Kendall, 1992. Beyond Privacy Principle, 92 *Colum.L.Rev.* 1431
⑩ Tribe, Laurence H., 1978. *American Consttitutional Law* (1st.ed.), (Mineola, New York: Foundation Press)
⑪ Tribe, Laurence H., 1988. *American Consttitutional Law* (2nd. ed.), (Mineola, New York: Foundation Press)
⑫ Tribe, Laurence H. & Dorf, Michael, C. 1991. *On Reading the Constitution*, (Cambridge, Massachusetts: Harvard University Press)

Column 1

ソドミーと性的指向

「ソドミー」の語源が、神の怒りによって破壊されたソドムの街を指すことはよく知られている。ロト（正しい人）の客人が寝る頃に、ソドムの街の人びとはロトの家を取り囲んで客人をかん淫しようとした。神は怒って街に火の雨を降らせる。もっとも神が「何」に怒ったのかについてはさまざまな解釈がある。よそ者を歓待できない心に怒った、性的な放縦さに怒った、さまざまな解釈が存在してきたし、今も存在する。しかしこの罪深き行い＝ソドミーが、もっぱら「男性同性愛者」を指すようになったのはソドミーの語の長い歴史に比べるとはるかに短い。

ところでキリスト教圏にあっても、中世の初期においては婚姻によく似た男性同士を結びつける宗教儀式が存在した（J. ボズウェル）。しかし、教会が力をつけるにつれて、さまざまな人の行為は罪であるのか無罪なのか、「自然の摂理＝神の意志」に即して弁別されるようになる。当時の性に関する「自然の摂理」の公準は、精液の放出が生殖に結びつくか否かであった。生殖に結びつかない性的な行為、たとえば男性同性愛、口腔性交、獣かん、性の放蕩等々は、すべて神の意志に反するとされ、ソドミーと一括して称されるようになった。

ソドミーをする者たちをソドマイトと呼ぶが、中世の終わりでは、ソドマイトと互換可能な語だったのが pevert（倒錯者・棄教者）という語であった。綴りは当時のものである。この語の対義語は convert（転換者・改宗者）であった（A. デヴィッドソン）。この対概念のもとでは、人はたとえ罪深い行いをしたとしても悔い改めるならば善人に転じる道が開かれていた。

近代社会が到来すると、教会権力にかわって国家がソドミーを管理するようになる。早くには、プロイセン刑法のソドミー法が有名であるが、売春婦の風紀を取り締まるために市民法に書きこまれたヴィクトリア時代の例もある。

ところでなぜ刑法なのだろうか。「同性愛は不道徳であるから」「道徳を管理するのは伝統的に刑法だったから」というありきたりの説明ではいささか不十分である。先ほど述べたように、中世において人間は convert と pevert の間を行き来するという発想があった。教会の主眼は、邪教を棄てさせ改宗させるところにあり、性も――後の時代にみられるような変更困難な「人格」や「素質」としてではなく――「行為」いかんで悪人から善人に変わるものと考える必要があったわけである。「重要なのは、法は一連の性的活動にむけられたのであって、特定のタイプの人物に向けられていたのではない」（J. ウィークス）。ソドミーを含んだ不徳の行為を更正させる教会法が、そのまま近代刑法へとすべりこんだのである。

近代国家におけるソドミー法の成立は、賛否両論を巻きおこしもした。ソドミー法に賛成する者は、ソドミーが不自然で不道徳な行為であるとする教会の立場を代弁した。法律の成立に否定的な者は、それが行為＝罪のコードに馴染まないという主張をした。たとえば法律家のウルリヒスは、男性同性愛を「男性の肉体に宿る女性の魂」の結果と考えた。異性の魂が引きおこす生得的な現象ならば、自然の摂理＝神の意志に反しないと擁護したのである。身体の深くに存在する不可視の「性欲」が「性行動」として発露すると考えられだしたところに、性のパラダイムの転換が見える。往々にして疑似科学の扱いを受けてきた19-20世紀の精神医学が、堂々と「性的異常（perversion）」を対象にできたのは、性を、人間存在の本質をなす不可視の属性と考える、このパラダイム転換による。

N. ハンターの表現を借りるなら、この転換は「行為の処罰」から「アイデンティティの処罰」へと移る素地を与えたと言えるかもしれない。というのも、異性愛者がたとえソドミー法に抵触する性行為を行ったとしても看過される一方、同性愛者は当然に処罰される時代が最近まで長く続いた。この論理的に破綻した不平等な処遇は、「同性愛者」という性的アイデンティティそのものを処罰するようになったと考えるのが妥当なためである。

烙印を押され切りつめられた（stigmatized and devalued）性的アイデンティティである「同性愛者」概念を刷新することを１つの主要な目的として、1970年代に性的指向（sexual orientation）という言葉が生み出される。この概念には、性の対象選択というものは生得的であり、一定の人口比率を占める普遍性をもち、異性愛とは方向が異なるにすぎないという含みがある。「変更不可能な属性のために不当に差別されている」という発想は、1955年に始まる黒人解放運動に影響を受けてはいるものの、まったく新しいレトリックではない。むしろ生得的＝変更不可能（immutable）な同性指向は神の恩寵であるという、既視感あるレトリックが甦ることになる。

「ソドミー」と「性的指向」は、「行為」と「属性」という一見相反するコンセプトのように思えるが、言説戦略をみるにつけ、依然キリスト教の枠組みの強さが逆に印象に残る。誤解を恐れず踏みこめば、「ソドミー」も「性的指向」も、特有のレトリックが成立する文化のもとで有効となる概念であり、その概念のグローバルな限界性はつねに検討される必要がある。

（石田　仁）

I　性的指向と刑事規制

I 性的指向と刑事規制

3 性行為合意年齢の差異——LおよびV対オーストリア

〈国際〉ヨーロッパ人権裁判所・2003年1月9日・判決
L and V v. Austria, Reports 2003-I.

〔谷口洋幸〕

●事実概要

　本件は、オーストリア刑法209条にもとづいて有罪判決を受けた、いずれも事件当時20代後半の申立人Lと申立人Vの2人が、同条のヨーロッパ人権条約（以下、条約）適合性を争ったものである。刑法209条は、19歳以上の男性が14歳以上18歳未満の男性との性行為をした場合に、6ヶ月以上5年以下の懲役に処する旨を規定していた。Lは国内外において複数の14歳から18歳未満の男性との性行為（オーラルセックス、相互自慰行為）について、1996年2月に懲役1年（執行猶予3年）の判決を受けた。Lは最高裁判所へ上告したものの、私生活の尊重を受ける権利や無差別の権利、憲法裁判所への刑法209条の合憲性判断の要求はすべて棄却された。最終的にLには懲役8ヶ月（執行猶予3年）の判決が確定した。憲法裁判所への訴えは棄却された。申立人Vは15歳の男性との性行為（オーラルセックス）について、1997年に懲役6ヶ月（執行猶予3年）の判決を受けた。Lと同様に、人権侵害と同条の合憲性を争ったものの、控訴裁判所によって棄却され、判決は1997年7月に確定した。

　オーストリア刑法は、地位を利用した性暴力や暴行・脅迫を用いた強かんを別規定において処罰しているため、同条の対象はもっぱら合意上の男性同性間性行為に向けられていた（異性間、女性同性間は対象外）。同条により年間約60件が訴追され、うち20件で有罪判決が下されている。なお、同条について憲法裁判所は2002年6月に違憲判決を下し、翌月、議会によって同条は刑法から削除されている。

　LおよびVは、刑法209条および同条にもとづく有罪判決が、自らの私生活の尊重を受ける権利＊を侵害し、差別的であると主張した。すなわち、同条は規定文言から、男性同性間のみに適用されるものであり、異性間や女性同性間には適用されないものであり、条約8条および8条に関連する14条の権利侵害にあたると主張した。1997年6月にLが、同年12月にVがヨーロッパ人権委員会に申立、1998年の機関改組により事件はヨーロッパ人権裁判所（以下、裁判所）に移行された。

●判決要旨

　申立内容から、本件は直接的に条約8条に関連する条約14条の問題として検討すべきである。本件の争点である同性間の性行為そのものは、申立人の最も内面にある事柄として、条約8条の範疇に入ることには争いがない（→本書**1**参照）。また、争点となった規定は2002年に憲法裁判所判決にもとづいて廃止されているが、申立人は有罪判決をうけているため、申立が認められる被害者（条約34条）の地位にある。

　差異ある取扱が条約14条にいう差別とみなされるのは、その差異が「客観的・合理的に正当化」できない場合である。具体的には、「正当な目的」を追求していない場合、あるいは「用いられる手段と実現される目的に合理的な均衡性」が保たれていない場合である。また、性的指向＊は条約14条に包含される概念である。これは性にもとづく差別と同様に、性的指向にもとづく差異の正当化には「特に重大な理由（particularly serious reason）」が必要となる（ス

ミスおよびグレディ事件（→本書24同旨））。

政府が主張するように、刑法209条の規定は、若い男性の保護という意味において「他者の保護」が正当化事由となる。オーストリア刑法209条はこれまでヨーロッパ人権委員会によって条約に違反しないものと認定されてきた。しかし、条約は生きる文書であり、今日的な状況に照らして解釈されなければならない。委員会は、サザランド対イギリス（Sutherland v. UK, no. 25186/94）において、性的指向が男女ともに思春期以前に確定されるという最近の研究や、ヨーロッパ評議会加盟国の多くが平等な合意年齢を規定していることに鑑み、かつての判決は再考されるべき時期にあることを示した。本件とは、若年者側が処罰されない点で異なるものの、その差異は副次的なものにすぎない。問題は、成人男性と14歳以上18歳以下の男性との性行為が処罰対象となり、成人男性と同じ年齢範囲の女性および成人女性と同じ年齢範囲の女性との性行為は処罰されないことが、客観的・合理的に正当化できるかどうかである。権利の制約に関する締約国の裁量の余地は、周辺状況やテーマごとに異なる。この裁量の幅については、締約国の法規定の共通性の存否が関連要素として勘案される。この点、今日では、ヨーロッパ評議会加盟国の多数が、性行為の対象の性別による区別なく、等しい取扱を規定するようになった。政府は1989年の憲法裁判所判決にもとづいて同規定を正当化する。しかし、当該判決はすでに時代遅れであり、同規定の存廃について議会が諮問した大多数の専門家は、性的指向が通常は思春期以前に確定するものであり、若い男性が同性愛*に勧誘される（recruited）という理論が誤りであることを示し、合意年齢の平等化を支持した。したがって、「刑法209条は同性愛の少数者に対する異性愛の多数者の側からの定型的な偏見（predisposed bias）が具現化されている点において、人種、出自あるいは皮膚の色の異なる人々に対する否定的態度と同様に、裁判所はこのような否定的態度それ自体が差異ある取扱を十分に正当化根拠とはなりえないと考える」（52段落）。政府は刑法209条を維持する「確信的かつ深刻な理由（convincing and weighty reasons）」を立証しておらず、同規定はLおよびVの条約8条との関連における条約14条の権利を侵害している。なお、8条単独の条約違反の主張については、個別に検討する必要はない。

●評　釈

1　はじめに

本件は、同性間の性行為に対して刑事罰を科する法律（いわゆるソドミー法。→Column 1）について、合意年齢（age of consent）の差異が権利の平等享有*（条約14条）に違反することを裁判所が初めて認めた事例である。裁判所はこれまでソドミー法が私生活の尊重を受ける権利を侵害していることを認定してきたが、本件で争点になったように、多くの諸国では、同性間、とくに男性同性間の性行為に、異性間あるいは女性同性の性行為よりも高い合意年齢が規定されていた。これまでいくつかの事例において合意年齢の差異の条約適合性が争われてきたが、いずれも条約違反は認められてこなかった。その理由の一端は、権利の平等享有を規定した14条の特徴にある。すなわち、14条は「この条約に定める権利および自由の享受」に関する差別を禁止する規定のため、具体的な条文との関連でのみ争いうるものである。したがって、具体的な条文の侵害が認定される場合には、重ねて14条との関連まで審理されることはなかった。本件は、合意年齢の差異そのものが中心的争点であり、8条に関連する14条違反が正面から争われた。

2　合意年齢の差異

オーストリア刑法209条については、本件以前にも委員会への申立がなされていたが、不受理とされていた（Z v. Austria, Decision of 13 May 1992; HF v. Austria, Decision of 26 June 1995）。いずれも本件において政府が引用している1989年

Ⅰ 性的指向と刑事規制

10月の憲法裁判所の合憲判決を支持し、締約国の裁量の範囲内にあると結論づけていた。

合意年齢の差異の条約適合性に関する委員会の解釈は、サザランド対イギリス事件（前掲）の報告書において変更された。同事件は、同性間性行為の合意年齢を18歳、異性間性行為の合意年齢を16歳と規定する性犯罪法について、当時17歳であった申立人サザランドが8条に関連する14条の権利侵害を争ったものである。委員会は、まず既存の判例に依拠し、ソドミー法それ自体は私生活に対する重大な干渉であるものの、特定の性行為に対して一定の年齢制限を設ける法的措置などの規制は、他者の権利や道徳の保護という正当目的を有していることを確認した。その上で、異性間と同性間で年齢設定に差異を設けるという手段が、追求される目的とは不均衡であるとして条約8条に関連する14条違反を認定した。すなわち、年齢制限は個人の私生活の最も内面に影響を与えるものであり、とくにヨーロッパ評議会加盟国の圧倒的大多数の実行に照らせば、合意年齢の差異が合理的な手段とはいえないと判断されたのである。その後、争点となった性犯罪法の規定が2001年に一律16歳に引き下げられたため、この事件は判決まで至らずに事件目録から削除された。

本件も基本的にはサザランド事件の報告書に沿った論理構成である。裁量の余地を制約する要因となるヨーロッパ地域の実行については、ヨーロッパ議会の決議やヨーロッパ評議会議員総会の決議、また規約人権委員会の締約国レポート審議の総括所見における是正勧告にも後押しされ、合意年齢の差異の14条違反は本件において決定的となった。

本件と同日には、SL対オーストリア（SL v. Austria, Reports 2003-I）の判決も出されている。SLは、15歳のときに自身が同性愛者であると自覚したものの、刑法209条の存在によって、18歳になった現在まで、私生活の尊重を受ける権利を侵害されてきたと訴えていた。裁判所は、18歳の申立人は刑法209条による処罰対象ではなく、実際に起訴や有罪判決をうけていないものの、同条によって直接的に影響を受けているとして、本件と同様に条約8条に関連する14条の権利侵害を認定した。SL事件に特徴的なのは、本件のような訴追・有罪判決がなく、また刑法209条は上記サザランド事件と異なり、若年側は処罰対象ではないにもかかわらず、刑事規定のもつ象徴的な影響を重視して、権利侵害を認定した点にある。このことは、ダジャン事件以後のノリス対アイルランド（Norris v. Ireland, 26 October 1988, Series A 142）やモディノス対キプロス（Modinos v. Cyprus, 22 April 1993, Series A 259）において、実際の尋問や訴追がなくとも、ソドミー法の「存在それ自体が継続的かつ直接的に申立人の私生活に影響を及ぼしている」（ノリス事件、32段落）との解釈論理に繋がる。なお、本件の論旨は、同じ規定が争われたボディチュカおよびビルフリンク対オーストリア（Woditschka and Wilfling v. Austria, 21 October 2004）や、サザランド事件と同じ規定が争われたBB対イギリス（B.B. v. UK, 10 February 2004）でも踏襲されている。

3　私的問題から差別問題へ

同性間の性行為の合意年齢が異性間のそれよりも高く規定されている例は、本件に限らず、いくつかの国に存在する（→本書4 参照）。こういった規定が設けられる主たる理由は、本件で政府が依拠した「勧誘の論理」である。すなわち、判断能力が不十分な若者は、性行為によって同性愛者になる可能性があるため、その誘惑から保護しなければならない、という論理である。本件はこの「勧誘の論理」に対して、個人の性的指向が通常は思春期以前に確立するという現代の医科学の知見に依拠し、これを否定した。14歳以上18歳以下という年齢層にある若者は、すでに性的指向が確立しており、性行為によって性的指向が変わることはない。したがって、同法を維持する理由として、その年齢層の若者の保護に依拠することは、合理性を欠

く、という判断である。ただし、この裁判所の判断には、一定の注意が必要である。裁判所が依拠する医科学の知見が逆の方向に立証された場合、すなわち、今後、性的指向が思春期以降も可変的であることが医科学の知見によって立証された場合、裁判所の判断もまた同じく逆の方向へと導かれうる。14歳以上18歳以下の若者の性的指向が変更されうるのであれば、高い合意年齢をもって保護すべきだ、という論理が成り立つからである。この点、本件において裁判所が依拠すべきは、将来的に反証がなされうる医科学の知見ではなく、高い合意年齢の設定の背景にある異性愛規範そのものであったのではないか。たしかに、「勧誘の論理」を否定した後に、この差異ある取扱いの正当化の可能性に関連して、裁判所は同規定が同性愛に対する「定型的な偏見」を具現化したものと断罪している。しかしながら、それが偏見であることを現代の医科学の知見に依拠するのであれば、将来の医科学の知見によって偏見ではないことが立証された場合、合意年齢の差異——さらにはダジャン事件で条約違反とされた包括的・絶対的なソドミー規定そのもの——が、人権条約に適合する規定として復活しうる契機をも潜ませてしまうことになる。裁判所は「勧誘の論理」そのものの背景にある異性愛規範、すなわち人権の享有主体たる人間の性的指向は異性に向かうべきであり、性的指向が同性に向かう人々は「私生活」の範囲内で人権を享有できれば足る、といった法論理そのものを正面から論ずるべきであったと思われる。

4 差別の根拠

なお、本件では明確にされなかったものの、合意年齢の差異については2つの基準が問題となりうる。ひとつは性的指向にもとづく差別であり、もうひとつは性別、すなわち男性であるか女性であるかの違いにもとづく差別である。前者は異性間の性行為に対する合意年齢と同性間のそれとの差異であり、後者は男性同性間の性行為に対する合意年齢と女性同性間のそれとの差異を問題とする。合意年齢は、本件がそうであったように、男性同性間のみに高く設定されている。この場合、女性同性間は異性間と同様にとらえられているというよりも、女性同性間の性行為について、そもそも法が想定していないと捉えることが適切であろう。いずれにせよ、男性同性間にのみ高い合意年齢が設定される場合、性的指向と性別の2つの差別禁止基準の適用が検討されうる。

差別禁止条項において、男女の違いによる差別としての性別にもとづく差別は、ほぼすべての条約や国内法に明記されている。合意年齢の差異については、女性同性間の性行為を意識的に優遇したものでもなく、また、男性同性間の性行為を女性同性間のそれと比較して劣位におく目的で規定されたものではないことは想像される。したがって、形式的には性別にもとづく差別禁止の規定が適用できるとしても、一般的な男女差別と同様に考えられるものか疑問が残る。他方、性的指向については、いくつかの例外を除いて、差別禁止規定上の明記はなされていない。この点、ヨーロッパ人権条約を中心とする国際判例の中では、近年、差別禁止項目のひとつとしての「性的指向」が含まれることが明確化されてきた（→本書38）。本件のように「男性」の「同性間」のみに厳格な制限を課する規定の場合、差別禁止項目の解釈という文脈では、単純に性的指向でも性別でもなく、双方が相乗的に差別の根拠となったものとして理解されなければならない。

【参考文献】
① Robert Wintemute 1997, Sexual Orientation and Human Rights, Oxford University Press
② 谷口洋幸2006「性的マイノリティの人権保障：国際人権法を素材として」矢島正見編著『戦後日本女装・同性愛研究』（中央大学出版部）
③ 谷口洋幸2007「法、人権、セクシュアリティのはざまで：性的マイノリティの法的諸問題」『Law and Practice』1号（早稲田大学）

I 性的指向と刑事規制

4 性行為合意年齢の差異
──ウィリアム・リョン対香港司法省

〈中国〉香港控訴院・2006年9月20日・判決
Leung T. C. William v. Secretary for Justice, [2006] 4 HKLRD 211

〔廣江倫子〕

●事実概要

　申立人ウィリアム・リョンは申立時20歳の同性愛*者の男性である。申立人は10歳の頃から自らの性的指向*を自覚し、16歳から同性との性的交渉を望むにいたった。実際に、申立人は同性パートナーと数年間にわたり性的交渉をもっていた。しかし、香港刑法は16歳未満の異性間および女性の同性間性行為を禁止する一方で、21歳未満の男性の同性間性行為（以下、ソドミー（→ Column 1））を禁止し（118条C）、同性間性行為の合意年齢に差別を設けていた。このため、申立人は法的訴追を恐れるあまり、同性パートナーと永続的なパートナーシップを築くことができないばかりか、両親に自らの性的指向を告白することもできず、精神的苦痛および孤独を感じていた。

　そこで申立人は、香港刑法118条Cは、申立人の平等権および私生活が尊重される権利を侵害し、香港基本法25条（法の下の平等）および39条（自由権規約、社会権規約および国際労働条約の香港への適用）、香港人権条例1条（short title）、14条（私生活および家族生活が尊重される権利）および22条（法の下の平等）に違反するとして、第1審である香港第1審裁判所に申立てた（なお、後述の通り、香港基本法は香港の憲法に当たり、香港人権条例は自由権規約を香港の国内法化している）。

　香港第1審裁判所は、申立人の主張を認め、香港刑法118条Cが香港基本法および香港人権条例に違反するとした（2005年6月28日判決）。これに対し、香港司法省が香港控訴院に控訴したのが、本件である。

　控訴にあたり、香港司法省は以下の2点を主張した。第1に、申立人は原告適格を欠いているため、香港の裁判所は本件に対する裁判管轄権を持たない。というのも、①申立人は訴えの利益を欠いている。申立人は香港刑法118条Cによって起訴されていない。②申立人は訴訟を不当に遅延している。香港高等法院条例および香港高等法院規則によると裁判の理由となる事柄が生じてから3か月以内に訴訟を提起しなければならないが、申立人が16歳となったのは2000年であり、既に約6年も経過している。

　第2に、香港刑法118条Cは、香港基本法および香港人権条例に規定される平等権および私生活が尊重される権利を侵害していない。というのも、①ソドミーは異性間性行為と同視される行為ではなく、②香港刑法においては、ソドミーの合意年齢は男女間に等しく適用されているので（香港刑法118条Dは21歳未満の女性へのソドミーを禁止している）、香港刑法118条Cはジェンダーによる差別を設けるものではない。

●判決要旨

1　香港の裁判所の裁判管轄権について

　香港控訴院は、香港司法省の主張を次のように退け、本件に対する申立人の原告適格および香港の裁判所の裁判管轄権を認めた。

　第1に、申立人の訴えの利益に関して、将来起こりうるかもしれない仮定的な事柄について、香港の裁判所は明確に裁判管轄権を持つ。ただしそれは「例外的事例」として扱われたうえ、

裁判管轄権の行使は注意深くなされなければならない。

まず、裁判所は将来起こりうるかもしれない仮定的な事柄についても「例外的事例」として、違憲審査を行ってきた先例がある。そのような事例として、Rediffusion（Hong Kong）Ltd v. Attorney General of Hong Kong［1970］AC 1136がある。この事例においては、香港への適用が予定される立法の違憲審査が求められた。当時、香港の最終審であった枢密院司法委員会は、将来起こりうるかもしれない仮定的な事柄についての判断が求められてはいるものの、申立人の権利が深刻に影響されることが予想されるため、裁判所は裁判管轄権を持つと判断している。本件においては、当該立法が香港基本法や香港人権条例の規定する基本的人権に違反するかどうかという違憲審査が求められている。したがって、ことさらに裁判所が本件を扱う必要性は高い。

次に、申立人はあえて該当立法に違反しなければ裁判を受けることができないのであり、これは裁判所が本件をこの段階で扱わなければならないという強固な理由になる。本件と類似した内容を持つサザランド対イギリス（→本書3評釈参照）においては、21歳未満のもののソドミーおよび重大なわいせつ行為を禁止したイギリスの法律がヨーロッパ人権条約8条および14条に違反するかどうかが争われた。この事例において、ヨーロッパ人権委員会は、申立人は起訴されていないものの、当該立法の存在そのものが申立人の私生活が尊重される権利を脅かしていると判断している。したがって、本件においても、問題となっている立法は香港社会の一部の人々の私生活を尊重される権利に影響しており、申立人は訴えの利益を持つ。

第2に、訴訟の不当な遅延に関して、香港控訴院は、関連条例および規則による3カ月という時間制限は本件に対しても同様に適用されねばならないとしつつも、本件においては、開始時点は必ずしも当該条例の制定・改正時点である必要はないとした。立法の違憲審査が含まれる事例では、時間制限は必ずしも厳格に解されるべきではない。というのも、まず、立法が違憲であり、特に基本的人権の侵害が含まれている可能性がある場合、裁判所は一刻も早く適切な救済手段を与えなくてはならない。次に、違憲審査は現在あるいは将来において16歳となったものあるいは今後起訴されたものによって、いかなるときにも提起される可能性があるため、時間制限は大きな問題とはならない。

2 同性間性行為の合意年齢差別について

香港控訴院は、香港司法省の主張を次のように退け、香港刑法118条Cが香港基本法および香港人権条例が保障する権利の侵害にあたるとした。

第1に、権利の侵害が生じていることが、次のように認定された。まず、ソドミーと異性間性行為が同視されるかどうかについて、香港控訴院は香港第1審裁判所の判断を次のように支持した。つまり、異性間性行為は、生殖目的だけではなく、愛情、親密さ、性的要求の充足をも含むものであると定義されるが、ソドミーもまたこのような定義にあてはまる。サザランド対イギリスにおいては、ヨーロッパ人権委員会は関連立法が差別的であるとの結論を導き出すにあたって、ソドミーを異性間性行為と同視している。さらに、ヨーロッパ人権裁判所のLおよびV対オーストリア（→本書3）も同様の見解を採用している。次に、香港刑法のソドミーに対する合意年齢の差別についても、香港控訴院は香港第1審裁判所の判断を支持し、男性同性愛者間において、ソドミーは唯一の性交渉の手段であり、118条Cは男性間の同性愛者に顕著な影響を及ぼしているとした。

第2に、権利の制限の正当化は香港司法省によって立証されていないとした。憲法上の権利への制限が正当化されるのは、①立法目的が正当であり、②権利の制限に用いられる手段が、目的達成のために必要であることが立証される

I 性的指向と刑事規制

場合である（Leung Kwok Hung & Others v. HKSAR [2005] 8 HKCRAR 229）。21歳という合意年齢について、香港刑法118条Cの立法目的は、本来は成人間で行われる性行為から、青年を保護することとされ、香港立法評議会の議会記録によると、1991年の香港刑法118条Cの改正は、1983年の同性愛行為に関する法律改革委員会の報告書の提案に沿っている。報告書によると、21歳という合意年齢は、当時の香港の成人年齢が21歳であったことから決定された。また、当時の行政府は、ソドミーと異性間性行為は同視されるものではないとの見解も採用しており、より高い合意年齢を設けることによって、恐喝を抑制する機能をも期待されていた。

上記の立法目的は、香港における成人年齢が1990年に18歳に引き下げられ（香港刑法改正決定時の成人年齢は21歳）、選挙権も同様であること、同性愛者と異性愛者の差別的取扱は正当化できないこと、および、ソドミーの合意年齢を16歳に引き下げることが、すでに合意年齢が16歳である異性間性行為に比べて、当事者を恐喝の危険にさらすという議論には根拠がないことから、権利への制限を正当化しえないとされた。

●評　釈

1 「一国二制度」における香港の法および裁判所制度

1997年のイギリスから中国への返還以降、香港では「一国二制度」が実施されている。「一国二制度」を法律として明文化したのが、香港の憲法にあたる香港特別行政区基本法（Hong Kong Basic Law，香港基本法）である。香港基本法は、資本主義制度と生活様式の維持（5条）、「高度の自治」（2条）および香港基本法の最高法規性（11条）を明らかにしたうえで、「中央と香港特別行政区の関係」（2章）、「住民の基本的権利と義務」（3章）、「政治体制」（4章）、「経済」（5章）、「教育、科学、文化、体育、宗教、労働、社会奉仕」（6章）、「対外事務」（7章）、「本法の解釈と改正」（8章）の各章および「付則」において「一国二制度」について詳細に規定している。

安定と繁栄を損なうことなく香港を平和的に返還するために、「一国二制度」は従来の諸制度の現状維持をはかっている。香港の法および裁判所制度も例外ではなく、イギリス統治期に移植されたコモン・ローを中心とする法制度およびイギリスの制度にきわめて類似した裁判所制度が存続している。

法制度について、香港基本法8条は「香港の従来の法律、つまりコモン・ロー、衡平法、条例、付属立法と慣習法は、本法と抵触するか、あるいは香港特別行政区立法機関が改正したものを除いて、保留される」、と従来の香港法制度の維持を明らかにしている。また、中国の全国性法律は香港基本法付則三に列せられたものを除いて、香港で実施されない（香港基本法18条2項）。

裁判所制度について、香港基本法81条は「香港の従来の裁判所制度は、香港特別行政区終審法院の設立に伴う変更を除いて、保留される」、と従来の裁判所制度の維持を明らかにしている。また、返還後は「独立の司法権と終審権」が香港に付与されたことに伴い（香港基本法2条）、香港特別行政区の終審権を有する香港特別行政区終審法院が設立された（香港基本法81条）、（イギリス統治期においては、枢密院司法委員会が香港の最終審であった）。

最後に、中国（大陸）との関係を示せば、返還されたとはいえ香港と中国（大陸）は完全に異なる法体系に位置し、相互の影響は極めて限定的である。したがって、本件判決が香港の裁判所でなされたからといって、中国（大陸）の司法判断に影響を及ぼすことはない。むしろ、コモン・ロー系に属する香港は、本件判決に示されるように、他のコモン・ロー適用地域の判決の影響を強く受けていることを指摘したい。

2 香港における人権保障と国際人権法

香港においては、旧宗主国イギリスによって自由権・社会権両規約が適用されていたものの、両規約の国内法化はなされてこなかった。しかし、1991年になって、自由権規約が国内法化され、さらに憲法と同等の効力を持つことになった。それが、香港人権条例（The Hong Kong Bill of Rights Ordinance）である。

香港人権条例は、香港に適用されている自由権規約を国内法化することを目的としている（2条3項）。このため香港人権条例の内容は自由権規約の文言にほぼ忠実に沿ったものとなっている。香港人権条例は3部から構成されている。第1部「序」は総則的な規定を置く。第2部「香港権利章典」は自由権規約第3部とほぼ同様の内容となっており、用語の修正は、香港の状況をより正確に反映させるものにとどまっている。第3部「例外と留保」は2部に分かれている。まず、9条から13条は香港人権条例適用の例外について規定している。次に14条「凍結条項」は香港人権条例に抵触する可能性があり、かつ社会的に影響力の大きい条例に対して、香港人権条例による審査を1年間「凍結」することを規定している。

香港人権条例は通常の法にすぎないが、香港人権条例成立と同時になされた返還以前の香港の憲法であった英皇制誥（Letters Patent）の改正と併せると、他の香港法にはない次のような特徴を持つこととなった。

まず、香港人権条例3条は、既存の香港法への効力について、既存の香港法のなかで香港人権条例に一致する解釈ができるものは、そのように解釈されねばならないことを規定し（1項）、そのような解釈ができない条文は廃止されることを規定している。次に、英皇制誥の改正により、香港人権条例成立以後に自由権規約に反する法律が採択されてはならないことが規定された。したがって、香港人権条例3条と英皇制誥の改正をともに解釈すると、従来のおよび将来制定される香港法は香港に適用される自由権規約に抵触することができないことが分かる。

返還後は香港基本法39条が「『市民的、政治的権利に関する国際条約』、『経済的、社会的、文化的権利に関する国際条約』および国際労働条約の、香港に適用する関連規定は引き続き有効であり、香港特別行政区の法律を通じて実施される。」とし、両規約の香港への継続適用を保障している。したがって、返還の前後を通じて、香港人権条例はいわば憲法に類似する地位を持ち、実際に、香港人権条例の成立後、非常に多数の人権関連訴訟が提起されてきた。

3 返還以降における国際人権法の参照

返還以降、香港の裁判所は、香港基本法の特に人権規定の解釈において、積極的に国際人権法を参照してきたことが高く評価されている。香港の裁判所は、ヨーロッパ人権裁判所、規約人権委員会、汎アメリカ人権裁判所、国際刑事裁判所およびカナダ等のコモン・ロー諸国の判例、1998年イギリス人権法制定に伴うイギリス判例を積極的に参照し、香港における人権保障水準を国際的な人権保障の発展と常に歩調を合わせてきた。

香港の裁判所が、国際人権法を積極的に参照してきた理由として、以下の2点の指摘がある。まず、香港終審法院は新設されたばかりであり、独自の法原則を形成していかなければならないが、そのようなときに、諸外国の判決、とりわけ判決に至る理由は有益な指針となりうる。次に、香港終審法院のような新設の最高裁判所にとって、国際人権法を積極的に参照することで、その判決が国際的な司法水準に合致していると見なされるという利点がある。これは、香港の国際金融センターとしての評価を盤石なものとし、さらに返還後も、香港の裁判所は国際的な司法水準に沿った形で、法の支配を堅持していることを示すことができる。

同性間性行為の合意年齢差別が争点となった本件においても、香港の裁判所は、ヨーロッパ

I 性的指向と刑事規制

人権裁判所の判例を広く参照した点を特に指摘したい。本件の第1審である香港第1審裁判所の判決は、ヨーロッパ人権裁判所の判例およびイギリスの医学的レポート（1994 British Medical Association's report）に依拠し、性的な成熟期を判断する指針とした。第1審裁判所の判断を支持した香港控訴院は、ソドミーと異性間性行為を同一の行為であると判断し、平等権の侵害を認定するにあたって、サザランド対イギリスとLおよびV対オーストリア（→本書③）に依拠して、異性間性行為は、生殖目的だけではなく、愛情、親密さ、性的要求の充足をも含むものであると定義し、ソドミーもまたこのような定義にあてはまるとしている。

【参考文献】
① Carole J. Petersen, 2008, "Embracing Universal Standards? : The Role of International Human Rights Treaties in Hong Kong's Constitutional Jurisprudence", Hualing Fu, Lison Harris and Simon N. M. Young eds., *Interpreting Hong Kong's Basic Law: The Struggle for Coherence*, Palagrave Macmillan, pp.34-39.
② Johannes Chan SC, 2007, "Basic Law and Constitutional Review: The First Decade", *HKLJ* Vol.37 part2, pp.410-413.
③ Sir Anthony Mason, 2007, "The Place of Comparative Law in Developing the Jurisprudence on the Rule of Law and Human Rights in Hong Kong", *HKLJ* Vol.37 part2, pp.229-317.
④ Michael Ramsden and Oliver Jones, 2010, *Hong Kong Basic Law : Annotations and Commentary*, Sweet & Maxwell.
⑤ Leung T. C. William Roy v. Secretary for Justice [2005] 3 HKLRD 657.

◆ II ◆
性別の変更

II 性別の変更

5 性同一性障害特例法以前のトランスセクシュアルと戸籍上の性別変更──TS戸籍続柄訂正事件

〈日本〉①名古屋高等裁判所・1979（昭和54）年11月8日・決定
　　　　家庭裁判月報33巻9号61頁、判例時報955号77頁、判例タイムズ404号137頁
　　　②浦和家庭裁判所川越支部・1989（平成元）年5月25日・審判
　　　　判例集未登載（戸籍時報384号64頁解説参照）
　　　③水戸家庭裁判所土浦支部・1999（平成11）年7月22日・審判
　　　　家庭裁判月報51巻12号40頁
　　　④東京高等裁判所・2000（平成12）年2月9日・決定
　　　　高等裁判所民事判例集53巻1号79頁、判例時報1718号62頁、判例タイムズ1057号215頁

〔國分典子〕

●事実概要

4つの事例はいずれも性別自認*やいわゆる性転換手術*に基づき、戸籍上の性の変更を求めたものである。

①では、申立人（＝抗告人）X1とその妻の間に生まれ、出生時、男と診断されたので二男として届出された本人Aにつき、「元々いわゆる半陰陽で、長ずるに従い女性の特徴が顕著となり、この際性転換手術をうけて外形的にも女性となった」としてX1が続柄を「長女」とすることを求めた。しかし、原審（名古屋家裁1979（昭和54）年9月27日審判）が、鑑定によれば「染色体検査、骨盤エックス線検査、診断所見によっても本来正常な男性で…、外見上女性型を示しているにすぎない」として申立を却下したため、「可能な限りの手術に因り性転換を遂げ」、男性としての生理的特徴も喪失し性格も女性化しているとして抗告が行われた。

②では、1970（昭和45）年に婚姻して夫として生活をし、2人の子供のいるX2が、1979（昭和54）年ごろから女装したり、女性ホルモンを投与するようになって次第に外形的にも性格上も女性らしくなり、1987（昭和62）年には外国で男性性器を除去し、外形上は女性性器の形状をとる手術も行って、日常生活は女性であるので社会生活上支障があるとして、戸籍を「長男」から「長女」に訂正すること、また名を「K彦」から「H美」に変更することの許可を求めた。

③は、男性半陰陽で染色体上男性であったが、出生時に外陰部異常があったため医師と相談の上「長女」として届け出が行われ、3歳時には左側睾丸の除睾術と外陰形成を施されたX3の事例である。X3は成長するに従い体質的に男性であることがはっきりするようになり女性として扱われるのが苦痛となった。好きな女性もできこのままでは生きていけないと考え、本人の性別自認は一貫して男性であるとして、戸籍訂正の申立を行った。

④では、染色体上および外性器の構造上、男性として出生したが、自己の性別への違和感に悩み、25歳頃から何度も外国に行って精神療法やホルモン療法を受けた上、いわゆる性転換手術を受け、外性器を女性形にして外見的には女性として生活しているX4が、戸籍上の性別表記の変更を求めた。原審（東京家裁八王子支部1999（平成11）年8月9日審判）は戸籍の性別記載が当初から不適法または真実に反する場合に当たらないとして戸籍法113条による戸籍訂正を認めなかったため、原審判の取消を求めて抗告が行われた。

決定・審判要旨

①では、「人間の性別は、性染色体の如何によって決定されるべきものであるところ、…鑑定書によれば、…本人…の性染色体は正常男性型であるというのであるから、同本人を女として認める余地は全くない」として、戸籍訂正申立を却下した原審判は「正当である」とした。

②は、続柄訂正について、人間の性別は最終的には性染色体の如何で決定されるべきところ、本件では結婚生活により子供も成しており、もともと医学的には男性であった者が手術、ホルモン注射によって外見上女性に見られるに至ったことが明らかであるから、性染色体の如何について鑑定の結果を待つまでもなく、もともと男性であることは明らかであるとし、戸籍上男性であると社会生活のうえで支障があることは認められるが、「戸籍における性別は、身分関係を確定かつ公証する上で極めて重要な公的機能を有し、仮にも本件申立を認容すれば、…子供との関係が重大な混乱を来すことになるなど上記機能を失わせる結果になることは明らかである」として、戸籍制度の上での救済には「限界がある」とした。

また、名の変更についても、「名は、本来個人を表象する記号であり、個人の同一性確認を可能ならしめる手段たる機能を有し、当該個人については、その名が社会的通用性を持つにいたることになる。それゆえ、一旦付けられた名の変更については、個人の自由に委ねず、むやみに変更しないで終始一貫性を保たせて、呼称秩序の維持を図らねばならないという一般社会側の要請と…個人の自由ないし幸福追求の要請のうち、前者を犠牲にするに値するほどの必要性がある場合に戸籍法所定の『正当な事由』があるということになる」と述べた上で、本件のように外見上女性であるというだけでは、「正当な事由」にあたらないとした。また本人が「不便を感じるとしても」それは「主観的感情にかかる部分が大」きく、「男性である以上、客観的な受任限度の範囲内である」とし、「男性であるか女性であるかは、法律的関係、医学的関係及び社会的関係などにおいて、重大な区別を有している重大事項であるところ、客観的に男性であるにもかかわらず、女装し、身体的にも女性的外観を呈している場合、前記の各関係において、その事実を誤認し、重大な混乱を引き起こすおそれがあり、簡易にその事実を証明するには、公的認証力を有する戸籍さらには名において区別するほかない」と述べて、変更を認めなかった。

③では、認定事実から、性染色体が46ＸＹで「本来の性は男性であること」、左側の除睾術と外陰形成を施されたが、その後、右側の除睾術は施されておらず、「性別自認は一貫して男性であり、男性か女性かについての揺らぎは今後はみられることはなく、妊孕性はないものの性器の手術等により男性としての性行動が可能であることが認められる」とし、「そうすると申し立て人が女性であることを前提とする戸籍の記載は真実に反するものであるというべきである」として戸籍上の性別変更を認めた。

④では、医師の証言等から「性転換手術以外に他に執るべき手段がなかったかについては疑問を挟む余地がある」とし、しかしその点を「さて措き、現行の法制においては、男女の性別は遺伝的に規定される生物学的性によって決定されるという建前を採って」いるとして本事案は戸籍法113条の「法律上許されないものであること又はその記載に錯誤若しくは遺漏があること」に当たらないとして、変更を認めなかった。なお本審判は、「付言するに」として、性同一性障害に苦しむ者が「相当数」いることを指摘し、立法的な解決の必要を示唆している。

評 釈

ここに取り上げるのは、いずれも本人の望む性別と戸籍上の性別が異なるので戸籍の記載訂正を申請したという事例である。これについて、

II 性別の変更

裁判所の判断基準は実に明快で、「戸籍上の性別は性染色体の別によって決められる」というものである。この結果、戸籍法113条による記載の訂正が認められたのは、③の事例のみであった。こうした判断に対しては、戸籍法113条は不適法、錯誤、遺漏のある場合の戸籍の訂正を認めるものであるが、その対象となる事項について明文があるわけではないことから性同一性障害をその対象事項に含めることも可能なのではないかという意見もある（渡邊61頁）。

性同一性障害*については2003年に「性同一性障害者の性別の取扱いの特例に関する法律」（→Column 3参照。以下、特例法とよぶ）ができ、社会的にもかなり認知されるようになってきた。また同法が一定の場合に性別変更を認めたことによって、今日では上記の判断基準はすでに崩れたともいえる。但し、法律上「性同一性障害」とされるのはあくまでこの特例法の概念に該当する者だけであるので、医学的な意味での性同一性障害よりは限定される。さらに医学的に「性同一性障害」と判断されるか否かと、本人がどう感じているかは必ずしも同じではないのであるから、自らの「身体と心の性の不一致」に基づきいわゆる性転換手術を望む者（＝トランスセクシュアル）は医学的意味での「性同一性障害」より広い概念であり、特例法でトランスセクシュアル*の問題がすべて解決できるわけではない。また諸外国では、立法を待たずに判例で対応している例もあり、④の判旨のいうように本当に立法を待たなければ解決できない問題であるかどうかは疑問の残るところでもあるし、かれらがマイノリティに属することを考えると、これを立法における多数決民主主義のプロセスのみに委ねてよいのかという問題もある。

自らの望む性を生きたいというのは、憲法では13条に関わる問題であると考えられる。13条についての学説は多岐にわたるが、ごく大まかにまとめると、前段の個人の尊重と、後段の生命、自由、幸福追求権を分けて考える説(I)、後段を前段と結びつけた上でその権利性を認める説(II)に分かれ、さらにIIで幸福追求権の性格づけを考えるに当たり、これをあらゆる生活領域に関する行為の自由とみる説（一般的行為自由説）、個人の人格的生存に不可欠な利益を内容とする権利の総体と捉える説（人格的利益説）等がある。Iによれば、個人の尊重は「個人の自律を保障する『切り札』としての人権」と捉えられ、これには後段の公共の福祉による制限は及ばず、また国家が人間を非人間的に扱う場合に直接的に効力をもつとされる。「切り札」としての人権に何が入ってくるかは個別具体的な検討が必要と考えられているが、ここで扱うような個人の生き方そのものに関わる事案が含まれる可能性は高い。一方、通説的立場であるIIによれば、性の選択問題は一般的行為自由説でも人格的利益説でも幸福追求権の射程に入るものと考えられるであろうが、13条の文脈上、公共の福祉による制限との関係が問題になる。いずれの説に立つにせよ、13条から引き出されるどのような種類の権利の問題となるのかが検討されねばならない。

幸福追求権の具体的中身については、人格的利益説の立場が詳細に論じ、「内実である人格的利益は、その対象法益に応じて、①生命・身体の自由、②精神活動の自由、③経済活動の自由、④人格価値そのものにまつわる権利、⑤人格的自律権（自己決定権）、⑥適正な手続的処遇をうける権利、⑦参政権的権利、⑧社会権的権利、などに類型化することができる」（佐藤幸治1995『憲法（第3版）』（青林書院）449頁）といった説明をする（分類は論者によって異なる）。性の変更が性の「選択」の問題であるとすれば、上記の分類では⑤に関わる問題と捉えることができよう。

この「選択」は、より具体的には(1)「自己の身体を自らの性自認に合わせて変える権利」と(2)「自らの性自認に従って自己の性を決定する権利」という2つの面を有する。自己決定権をどのように捉えるかには諸説あるが、仮に「人

5　性同一性障害特例法以前のトランスセクシュアルと戸籍上の性別変更

格的生存に不可欠」といった絞りをかけるとしても、(1)は「生命・身体の処分にかかわる事柄」、(2)は少なくとも「ライフスタイルの自己決定」(芦部信喜説)や「その他の事柄」(佐藤幸治説)としてその範疇に入るかと思われる。「ライフスタイル」や「その他の事柄」を人権としてどこまで保障するかには議論がある。しかし(2)はなかでも「人格の核」(佐藤)により近い重要なものと位置づけられよう。

(1)に関しては、自己加害阻止原理に基づく介入をどこまで認めるかという問題がある。判例では「性転換手術以外に他に執るべき手段がなかったか」というパターナリスティックな配慮に言及し、特例法でもセックスとジェンダーの不一致があることについて医師の診断を必要とすることで、不可逆的な手術による自己加害を阻止するための配慮が行われている。「生命・身体の処分に関する自己決定」が生命倫理上、慎重な対処を必要とするとはいえ、一般に身体の処分については生命の処分よりは幅広い自由が認められると捉えられてきたことを考えるならば、判例および特例法は性の処分について一般的な身体の処分の枠組を超えて、生命の処分の場合に匹敵する介入の必要性を考えているようである。

一方、(2)の権利は、自己加害の点からすれば身体処分の自己決定よりも問題なく認められそうであるが、これについては、自己自認としての性自体、自由に選ばれるものではなく、本人の自由な意思に関係なく決定されているものだから自己決定権の範疇の問題ではないとの指摘がある。しかしそうであったとしても、最終的に染色体による性別をもって戸籍上の性別とするか自己自認に基づく性をもってそれとするかは自らの意思に基づく選択であるから、その点では自己決定権の範疇で捉えることができるのではないか。これを自己決定の範疇で捉えないとすると、戸籍上の性の決定に際し、自己申告のみではなくその申告の妥当性に関する客観的証明が必要とされる。判例および特例法は正にその客観的証明を要求するものとなっており、その意味では制度的には自己決定権の範疇で捉えていない。しかしそのために、その証明の過程で今度は性の自己自認が第三者の検討の対象になるという状況に当事者はおかれる結果となる。これは13条に基づく個人情報コントロール権としてのプライバシーの権利(上記佐藤説では④の範疇に入る)に触れる問題でもある。

プライバシーの権利に関連しては、そもそも戸籍に性を記載すること自体問題があるとの指摘もある。判例は生物学的性に基づく性別記載を「身分関係を確定かつ公証する上で極めて重要」で社会的「混乱」を招かないために必要であるとするが、一方では、「見た目と戸籍上の性が異なるほうが社会的混乱を招く」との意見もあり、具体的にどのような混乱を引き起こすことが問題なのかはより詳細な検討の必要がある。今日のジェンダー論では、染色体による男女の別、性器の形態による男女の別などは当該社会のなかで立てられた区別のひとつの基準にすぎず、これも結局はジェンダーのなかで捉えられる問題なのだという見方もされていることを考えるなら、染色体に基づく性別情報の公開が必要なものかどうかは今日改めて問われるべき課題である(→本書6参照)。

とはいえ、現状の戸籍制度に基づいて考える場合、性別の変更は身分関係上、2つの問題を生ずる。第1に、異性間の婚姻を前提とする日本の婚姻制度上、既婚者の性別の変更は既存の夫婦関係に影響を与える。第2に、親子関係において、既に法的に確定された親子関係では親の性の変更を認めると母ないし父が2人になるという問題が起こり、認知されていない親子関係では性別変更後認知する場合に父であるか母であるかが性別の変更に伴って変わるのか否かという問題が起こる。4つの事例についてみると、同じく申請の認められなかった①②④の間でも、当初男性として生活して子どももいた者が次第に女性としての生活を求めるようになったとされる事例②では、この2つの点で①や④

Ⅱ　性別の変更

II 性別の変更

とは異なる特殊性がある。この2点について特例法は、「現に婚姻をしていないこと」、「現に未成年の子がないこと」(「現に子がないこと」としていた従来の要件を2008年6月の改正で緩和)を性別変更の条件とすることで一定の限界を設けた。しかし性別変更後に、変更前に生まれた子の認知の問題が起きた場合にどうなるのかについては必ずしも明らかではない。

トランスセクシュアルの問題は戸籍法の基礎にある家族観の問題性を明るみに出す性格をもっている。その家族観とは、生殖を念頭におき生物学的性を土台とした異性間婚姻、それによって形成される夫婦および親子関係である。ジェンダー論ではその土台そのものに疑念が呈されるため、戸籍法の家族観全体が揺らがざるを得ない。特例法はあくまで現在の家族制度の枠組のなかで特例を認めようとするものであるが、その結果当事者には種々の条件が課される。簡単に従来の家族観を変更することは困難であるとはいえ、こうした局部的な対応で制度的な整合性を図ることには限界がある。考えてみれば、通常は染色体検査もなく戸籍登録が行われていることに鑑みれば、現行制度が生物学的性に基づくものであるとも言い難い。また上述のように特例法によって生物学的性による性別は法的にも崩れ始めた。その一方、いわゆる性転換者の性の変更を認めるとしても、その者が異性愛者とは限らないのであるから、性の変更と日本の婚姻制度上の問題は、そもそも別次元の問題として議論すべきであるともいえよう。

なお、名の変更について、上記判例は性別変更と連動させて厳格な判断をとっているが、学説は、名の変更は氏の変更に比べて厳格性の程度が低いこと、トランスセクシュアルで手術を行ったものについて戸籍法107条の2に基づく「正当の事由」があると認めても他の理由による名の変更と比べてバランスを失しないこと(大村(上)62頁)、男女の性別に即した名称を付けるという名前についての社会の伝統的価値観が変化してきていること等から、従来、変更を認める傾向にある。名を判例のいうような単なる「記号」ではなく個人のアイデンティティに関わるものと見るならば、「一般社会側の要請」と、「個人の自由ないし幸福追求の要請」のうち前者を優先する判例の捉え方は前述の憲法13条の議論から見て問題のあるところといえよう。

[2008年8月4日脱稿]

【参考文献】

①の評釈
・大島俊之1983「性転換と戸籍訂正」法律時報55巻1号202-206頁

②の評釈
・村重慶一1990「戸籍訂正と名の変更―性転換者の場合」戸籍時報384号64-66頁

③の評釈
・村重慶一2000「『長女』を『長男』とする戸籍訂正が許可された事例」戸籍時報519号53-54頁
・田中恒朗2000「実父母との続柄欄の『長女』を『長男』とする戸籍訂正を許可した事例」『平成11年度主要民事判例解説』(判例タイムズ臨時増刊1036号)170-172頁
・澤田省三2000「ピックアップ判例戸籍法�59 戸籍訂正許可申立事件」戸籍708号23-29頁

④の評釈
・村重慶一2001「性転換手術を受けた者の性別に関する戸籍訂正」戸籍時報535号41-42頁
・石井美智子2001「いわゆる性同一性障害の治療としての性転換手術を受けた場合に、戸籍法一一三条による戸籍訂正が認められなかった事例」『平成12年度主要民事判例解説』(判例タイムズ1065号)168-169頁
・大島俊之2001「性別適合手術(性転換手術)を受けた者の戸籍上の性別表記の訂正の可否」年報医事法学16号286-290頁
・大島俊之2001「性同一性障害と戸籍訂正」法律時報73巻3号114-117頁
・大島俊之2006「性同一性障害と戸籍の訂正」『医事法判例百選』(別冊ジュリスト183号)232-233頁

・大島俊之2002『性同一性障害と法』(日本評論社)
・渡邊雅道2000「性同一性障害と戸籍訂正、名の変更」判例タイムズ1027号56-64頁
・澤田省三2000「『性転換』をめぐる若干の法的問題(上・下)―埼玉医科大学における性転換手術の実施を機縁として―」判例時報1692号28-35頁、1693号14-20頁
・大村敦志1995「性転換・同性愛と民法(上・下)」ジュリスト1080号68-74頁、1081号61-69頁
・嶋崎健太郎2004「個人の尊重 性同一性障害者問題」法学セミナー593号10-12頁

Column 2

ブルーボーイ裁判とは何だったか

1964年、ある医師が3名の「ブルーボーイ」に対して睾丸摘出手術を行った。この件と友人へ麻薬を譲渡した件をあわせ、その医師は1965年に、それぞれ優生保護法（当時）・麻薬取締法違反のかどで起訴された。東京地裁は懲役2年および罰金40万円（執行猶予3年）の判決を言い渡した。量刑は、優生保護法についてはさまざまな事情を斟酌の上で罰金刑のみに相当するとの判断が下された一方、麻薬取締法違反については事案の悪質さから、懲役2年執行猶予3年および罰金が科せられることになった。

裁判所は本件の手術（いわゆる「性転換手術*」）が正当な医療行為であるという被告人側の主張に対して、性転換手術が治療行為性を有するか、本件手術が治療行為にあたるかを審査し、前者を肯定的に解した。後者に関しては、精神医学的・心理学的検査や一定期間による経過観察がない、患者の家族関係・生活史などの生活環境調査がない、専門を異にする複数の医師による手術適応の判断と能力がある医師による実施ではない、カルテの作成・保存がない、被手術者の手術の危険性の理解能力の確認・配偶者の合意などがないという理由から、本件手術は正当な医療行為にはあたらないと結論づけた。また、幸福追求権の侵害に基づく優生保護法28条の違憲性についても争われたが、同条そのものの違憲性は否定された。当裁判の証人および鑑定人をつとめた堀内秀（筆名なだいなだ）は、当裁判を描いた中編小説『クヮルテット』を発表している。

被告人は控訴し、1970年に控訴審が行われた。正当な医療行為ではなかったとする裁判所の判断が事実誤認であることと、優生保護法28条の適用の誤りについて被告人は争った。しかし、東京高等裁判所は控訴を全面的に棄却し、判決が確定した。

この裁判に関して、法学では次のような議論が行われてきた。(1)第28条の解釈論として「故なく生殖を不能」が目的犯的性格だけを規定するのか、それとも客観的結果まで含むのか、(2)傷害罪の違法性阻却ができるか、(3)治療行為として不可罰にあたるか、(4)公序良俗違反にあたるか、である（黒田隆史『法とセクシュアリティ』1号）。このようにブルーボーイ裁判に対する法学的関心は、もっぱら刑事法的関心、優生保護法や傷害罪の適用にあったと考えてよい。

しかし、本件の裁判録を閲覧する機会に恵まれ読んでみたところ、刑事法的関心を大いに超えた議論が法廷で行われていたことを知り驚いた。検察官・弁護人・裁判官の主要な関心事は、優生保護法や傷害罪の適用ではなく、K. ヤスパースの実存主義やM. ボスの人間学に依拠しながら、証人ブルーボーイの「恋愛的世界内存在」を「了解」することであった。より具体的にいえば、医師の手術によってブルーボーイが「幸福」を実現できたかどうかを、法廷では支持的に質問されていたのである。

(弁護人) この手術を受けたことによって、後悔どころか非常に幸福に日を送っているということですか。
(証人C) ええ、もちろんです。私の本当の気持ちは、もし子供が生めるなら、そういうことが可能なら、そういう手術までしたいと思ってる位です。
(検察官) 親きょうだいの言うこと〔手術を叱ったこと〕も勿論無視できないにしても、あなたも大人ですから、あなたの本当の気持ちはどうなんですか。
(証人A) 現在は幸せです。
(証人A) 先生に手術してもらって幸せになった方もいるということも聞いております。
(検察官) 幸せというのは
(証人A) 完全なる女性として堅気の仕事をして女の人と一緒にふろに入ったりできると、そういうふうに幸せだと言うことを聞いております。（証人尋問速記録より）

ところで小説『クヮルテット』は、「幸せ」をめぐる証人尋問を冒頭に置き、ふらりと訪れた傍聴人がそのやりとりを聞くところからはじまる。その後も読者に何度も「幸せ」の定義を問いかけるあたり、なだ自身も当裁判の中心論点が「幸せ」であったと捉えていたように思われる。

「『あなたは、現在、しあわせですか。』（中略）それが、私の耳にした、この裁判に関する最初の発言だったのです。（中略）変な質問だ、私はそう思って顔をしかめました。」
（『クヮルテット』より）

しかし記録として残った判例では、この議論はすべてそぎ落とされている。判例研究でも「幸福追求権」をめぐる議論はごく軽く触れられるにとどまっている。そもそも本裁判に刑法学者が食指を動かすのは、その研究を見ればわかるとおり、優生保護法が初めて適用されたという「新鮮さ」のためである。

「判例」が掻き消してしまった「幸せ」に関する法廷での議論。しかし現代のわれわれが学ぶべきことは多い。たとえば、ボスの人間学の見地から「了解的」に手術の必要性を理解する姿勢は、のちに性転換手術を「救済治療」の1つとして捉える立場に似ている。現代のわれわれには、性の幸福追求をどのような具体的権利として定位していくかという大きな課題が存在するが、ブルーボーイ裁判は何度も振り返るべき1つの原点として、今なお新鮮さを失わない。

尋問速記録は『法とセクシュアリティ』3号で読める。

（石田　仁）

II 性別の変更

Ⅱ 性別の変更

6 インターセクシュアルの戸籍上の性別変更
—— IS戸籍続柄訂正事件

〈日本〉札幌高等裁判所・1991（平成3）年3月13日・決定
家庭裁判月報43巻8号48頁

〔清水雄大〕

●事実概要

Xは、1988年1月2日、外性器の形態から性別を判定することが困難な状態で出生した。A医師（産科）は、当初性別判定を留保していたが、性染色体が46XYであるとの検査結果が得られると、出生届をなすべき期限（14日以内。戸籍法49条1項）が迫っていたことや、出生届を出さなければ保険医療が受けられないことを考慮し、出生証明書の性別欄に「男」と記載し、これをXの父に渡した。Xの父は、男女いずれでも通用する名前を命名し、同月16日に出生の届出をした。

排尿障害のあったXは、治療のために4月25日から他の病院に入院し、B医師（泌尿器科）により次のような診断が下された。①外性器からは性別が判定できない（生殖隆起は女性型で男児が有する尿道海綿体が欠如している）。②内性器は精巣で、明らかな子宮・膣は認められないが膣前庭・膣遺残があり（膣形成の際の開口部となりうる）、尿道は女児としての長さを有する。③排尿障害は相当重度で、人工的間欠的にカテーテルを外尿道口から膀胱へ通して導尿をしなければ生命の危険があるところ、そのためにはXの女児としての尿道長を生かして外性器を女性型に形成することが最適である。④他方、現在の医療水準からすると、男性型の外性器形成は極めて困難であり、仮に形成しても性交機能を有するものは形成できないし、そもそも形成された尿道にカテーテルを通すことは困難である。⑤したがって、Xの生命を維持するためには、女性型の外性器を形成した上、女性として養育することが必要不可欠である。

B医師は、今後Xを女性として養育していくことについてXの父母と合意した上で、5月16日にXの精巣を摘除する手術を実施し、今後、膣形成術、女性ホルモン補充療法等を段階的に行う方針である。Xの父母は、すでにXを女性として養育しているところ、戸籍上の記載を養育の実態と合致させるため、B医師の勧めに従い、戸籍訂正許可の申立てをした（戸籍法113条）。

原審（札幌家小樽支審1989（平成元）年3月30日、家月43巻8号62頁以下参照）は、次の通り判示して申立てを却下した。Xは、「その性染色体、生殖腺、内性器の形態等からみて、そもそも男子として出生したものであることが明らかであり、……現在、性染色体はもとより、その他においても女性として何らかの身体的特徴を備えている訳ではない」。これに対してXが即時抗告したのが本件である。

●決定要旨

原審判取消。Xの続柄欄に「二男」とあるのを「長女」とする戸籍訂正を許可。

(1)現在の医学によれば、性染色体がXX・XYいずれの構成をとるのかが決定されると、それに従い性腺が卵巣・精巣に分化し、その性腺の働きにより内性器や外性器がそれぞれ女性型・男性型へと分化する。したがって、正常な性分化が行われる場合、①性染色体、②内性器の形態、③外性器の形態、④ホルモンの分泌について、いずれも男性型あるいは女性型を示す

ものであって、性別判定に特段問題を生じない。しかし、性染色体の異常、ホルモンの異常、発生障害その他の原因により性分化に異常を来した場合、上記①〜④について、あるものは男性型であるが、他のものは女性型を示すという場合が起こりうる。

(2)「このような典型的な男性にも女性にも属さない場合（医学上は「間性」と呼ばれる。）、その性別を何を基準として決定するかについては、かつては医学上においても性染色体の構成を唯一の基準として決していたが、次第に性分化の異常に関する症例報告が増え、研究が進展するに従い、性染色体のいかんは唯一、絶対の基準ではないとされるようになり、現在の医療の実践においては、外性器異常を伴う新生児が出生した場合、異常の原因、内性器、外性器の状態、性染色体の構成のほか、外性器の外科的修復の可能性、将来の性的機能の予測等（これらの要素を考慮するのは、外性器異常を生涯にわたってもつことのハンディキャップ及び劣等感が甚大なものであるからである。）を慎重に勘案し、将来においてどちらの性別を選択した方が当該新生児にとってより幸福かといった予測も加えたうえで性別を決定し、その決定に基づいて外性器の形成、ホルモンの投与その他必要な医療上の措置がなされるという扱いが定着するようになってきている。そして、このような医療の実践が社会通念、国民感情に照らして容認し難いほど不相当であると断ずることはできない。」

(3)本件においてB医師は、性染色体はXY（男性型）であるが外性器異常を伴うXについて、①Xの外性器を男性型に形成することは極めて困難であり、「それにもかかわらずXを男性として養育した場合、Xが外性器の形態の異常及び機能障害を有することによって受けるハンディキャップ、劣等感は甚大なものであること」、②Xには膣前庭・膣遺残があり、膣形成の際の開口部になりうること、③何よりもXは生命にも関わる重篤な排尿障害を負っており、治療のために間欠的な導尿が必要であるが、「そのためにはカテーテルを形成された尿道に通すことは困難で、Xの現在の女児の長さを有する尿道を維持することが必要であることなどの事情があるため、Xを男性ではなく、女性と判断したものである（B医師は、このような判断に基づき、その後Xの父母の同意のもとにXの精巣を摘除した。従って、今後Xの外形が男性化することはない。）。そして、Xの性別判定に関する上記B医師の医療上の判断が不相当であるということはできない。」

(4)「以上説示したところによると、Xは女性でありながら、その戸籍には筆頭者との続柄が「二男」と表示されていることが認められるから、本件戸籍訂正許可の申立ては相当として認容されるべきである。」

(5)「（付言するに、当裁判所の上記見解は決して恣意的な性転換による戸籍訂正を認めるものと解されてはならない。本件においては、Xの性別は、医師により純粋に医療上の見地から女性と判定されたものというべきであって、その間にXあるいはその父母の恣意が働く余地は全くなかったものであるうえ、本件は確定した性別を他のものに故意に転換するというものではなく、いわば「性別が未確定」の段階であるのにもかかわらず、医療上の誤った報告に基づいてなした出生届出事項を後日判明した正しい性別に訂正するというのにすぎないものである。……）」

● 評　釈

1　問題の所在──インターセクシュアルと戸籍上の性別

日本国内で子が生まれると14日以内に出生の届出をしなければならないが（戸籍法49条1項）、出生届には「子の男女の別」を記載しなければならない（同条2項1号）。また、出産に立ち会った医師等は、出生証明書を作成して出生届に添付しなければならないが（同法49条3項）、この証明書にも子の性別を記載する必要がある（出生証明書の様式等を定める省令1条1号）。通

II 性別の変更

常、外性器の形状で男女の別が判定されることとなるが、時としてそれのみでは性別判定が困難な状態で出生することがある――外性器に通常とは異なる特徴を有するインターセクシュアル*が生まれてきた場合である。

このような場合、性別欄を空欄にして届け出たとしても「特に重要であると認める事項」を記載しないものとして本来戸籍係は受理できないと解されているが（戸籍法34条2項）、戸籍先例上、性別判定不能である旨が出生証明書および出生届に記載されていれば受理が認められる（戸籍法34条1項、1960（昭和35）年5月25日民二発210号法務省民事局第二課長回答、1948（昭和23）年12月1日民甲1998号（7項）法務省民事局長回答）。かかる手続を経て記載された戸籍の続柄欄（戸籍には性別欄は存在せず、続柄欄で性別が判断される）は空欄となるが、後に検査や手術等を経て性別を確定させ、追完の届出をすることとなる（戸籍法45条。もっとも実際には続柄が空欄のままの当事者も存在するようである（セクシュアルマイノリティ教職員ネットワーク編著2006『セクシュアルマイノリティ［第2版］』（明石書店）25頁）。

これと異なり本件は、Xの父母・A産科医双方ともかかる手続方法を知らなかったため、届出の期限が迫る中、主に性染色体を基準として男と届け出てしまったケースである。

このように一旦記載されるに至った戸籍上の性別に対して、その後、当事者の身体がそれとは異なった性別として成長していった場合、あるいは異なる性別の者として生きていこうと自ら望む場合や、本件のように異なる性別の者として養育される場合、果たして戸籍上の性別を変更することは可能なのかが問題となる。

2 判例の動向と本決定の位置づけ

この問題について、現在筆者が入手可能な裁判例は、戸籍の記載に「錯誤」（戸籍法113条）があったものとして性別変更（続柄記載の訂正）を認める状況にある（㋐富山家審1957（昭和32）年4月17日、家月6巻4号68頁、㋑福井家審1958（昭和33）年8月21日、判例集未登載（田中加藤男1967『先例戸籍訂正法』（日本加除出版）183頁）、㋒東京家審1963（昭和38）年5月27日、判例集未登載（同前184頁、田中加藤男1967「戸籍訂正に関する諸問題の研究」『司法研究報告書』16輯3号256-257頁）、㋓浦和家越谷支審1997（平成9）年7月22日、判例集未登載（後掲文献②74-75頁）、㋔新潟家審1999（平成11）年1月25日、判例集未登載（後掲文献②75-76頁）、㋕水戸家土浦支審1999（平成11）年7月22日、家月51巻12号40頁）。

こうした判例動向にあって、時期的には上記裁判例㋒と㋓の間に位置する本決定の原審は、性別変更の申立てを却下した唯一のケースであった。これに対して、その抗告審である本決定は、原審判を取り消し、結論としては大方の判例に則して、性別変更の申立てを容認したものである。

3 本決定の意義と限界
(1) 意 義

本決定の意義は、高裁レベルとして初めてインターセクシュアルの性別変更を容認したものであり、数少ない判例集登載ケースであることに認められるが、より特筆すべきは、その結論を導き出した性分化のメカニズムに関する医学的知見（本決定は「間性」と称しているが、近年、医学上の用語としては「性分化疾患(disorders of sex development : DSD)」と称することが多くなっている。）の認定の妥当性である（決定要旨(1)(2)）。

本決定が「性染色体のいかんは唯一、絶対の基準ではない」と明示していることは重要である。本件のXのように、遺伝子レベルでは男性型（46XY）のインターセクシュアルであっても女性への性別変更の可能性を開く（むろん逆もしかり）ということばかりでない。むしろ、人間の生物学的性別は、必ずしも明確に二分されない不明確・あいまいなものであるという点が示唆されていることが重要であろう。こうした性分化に関する理解は、本決定が性別決定の

要素として「将来においてどちらの性別を選択した方が当該新生児にとってより幸福かといった予測」といったものをも含めていることからもうかがえるように、より柔軟で当事者の立場に立った性別決定およびその変更を可能とする素地を提供する。

本決定後に出された前掲裁判例㊃は、本決定と同じく性染色体がXYの者につき女性への性別変更を認めた。また、裁判例㊆は、本決定を引用した上で、性の決定には「心理的傾向がいずれの性に近いか」をも加えた総合判断が必要であるとして性別変更を認めた（後掲文献②43頁）。いずれも本決定の影響を少なからず受けたものと見られる。

(2) 限界1――トランスジェンダー*との断絶

上述した本決定の性別観は、「人間の性別は、性染色体の如何によって決定されるべきもの」（名古屋高決→本書5①）などとして性別変更を拒まれてきたトランスジェンダーにも波及する可能性を秘めているものである。だが本決定は、「付言するに」として明示的にそれを阻止する（決定要旨(5)）。

しかし、インターセクシュアルとトランスジェンダーは、性別変更の許否という場面においてさほど異なる状況にあるとはいえない。一例として、本件のXのように非典型的な外性器をもって生まれ、その後、内・外性器の手術やホルモン療法を行い女性として生活するインターセクシュアルと、外性器を含めて通常の男性として出生したが、その後女性として生きたいと望み、内・外性器の手術やホルモン療法を行い女性として生活するMTFトランスセクシュアル*とで、いかなる違いがあるのであろうか。本決定に言わせれば後者は「恣意的な性転換」ということになろうが、（本決定後に急速に医療実践が発達した）性同一性障害という障害区分の治療としての性別適合手術であるならば、もはや「恣意的」と評することはできない。本件でB医師が行ったXは女性であり女性として生きていくべきであるとの診断（決定要旨(iii)）

は、MTFトランスセクシュアルが女性として生きていくべきであるという性同一性障害の診断とパラレルに位置づけることができるはずである（同旨の主張は性同一性障害特例法の制定以前からなされていた（大島俊之2002『性同一性障害と法』（日本評論社）62-63頁ほか参照））。

このように本決定は、「付言」という自らの意識的な限界付けにもかかわらず、トランスジェンダーの性別変更へと広がりをみせるべき議論を内包していたが、その後の判例法理で発展をみせていないことは極めて残念である（→本書5参照）。

(3) 限界2――憲法論の欠如

かかる発展をみせなかったのは、本決定が、戸籍記載の「錯誤」を問題として「本来の性」（後掲文献⑥170頁）を認定するという、いわば戸籍法上の小手先の議論に始終しており、憲法論の視角を欠いていることと無関係ではないように思われる。

性的マイノリティのみならず、およそあらゆる人にとって、自らの性別自認*に従って生きていくことは（現行のジェンダー秩序社会において）人格的生存に不可欠な事柄であろう。憲法学の多数説は、人格的自律説か一般的自由説かといった学説内部の対立こそあれ、個人の尊重や幸福追求権を定める憲法13条から自己決定権が導出されることを承認している。そこで議論されている性や生殖に関する自己決定権（セクシュアル／リプロダクティブ・ライツ）ないしライフスタイルの自己決定権といった観点からすれば、ある者が自らの性別自認に適合しない性別として法制度上取り扱われているとしたら、その者の自己決定権に対する直接的かつ実質的な侵害にほかならない。自らの性別自認に基づく性別への変更を求める申立ては、基本的にすべて認容されるべきであって、それを阻む法令ないし不許可審判に対しては、相当厳格な基準をもって違憲審査されるべきである（これに対して、性同一性障害特例法のいわゆる5要件に関して安易に広い立法裁量を是認した→本書7参照）。

Ⅱ 性別の変更

(4) 限界3──性別二元論・ジェンダー秩序の再生産

本決定が性別判定の要素として「将来においてどちらの性別を選択した方が当該新生児にとってより幸福かといった予測」を加えていることは、一見上記憲法論と適合的であるかのように思われるが、それはあくまでも医師や家族による「予測」にすぎず、本人の性別自認こそが尊重されるべきことは銘記される必要がある。すなわち、本件における性別変更の場面には、X本人の意思はどこにも存在しない──そこにあったのは、ⓐ生後14日で男女の振分けを要求する戸籍法、ⓑ性染色体を基準として男性と判定したA医師の診断、ⓒ生命維持に必要な導尿のためには女性としての尿道長を生かすのが最適であり、その尿道長を基準として外性器・内性器・ホルモンバランスも女性のそれに合わせるべきだとするB医師の診断、ⓓそのB医師の診断を是認して女性として育てようとしている両親の決意、そして、ⓔB医師や両親の主張を受け入れた裁判所の決定、である。X本人は当時幼児であったとはいえ、そこには、たとえ非典型的な外性器を持っていても、男性として──あるいは男女どちらでもない者として──生きることを本人が望むかもしれないという「予測」は存在しなかった（前掲裁判例㋕が、非典型的な外性器をもって生まれ、医師と両親の相談により女性として出生届をされ育てられてきたインターセクシュアルにつき、28歳にして男性への性別変更が認められた事例であることは示唆的である）。

このように見ると、本決定は明らかに性別二元論・ジェンダー秩序を再生産する装置の一部として機能している。むろん、本決定の有する性別変更に関する先例としての価値は否定し得ないし、いわば「中途半端な」性別の者が生活することやその者の養育が困難であるという現実もあり、「医師が行った一連の処置を前提とする限り」（後掲文献①137頁）本決定の結論は妥当とする見解も首肯し得る。しかし同時に、本決定に対しては、「中途半端な」性別の者の出現を許さない法・医療・社会が人を男／女へと強制的に振り分けている現状を追認するものであるとの批判的視座を持ち合わせることも忘れてはならないだろう。少なくとも現行法上の対応としては、上述のように性別を空欄として届け出た上で、本人が意思決定可能な年齢となるまではできる限り不可逆的な手術等を避け、性別の取扱を自己決定に委ねるというのが望ましく（M. Diamond、H.K.Sigmundson（針間克己訳）2000「インターセックスの子どものマネージメントガイドライン」助産婦雑誌54巻2号35-41頁参照）、こうした対応こそ憲法上要請されると言わなければならない。

［追記］　本稿脱稿後、日本小児内分泌学会と厚労省研究班が「性分化疾患初期対応の手引き」をまとめたとの報道に接した（htth://jspe.umin.jp/）。本稿の観点からは、届出の追完が可能と周知されている点は評価できるが、「社会的性」を生後1ヶ月までに確定させるべきなどとしている点に疑問が残る。

【参考文献】

①　大島俊之1999「間性と性別表記の訂正」神戸学院法学29巻1号111-137頁
②　東海林保2000「いわゆる性同一性障害と名の決定事件、戸籍訂正事件について」家庭裁判月報52巻7号
③　村重慶一1992「戸籍訂正──出生児の性別訂正」戸籍時報411号50-52頁

前掲裁判例㋕の評釈として、

④　大島俊之2000「続柄『長女』を『長男』とする戸籍訂正を許可した事例」民商法雑誌123巻3号443-450頁
⑤　澤田省三2000「戸籍訂正許可申立事件」戸籍708号23-29頁
⑥　田中恒朗2000「実父母との続柄欄の『長女』を『長男』とする戸籍訂正を許可した事例」平成11年度主要民事判例解説（判例タイムズ臨時増刊1036号）170-172頁
⑦　村重慶一2000「『長女』を『長男』とする戸籍訂正が許可された事例」戸籍時報519号53-54頁
⑧　東優子・谷口洋幸2008「インターセックスの子どもたち」玉井真理子他編『子どもの医療と生命倫理』法政大学出版局

7 性同一性障害特例法の合憲性 ── 子なし要件違憲訴訟

〈日本〉①最高裁判所第3小法廷・2007（平成19）年10月19日・決定
　　　　②最高裁判所第1小法廷・2007（平成19）年10月22日・決定
①②とも家庭裁判月報60巻3号36頁

〔二宮周平〕

●事実概要

①事件抗告人・申立人A（申立て当時46歳）は、戸籍上の性別は男性であり、2001年に離婚し、2006年に女性への性別適合手術*を受けている。②事件抗告人・申立人B（申立て当時51歳）も、戸籍上の性別は男性であり、2003年に離婚し、2005年に女性への性別適合手術を受けている。A・Bともに、離婚した妻との間に1児をもうけていた。

Aは、2006年11月13日、奈良家裁に対して、性同一性障害*者の性別取扱いの特例に関する法律3条1項3号の「現に子がいない」という要件は、憲法13条、14条及び25条に違反し無効なものであるとして、性別の取扱いを男性から女性に変更する審判を求める申立てをした。2007年3月30日、奈良家裁は、当該要件は、「親子関係など家族秩序に混乱を生じさせ、あるいは、子の福祉に影響を及ぼすことになりかねないことを懸念する議論に配慮して設けられたものであり、少なくとも、これが立法府の裁量権を逸脱し著しく不合理であることが明白であるとまではいえない」として申立てを却下した。

Bも、2006年11月13日、神戸家裁尼崎支部に対して、同様の審判の申立てをした。同年12月、同支部は、「子どもがいるのに性別変更を認めると、父母の属性と男女の性別の不一致が生じ、子どもに心理的な混乱や不安を与える」などとして、申立てを却下した。

A・Bは、それぞれ審判を不服として、大阪高裁に即時抗告をしたが、2007年6月6日、棄却された。そこでA・Bは、それぞれ原決定を不服として特別抗告をした（金97頁）。

●決定要旨

①②とも、同一の理由で抗告を棄却した。「性同一性障害者につき性別取扱いの変更の審判が認められるための要件として『現に子がない』を求める性同一性障害者の性別取扱いの特例に関する法律3条1項3号の規定は、現に子のある者について性別取扱いの変更を認めた場合、家族秩序に混乱を生じさせ、子の福祉の観点からも問題を生じかねない等の配慮に基づくものとして、合理性を欠くものとはいえないから、国会の裁量権の範囲を逸脱するものということはできず、憲法13条、14条1項に違反するものとはいえない。このことは、当裁判所の判例（最高裁昭和28年(オ)第389号同30年7月20日大法廷判決・民集9巻9号1122頁、最高裁昭和37年(オ)第1472号同39年5月27日大法廷判決・民集18巻4号676頁）の趣旨に徴して明らかである。論旨は理由がない。」

●評　釈

1　法的論点

性同一性障害者の性別の取扱いの特例に関する法律（以下「特例法」と略する）が2004年7月に施行されてから2007年12月までの間に、914件の申立てがあり、審理の済んだ841件中886件で変更が認められている。却下例の多くは、本件同様、3号「現に子がいないこと」の要件

II 性別の変更

（以下、3号要件とする）に合致しないことによるものと推測される（なお、2010年末までに2357件の申立てがあり、審理の済んだ2318件中2238件で変更が認められている。却下は、2007年まで13件、その後2010年まで6件であり、後述の法改正の影響があるものと思われる）。

このように、すでに子のいる性同一性障害（以下 GID* とする）の人と、子のいない人、子がいたけれども、なくなった人との間に、性別取扱いの変更の可否につき不平等をもたらし、かつ「現に婚姻していないこと」（2号）という非婚要件とは異なり、当事者にとってはいかんともしがたい理由によって、可否が決定される点で、憲法14条1項の「法の下の平等原則」に違反しないかが問題になる。

また現に子のいる GID の人は、性別適合手術を受けても、法的な性別の取扱いの変更が認められないため、社会生活上、不利益を受けることが多く、治療の効果を高めることができず、何よりも自己の性的アイデンティティに反した法的な取扱いを受ける点で、憲法13条の「個人の尊重、幸福追求の権利の尊重原則」に違反しないかが問題になる。

2 立法者意思

立法者は、この問題につき、次のように説明していた。「本制度が親子関係などの家族秩序に混乱を生じさせ、あるいは子の福祉に影響を及ぼすことになりかねないことを懸念する議論に配慮して、設けられたものである。すなわち、現に子がいる場合にも性別の取扱いの変更を認める場合には、『女である父』や『男である母』が存在するということになる。これにより、これまで当然の前提とされてきた、父＝男、母＝女という図式が崩れてしまい、男女という性別と父母という属性の間に不一致が生ずることとなり、このような事態が社会的あるいは法的に許容され得るかどうかが問題となる。また、父又は母の性別の取扱いの変更が認められた場合には、その子に心理的な混乱や不安などをもたらしたり、親子関係に影響を及ぼしたりしかねないことなどを、子の福祉の観点から問題とする指摘もあったところである。

そして、性同一性障害に対する社会の理解の状況等も踏まえつつ、これらのことを考慮するならば、社会的に大きな影響を及ぼしかねない性同一性障害者の性別取扱いの変更の制度化のためには、厳格な要件の下で性同一性障害者の性別の取扱いの変更を認めるとすることとすることもやむを得ないと判断されたものであり、以上のことから、現に子のいないことを要件としたことについては合理的な理由があるものと考えられる」と（南野89頁、小野寺68頁）。

3 判　例

判例は、こうした立法理由をそのまま踏襲し、合憲判断をしている。最初の公表例である東京高裁2005年5月17日決定（家庭裁判月報57巻10号99頁）は、離婚した妻との間に2児のいる男性からの性別取扱い変更申立てに対して、「性別はその人の人格にかかわる重大な事柄である上、その変更は不可逆的なものとなるため、本人に慎重に判断させる必要があることなどから」5つの要件を規定しており、3号については、「親子関係などの家族秩序に混乱を生じさせたり、子の福祉に影響を及ぼすことがないようにする必要があることから」定めたものと解されるとし、十分合理的根拠があるものというべきであり、要件を満たさない GID の人の利益が制約され、要件を満たす GID の人と満たさない GID の人との間に区別が生じることになるとしても、そのような規制が立法府の裁量権を逸脱し、著しく不合理であることが明白であるといえず、憲法13条、14条1項に違反するものでないとした。本件①②の下級審も最高裁も、この決定同様、立法者の説明を「合理性を欠くとはいえない」と判断している。

この判断の背景には、違憲がどうかの判断基準として、もっとも緩やかな「合理性」の基準を採用し、立法府の広範な裁量を認める判例法

理がある。すなわち、本件最高裁が判例としてあげた最高裁大法廷1955年7月20日判決（最高裁民事判例集9巻9号1122頁）と最高裁大法廷1964年5月27日判決（最高裁民事判例集18巻4号676頁）である。前者は、死後認知の出訴期間を3年に制限している民法787条ただし書が、憲法13条に違反しないとし、後者は、町長が過員となる職員を整理するに当たり、55歳以上という年齢基準によって待命処分をしたことが憲法14条に違反しないとした。

しかし、決定自身が「性別はその人の人格にかかわる重大な事柄である」と述べ、立法者側もまた「性別は、人格の基礎となるものであり、憲法13条の個人の尊重や、人格的生存あるいは人格的自律との関係などからとらえられるようになってきている幸福追求権にもかかわり得るものである」としている（南野90頁）。その後、言葉を継いで、憲法13条で「性別に関する自己決定権」まで権利として保障しているとはにわかに考えられないとするが、自己のアイデンティティ、人格にかかわる重大な事柄である性別変更の取扱いについて、ゆるやかな判断基準を用いることができるのか、疑問が残る。

4 学　説

3号要件について、端的に合理的根拠があるとする見解（澤田35頁）、現在の社会情勢を前提とする限り、現行法秩序や他者への影響等とGIDの人の利益との利益衡量に基づく合理的根拠のある要件と捉えつつ、今後の医学的な進歩や社会情勢の変化等により見直されることがないとはいえないとする見解（種村119頁）、今後の検討課題とする見解（村重37頁）がある。

これに対して、大島教授は、子を持つ当事者も性別適合手術を施していること、従って、現実には女性として生活している父親がおり、3号要件を規定したからといって、こうした事態を回避できるわけではないこと、この現実を認め、性別表記の変更を認める他はないこと、外国法において3号要件を規定している例はない

こと、3号要件は子の福祉・利益にはまったく貢献しない反面、子を持つ当事者を出口のない袋小路に追い詰めることになることなどから、憲法13条に違反するとし、削除を主張する（大島〔2006〕507-8頁）。金講師は、子の利益に反するような問題が生じる可能性をすべて否定することはできないが、子と十分話し合った上で性別適合手術を受けた場合にまで、変更審判を認めないことは、当事者を追い込むことになり妥当ではないこと、性別と父母という属性の一致が子の福祉に適うものとすれば、一定の家族モデルを国家が押しつけることにもなりかねないこと、特例法の恩恵に与っているのは今なお少数にとどまっていることに照らすと、3号の要件は、個別具体的な事情を一切考慮しない点で問題があると指摘する（金100頁）。

多くの学説は3号要件がこのまま維持されるべきとまでは考えていない（棚村7頁、谷口〔2011〕56頁も参照）。しかし、現状認識と問題意識の相違が、当面肯定、修正、削除という異なった結論を導いている。

5　法改正とその後の状況

特例法は「附則2（検討）」で、「性別の取扱いの変更の審判を請求することができる性同一性障害者の範囲その他性別の取扱いの変更の審判の制度については、この法律の施行後3年を目途として、この法律の施行の状況、性同一性障害者等を取り巻く社会的環境の変化等を勘案して検討が加えられ、必要があると認めるときは、その結果に基づいて所要の措置が講ぜられるものとする。」としており、当事者団体が3号の削除へ向けて運動を展開した結果、2008年6月10日、現行規定を「現に未成年の子がいない場合」に修正し、子が成年に達した場合には、性別取扱いの変更を認める改正がなされた。

これまで、性別取扱い変更の審判を受けた者は、自分の在籍する戸籍に記載されている者が他にあるときは、新戸籍を編製されることになっていた（戸籍法20条の4）。成年の子がいる

II 性別の変更

GIDの人が変更の審判を受けた場合も同様に、当該GIDの父又は母が新戸籍を編製することになり、子は従前の戸籍に在籍したままである。しかし、子が父又は母の新戸籍に入籍を希望するときは、子から父又は母の戸籍に同籍する旨の入籍の届出をすることができるとして（平20・12・12民1-3217号通知）、家族としての同籍を保障した（子が性別取扱い変更の審判を受けた場合には、新戸籍を編製され、親の従前の戸籍に再入籍できない。親子が同一戸籍に記載されることについて、さまざまな感情を抱く人がいる。性別取扱いの変更の審判を受けた人が子か、父又は母であり、成年の子がいるかによって、同籍が認められるか否かが決まることについて、合理性があるかどうか疑問である。現在、この論点について、変更の審判を受けた子が裁判を起こしている）。

しかし、子が未成年の間は、性別取扱いの変更は認められない。そこで、未成年の子のいるGIDの人が、婚姻による成年擬制（民法753条）を用いた事例が登場した。16歳の娘Dと、GIDの人と同居しているF男の婚姻の届出をし、後日、離婚させた。Dは婚姻により成年とみなされ、離婚によってもこの効果は消滅しないため、未成年の子がいないとして、性別取扱いの変更を申し立てたのである。裁判所は、この申立ては法の趣旨に反し、法による認められる申立権の濫用したものとして、申立てを却下した（東京家裁2009年3月30日審判（家庭裁判月報61巻10号75頁）。

Dは未成年とはいえ、父の苦悩を受け止めて、性別取扱いの変更に協力したのかもしれない。真の問題は、仮装の婚姻にあるのではなく、こうした子の意思や判断を尊重できない改正法の構造にある。田中教授は、未成年であっても、自己の意見を形成する能力がある限り、子自身の選択・決定を尊重することが、子の権利・利益を保障することであるならば、未成年の子が父の性別取扱いの変更に理解を示し、それを望んでいるにもかかわらず、子の福祉を理由にしてそれが認められなくなるという改正法に基づく結論は、大きな矛盾をはらんでいると指摘する（田中116頁）。

ところで性別取扱いの変更後は、変更後の性別で婚姻や養子縁組などをすることができる。問題は生殖補助医療の利用である。特例法に基づいて性別取扱いを女性から男性に変更した者が、女性のパートナーと婚姻し、妻が第三者からの精子提供により懐胎し、子を出産した。婚姻中に妻が懐胎した子であるから、夫の子と推定されるため（民法772条1項）、嫡出子として出生の届出をしようとしたところ、戸籍の記載から夫が性別取扱いの変更を受けていることが判明したため、遺伝的に父子関係が存在していないことが明らかであることを理由に、届出が受理されなかったという事案がある（谷口〔2011〕58頁）。変更後の性別での婚姻を認めながら、嫡出推定を否定する背景には、GIDによる性別取扱い変更を例外的な恩恵と捉える差別的な発想がありはしないか、検討を要する。

6 私 見

私見は3号要件は合理的根拠を欠き、憲法13条、14条に違反すると考える。それは「未成年の子がいない場合」に修正した改正法についても、同様である。以下、その理由を述べる。

本決定が依拠した理由は、家族秩序に混乱を生じさせ、子の福祉の観点からも問題を生じかねない等の配慮に基づくものとして、合理性を欠くものとはいえない、ということだった。家族秩序の混乱とは、立法者説明にあるように、これまで当然の前提とされてきた、父＝男、母＝女という図式が崩れてしまい、男女という性別と父母という属性の間に不一致が生ずることを意味する。大村教授が1995年にフランス法との比較検討の中で述べていたことである（大村66頁）。しかし、2008年の法改正により、子が成年に達している場合には、男女という性別と父母という属性の間に不一致が生ずることを法的に許容することになった（田中116頁）。したがって、問題は、こうした不一致が生ずること

から、家族関係に具体的にどのような混乱が生じて、子の福祉に問題が生じるのかである。

子がまず向き合う事実とは、戸籍の性別取扱いが、例えば、男性から女性に変更されることではない。自分の親が性別適合手術を受けたり、その前段階での治療で、男性から女性に、あるいは女性から男性に服装、言動、姿勢も含めた外観が変わっていることである。子はこの段階で、親の悩みや気持ちと向き合い、受け入れる準備を始めたり、あるいは拒否したりの行動に出る。戸籍の性別取扱いの変更は、外観上変更されている性別に戸籍の記載を合わせるだけであり、外観上の変化にすでに直面している子にとっては、何の影響もない（実例につき二宮〔2006〕50頁）。

現在のGIDの診断と治療は、第1段階（精神的サポート）、第2段階（ホルモン治療）、第3段階（性器に関する手術）と時間をかけ、ていねいに進められているが、第3段階の治療に移行するための条件の1つとして、「家族やパートナー等のサポートシステムが安定的に得られていること。それらが得られない場合、あるいはカミングアウトしていない場合には、精神的にも経済的にも自立できていること」が挙げられており（南野323-4頁）、子のいるGIDの人は、子の気持ちも考え配慮をした上での、やむにやまれぬ選択としての治療、手術である。立法者や判例の立場では、子のいるGIDの人は、子が受け入れるのに困難を伴うから、子が成年に達するまでは治療すら受けてはならないということになりかねない。もし子が親の性別変更を受け入れられず、苦しむとすれば、それはGIDに対する社会的偏見があるからであり、戸籍の性別取扱いの変更を認めないことによって解決するものではない。

3号要件は、子にとってみると、自分がいるせいで親が性別取扱いの変更が認められないことを意味しており、子に耐え難い苦痛を与えるおそれがある。性別変更した親が、性的アイデンティティを得て、楽しく生き生きと暮らしていることこそ、子を励まし、適切な養育環境を保障することにつながる。実際に性別適合手術を受けたGIDの親と暮らしている子は、例えば、親がMTF*（男性から女性への変更）の場合には、「お母さん」と呼んでおり（二宮〔2006〕50頁）、母＝女の図式どおりである。子には混乱はない。この外形の図式と戸籍上の性別が一致しない場合に、社会は、お母さんだとばかり思っていたら、男性だったとして、かえって混乱するのである。外形に戸籍上の性別を合わせることの方が、むしろ社会的にも好ましい。

戸籍における性別の表記は、本人がどの性として生きるかというアイデンティティに関わっており、性と人格が切り離せないことから考えると、性別記載自体がその人の人格と不可分なものと考えられる（筒井181頁、二宮〔2003〕30頁）。このことは東京高裁2005年決定も、立法者側も認めている。個人のレゾンデートルにかかわる権利を抽象的な子の福祉論で制限することはできない。3号要件に具体的な合理性が認められない以上、違憲と判断せざるをえない。

性的少数者の権利保障は、社会の多様性を拡張することにつながる。お互いの違いを認め合い、共存共栄を図ることは、多数派にとっても、緩やかで風通しのよい社会を意味する。それこそが豊かな社会の証ではないだろうか。3号要件は削除されるべきである。関連して2号要件（谷口〔2011〕52頁、渡邊〔2009〕）、4・5号要件（田巻、渡邊〔2011〕）も検討されるべきである。

【参考文献】
① 大島俊之2006「性同一性障害者性別特例法の無子要件を合憲とした事例」民商法雑誌134巻3号503頁
② 大村敦志1995「性転換・同性愛と民法（下）」ジュリスト1081号61頁
③ 小野寺理2003「性同一性障害者の性別の取扱いの特例に関する法律」ジュリスト1252号69頁
④ 金亮完2008「性同一性障害者の性別取扱いの特例に関する法律3条1項3号の規定は、憲法13条および14条1項に違反しないとされた2つ

Ⅱ 性別の変更

の事例」法学セミナー増刊『速報判例解説』3号97頁

⑤ 澤田省三2006「性別の取扱いの変更申立却下審判に対する即時抗告事件」戸籍786号29頁

⑥ 田中通裕2010「性別の取扱いの変更申立てが申立権を濫用したものとして却下された事例」法学セミナー増刊『速報判例解説』6号113頁

⑦ 棚村政行2008「性同一性障害をめぐる法的状況と課題」ジュリスト1364号2頁

⑧ 谷口洋幸2008「特例法の再評価」石田仁編『性同一性障害:ジェンダー・医療・特例法』御茶の水書房、249〜272頁

⑨ 谷口洋幸2011「性同一性障害／性別違和をかかえる人々と家族生活・家族形成」家族〈社会と法〉27号49頁

⑩ 種村好子2006「性同一性障害者の性別の取扱いの特例に関する法律3条1項各号の要件と憲法13条・14条1項」判例タイムズ1215号118頁

⑪ 田巻帝子2007「性同一性障害に関する法の日英比較」家族〈社会と法〉23号148頁

⑫ 筒井真樹子2003「消し去られたジェンダーの視点――『性同一性障害特例法』の問題点」インパクション137号174頁

⑬ 二宮周平2003「戸籍の性別記載の訂正は可能か(3)――個人の尊厳と自己決定」戸籍時報561号23頁

⑭ 二宮周平2006「性同一性障害者の性別取扱いの変更申立てを却下した事例」判例タイムズ1204号47頁

⑮ 南野知恵子2004『【解説】性同一性障害者性別取扱特例法』日本加除出版

⑯ 村重慶一2006「性別の取扱いの変更」戸籍時報596号36頁

⑰ 渡邉泰彦2009「憲法と婚姻保護―性同一性障害者の性別変更要件をもとに」同志社法学60巻7号333頁

⑱ 渡邉泰彦2011「性別変更の要件の見直し――性別適合手術と生殖能力について」産大法学45巻1号31頁

Column 3

GID 特例法制定に関する個人的な思い出

わたし自身が今日でいう「性同一性障害*」というものを知ったのは、1980年頃、フランスの判例集によってである。「わたしは女性として生まれたが、アメリカで性転換手術*を受けて男性に変わったので、身分証書の性別表記を男性に改めて欲しい」という訴えをしている事例に出会ったのである。医学文献について調査してみると、「性転換症*」、「性転向症」、「変性症」などと呼んでいた。

日本法、スウェーデン法、ドイツ法、イギリス法などについても調査してみた。判例は、古くから、性同一性障害の当事者の戸籍の性別表記の訂正を認めないという態度をとっていた。例えば、名古屋高裁1979年11月8日決定（→本書5①）は、「二男」を「長女」に改めることを認めなかった。

1982年秋に、各種の研究会で研究発表し、「性転換手術」を受けた人の戸籍上の性別表記（続柄）の訂正を認めるべき旨を主張した。1983年初頭に法学専門雑誌に、論文を発表した（「性転換と法──戸籍訂正問題を中心として」判例タイムズ484号）。この頃のわたしは、この論文によって、裁判官を説得することができ、判例の変更によって、戸籍訂正は可能になるであろうと考えていた。

1997年4月に、2度目の留学先であるフランスから日本に帰国した。帰国したわたしは、日本の医学界において、いわゆる性転換手術を公然と行おうという動きがあることを知った。この頃になると、「性同一性障害」という表現が定着し始めていた。わたしは、1998年頃から、法律専門雑誌の範囲を超えて、一般の新聞、雑誌、テレビ、ラジオでも、自説を主張するようになった。わたしの見解について世論に問い、特例法の制定に向けて、国民的なコンセンサスを形成するためである。例えば、古いものでは、大島俊之「性転換手術をめぐる法整備を」朝日新聞1998年9月24日朝刊がある。

1998年10月に埼玉医科大学で、性転換手術が公然と実施された。これを機会に、医師と法律家と当事者が互いに面識ができた。GID（性同一性障害）研究会（医師を中心とする団体）、TS法研究会（法律家を中心とする団体）、TNJ（当事者を中心とする団体）などが設立され、これらの場で、意見を交換することができるようになった。

東京高裁2000年2月9日決定（→本書5④）は、性別表記の訂正を認めなかった。これを機会に、わたしは、立法的解決に向けてより具体的に動き出した。2000年夏からは、各政党の国会議員の集会に出席して、性同一性障害をめぐる法的な諸問題について説明した。そして、判例の現状を批判し、諸外国の立法例を紹介しつつ、性別表記の変更を認めるための特例法を制定する必要性について力説した。

しかし、2000年冬には、国会議員による集会は低調なものとなってきた。そこで、世論を喚起するために、関東、東北の当事者に一斉申立をして欲しいというお願いをした。2001年5月に6人の当事者による戸籍訂正の一斉申立がなされ、公表された。わたしは、この運動を支援するために、毎日新聞2001年7月16日朝刊に「性同一性障害と戸籍訂正」を発表し、さらに、翌年には、大島俊之『性同一性障害と法』（日本評論社、2002年）を刊行し、戸籍訂正の必要性を訴えた。

世論は、特例法の制定に対して、次第に好意的なものになってきた（朝日新聞2003年2月16日の社説、同新聞の同年6月12日の社説。NHKの2003年5月12日放送の「クローズアップ現代」）。

2003年5月に、拙著『性同一性障害と法』は、「尾中郁夫・家族法学術賞」を受賞した。わたし個人の栄誉はともかくとして、特例法を制定すべきであるというわたしの主張に、法学界、法曹界の幅広い支持が得られたことを示す出来事であった。こうして、2003年7月16日に「性同一性障害者の性別の取扱いの特例に関する法律」が成立した。

（大島俊之）

II 性別の変更

Ⅱ 性別の変更

8 性同一性障害者の名の変更の年齢差別 — 性転換法違憲決定

〈ドイツ〉連邦憲法裁判所第1法廷・1993年1月26日・決定
BVerfGE 88, 87

〔嶋崎健太郎〕

●事実概要

　ドイツの性転換法（1980年の「特別な場合における名の変更と性の確定に関する法律」）は、性同一性障害*者の性別と名（Vorname）の変更手続として、「大解決」（große Lösung）と「小解決」（kleine Lösung）を規定していた。大解決は、性別適合手術*後に出生登録上の性別を変更し、あわせて名も変更する手続である。小解決は、性別適合手術なしに名のみ変更する手続である。いずれも、裁判所が一定の要件の下に許可する。小解決の要件として満25歳以上という年齢制限があった（性転換法1条1項3号）。原告（女性から男性への性転換希望者2名と逆の希望者1名）は、いずれも性転換*願望が変化する見込みがないと診断されていたが、年齢が23歳から24歳であったため小解決の年齢要件を満たしていなかった。小解決による名の変更につき審査した3つの区裁判所は、性転換法1条1項3号の年齢制限は基本法3条1項（一般的平等原則）に違反するとの疑念を持ち、手続を中止して性転換法1条1項3号の合憲性の審査を連邦憲法裁判所に求めた（具体的規範統制手続）。

●判決要旨

　1　性転換法1条1項3号は、基本法3条1項に違反し無効である。

　2　「一般的平等条項から、規制の対象と区別事由に応じて、立法者にとって異なった限界が引かれる。この限界は、単なる恣意の禁止から比例性の要件への厳格な拘束まで幅がある。この要請の段階づけは基本法3条1項の文言および意味、ならびに他の憲法規範との関連性から導かれる。」

　3　「いかなる人も法の前に平等である」との基本法の平等原則は、まず第1に、人（Personen）の不当な差別的取扱を阻止すべきだから、人の集団の不平等取扱の場合には、通常、立法者は厳格な拘束に服する。この拘束は人と結合した区別事由が基本法3条3項に列挙された事由〔性別、生まれ、人種、言語、故郷、家柄、信仰、宗教的又は政治的見解〕に近似するほど、またそれゆえにそれらの事由と結合した不平等取扱が少数者差別につながる危険が大きいほどより厳格になる。しかし、この厳格な拘束は人と結び付いた区別に限定されない。立法者の厳格な拘束は、事物関係（Sachverhalten）の不平等取扱が、間接的に人の不平等を生じさせる場合にも妥当する。事物関係とだけ結合した区別の場合には、立法者の拘束の程度は、当事者が自らの行為により区別の事由の発現（Verwirklichung）に影響を及ぼす可能性の程度にも依拠する。さらに、立法者の形成領域の限界は、人又は事項関連の不平等取扱が基本権により保護される自由行使に不利に働く可能性が高いほど狭くなる。

　4　「立法者の形成領域の広狭と、憲法裁判所の段階づけられた違憲審査密度（Kontrolldichte）は相関する。恣意の禁止のみが基準として考慮される場合には、基本法3条1項違反を確定しうるのは、区別の不公正が明白（evident）である場合のみである。しかし、当連邦憲法裁判所は、人の集団を不平等に扱う場合、または基本権の保障にとって不利に作用する規

制の場合には、当該区別について不平等な法的効果を正当化しうるだけの性質（Art）と程度（Gewicht）を有する根拠の存否につき個別的に審査している。」

5　この審査密度の段階は、立法者が立法効果の予測の際に優先的判断権をどの程度有するかという問題にとっても重要である。この予測の審査についても様々な基準が妥当する。「基準は、単なる明白性の審査（Evidenzkontrolle）から厳格な内容審査（strenge inhaltliche Kontrolle）までの幅がある。」

6　「性転換法1条1項3号に対しては厳格な審査が必要である。名の変更の年齢制限の場合、人と関連する事由と結合し、しかも一般的人格権に重大な影響を与える差別の問題である。基本法2条1項と1条1項は、狭い人格的生活領域、とりわけ内密及び性領域も保護し、個人の生活関係をいかなる場合にいかなる範囲で公開するかについて、原則として個人の自己決定権を保障している。」25歳未満の性同一性障害者の名のみの変更を否定するためには、「不平等取扱を正当化しうるだけの性質と程度を持つ根拠」が必要である。

7　年齢制限により、25歳未満の性同一性障害者にとって、職場、教育、官庁との交渉及び日常生活における恒常的重圧を逃れる可能性が閉ざされる。また年少の性同一性障害者とって、性別適合手術の決断前に他の性的役割での生活を長期間経験し、それが真に自己の感覚に適っているか、それに堪えられるかどうかを確かめる機会を奪うことの影響はきわめて深刻である。

8　性急な性的役割の転換の防止という立法目的との関係では、年齢制限はかえって年少の障害者を性急な性別適合手術へと駆り立てる。年少の障害者には小解決の道が閉ざされるため、名の変更のためには年齢制限のない大解決により早期に性別適合手術を実施せざるをえないからである。また、診断の誤りの防止という立法目的との関係では、年齢制限はむしろ診断を不確実なものとする。小解決の年齢制限は、復元不可能な性別適合手術の前に名だけを変更して性役割の転換を試し、診断の確実性を担保する途を閉ざすからである。

● 評　釈

1　本件は、性同一性障害者の名と性別変更制限の合憲性に関する連邦憲法裁判所の3回目の裁判例である。第1回目は、1978年10月11日の第1法廷の決定である（BVerfGE 49, 286：「78年決定」と呼ぶ）。この決定で連邦憲法裁判所は、基本法（ドイツでは憲法に相当）2条1項（人格の自由な発展権）及び1条1項（人間の尊厳）は、性の自己決定権を保障しているとして、性同一性障害者の出生登録簿上の性の変更を否認した連邦通常裁判所の決定を破棄した。この78年決定をうけて1980年、性同一性障害者の名と性別変更を認める「性転換法」が制定された。

第2回目は、1982年3月12日の連邦憲法裁判所決定（BVerfGE 60, 128：以下「82年決定」と呼ぶ）である。そこでは、年齢による差別としての性転換法における大解決の年齢制限が、基本法3条1項の一般的平等条項に違反しないかが問題となった。この決定で、連邦憲法裁判所は、大解決の年齢制限は、基本法3条1項に違反し無効である旨判示した。ただし、大解決の年齢制限の違憲性は、小解決の年齢制限の違憲性を直ちに意味しないともされた。このため、この決定を受けた性転換法改正では、大解決についてのみ年齢制限が廃止され、小解決については残された。第3回目の本件では、82年決定で残された問題、すなわち小解決における年齢制限の一般的平等条項適合性が問題とされた。

2　連邦憲法裁判所は、1964年の「日記判決」（BVerfGE 18, 146）を嚆矢として、基本法2条1項の人格の発展の権利から、一般的人格権（allgemeines Persönlichkeitsrecht）、さらにそこから情報に関する自己決定権（informationelles Selbstbestimmungsrecht）などを引き出している。判例では、一般的人格権は、個人の私

Ⅱ 性別の変更

事に対する干渉を排除しその尊重を要求する権利とされ、その保障領域に応じてその保護の程度に段階的な差異を設ける、「領域理論」（Sphärentheorie）が展開されている。この理論では、人間の自己決定の核心である「内密領域」（Intimsphäre）は特に強く保護される。

性的な自己決定に関して、連邦憲法裁判所は、性教育の実施に関する1977年の「性教育判決」（BVerfGE 47, 46）において、性に関する自己決定は個人の私事として性に関する内密領域に属しており、基本法2条1項は性に対して自ら態度を決定する権利を保障しており、その保障は子どもにも及ぶとした。

78年判決は、性教育判決を引きつつ、基本法2条1項と1条1項（人間の尊厳）は、自己の性を変更する権利を保障しているとした。また、同判決は、性同一性障害者の真摯な性の変更は、自己の性を弄んでいるわけではないのだから、2条1項の権利に対する憲法明文上の制約根拠の1つである道徳律（Sittengesetz）にも反しないとした。（連邦憲法裁判所は、その初期1957年の「同性愛判決」（BVerfGE 6, 389）において、同性愛行為を禁止する旧ドイツ刑法175条について、性に関する事項は基本法2条1項により保護されるとしながらも、同性間の性行為は道徳律に反すると判示していた。）

78年判決において、性同一性障害者の性の変更が憲法上保障されることは判例上確立したと見てよい。その後の82年判決及び本件決定においては、憲法上の性の変更の権利の存否自体についてはもはや争点となってはおらず、性同一性障害者の性と名の変更の要件につき立法者の裁量権を限定する文脈で、権利の存在が確認されるにとどまる。こうして問題は、取り返しのつかない拙速な性の変更を避けるための年齢制限の合憲性へと移る。25歳を境界とすることが、年齢による差別として許されるかが問題となるわけである。

3　基本法は、一般的平等条項として3条1項で「すべての人は法の前に平等である」と規定し、さらに、個別的平等条項として、同2項で男女同権を、3項で性別、生まれ、人種、言語、故郷、家柄、信仰、宗教的又は政治的見解による差別禁止を定めている。本件で問題となる年齢という事由は、2項・3項の列挙からは漏れているので、1項の一般的平等条項との適合性が問題となる。

連邦憲法裁判所は、著名な憲法学者であり連邦憲法裁判所裁判官でもあったライプホルツ（G.Leibholz）の理論の影響を受け、一般的平等条項を「恣意の禁止」として理解してきた（「恣意定式」）。この定式によれば、本質的に等しいものは等しく、等しくないものはその特性に応じて異なって取り扱わねばならないにもかかわらず、立法者が恣意的に、等しいものを異なって、あるいは異なっているものを等しく取り扱った場合には平等原則に違反する（BVerfGE1, 14[16]）。恣意定式においては、「恣意的」かどうかの審査基準として、「明白性の基準」が用いられ、不公正であることが明白に、すなわち容易に認識可能な場合に違憲となる。それは立法者の広汎な裁量を意味した。恣意定式に対して、学説及び連邦憲法裁判所の少数意見から、「恣意」概念が不明確で「空疎な定式」だとか、明白に「恣意的」な立法はほとんどありえないとの批判が加えられた。

4　連邦憲法裁判所の第1法廷は、批判の広がりに影響されてか、民事訴訟法における第1審と控訴審の当事者の主張・防御手段の差別的取扱に関する1980年の判決（BVerfGE 55, 72）で、新たに「新定式」を採用するに至った。これは、基本法3条1項の文言が「人」の平等であることから、人の不平等取扱と「事項」による不平等取扱とを区別し、人の不平等取扱を行うためには、不平等な取扱を正当化するだけの性質と程度を持つ差異が存在しなければならないとする。新定式は、人のグループ間の差異の存在と差別的取扱の根拠との厳密な衡量を要求しており、恣意定式よりも厳しい審査であると理解された（この判決では、民事訴訟法の審級に

おける当事者の主張・防御手段の差異は事項による不平等取扱であり合憲とされた。)。

この基準は、不平等取扱に差異の性質や重要性に相応した比例関係を要求するものとして、比例原則(規制手段と立法目的との関係について、①基本権の制限が立法目的の達成のために有用であり、②必要であって(他のより制限的でない手段によって目的が達成されないこと)、③利益と不利益が均衡していること、を要件とする基準)の平等条項への応用と理解されている。また、異なった取扱の態様に応じた審査基準の段階づけを意味するとされ、審査密度に応じて立法者の形成自由も制限されることになる。

5 本決定は、新定式をこの時点で集大成したものと評価できる。すなわち、本決定は立法者の活動のいわば実体的限界として「単なる恣意の禁止」と「比例性の要件への厳格な拘束」を挙げ、前者において立法は広い形成自由を有するのに対して、後者においては狭い形成自由しか有さないとする(判旨2)。「比例性の要件への厳格な拘束」が妥当するのは、①人と結合した事由による不平等取扱の場合、②区別事由が基本法3条3項の列挙事由に近い場合、③事項による不平等取扱であっても間接的に人の平等取扱を惹起させる場合、④当事者が自ら事項による区別の事由に影響を及ぼしえない場合、⑤不平等取扱が基本権として保護されている自由を阻害する場合、である(判旨3)。「比例性の要件への厳格な拘束」においては、当該不平等取扱を正当化しうるだけの性質と程度を持つ根拠が存在するかどうかが審査される(厳格な内容審査の基準)。(判旨4)。

以上の基準を本件に適用すると、本件決定によれば、「年齢」という事由が人と結合した事由であること、当該不平等取扱が基本権により保護された一般的人格権とりわけその内密領域(性及び情報の自己決定権)に重大な影響を及ぼしうることから、「比例性の要件への厳格な拘束」が妥当することになるとされる。そして小解決の年齢制限により25歳未満の性同一性障害者が現実に被る不利益の程度が重大であり、当該不平等取扱がその目的達成にとって適合的とは言えないことから、重大な不平等取扱を正当化しうる程度の性質と程度を持つ根拠はもはや存在しないと結論づける(判旨6以下)。

6 新定式については、連邦憲法裁判所の判例の集積の中で形成されてきたために、なお不明な点がある(新定式は、連邦憲法裁判所第1法廷が積極的に採るところで、第2法廷は未だ「恣意定式」から明確には離脱していない。)。たとえば、「事物関係とのみ結びついた事由による不平等取扱」も最終的には人や人のグループに効果が帰属するのだから、「人と結びついた事由による不平等取扱」との差は不明確である。また、年齢による不平等取扱は広く行われており(例えば成年と未成年の区別、定年制)、それらの不平等取扱は、厳格審査に耐えうるか。むしろ、本件決定の違憲判断については、人の差別よりも25歳未満の性同一性障害者にとっての不利益の重大さが重要な要素として働いたといえようか。

7 本判決後も、連邦憲法裁判所は性転換法の規定につき、以下のとおり活発に違憲判断を下している。

①2005年12月6日の第1法廷決定(BVerfGE 115,1):小解決において、名の変更後本人が婚姻した場合には一旦認められた名の変更を無効とする性転換法7条1項3号は、同性愛*的傾向を有する性転換者の名前の権利と内密領域を保護する基本法1条1項の人間の尊厳と結びついた2条1項に違反する。

②2006年7月18日の第1法廷決定(BVerfGE 116,243):ドイツ国内に合法的に在留する性転換者の外国人で、本国法で性別変更または名の変更が認められない者に対して名及び性別の変更を認めない性転換法1条1項1号は、基本法2条1項の人格の自由な発展の権利と結びついた基本法3条1項の一般的平等原則に違反する。

③2008年5月27日の第1法廷決定(BVerfGE 121,175):性別適合手術を受けた既婚の性同一性障害者に対して、離婚しなければ法的な性別

II 性別の変更

変更（「大解決」）を認めない性転換法8条1項2号（非婚要件）は、基本法1条1項の人間の尊厳と結びついた2条1項により保障される自己の性別のアイデンティティ承認を求める権利及び6条1項の婚姻保護に違反する。

④2011年1月11日の第1法廷決定（NJW 2011,909）：同性愛的傾向を有する性同一性障害者に対して、同性との生活パートナー登録のために性別適合手術を受けることを要求する性転換法8条1項3号・4号（生殖不能・性別適合手術要件）は、基本法1条1項の人間の尊厳と結びつく2条1項により保障される性的自己決定権及び2条2項の身体の不可侵権に違反する。

②では82年判決や本判決同様に、主に、一般的平等原則との適合性が問題となった。他の事例では、主に、基本法1条1項の人間の尊厳と結びついた2条1項の人格の自由な発展権違反が問題となった。2001年の生活パートナーシップ法の成立以降、①④のように、性転換法の立法者が想定していなかった同性愛傾向を有する性同一性障害者の取扱という新たな問題が提起されている。

8　わが国の「性同一性障害者の性別の取扱いの特例に関する法律」3条1項1号は、性別変更の要件として、20歳以上であることを挙げている。この年齢要件は、性別変更には本人に十分な判断能力が必要であることを理由とするが、ドイツ連邦憲法裁判所の本判決同様に、この年齢要件が、日本国憲法14条1項に反しないか問題となりうる。わが国の学説では14条1項後段の5事由に該当する区別にはその目的と手段としての適合性につき比較的厳格な審査が必要とされており（1項後段特別意味説）、年齢が後段列挙の「社会的身分」に該当するかが問題となる。が、一般的には、誰でも平等に毎年加算されマイナスの社会的評価を伴うとは言えない年齢を社会的身分に含め、比較的厳格な審査を行うことは難しかろう。判例は、後段列挙を単なる例示とするが、高齢であることは社会的身分に該当しないとしている（公務員待命処分判決（最大判昭和39年5月27日））。もっとも、年齢が14条1項後段の列挙事由に該当しないとしても、未成年の性同一性障害者にとっての性別変更が、ドイツの憲法判例が指摘するように人間の尊厳や人格的利益（13条）に関わる重大なものであることや、20歳未満であっても成人直前の未成年者の判断能力の成熟を考慮して、比較的厳格な審査を要求することも可能と思われる。

【参考文献】
① 石原明・大島俊之編『性同一性障害と法律』197頁以下（晃洋書房、2001年）
② 井上典之「平等保障の裁判的実現(1)〜(3)」神戸法学雑誌45巻3号553頁（1995年）、46巻1号127頁（1996年）、46巻4号693頁（1997年）、特に46巻4号694頁
③ 大島俊之『性同一性障害と法』103頁以下（日本評論社、2002年）
④ バーバラ・カンプラート／ワルトラウト・シッフェルス（近藤聡子訳）『偽りの肉体—性転換のすべて』194頁以下（信山社、1998年）
⑤ 國分典子「性同一性障害と憲法」愛知県立大学文学部論集52号1頁（2003年）
⑥ 嶋崎健太郎「個人の尊重—性同一性障害者問題」法学セミナー593号10頁（2004年）
⑦ 同「性同一性障害者の年齢による名の変更制限と平等条項」ドイツ憲法判例研究会編『ドイツの憲法判例II（第2版）』67頁（信山社、2006年）
⑧ 建石真公子「性転換とはどのような人権か」法学セミナー525号22頁（1998年）
⑨ 戸波江二「自己決定権の意義と射程」芦部信喜先生古稀記念『現代立憲主義の展開（上）』388頁（有斐閣、1993年）
⑩ 渡邉泰彦「憲法と婚姻保護」同志社法学60巻7号333頁（2009年）
⑪ 松井茂記『LAW IN CONTEXT 憲法』257頁（有斐閣、2010年）
⑫ Phlip Kunig, Vornamensänderung / Mindestalter, Jura 1993, Heft.9
⑬ Gisela Niemeyer, Die Verfassungsmäßigkeit der Altergrenzen zur Namensänderung eines Transsexuellen, FuR 1993, S153f.
⑭ Michael Sachs, Altergrenze für Vornamensänderung bei Transsexuellen , Jus 1993, S.862f.
⑮ Ralf Müller-Terpitz, BVerfGE 88, 87- Transsexuelle, in: J. Menzel (Hrsg.), Verfassungsrechtsprechung, 2000, S. 504ff.

※本稿の一部は科研費（22530030）の助成による成果である。

9 性別記載変更拒否のヨーロッパ人権条約適合性
—— グッドウィン対イギリス

〈国際〉ヨーロッパ人権裁判所・2002年7月11日・判決
Christine Goodwin v. UK, Reports 2002-VI.

〔建石真公子〕

● 事実概要

イギリス国籍の申立人クリスティーヌ・グッドウィン（Christine Goodwin、1937年生まれ）は、出生時に男性として出生登録された。しかし、幼少期より女性の服装を好み、20代後半に性同一性障害*と診断を受けた。その間、申立人は女性と結婚し4人の子供をもうけつつも、「意識の性」が身体に適応していないという認識を抱いていた。1984年まで、職場では男性の、私生活では女性の服装を身につけていた。1985年から性アイデンティティに関する専門病院で治療を始め、カウンセリング、ホルモン治療、さらに新しい性別による社会的適応テスト、声帯手術を行い、最終的に1990年に男性から女性への性別再指定手術*を行い、現在女性として生活している。また、この間、申立人は離婚したが、子供との良好な関係は保っている。

1990年～1992年に職場でセクシュアル・ハラスメントの被害者となり、裁判所に提訴した。しかし、法律上は男性であることを理由として却下された。1996年から新しい勤務先で働き始め、性別再指定が開示されることを防ぐために新しい社会保険番号の交付を社会保障省に要請したが、却下された。そのため、従来の番号を勤務先に通知した結果、申立人が性別再指定を行ったことが勤務先に明らかになり、同僚からハラスメントを受けるなど、職場環境が悪化した。

社会保障省は、出生登録の性別に基づき、年金料の徴収年限について、申立人を、女性（60歳）ではなく男性（65歳）の基準で徴収する旨通知した。このため、年金徴収方法は、控除ではなく窓口支払いになるなど、事務手続きが煩雑になった。

申立人は、これらについて、政府が、外科的な手術を経て性別を変更した性同一性障害者の法的処遇、特に、雇用、社会保障、年金について対策を講じていないことは、ヨーロッパ人権条約8条の「私生活の尊重を受ける権利」*における積極的義務違反であると主張。さらに、婚姻の要件に生物学的な性別の基準のみを用いることは条約12条の権利侵害にあたるとして、条約8条、12条、13条、14条に違反するという理由で、1995年6月5日、ヨーロッパ人権委員会に旧条約25条に基づいて申し立てた。人権委員会は、1997年12月1日、受理可能と決定し、1999年11月1日、第11議定書5条3項に基づいて、本件をヨーロッパ人権裁判所に付託した。

● 判決要旨

・8条違反の有無

この事件は、被告国が、性別再指定手術を受けた性同一性障害者に対して変更した性別を法的に認めなかったことが、私生活の尊重を受ける権利を保障するための積極的義務に違反したか否かが争点である。8条にいう「尊重」が抽象的な概念であることから、判例上の積極的義務の内容は、各国家の状況によって多様である。この権利に関しては国には広い裁量の余地が認められており、積極的義務の有無を決定するためには、一般的利益と個人の利益との間の衡平性を判断する必要がある（Cossey v UK, 27 Sep-

II 性別の変更

tember 1990, Series A 184)(71-72段落)。

本裁判所は、イギリスについてのこれまでの性同一性障害者に関する判決において、イギリス政府が出生証明書の訂正を拒否することは8条違反に当たらないこと、性同一性障害者のための新しい身分登録制度を創設することは積極的義務には該当しないこと、性別再指定手術を受けた性同一性障害者の蒙る不便は国の裁量の余地を越えるものではないと判示してきた。法的安全性や予見可能性、法の下の平等の観点から、この判例を理由なしに変更することはできない。しかし、条約が人権保障を目的としていること、裁判所は被告国や締約国の状況の進展に対応する必要があることを考慮し、さらに、裁判所が、1986年の判決以来、性同一性障害者の直面している問題の重要性やそれに対する法的対応の必要性について繰り返し述べてきたところから、「今日の状況に照らして」(75段落) 問題を検討することを提案する。

(a) 性同一性障害者である申立人の状況

申立人は、出生時は男性と身分登録されたが、性別再指定手術を受けた後は社会的にも女性として暮らしている。しかし法制度上は男性のままである。そのため、外見によって定められる事項と法的に定められる事項との間に乖離が生じている。例えば、年金の支払い期間については男性基準で65歳まで支払い義務があるが、女性として雇用されているため退職年齢は60歳である(76段落)。

また、「法制度が、個人のアイデンティティの本質的な要素と不適合であることは、私生活に対する重要な侵害となりうる」ことを認めなければならない(ダジャン事件判決(→本書1))(77段落)。本件では、申立人は、医療保険により性別再指定手術の費用をカバーされている。性別再指定手術によって本人の意識上の性別に身体を一致させることが性同一性障害者に対して治療と認められているのであれば、その結果を法的に承認することを拒否するのは不合理である(78段落)。

(b) 医学的・科学的状況

現在も性同一性障害の原因を結論づける発見はなされていない。しかし、本裁判所は、性同一性障害が、当事者を救済するための治療を正当化しうる(DSM-IV、ICD-10)という国際的に認められた事実が、性同一性障害の医学的な症状を「性アイデンティティの混乱」によって置き換えられたということを重要だと判断する(81段落)。治療によって染色体まで変更することはできないが、不規則な染色体を示すインターセックス*等について術後の性別を法的に承認しており、本裁判所は、「医学的、科学的知識が、性同一性障害者の法的承認に関する決定的な根拠を提供するものとは認めない」(82-83段落)。

(c) ヨーロッパおよび国際的な観点からの認識のコンセンサスの有無

性転換の法的承認に関しては、ヨーロッパ地域や国際的な共通認識において、既に、シェフィールドおよびホーシャム対イギリス判決(Sheffield and Horsham v. UK, 30 July 1998, Reports 1998-V)の時代に、ヨーロッパ評議会加盟国の間にコンセンサスが形成されつつあった。本裁判所は、リーズ対イギリス判決(Rees v. UK, 17 October 1986, Series A 106)の時点では締約国の間に認識の共同体が形成されていないと判断したが、「法的・現実的な問題の解決方法に関してヨーロッパにコンセンサスが存在しないことよりも、国際的に、性同一性障害者の社会的受容のみならず性別再指定手術後の新しい性別を法的に承認する傾向があるという明白で否定しがたい状況が存在すること」をより重視する(84-85段落)。

(d) イギリスの出生登録制度

イギリスでの身分登録制度を変更することの影響という面では、出生登録実務において嫡出推定や養子縁組では出生後の地位変更を反映させる手続がとられており、出生の歴史的事実を記録するという出生登録の旧来の趣旨に固執する必要性に乏しく、今日では、出生時の性別記載訂正を拒否する必要性が失われている(88段

(e) 衡平性審査

 以上のような、一般的利益と個人の利益についての衡平なバランスを検討すると、申立人は、B対フランス判決（B v. France, 25 March 1992, Series A 232-C）のBのような重篤な侵害を蒙っているわけではないが、「人の尊厳と自由の尊重は、条約のまさに根本理念」であり、特に8条に関しては、「人格的自律（personal autonomy）の概念は8条の根底にある重要な原則を反映したものとして、個人の私的領域は保護される。そしてそこに、各人が人としてのアイデンティティの詳細について決定する権利が含まれる」（プリティ対イギリス判決（Pretty v. UK, 29 April 2002, Reports 2002-III））ことを考慮すると、「21世紀には、性同一性障害者が、ほかの人と同様、人格を発展させる権利（right of personal development）や身体と精神の完全性の権利（right of physic and moral integrity）を十分に行使する権利は、もはや論争のある問題としてはみなされなくなる」だろう。つまり、「どちらの性別にも真に属していないので両方の世界に生きているという、手術後の性同一性障害者の不満足な状態は、もはや継続させてはいけないのである」（90段落）。

 1986年のリーズ判決以降、イギリスを被告とする性同一性障害者の申立の事件に関して、裁判所は常に、科学と社会の進歩を考慮し、適切な法的措置の必要性を検討することの重要性を指摘してきたが、近年のシェフィールド事件でもイギリスがなんらの措置もとっていないことを確認した。性同一性障害者が「個人の多大な犠牲によって得られた性アイデンティティに基づいて尊厳と価値を持った生活を送れるようにするための一定の不便は、社会が引き受けるよう期待されている」と裁判所は考える（91-92段落）。

 以上のことを考慮し、「被告国は、この問題に関して、この条約の保護する他の権利の承認を確保する手段として以外には、国家の評価の余地を主張することはもはやできない。公の利益のいかなる重要な要素も、性別変更の法的承認を得るための申立人の利益と競合しない。裁判所は、条約に固有の公正な均衡の観念は、今後は、申立人の側にバランスが傾く」と結論する。したがって、申立人の私生活に対する尊重を侵害が存在し、8条違反を認める（93段落）。

・12条違反について

（省略）

●評　釈

1　判決の意義

 本判決の意義は、イギリスが、性別再指定手術を受けた性同一性障害者に、法的な性別変更を認めずまた変更した性別での婚姻も認めないことは、条約8条「私生活および家族生活の尊重の権利」および12条「婚姻の権利」*に違反すると認めたところにある。裁判所はこれまで同種の事件について、1992年のB対フランスを除いて、すべて条約8条および12条違反には当たらないと判断してきた。しかし、本判決では、医学の進展やヨーロッパにおけるコンセンサスおよびイギリスの身分登録制度について再検討し、ヨーロッパに性転換後の性同一性障害者の性別訂正についてコンセンサスがないとしても（85段落）、8条の「私生活」の概念に「人格的自律」、「自己のアイデンティティを決定する権利」、「人格的開花」、「身体と精神の完全性の権利」などの人格権や自己決定権的な権利の解釈を採用し、イギリスの評価の余地を否定した点が注目される。なお、12条と41条についての評釈は本書では省略する。

2　条約8条「私生活および家族生活の尊重を受ける権利」の「発展的解釈」と「積極的義務」

 ヨーロッパ人権条約が、「生きた文書」であり、「今日の状況を考慮して」解釈されるという「発展的解釈」と呼ばれるヨーロッパ人権条

Ⅱ 性別の変更

約特有の原則によって、条約の保護する権利の解釈は拡大してきている。特に8条に関しては「発展的解釈」がもっとも頻繁に表明されてきている。それは、8条が、私生活全般という広範な内容を扱っていることに加え、家族生活および通信、プライヴァシーという特に現代的な領域を含んでいることからも説明することができる。現在、8条がカバーしている内容は、伝統的な住居の不可侵、通信の秘密、家族の保護のほかに、婚外子の権利、公害、リプロダクティヴ・ライツ、航空機の騒音、性転換者の権利、同性愛者の権利、体罰、公的機関の保有する個人情報へのアクセスの権利、医療記録の開示、移民規制と移民家族の権利等々、広範なものになってきている。

生命や身体や性に関連する領域では、「私生活」の概念は、発展的解釈によって「人の身体的、精神的な完全性（physical and moral integrity）」（X and Y v. The Netherland, 16 March 1985, Series A 91）、「個人の身体的、社会的アイデンティティ」（Mikulic v. Croatia, 7 February 2002, Reports 2002-I）と広げられ、性アイデンティティ、名前、性的指向、性生活等が、8条の保護する「私生活」に含まれるようになった。さらに、「人格的発展（personal development）」および「他の人や外界との関係を築き維持する権利」（Burghartz v. Switzerland（後掲）の委員会意見）という自己決定権的権利に関しては、裁判所は、本判決および同年のプリティ判決で「人格的自律の概念は、8条の保護する権利解釈の根底に横たわる重要な原則の反映」と述べている。

こうした内容の拡大と共に、裁判所は、8条の実施義務として、締約国は「積極的義務」を負っているという解釈を行ってきている（Marckx v. Belgium, 13 June 1979, Series A 31 参照）。これは、当初は、私生活の尊重は国家が私生活に干渉しないという「消極的義務」を定めると解釈されていたのに対し、条約の保護している権利を実効的に保障するために、締約国が何らかの措置を講じる義務（法制度の整備も含む）をも負っているという解釈である。

3 性同一性障害者の権利「人格的自律」と「自己決定権」

(a) 「人格的自律」と「自己のアイデンティティを決定する権利」

以上のような判例の状況に対し、本判決は、1986年のリーズ判決を再検討し、医学的・科学的観点の進歩として医学界が外科的なものも含む性同一性障害の治療を承認していることをあげるが、同時に、医学のみが性同一障害者の法的承認に対する決定的な論拠を示すものではないとも述べる。また、ヨーロッパ共通のコンセンサスよりも、国際的な動向を重視しつつ、個人の選択の権利、すなわち性アイデンティティ決定する権利という側面から捉えなおそうとする。結果として、「私生活の尊重」の権利概念の根底にある原則の反映として「人格的自律」を位置づけ、そのなかに、「人としてのアイデンティティの詳細を決定する権利」を含める。本判決の数ヶ月の前のプリティ判決において、「自己決定権が認められていないとしても、人格的自律の概念は、8条の根底に横たわる原則の反映」と述べ、「身体に関する選択の権利という意味での人格的自律の原則」と解釈している。

こうした自己決定権的な解釈は、本判決以降のファン・クック対ドイツ（Van Kück v. Germany, 12 March 2003, Reports 2003-VII）で、より明確に、性別訂正に関する国内裁判は「申立人が自らを女性として定義する自由に抵触している。それは、自己決定の最も基本的な本質の一部である。公平な裁判手続に関する事実概要は……申立人の私生活を尊重される権利の基本的な側面、すなわち性アイデンティティ（gender identity）や、人格の発展に影響を与えている」（75段落）。問題となるのは、「性別訂正の資格要件だけでなく、私生活を尊重される権利の一側面としての性的自己決定権（sexual self-determination）を尊重される権利に対して裁判所の決定が与えた影響である」（78段落）と述べられている。

(b) 人格的発展の権利（right of personnel development）

このような自己決定権とは別の意味で、判決は、性同一性障害者の「人格的発展の権利」と「身体的・精神的な完全性の権利」にも言及する。人格的発展の権利は、まずアイデンティティの権利として氏名権（Burghartz v. Switzerland, 22 February 1994, Series A 280-B）が認められ、本判決以降には出自を知る権利（Odièvre v France, 13 February 2003, Reports 2003-III）として、「人としての本人のアイデンティティの詳細を決定する権利」は8条の保障する「人格的開花（personal epanouissement）」の権利に含まれると定義されている。本判決では「人としてのアイデンティティの詳細を決定する権利」は「人格的自律」概念のなかに含まれていたが、「人格的開花」と「人格的自律」の関係はいまだ明確ではない。しかし、8条の「私生活」概念が、国家からの介入を排除する「自己決定権」という側面と、その「自己」の内実である「アイデンティティ」との両面において解釈を拡大しつつあり、「人格的自律」はその両面をカバーする概念として援用されているといえる。

4　判決の国内法への影響

本判決後、イギリスでは2004年7月1日にジェンダー公認法（Gender Recognition Act）が制定され、2005年4月4日から施行されている。この法律は、身分登録の性別変更の要件として性別再指定手術を必要としない点が特筆される。変更申請者は、18歳以上で、性同一性障害であるという、専門家（医師あるいは認定心理士）の証明書を2通提出すること、変更を希望する性別で2年間生活をしていること、死ぬときまでその性別ですごすことを望むこと、という要件が満たされる場合に、性別承認委員会による「性別承認証明書」が発行される。申請時に婚姻している場合には、その婚姻が法的に解消された場合に、正式な「性別承認証明書」が発行される。また、2005年からシビル・パートナーシップ法（Civil Partnership Act）が施行され、同性のパートナーが異性間の婚姻と同等の法的地位を得ることになった。

【参考文献】

① Patrick Wacksmann et Aluma Marieburg-Wachsmann, La folie dans la loi-Considèrations critiquès sur la nouvelle jurisprudence de la Cour europèenne des droits de l'homme en matière transsexualisme, RTDH, 2003, p.1157

② 國分典子2003「性同一性障害と憲法」愛知県立大学文学部論集52号〔日本文化学科編6号〕1頁

③ 谷口洋幸2003「トランスセクシュアルの性別訂正と婚姻：ヨーロッパ人権裁判所グッドウィン対イギリス判決」国際人権14号107-109頁

④ 建石真公子2008「性転換後の戸籍の性別記載変更と婚姻」戸波江二他編『ヨーロッパ人権裁判所の判例』（信山社）305頁

◆ III ◆
平等と尊厳

III 平等と尊厳

10 刑事収容施設におけるトランスセクシュアルの扱い
―― 四谷署留置場事件

〈日本〉東京地方裁判所・2006（平成18）年3月29日・判決
判例時報1935号84頁

〔岡田久美子〕

●事実概要

　原告は、戸籍上および生物学上の性は男性であるが、内心における性は女性であると主張する者である。警察署に留置されるにあたり、男性警察官らがなした身体検査等の行為（事件【1】）、男性留置人が在房する留置室に原告を留置した行為（事件【2】）等によって、身体的、精神的損害をこうむったとして、東京都に対し賠償を求めた。

　事件【1】――横領事件の被疑者である原告は、警視庁四谷署留置場の診療室内において、男性警察官2名による身体検査、傷病調査および所持品検査を受けた。この際、原告は、自分がMTF*で性別適合手術*および豊胸手術を受けていること、うつ病でいつ自殺するかわからないことを申し出た。警察官らは、原告に浴衣を着せたうえで、着衣の一部を脱ぐよう申し向けて身体検査等を行った。原告は、全裸にされて傷病検査を受けたと主張したが、その事実は認定されなかった。

　事件【2】――当該日の四谷署当番責任者は、原告の申出および胸が膨らんでいたことなどから、原告を共同房ではなく、男性用の単独房に単独留置した。2日後、原告は「1人でいると不安である」「単房にいると何をするか分からない」などと留置勤務員に申し述べた。原告の状態に関する報告を受けた当該日の当番責任者は、原告を共同留置する指示をし、原告は4名の男性留置人と共同留置された。共同留置された間、原告が特異な言動や共同留置されたことへの抗議をすることはなかった。共同留置から2日後、四谷署留置主任官は、留置人の特性および原告の性格等に照らし、原告を再び単独留置する指示をした。原告はその後別件で逮捕・勾留され、東京拘置所に移監されるまでの約1ヶ月半、単独留置された。

　裁判所は、事件【1】および【2】における警察官らの職務執行は違法であったとし、特に事件【2】の違法行為により、原告は2日間にわたって男性との共同留置の状態におかれ、少なくとも4名の同房者らの好奇の目にさらされ、強制わいせつ等を受けるおそれを抱かざるを得なかったとした。被告に有利な事情等も総合考慮された結果、30万円の支払いが命じられた。

●判決要旨

　事件【1】について――関連する法律等の「各規定に照らせば、営造物たる留置場の管理者は、留置されようとする被逮捕者に対し、施設管理権に基づき、凶器等の危険物を所持していないかを調べる等のため、単なる外表検査にとどまらない身体検査を行うことができる。

　もちろん、このような身体検査であっても、必要最小限度の範囲内において、被検査者の名誉、羞恥心などの基本的人権を不当に侵害することのない相当な方法で行わなければならないのは当然である。

　したがって、例えば女子に対する身体検査であれば、刑事訴訟法115条、131条2項、監獄法施行規則17条2項など関連する諸規定の趣旨に照らし、原則として、女子職員が身体検査を行うか、医師若しくは成年の女子を立ち会わせな

ければ、違法になると考えられる。

　本件では、MTFに対する身体検査が問題となっており、直ちに一般の女子に対するのと同様に扱うことはできないとしても、前記の必要最小限性、相当性の判断は、具体的事情に応じてなされるべきであり、少なくとも、内心において女性であるとの確信を有し、外見上も女性としての身体を有する者に対する身体検査においては、特段の事情のない限り、女子職員が身体検査を行うか、医師若しくは成年の女子を立ち会わせなければならないと解するのが相当である」。

　「これを本件についてみると、原告は、戸籍上及び生物学上の性は男性であるが、内心において女性であるとの確信を有し、性別適合手術により陰茎及び精巣を除去し、豊胸手術を受けた者である。……男性警察官らは、原告がMTFであり、性別適合手術及び豊胸手術を受けたことを聞き知り、原告の胸が女性のように膨らんでいることを確認しながら、医師又は成年の女子を立ち会わせることなく、同警察官らの眼前でジーパンと靴下を脱がせ、金属探知機を用いて原告の身体を捜索したのであって、これを特に適法とする特段の事情も例外的事由も見つけることができない。……事件【1】は、留置場の管理者による施設管理権の行使として、許される範囲を超えた違法な身体検査であったと言わざるを得ない」。

　事件【2】について――関連する諸規定によれば、「警察署留置場においては、男女を区分して留置すべく定められているが、ここに言う男女とは、戸籍上又は生物学上の性を言うものと解される。

　そして、留置人を単独留置するか、共同留置するかの判断については、監獄法15条及び16条などに若干の規定があるほか、留置場の管理者の裁量事項と考えるのが相当である。

　しかし、このような場合であっても、その裁量判断が、法の趣旨、目的に照らし、考慮すべき事項を考慮せず、考慮すべきでない事項を考慮してなされるなど、裁量の範囲を逸脱したと認められるとき、それに基づく措置は違法になると言うべきである」。

　「これを本件についてみると、……留置場の管理者は、以上のような事情のある原告を留置する場合には、……その名誉、羞恥心及び貞操等を保護し、留置場内の規律を維持するため、原則として、原告を男子と区分して留置すべきであると言える」。

　留置場の管理者は、「うつ病と診断された原告が、精神不安定な様子で自殺等のおそれを訴え、共同留置にされれば問題は生じないと申し出たことなどを考慮して、原告を共同留置にしたものと認められる。

　しかしながら、……この自殺等のおそれが現実に存在し、又は現実に存在すると判断する合理的根拠があったとは認められず、まして、共同留置により、そのおそれが解消する十分な可能性があると判断する合理的根拠があったとも認められない。……自殺等のおそれの解消は、留置勤務員による監視を強化するとか、医療上の処置を講ずるとかの方法によるべきであったのであって、上記の点は、単独留置、共同留置の決定において、そもそも考慮すべき事項ではなかったと言える」。

　「事件【2】については、原告がMTFである等の事情に十分な考慮を払わず、原告の自殺等のおそれ等の事情を過大に考慮し、裁量の範囲を逸脱した違法があると言わざるを得ない」。

● 評　釈

1　本判決の意義――逮捕後手続と少数者の扱い

　逮捕された被疑者は、警察の留置場（現在は留置施設または代用刑事施設と称されるが、本稿では留置場の語を用いる）に最長72時間収容され、逮捕の後に勾留が続けば、さらに最長20日間収容されるのが実務上は一般的である。その後、起訴されると拘置所に、有罪が認定されて

Ⅲ 平等と尊厳

自由刑が確定すると刑務所に収容される。

　逮捕後はまず、収容開始に際しての身体検査が行われる。身体検査は、犯罪捜査のためになされるものであれば、裸体での検査もありうるが、それを行うには必要性を示して令状を請求し、その発付を受けなければならない（刑事訴訟法218条2項）。しかし、女性被逮捕者に対して法令上の根拠も必要性もなしに裸体検査が行われたという調査報告もある（福島瑞穂1992「警察の中での暴力」自由と正義43巻10号）。

　留置場での拘束は、男性にとっても耐えがたいものである。居室における一挙手一投足を看守から監視され、生活をみずからコントロールすることができずに管理されることになる。女性が収容されれば、その数的稀少性ゆえに、より苛酷な状況におかれる。男女の居室は異なるにしても、女性のみを収容する区画をもつ留置場は少なく、看守が男性職員であることが常態となっている。男性被収容者のいる区画に置かれた女性は、隣室からのからかいや看守による性的虐待を受けることがある。

　一部の留置場や拘置所では、女性区画に必ず女性職員を配置するようにしているという。しかし、留置場または拘置所で男性職員が女性被収容者と性的関係をもつ事件が報じられる。たとえば、留置場については、神奈川県泉署事件（東京高等裁判所2003年1月29日判決判例時報1835号157頁）、大阪府枚方署事件（2010年10月20日付朝日新聞大阪東部地方朝刊）があり、拘置所については、豊橋刑務支所事件（2004年6月24日付朝日新聞夕刊）がある。

　留置場でも拘置所でも女性よりさらに少数であるトランスセクシュアル*については、いっそう深刻な事態が生じる可能性がある。トランスセクシュアルに対する身体検査を誰が行い、収容場所をどうするかが問われた本判決は、少数者の人権をいかに確保するかという重大な問題を扱うものであり、今後起こりうる事案に備えるためにも、検討に値するものである。なお、本件発生時に適用されたのは監獄法であるが、2006年から受刑者処遇法、2007年からは刑事被収容者処遇法が施行されている。

2　事件【1】について

　刑事手続にのせられた者が施設に収容され、また処遇を受けるに際して、性自認は最大限に尊重されなければならない。人がその自覚・内心に沿って自己を形成し、発展していくことからすれば、これは憲法13条にいう個人の尊重にほかならず、有罪が確定した被収容者についてもいえることである。無罪を推定される未決被収容者であればなおのこと、逃亡や罪証隠滅を防ぐという身体拘束の目的に必要な範囲を超えて、その権利が奪われたり、個人の尊重が損なわれたりすることがあってはならない。MTFについては、身体拘束の目的を妨げない限り、または他の被収容者の権利と抵触しない限り、女性としての扱いを受けるべきであろう。

　本判決はまず、収容開始時の身体検査について、必要最小限度内において、被検査者の名誉、羞恥心等の人権を不当に侵害しない相当な方法で行わなければならないとする。そしてMTFに対する身体検査を直ちに一般女性に対するのと同様に扱うことはできないとしながらも、刑事訴訟法115条、131条の趣旨に照らし、原則として女性職員が身体検査を行うか、医師もしくは成年女性を立ち会わせなければならないとする。監獄法施行規則への言及もなされているが、現在は刑事被収容者処遇法34条2項および181条2項に規定がある。

　内心において女性であり、外見上も女性としての身体を有する者について、特段の事情がない限り女性職員が検査するか、医師若しくは成年女性の立会いを要するとした本判決は、正当なものであろう。ただし、特段の事情が具体的にどのようなものであるかは明らかではない。もしもMTFが男性職員のみによる検査を承諾した場合に、それをもって特段の事情にあたるとするならば、安易にすぎるであろう。また、本件における原告は、内心も身体的外観も女性

56

●性的マイノリティ判例解説●

であった。内心は女性であるが身体的外観が女性に移行していない者について、どのように考えるべきかについても、本判決では明らかになっていない。この場合に女性職員が検査をするとなれば、職員が抵抗感を抱くことが予想されよう。しかし、職務として人の身体に触れることへの抵抗感と、内心の上で異性である者から検査をされる苦痛とを比較すれば、後者のほうが重視されるべきであろう。

3 事件【2】について

本判決は、被収容者の名誉、羞恥心等を保護するため、原則として原告を男性と別室に留置すべきとした点において、正当であろう。被収容者を性自認*に沿って扱うことは、憲法13条にいう個人の尊重に適うものであり、被収容者が内心の性と異なる者たちの中にひとり置かれた際の利益侵害を避けるため、必要な扱いである。とくにMTFについては、男性と同室に収容されれば、性的自由が侵害される危険性が高い。男性と別室に収容することで、精神的苦痛が軽減され、同室者からのわいせつ行為やからかいを回避することができよう。このような収容が、逃亡または罪証隠滅の防止という身体拘束の目的や他の被収容者の権利を損なうはずもない。

原告は、MTFを女性区画に収容すれば他の被収容者の羞恥心を害するおそれがあるとして、男性区画への収容に異を唱えることはしなかった。本判決も、男女を区分留置するさいの「男女」が戸籍上又は生物学上の性をいうとする。しかし、トランスセクシュアルは、どのような過程にあるかが人によって異なるのであるから、この点の判断には疑問が生じる。大島俊之は、性自認を最大限に尊重し、同時に施設内の秩序維持についても配慮するという2つの要請から、MTFについては、①性別適合手術を完了している者は女性施設に、②性別適合手術を完了していないが男性としての生殖能力を喪失している者は、他の被収容者のプライバシーに配慮した措置をとりつつ女性施設に、③性別適合手術を完了しておらず男性としての生殖能力を保持している者は、本人の安全等に配慮しつつ男性施設に収容すべきであるとする(大島俊之2001・74頁、大島俊之2002・324頁)。

本判決に従うならば、原告のように性別適合手術によって陰茎および精巣を除去し、豊胸手術を受けた者は、戸籍上および生物学上の性が男性であるとき、男性区画に収容されることになる。逆に、戸籍上または生物学上の性が女性であるFTMは、性別適合手術を終えているとしても、女性区画をもつ施設であればその区画に収容されることになる。性自認も身体的外観も女性である者が、男性看守による監視のもとで男性区画に置かれるとき、たとえ他の被収容者と別室に収容されるとしても、その区画にいること自体が苦痛を伴うであろうし、看守による性的虐待が起こる可能性すら否定できない。また性自認が男性であり身体的外観も男性に移行した者が、女性区画に入ることを想定するとき、他の被収容者の保護に関する問題が生じてこよう。

刑務所におけるトランスセクシュアルの処遇に関する名古屋地方裁判所2006年8月10日判決(判例タイムズ1240号203頁)は、受刑者処遇法が男女を分離して収容することとしているなどの前提には、性別の判定方法に関して「戸籍の記載や受刑者の生物学的、身体的特徴に基づいて男女の判定を行うこと」があるとする。そのうえでMTFである原告の処遇につき、「戸籍上男性となっている上、男性器も摘出手術を受けた睾丸部分を除いて残しており、性別を判断するうえでの身体上の外観としての特徴を備えているから」、男性受刑者として処遇すること自体を裁量権の逸脱・濫用ということはできない、とする。性別による収容の分離に関する現行規定は刑事被収容者処遇法4条1項1号および17条1項1号であるが、この名古屋地裁判決の基準によるならば、身体的外観は性別の判定、すなわち収容施設の決定にあたり、1つの重要な

Ⅲ 平等と尊厳

要素となりうるであろう。

トランスセクシュアルを申告する刑事施設被収容者は、日本弁護士連合会人権擁護委員会による法務省へのヒアリング結果によると、2009年当時に約60名であり、戸籍上男性の者が多いという（日本弁護士連合会人権擁護委員会・9頁）。施設収容が問題として顕在化しているのはMTFであるが、被収容者のなかにはFTMも存在する。今後、FTMの扱いに関する議論が起きる可能性は十分にあるだろう。

4 他の問題

本件においては、被収容者のホルモン療法の如何は問題となっていないが、アメリカでは、受刑者がホルモン療法の継続を争点として裁判を起こしているという。身体的外観を性自認に合わせようとする過程が断たれれば、被収容者の精神状態が不安定になり、精神疾患や自殺に行き着くこともある。GID*が医学界において広く認められる1つの疾患であるならば、ホルモン療法を受けている者へのホルモン投与を中止することは、治療の中断にほかならない。有罪が確定した被収容者であっても、施設収容が病気治療の中断を伴うとき、身体拘束以外の苦痛を科されることになり、自由刑の範囲を超えた残虐な刑罰を受けることになる。ましてや、無罪を推定される未決被収容者は、逃亡または罪証隠滅を防ぐために身体を拘束されるにすぎない。治療を中止されたがゆえに精神疾患や自殺に至ったならば、国家賠償が認められる可能性は十分にあろう。拘置所に収容された精神疾患を有する被告人が、服薬を中止されたことにより自殺し、国の損害賠償責任が認められた事例として、東京地方裁判所2005年1月31日判決（判例タイムズ1181号201頁）がある。

【参考文献】
① 大島俊之2001「拘置所・刑務所における性同一性障害者の処遇」ジュリスト1212号73頁
② 大島俊之2002『性同一性障害と法』日本評論社
③ 日本弁護士連合会人権擁護委員会2010「刑事施設における性同一性障がい者の取扱いに関する人権救済申立事件調査報告書」

11 同性愛を推測させる表現と名誉毀損——毎日新聞社事件

〈日本〉東京高等裁判所・2006（平成18）年10月18日・判決
判例時報1946号48頁

〔髙佐智美〕

●事実概要

　新潮社は、週刊誌『週刊新潮』2004年3月11日号に、毎日新聞社社長であったXを被害者とする逮捕監禁事件に関する記事を「『毎日社長拉致』で新聞が書けなかった『社内抗争』と『ホモ写真』」との見出しを付けて掲載するとともに、その記事に関する見出しを新聞広告として掲載し、かつ、電車内の中吊り広告として掲示した。毎日新聞社およびXは、同記事および広告がXらの名誉及び名誉感情を毀損するものであるとして、新潮社、『週刊新潮』の編集長であったYおよび同記事を執筆したZに対し、不法行為に基づく損害賠償及び民法723条に基づく名誉回復措置を求めて提訴した。

　記事の内容は、2004年1月に発生したX拉致事件につき、Xが全裸にされたうえ、男性とわいせつな行為に及んでいるように見せかける姿態を撮影され、「社長を辞任しなければ写真をばらまく」と脅されたこと、事件の背景には社長の座をめぐる「社内抗争」が存在したこと、などを摘示・論評するものであった。

　原審（東京地判2006〔平成18〕年1月18日判例時報1946号55頁）は、「本件見出しは、それ単独では、本件犯行と『社内抗争』及び『ホモ写真』との間に何らかの関係があることを本件広告を見た一般公衆に対して印象づけるものであるが、『社内抗争』の具体的内容に触れたり原告〔X〕が同性愛*者でありその写真が存在することを印象づけたりするものではない」、「本件見出しの表現が極めて簡潔であることにより、それだけ多義的な解釈を許す余地があることは否定できず……原告らの社会的評価を低下させるような印象を受ける可能性を完全に否定することはできない」が、「雑誌の広告に記載された見出しは、当該記事の内容を一目で理解するようにし、当該記事に対する一般公衆の関心を惹いて雑誌の購買意欲を高めようとするものであって……記事の内容に関する読者の理解を誤導しない範囲内である程度の省略、誇張をすることはやむを得ないところであり……一般の読者の通常の注意と読み方を基準として本件記事から受ける印象及び認識が原告らの社会的評価を低下させるものであるということはできない」として、本件広告、記事本文および見出しのいずれについても名誉毀損の成立を認めず、Xらの請求を棄却した。これに対し、本判決は、本件広告の「ホモ写真」という表現についてのみ、名誉毀損の成立を認めた。

●判決要旨

　「『ホモ写真』という表現は、男性同性愛行為を撮影した写真の存在を示唆するものであるところ、前判示のとおり、既に本件犯行に関する報道において、控訴人Xが衣服を脱がされて写真を撮影されたとの事実が明らかになっている状況においては、広告を見た者に、控訴人Xが男性同性愛行為をしている写真があるものと誤解させ、ひいては、控訴人Xのかなり大きな顔写真が添えられていることと相まって、控訴人Xが同行為を愛好する者であるとの誤解をも与えかねない表現であるというべきである。本件記事の趣旨は、全体として、本件犯行における控訴人Xの被害状況を、控訴人毎日新聞社の社内事情も絡んだ犯行動機も含めて詳述するとと

もに、控訴人Xが控訴人毎日新聞社の社長を辞任しなかったことについて批判的に論評したものであることは、前判示のとおりである。そうした本件記事への興味を喚起し、購買意欲を誘うのが広告の目的であるとしても、本件広告において、上記のような誤解を生じさせかねないのに『ホモ写真』という文言を使うことは、本件記事の内容から大きく外れるものであって、むしろ、本件記事内容とは齟齬することを承知しつつ、このような文言への誤解を交えた好奇心から、読んだ者が購買意欲を抱くことを期待してかかる文言が使用されたものと推認されるのであって、そうであれば、『ホモ写真』なる表現を使ったことに公共性ないし公益目的があるとは認められないし、広告としての誇張としても許容される限度を越えているといわざるをえない。

そして、現在の日本社会においては、同性愛者、同行為を愛好する者に対しては侮蔑の念や不潔感を抱く者がなお少なくないことは公知の事実ともいえるのであって、このような状況において、控訴人Xがかかる嗜好を持つ者と誤解されることは同控訴人の社会的評価を低下させるものということができる。また、本件記事を読んだ者は、本件記事の内容から、本件見出し又は本件広告の当該部分が、当該記事に対する一般公衆の関心をひいて雑誌の購買意欲を高めようと企図したものであって、同控訴人がそれらの嗜好を持つ者ではないことを容易に理解するといえるけれども、本件広告を見るだけで本件記事を読まない者（記事を読む者に比べて、格段に多いことは公知の事実である。）の中には、キャッチコピーにかかる上記性質を知っていたとしても、なお、同控訴人がかかる嗜好を有するものであるとの印象ないし疑惑をそのまま残す者も生じるとみるべきであって、同控訴人についての社会的評価が低下する状態が続くことになる。

以上によれば、本件広告中『ホモ写真』と表現した部分については、控訴人Xに対する名誉毀損行為が成立するというべきである。」

● 評　釈

1．近年の名誉毀損訴訟では、本体の記事本文のみならず、その見出しや、さらには記事の見出しを掲げた新聞広告・中吊り広告それ自体が独立して名誉毀損を成立するかどうかが問題となってきている。主として見出しの名誉毀損性が争われた事例について、裁判所は、見出しそれ自体を独立して判断しつつも、見出しは記事本文とともに読むのが通常であるから、多少記事の内容を誇張するものであっても、記事本文と読み比べることによって、誤解が解ける場合と解けない場合で名誉毀損の成立を判断している（池端・179頁）。本判決もこの点につき、「本件見出しは、読者を記事に惹きつけようとするあまり、記事自体の要約を踏み越えた誇張表現により、読者に誤解を与えかねないものを含んでいることは否めない」としつつも、「本件見出しは、本件記事と一体として読まれるのが通常であることを考えれば、それ自体としてXらの社会的評価を低下させる」ものではないとし、先例の判断基準を踏襲している。

2．一方、主として中吊り広告の名誉毀損性が争われた事例はまだそれほど多くなく、見出しと同様、記事本文とは独立して名誉毀損性が判断されている点は一致しているが、中吊り広告では読者を惹きつけるために多少の誇張や省略がしばしばなされる点をどう評価するかで判断が分かれている（大石・287頁）。本件で原審と本判決の結論が分かれたのもまさにこの点である。原審が、中吊り広告においては「記事の内容に関する読者の理解を誤導しない範囲内である程度の省略、誇張をすることはやむを得ないところであり、読者においても、見出しや広告がこのような性質を有することを了解して読むのが通常であると考えられる」として名誉毀損の成立を認めなかったのに対し、本判決は、「本件広告を見るだけで本件記事を読まない者」

（しかも記事を読む者に比べて格段に多い）の中には、Xが同性愛者であるという「印象ないし疑惑をそのまま残す者も生じるとみるべき」であるとして、中吊り広告の有する性質を考慮しつつも、本件記事とは独立して名誉毀損の成立を認めている。

3．同性愛者を表す用語は多種多様であり、それを使う人の立場や文脈によってニュアンスは大きく異なるが、一般的に男性同性愛者を「ゲイ*」、女性同性愛者を「レズビアン*」というのに対し、「ホモ」「オカマ」「レズ」という用語は非常に侮蔑的な意味合いが込められているので使ってほしくないという同性愛者が多い（セクシュアルマイノリティ教員ネットワーク・140頁）。しかし、同性愛者に対する差別問題やその表現については、部落差別や女性差別と比べ、社会認識が大きく立ち後れているため、いまだにテレビのバラエティ番組などでは同性愛者を「ホモ」「レズ」と呼称し、「笑いのネタ」として公然と差別が行われたり、スポーツ紙や週刊誌などにおいても、本件のように、一般大衆の興味本位な関心を呼ぶために使われたりすることが多い（湯浅・101頁）。

では同性愛者であることを摘示されることは社会的評価の低下につながるのか。この点につき本判決では、「同性愛者、同行為を愛好する者に対しては侮蔑の念や不潔感を抱く者がなお少なくないことは公知の事実」であり、したがって「このような状況において、控訴人Xがかかる嗜好を持つ者と誤解されることは同控訴人の社会的評価を低下させるものということができる」としている。しかし、同性愛者であることは道徳的に何ら恥ずべきことではなく、「同性愛者」であるとの摘示がその者の社会的評価を低下させることはないといえよう。

しかし、実際に同性愛者であるか否かにかかわらず、「ホモ」という同性愛者に対する差別的・侮蔑的表現を用いていることについて、裁判所が極めて鈍感である点に、現在の日本における同性愛者に対する差別表現の問題の根深さ

11　同性愛を推測させる表現と名誉毀損

がうかがえる。原審は、本件記事および本件広告がXの名誉感情を侵害したかどうかにつき、「本件記事と切り離して本件見出しが掲載された本件広告もXを同性愛者として侮辱したものと解することはできない」としており、ここでは「ホモ」という用語それ自体が有する差別性・侮蔑性はまったく考慮されていない。本判決でも「同性愛者、同行為を愛好する者」を示す言葉として、わざわざ「ホモ」という用語が用いられていることに特に言及はされてはいない。ただ、本判決が中吊り広告につき名誉毀損の成立を認めたのは、「ホモ」という用語が「通常一般大衆の興味本位な関心を呼ぶ常套語」であったのと同時に、Xが犯罪被害者であることへの「配慮の無さを示すものでもあったからであろう」との指摘もある（池端・180頁）。

4．本件で問題となった週刊誌の記事の見出しをそのまま用いる新聞広告や電車内の中吊り広告は、読者あるいは乗客からの一瞥を求めるため、「多少の誇張や省略を行ったキャッチコピーを付し、広告の受け手も多少割り引いて見出し広告を読むという意味空間」、すなわちメディア論でいうところの「気散じ空間」を構成しているとされる（池端・179頁）。

このように見出し広告は、それ自体で独自の意味をもつものであるから、近年の判例のように、記事本文とは切り離してその名誉毀損性を判断すべきであろう。ただしその際、見出し広告が「気散じ空間」という、いわば「遊びの空間」を構成し、そこでは一定の省略・誇張が承認され、原審の指摘するように、受け手も一般的にはそのようなものとして受け止めており、特定の人物について受ける印象もあくまでも曖昧なものにすぎない点を考慮し、名誉毀損の成立は、見出し広告が記事の内容に関する読者の理解を大きく誤導する場合に限り認めるべきであろう。

他方で、車内の中吊り広告については、「その表現が鉄道車両内の乗客という『囚われの受け手』に対して向けられるものであるという事

Ⅲ　平等と尊厳

Ⅲ 平等と尊厳

実」を考慮すべきであるとの指摘もある。すなわち、「人は通常その交通機関を利用せざるをえないのであり、その利用をしている間に利用をやめることができない」という「『とらわれ』た状態におかれている」場合には、受け手が自己の意思で表現を受けとることができる場合とは異なり、表現の自由が制約を受ける範囲は大きくなるという考え方である（伊藤正己補足意見・最判1988〔昭和63〕年12月20日判例時報1302号94頁）。そのような状況下で、「ホモ」という差別用語を発することは、「囚われの受け手」の中に含まれる同性愛者に屈辱感を与え、また未成年者に対しては「ホモ」という差別用語が社会的に認知されているという誤った認識を与える可能性があるため、注意が必要だというものである（大石・284-6頁）。

「囚われの受け手」論を強調しすぎると、閉じられた空間とはいえ、基本的には出入り可能な車両内というパブリック・スペースにおける表現行為を萎縮させることにつながるので、抽象的な害悪性や危険性だけを理由に、そこでの表現内容の規制を安易に認めるべきではない。ここではむしろ、車両内という「気散じ空間」の性質を前提としつつも、明らかな差別用語である「ホモ」という言葉を使ったこと、および記事内容を明らかに誤導させることが目的で「ホモ写真」という見出しを用いたことの悪質性を重視すべきであろう。したがって、記事本文の内容自体は名誉毀損にならないとしても、記事本文とは別個独立のものとして「ホモ写真」という見出し広告のみの名誉毀損性を認めた本判決は、少なくとも結論としては妥当と思われる（なお、本判決に批判的な論評としては塩崎後掲③参照）。

【参考文献】

① 池端忠司「週刊誌における新聞社社長拉致事件の記事に関する新聞、車内等の広告について、名誉毀損の成立を認め、慰謝料等の支払が命じられた事例」判例時報1965号176頁
② 大石泰彦「中吊り広告における侮辱的表現」青山法学論集48巻1・2号298頁
③ 塩崎勤「週刊誌の新聞広告等と名誉及び名誉感情毀損の成否」法政法科大学院紀要3巻1号127頁
④ 西尾秀和『差別表現の検証―マスメディアの現場から』（講談社、2001年）
⑤ 湯浅俊彦・武田春子編『多文化社会と表現の自由―すすむガイドライン作り』（明石書店、1997年）
⑥ セクシュアルマイノリティ教員ネットワーク編著『セクシュアルマイノリティ（第2版）』（明石書店、2006年）

12 トランスセクシュアルの顔面醜状の後遺障害認定
——「ニューハーフ」損害賠償請求事件

〈日本〉東京地方裁判所・1999（平成11）年4月28日・判決
判例タイムズ1018号288頁

〔山下敏雅〕

●事実概要

本件の本訴事件は、原告が、被告の故意又は過失により雑居ビル内の階段から落とされ、前額部挫創、右手首骨折等の傷害を負ったとして、被告に対し、不法行為に基づき300万円（全損害の内一部請求）の損害賠償を求めた事案である。また、反訴事件は、被告が原告に対し、本訴提起が不当であるとして不法行為に基づき損害賠償を求めた事案である。

・事実関係（争いのない事実及び裁判所が認定した事実）

原告に関し、判決は、争いのない事実として、「クラブに勤務し、女性同様の姿で男性客に対する接客の業務に当たるいわゆるニューハーフ*である」としている。

原告は、クラブAで勤務していたところ、面識のない被告から声をかけられてホテルに誘われた。被告はAで飲食した後も、共にAを出た原告の腕をつかんで再度ホテルに誘い、なかなか放さなかった。原告は、「被告をどこか人のいない所へ連れて行って射精させればすぐに帰ることができる」と考え、偶然見つけた雑居ビル内へ被告を誘い、階段最上段の踊り場で、被告の陰茎に刺激を与え続けた。しかし、被告が相当程度酩酊しておりなかなか射精しなかったため、原告は「帰らせて欲しい」などとつぶやいて被告の陰茎から手を離し、身体の向きを変えようとした。被告は急な原告の動きに対応できず、故意によらず、原告の上半身に対し自分の上半身、殊に右腕付近を強く押しつけて振り払うような動きの有形力を加えた。その結果、原告は本件ビル内の階段から転落し、前額部をコンクリート製の階段の角に強く打って失神した。

原告は、全治3ヵ月半以上を要する前額部挫創、右手首打撲等の傷害を負い、9回にわたって治療を受け、前額部には7センチメートルの挫創痕が残った。

被告は、原告に対し、治療費、交通費、生活補助費等を支払っていたが、原告に生活費を送金しようと、銀行の自動支払機を使って原告の指定した口座番号を呼び出したところ、口座名義人として男の名が表示されたことから、原告に騙されたという思いを抱くようになり、送金を取り止めた。

・法律上の争点

本件の争点（事実関係に関する争点を除く）は、被告の故意・過失の有無（被告に、原告が安全にAに戻れるようにする注意義務があるか）、原告の提起した本訴が不当訴訟にあたるか否か等の論点もあるが、本評釈での重要な争点は、損害論である。

損害論のうち、性的マイノリティとの関係で重要な論点は、①休業損害、②逸失利益、及び③後遺症慰謝料である。原告は、①と②について、平成8年賃金センサスにおける男子労働者45歳から49歳までの年収額（706万2500円）を基礎とし、②と③について、前額部挫創が後遺障害別等級表の第7級12「女子の外貌に著しい醜状を残すもの」に該当する、として、労働能力喪失率を56％、慰謝料を930万円と主張した。被告は、「後遺障害の認定について女性と主張

Ⅲ 平等と尊厳

しながら、逸失利益の算定を男性として計算しており、前後矛盾する」と反論した。

● 判決要旨

判決は、「合意の上で自己の性欲を満たすために他人に性的な行為をさせている場合であっても、相手方の生命身体を害することのないように相手方の安全に配慮すべき注意義務があることは条理上当然のことである」として、原告の身体に危険を与えかねないような有形力の行使を避けるべき義務があったのに被告がこれを怠った過失がある、としたうえで、損害について以下のように判示した（以下、①休業損害、②逸失利益、及び③後遺症慰謝料に関する判示部分のみ引用）。

・休業損害について

「証拠（略）と弁論の全趣旨によれば、原告は、睾丸を摘出し、豊胸手術をした、いわゆるニューハーフであり、女性然として日常生活を過ごしており、仕事及び通勤時間のみならず私的な時間も全て女性用の化粧品、装飾品、服装を使用していること、原告は、本件事故当時、Ａに勤務して、日給１万5000円の収入を得ていたこと、原告は、本件契約事故〔注：ママ〕のため実日数で18日間Ａの仕事を休業したことが認められる。したがって、本件事故の治療のために、原告は、１日１万5000円の割合による18日分合計27万円の休業損害を蒙ったと認められる。」

・逸失利益について

「証拠（略）と弁論の全趣旨によれば、原告には、平成10年１月ころまでに本件事故による受傷の後遺症として、前額部に７センチメートルの挫創痕が固定したこと、右挫創痕は、皮膚の隆起を伴うようなものではなく、原告が通常行う化粧によって、ほとんど目立たなくなることが認められるから、右の挫創痕を評して『外貌に著しい醜状を残すもの』とまでいうことは難しく、『外貌に醜状を残すもの』に当たると認めるのが相当である。

また、前記２〔注：休業損害に関する前記判示〕によれば、原告の生活ぶりは、心身ともに女性と同様であるということができるから、原告の後遺症の等級認定においては、『女子の外貌に醜状を残すもの』とされる後遺症等級第12級の14に準じて扱うのが相当である。

前記２の認定事実によれば、原告は、本件事故前、１か月平均で21日間Ａに勤務し、１日当たり１万5000円の収入を得ていたことが明らかである。そして、本件に現れた原告の年齢、職業、後遺症の内容、程度、その他諸般の事情を総合すれば、原告は、本件事故がなければ、後遺症固定当時、少なくとも１週間当たり土曜日、日曜日を除いた５日間の割合、すなわち１か月30日として換算して21（30を7で除した値に5を乗じた21.42の小数点以下を四捨五入した値）日間程度はＡで勤務することができたとみることができ、また、原告には後遺症固定時から５年間右の後遺症による労働能力喪失の影響が残ると認めるのが相当である。

したがって、原告の後遺症逸失利益の額は、１万5000円に21を乗じた31万5000円の月収額を12倍した378万円の年収額（なお、当裁判所に顕著な賃金センサス平成８年第１巻第１表における女子労働者45歳から49歳の年収額361万2100円と対比すれば、右の年収額の認定は不相当でないというべきである。）に、第12級の労働能力喪失率である14パーセントを乗じ、さらに５年間のライプニッツ係数4.3294を乗じた額である229万1118円と認定するのが相当である。」

・後遺症慰謝料について

「前記のとおり、原告の前額部挫創痕は、後遺障害等認定12級14と認められるので、原告の後遺症慰謝料は、270万円と認めるのが相当である。」

・備考

なお、上記の他、治療費、通院慰謝料等の損害も認定され、他方、過失相殺７割と認定されたため、原告の本訴請求で認容された金額は170万円余りである。また、反訴は請求棄却。

● 評　釈

1　人身損害賠償事件に関する損害額の算定

人身損害賠償事件の実務においては、財団法人日弁連交通事故相談センター東京支部「民事交通事故訴訟における損害賠償額算定基準」（いわゆる「赤い本」）が一般的に用いられている。同基準は、交通事故訴訟はもちろんのこと、それ以外の人身損害賠償事件においても、損害額の算定を統一的かつ迅速に行うために、広く用いられている。

同基準では、

① 休業損害については、被害者が有職者の場合、事故前の収入を基礎として受傷によって休業したことによる現実の収入減が損害とされている。

② 後遺症による逸失利益については、(i)算定の基礎となる収入は、原則として事故前の現実収入とする、(ii)労働能力の低下の程度については、労働省労働基準局長通牒（昭和32年7月2日基発第551号）別表労働能力喪失率表を参考とし、被害者の職業、年齢、性別、後遺症の部位、程度、事故前後の稼働状況等を総合的に判断して具体的にあてはめて評価する、としている。

③ 後遺症慰謝料については、障害等級に応じて基準が定められている（本件当時の基準では、第7級が930万円、第12級が270万円、第14級が100万円であった）。

後遺障害の等級は、労働者災害補償保険法施行規則14条及び別表第一に規定されている。外貌醜状に関しては、つい最近まで、第7級「女性の外貌に著しい醜状を残すもの」、第12級「男性の外貌に著しい醜状を残すもの」「女性の外貌に醜状を残すもの」、第14級「男性の外貌に醜状を残すもの」と定められており、被害者が女性か男性か、醜状が「著しい」か否か、の2点によって、等級が区別されていた〔注：後記5補遺参照〕。

2　外貌醜状と逸失利益

「赤い本」が引用する労働省通牒は、後遺障害等級毎の労働能力喪失率を、第7級につき56％、第12級につき14％、第14級につき5％とそれぞれ定めている。

もっとも、他の身体障害と異なり、外貌醜状は身体機能を害しない。そのため、過去には、外貌醜状の場合に労働能力喪失を認めないケースがほとんどであった（その代わりに後遺症慰謝料により考慮していた。46歳のスナック経営者の女性につき、逸失利益を認めず、2500万円の入通院慰謝料・後遺症慰謝料を認めた広島地裁福山支部1986〔昭和61〕年1月24日等）。

しかし、接客業やモデル・タレント業のように、外貌が影響を及ぼす職業では、労働能力が喪失する場合が十分にある。このため、女性・男性共に外貌醜状について労働能力喪失を認める判例が出されるようになってきてはいるが、判決の認める喪失率は、男女間で大きな開きがある。女性のケースでは、寿司職人（56％）、生命保険外交員（56％）、主婦兼女優・ホステス（35％）、スチュワーデス専門学校生（20％）等があり、男性のケースでは、営業マン（10％）、大衆割烹経営者（10％）等がある。

また、外貌が影響を及ぼさない職業や主婦などの場合に、労働能力喪失を否定する見解と、肯定する見解（札幌地裁1979〔昭和54〕年12月7日）とがある。

3　本件判決について

① 休業損害について

本件では、原告はクラブAで接客業務に従事し、日給1万5000円の収入を得ていた。そして、本件事故の治療のために18日分休業を余儀なくされた以上、その間勤務していれば得られたはずの収入分が、休業損害である。そこに、原告が男性か女性か、あるいは「いわゆるニューハーフ」等の性的マイノリティか、ということは、本来、関連性がない。

原告は、本訴訟において、男性の賃金センサ

III 平等と尊厳

スを用いて休業損害を算出した。判決が同主張を採用せず、原告が現に得ていた収入を元に休業損害を算出したことは、正当である。他方、本判決は、休業損害を認定するにあたって、原告が睾丸摘出や豊胸手術をし、女性然として生活していることや、女性としての生活実態などをわざわざ摘示しているが、休業損害を認定するうえでは、不要な摘示である。

② 後遺症による逸失利益について

(ア) 算定の基礎となる収入について

原告が日給1万5000円の収入を現に得ていたことに鑑みて裁判所が収入を算出した点は正当であり、上述の休業損害と同様である。

本件判決は、「女子労働者45歳から49歳の年収額361万2100円と対比すれば、右の年収額の認定は不相当でない」と敢えて述べている。これは、「赤い本」が、「現実収入額が賃金センサスの平均賃金を下回っていても、将来、平均賃金程度の収入を得られる蓋然性があれば、平均賃金を基礎収入として算定すればよい」としていることを意識したものと推測される。

(イ) 障害等級について

本判決は、原告の前額部挫創痕について外貌醜状と認めたが、その程度について「著しい」とまでは認定しなかった。本評釈ではその当否には触れない。問題は、本件原告につき、労働能力喪失率をどのように解するか、である。

本判決は、「心身ともに女性と同様である」ことを理由に、女子の外貌醜状の後遺症等級第12級に準じて扱うのが相当と判示した。戸籍上の性にこだわらずに具体的な実態に即した判断を行っている点では評価でき、また結論も妥当である。本件原告の場合は、性別適合手術*も行っており、また外貌が職業と密接に関連しているため、裁判所も後遺障害等級に「準じて」妥当な結論を導きやすかったといえる。

しかし、例えば、性別適合手術までは行っていない者や、女性客相手の（「心身ともに」）男性のホストであれば、労働能力喪失率はこれよりも少なく見積もられてしまうのか、また、性転換手術を行って心身共に女性である者でも、接客等ではない（例えば家事従事者）場合には、外貌醜状による労働能力喪失が認められないのか、など、他のケースを想定した場合には、本件よりも深い検討が必要になろう。障害等級認定表にいう「男性か女性か」という要件へのあてはめよりも、そもそも「なぜ外貌醜状につき労働能力喪失を認めるのか」「なぜ男女間で外貌醜状の扱いにつき差異を設けるのか」という根本的な問題に遡って、実態に即した判断を行うことが必要となってくる。

外貌醜状に関する従来の判例・学説の問題点や、男女間格差の憲法問題に関しては、新井誠氏の優れた論考が存するので、そちらに譲る。同氏も、「ニューハーフの事件は、戸籍上の性差ではなく、各個人の性生活実態に即してその逸失利益の算定を行っていることで、算定基準の性の格差について一石を投げかけるものともいえ注目される。しかしこの事件も、結果的には、なぜ男女の基準が別になっているのかを問うているわけではなく、男女の格差に基づく基準を当然の前提とした問題解決であるといえる」と指摘している。

③ 後遺症慰謝料

後遺症慰謝料についても、上記と同様である。原告を「女性」として後遺症慰謝料を算定した裁判所の判断は妥当である。しかし、労働能力の喪失以上に客観的に算定し難い性質を持つ慰謝料に関して、「女性」は「男性」よりも外貌醜状についての精神的被害が大きいと一般論として裁判所が肯定すること自体の問題点は、この訴訟では顕在化していない。

4 最後に

人身損害賠償事案で用いられる「赤い本」の基準では、外貌醜状の他にも、様々な男女間の取扱の差が存する。例えば、死亡事案での生活費控除率にも差異があるし（女性は30％だが独身男性は50％も控除される）、被害者が概ね30歳未満の場合に用いられる全年齢平均の賃金セン

サスも男女別である。

　もっとも、「赤い本」の基準はあくまで参考であり、裁判所が細部にわたってこれに拘束されるものではない。同基準自体、例えば後遺障害認定表も「参考」としたうえで「被害者の職業、年齢、性別、後遺症の部位、程度、事故前後の稼働状況等を総合的に判断して具体的にあてはめて評価する」と述べている。損害賠償事案では、裁判官の自由心証や過失相殺等により、「損害の公平な分担」という不法行為法の趣旨・目的に従って柔軟な結論が得られることが期待される（例えば、女性の外貌醜状で12級には該当するが７級には至らない場合に、認定等級の慰謝料に相当額を加算した判例等も存する）。

　ただ、性的マイノリティが被害者となる人身損害事案の問題は、損害賠償請求訴訟に関するものだけに限らない。紙幅の関係上、問題の所在の指摘のみに留めるが、例えば、性的マイノリティが労働災害に遭い、外貌醜状により労災保険給付を受ける場合や、自賠責保険（後遺障害の扱いが労災保険とほぼ同様である）での給付がなされる場合には、損害賠償訴訟のような柔軟な解決が果たして可能であろうか。さらに、例えば、労災死亡事故での遺族補償給付は「事実上婚姻関係と同様の事情にあった者」にも支給されるが、これが同性カップルの場合には支給されるのか等、法がこれまで予定していなかった様々な問題が存する。

　本件訴訟は、性的行為中の事故であって、その意味では特殊であるが、今後、交通事故や労災事故等、性的マイノリティが被害者となり損害が発生するケースは十分に想定されうる。人身損害法分野全般について性的マイノリティの問題を検討する上で、本判決は１つの参考になるものと思われる。

５　補　遺

　本稿完成後の2010（平成22）年５月27日、京都地裁は、労災補償において男性の外貌醜状が女性の場合と比べて障害等級が低くされていることについて、「合理的理由なく性別による差別的取り扱いをするもの」として、憲法14条の定める法の下の平等に違反する旨の判決を言い渡し、労基署によってなされた、男性への低い等級による労災給付の処分を取り消した（判例時報2093号72頁）。同判決は、「国勢調査の結果は、外ぼうの醜状障害が第三者に対して与える嫌悪感、障害を負った本人が受ける精神的苦痛、これらによる就労機会の制約、ひいてはそれに基づく損失てん補の必要性について、男性に比べ女性の方が大きいという事実的・実質的な差異につき、顕著ではないものの根拠になり得るといえる」、「外ぼうの醜状障害により受ける影響について男女間に事実的・実質的な差異があるという社会通念があるといえなくはない」として、男女間の取扱の差異を設ける策定理由に「根拠がないとはいえない」とした。他方で、この策定理由との関連で差別的取扱の程度が著しく不合理でないかどうかの点については、外貌の醜状が著しい場合に女性では年金受給となる反面男性では一時金受給に留まるなどの大きな差が設けられていることや、そもそも統計的数値に基づく就労実態の差異のみで男女の差別的取扱の合理性を十分に説明しきれるか自体根拠が弱いこと、社会通念の根拠も必ずしも明確ではないこと、等を指摘し、このような差別的取扱の程度は「上記策定理由との関連で著しく不合理なものであるといわざるを得ない」と判示した。

　同判決に対し被告は控訴せず、同判決は確定した。そして、2011（平成23）年２月１日、厚生労働省は、男女差の解消を図るため女性の等級を基本として男性の等級を引き上げ、さらに、９級として「外貌に相当程度の醜状を残すもの」を新たに加える規則改正を行っている（平成23年厚生労働省令第13号）。

【参考文献】
① 　新井誠　2005年「日本法における外貌醜状痕の障害補償算定基準の男女間格差をめぐる憲法問題」釧路公立大学地域研究14号109頁
② 　財団法人日弁連交通事故相談センター東京支部　2008年「民事交通事故訴訟における損害賠償額算定基準」

III 平等と尊厳

13 同性愛者の保護を禁止する州憲法の連邦憲法適合性
―― ローマー対エヴァンス

〈アメリカ〉合州国最高裁判所・1996年5月20日・判決
Romer v. Evans, 517 U.S. 620, 116 S. Ct. 1620(1996)

〔大野友也〕

●事実概要

コロラド州は、1992年11月3日に行われた州民投票において、次のような憲法修正条項（以下、修正2と表記する。州民投票の際、同修正案が州民に対して「修正2」として提示されたからである）を採択した。

「コロラド州は、その部門・部局を通じ、あるいはその機関・行政的区域・地方公共団体・学校区において、男性同性愛*・女性同性愛・両性愛*の指向・行為・活動・関係が、マイノリティの地位・クォータ制・保護された地位・差別の主張といったものの根拠となり、あるいは、そのような権利を与えることとなる制定法・規則・条例・政策を制定、採用し、または執行してはならない」。

この修正2が州民投票で採択された直後に、同性愛者であるエヴァンスら9名の個人、性的指向*に基づく差別を禁止する条例を持っていたデンバー市など3つの自治体、及び1つの学校区が、修正2は合州国憲法の修正14条や修正1条などに反するなどと主張して、同条の無効の宣言と執行の差止を求めて提訴した。

この訴えに対し、州地裁は修正2の執行に対する暫定的差止を認めた。州最高裁も暫定的差止命令を維持しつつ、修正2が同性愛者たちの平等な政治参加という基本的権利を侵害するため、合州国憲法修正第14条の下で厳格審査の対象となるとして、地裁に差戻した（ローマーI）。差戻審において、州は厳格審査によっても修正2が正当化される旨主張したが、地裁はその主張をすべて斥け、改めて終局的差止命令を出した。州最高裁も地裁の判断を支持した（ローマーII）。そこで合州国最高裁に上告された。

合州国最高裁は、州最高裁とは異なる理由によってではあるが、結論として修正2に対する差止命令を支持した。法廷意見はケネディ裁判官が執筆し、スティーヴンズ・オコナー・スーター・ギンズバーグ・ブライヤー各裁判官が賛同している。また、スカリア裁判官が反対意見を執筆し、これにレーンクィスト首席裁判官とトーマス裁判官が賛同している。

●判決要旨

まず法廷意見は、修正2は同性愛者を他の者と同じ地位に置くものであって、同性愛者に特別な権利を与えないとするに過ぎないとする州の主張に対して、修正2によって、私的な領域・公的な領域を問わず、同性愛者たちが取引や人間関係において孤立した立場におかれると指摘した。そして、修正2によって同性愛者だけが特別な不利益を課されているとし、他の者は何らの制限なく保護を求めうるのに対し、同性愛者はその保護が禁止されていると指摘して、上記のような州の主張を否定した。

その上で、法廷意見は平等保護条項の下での審査を行い、修正2は合理性の基準による審査を通らないと判断した。その際、2つの論拠が示された。

第1は、文面違憲（per se violation）である。その理由は、ある特徴を有する集団が法による保護を求める権利を修正2が否定しているから、というものである。つまり、同性愛的指向・両

性愛的指向を持つ集団に対して、その特徴を差別の主張の根拠としてはならないとすることは、法の平等保護を否定するものであるため、文面上違憲だと言うのである。

第2は、従来「疑わしい区分」ないし「疑わしい区分に準ずる区分」以外の差別に適用されてきた合理性の基準による審査の下で、目的と手段の合理的関連性がないというものである。ケネディによれば、修正2の適用範囲の広さは、同性愛者への敵意に基づくものである、という。そして「『法の平等保護』の憲法的意味は、少なくとも、政治的少数者を害したいという希望が、政府の正当な利益を構成することはない、ということだ」と述べる先例（Department of Agriculture v. Moreno, 413 U.S. 528（1973））を引用した上で、法が一部の人に何らかの不利益を付随的に課すとしても、正当な公共政策のために正当化されることはありうると認めつつ、修正2が同性愛者たちに対して差し迫った不利益を継続的に課すとして、そのような不利益は、「他の市民の結合の自由の尊重」と「土地所有者や雇用主が同性愛に抱く個人的・宗教的嫌悪感の自由」といった州の主張する正当化事由を超えるものであって、平等保護条項に違反するとした。

これに対し、スカリア裁判官は修正2を合憲とする反対意見を執筆した。

まず、スカリアは、修正2が同性愛者を差別するものではないということを主張する。すなわち、コロラド州最高裁も認めるように、修正2は差別禁止法を一般に禁止してはおらず、あくまで同性愛者たちに対する差別禁止法を禁止するだけである。それゆえに、同性愛者を差別しているのではなく、その他の市民と同じ扱いをするに過ぎない、という。

また、スカリアは、バワーズ判決（Bowers v. Hardwick, 478 U.S. 186（1986））において、同性愛行為の処罰が合憲とされている以上、同性愛行為を道徳的に好ましいものではないとして敵意を向けることも合憲だという。そして修正2はその敵意の表明の中でも最も穏健なものであり、当然に合憲だとしている。

● 評　釈

1　修正2の連邦憲法適合性

本件の争点は、コロラド州憲法修正2が連邦憲法に適合するかどうかである。提訴に際して、原告らは、表現の自由・結社の自由の侵害、国教樹立禁止条項違反、デュー＝プロセス条項違反といった憲法上の争点を提出した。その中で主たる争点となったのが、修正第14条の保障する「法の平等保護を受ける権利」の侵害である。

この点につき、州の地裁・最高裁は、基本的権利への侵害があるかどうかという整理をし、その上で権利侵害を認定した。州の裁判所がこのような構成をしたのには理由がある。アメリカにおいて、平等保護違反が争われる場合、争われている差別の指標が「疑わしい区分」（ないし「疑わしい区分に準ずる区分」）である場合（例えば人種）、その差別が合憲と言えるためには、厳格審査を通らねばならない。この厳格審査の下では、差別的取扱によって達成される政府の利益がやむにやまれざるものであること、及びその利益達成のために厳密に適合する手段が採用されていること、という2つのテストが行われ、この双方のテストにパスしなければ違憲とされる。厳格審査が適用された場合、通常は違憲との結論が導かれる。そこで、同性愛者が「疑わしい区分」かどうかが問題となる。しかし地裁はそれを否定した。この点については後ほど詳しく触れたい。

「疑わしい区分」における差別の事例でなければ、通常は合理性の基準による審査がなされる。これは目的が正当であり、目的達成のために採用された手段が目的と合理的な関連性を有していれば合憲とされる、極めて緩やかな審査である。しかし州裁判所は、合理性の基準による審査をしなかった。ここで登場したのが「基本的権利」論である。合州国最高裁は、「疑

III 平等と尊厳

わしい区分」のみならず、「基本的権利」（選挙権や裁判所へのアクセス権）に対する差別的な取扱の事例についても厳格審査を行うとしている。そこで州裁判所は、本件を「基本的権利」に対する差別的取扱だと構成した。修正2は、同性愛者たちが「平等に政治過程に参加する権利」を侵害している、というのである（ローマーIにおいて、州最高裁は、連邦最高裁の諸判例から「政治過程に平等に参加する権利」が「基本的権利」と言えるということを丁寧に論証している）。このように基本的権利への侵害という構成をすることによって、修正2に対して厳格審査を適用することが可能となった。そしてローマーIIにおいて、州地裁は厳格審査を適用して修正2を違憲とし、州最高裁も是認した。

これに対し、合州国最高裁は、本件が「基本的権利」に不利益を与えるものではなく、また「疑わしい区分」を狙い撃ちしたものでもないとして、合理性の審査を適用した。だが、州最高裁が詳細に論証したにもかかわらず、なぜ「基本的権利」に関する事例とは言えないのか、あるいは同性愛者という分類がなぜ「疑わしい区分」ではないのかについて、判決の中で具体的な理由は述べられていないため、実際には最高裁がそれらを否定したというより、むしろ将来の問題として判断を留保したと考えるべきであろう。実際、本判決が同性愛者を「疑わしい区分」とする可能性を開いたと評価する学説もある。

むしろ問題は、合理性の審査を適用しながら、違憲の結論を導いた点にこそある。通常、合理性の審査は緩やかな審査であり、この審査が適用された場合、ほぼすべての事例において合憲の結論が導かれる。そのため、本判決については、スカリア裁判官によって合理性の審査であれば合憲だとする反対意見が付されたほか、学説においても議論の的となった。

まず文面違憲という判断は、平等保護の領域において過去になかったため注目を浴びた。この判断は、アミカス＝キュリィとしてトライブら5名の憲法研究者が連名で提出した意見書に影響されたものだと言われている。意見書は、そもそも本件のような形態による差別が過去に存在しなかったため、平等保護条項に基づく文面違憲の先例も存在していないと指摘する。また、修正2が文面違憲である理由として"ある特徴を差別の根拠として主張し、法の救済を求めること"を同性愛者たちに禁止していることが平等保護の否定になるという点を挙げている。

これに対し、スカリアは、あらゆる適用の場面で違憲と言えなければ文面違憲の判断はできないはずだとし、仮に同性愛の指向を有する者への適用が違憲だとしても、同性愛行為をした者への適用はバワーズ判決の下で合憲と言えるはずであって、文面違憲とはいえないと批判する。

この点、サンスティンは、修正2によって、同性愛者たちはあくまで同性愛者という地位に基づく「特別な」保護が否定されるだけであり、民法・刑法といった一般法で保護されること、また問題は、差別的扱いに理由があるかどうかなのであって、保護を受けられるかどうかは決定的なものではないことを指摘し、文面違憲とする最高裁の判断は「保護」という文言の言葉遊びだと切り捨てている。

目的と手段の合理的関連性の欠如について、ケネディによれば、目的に比べて、不利益を課される側の負担が大きすぎ、このことは修正2が同性愛者への敵意に基づくものだという推定を余儀なくさせるという。そして実際に同性愛者が被る不利益は差し迫ったもので今後も継続する性質のものだとして、正当な政府利益との合理的関連性がないという。

しかし最も緩やかな審査である合理性の基準によるならば、スカリアも主張するように、違憲とできるかどうかは疑わしい。目的と手段の関連性がこじつけのように見えても、合理性の基準の下で合憲とされた事例は少なからず存在する。本件も何らかの関連性を見出して「不合理とは言えない」として合憲とすることも十分

に可能であったように思われるし、スカリアは反対意見でそのような判断をしている。

この点、サンスティンは、修正2が特定の市民をアウトカーストとみなしている点こそが違憲とされたポイントであるとする。つまり、ある特定のグループに属する市民を「完全な人間」とは違うと認識し、そうしたグループに向けられた「敵意」に基づく立法は平等保護条項の下で許されないとした判決だという。こう理解すれば、修正2には正当な政府利益を見出せないということになり、合理性の基準でも違憲という結論が導かれることとなる。

2 バワーズ判決との整合性

本判決において、法廷意見はバワーズ判決に言及していない。これは州裁判所レベルでも同様である。しかし実際には、本件とバワーズ判決は緊張関係に立つように見える。同性愛者であることを理由とする差別に対する救済がないことよりも、同性愛行為を理由とする処罰の方が、当事者にとってより過酷な扱いであり、後者が合憲であるならば前者も合憲だという結論は、ごく自然なものに思われるからである。事実、この点についてスカリア裁判官は反対意見の中で強く批判している。

では何故、法廷意見はバワーズ判決に言及しなかったのか。サンスティンは、法廷意見がバワーズ判決に言及していないのは、本件との区別ができず、かといってバワーズ判決を承認もできず、しかも破棄もできなかったからではないかと推測し、であるならば沈黙することが唯一の選択肢だったと分析している。もしそうであるならば、スカリアの批判に応えられていないということであり、判決の説得力がそれだけ弱まるということになろう。

1つの説明としてありうるのは、バワーズ判決がデュー=プロセスの事例であったのに対し、本件は平等保護に関わる事例であって、論点が異なるから、というものである。実際、デュー=プロセス条項で争われる権利は、それが歴史・伝統に根ざしているかどうかが問われるのに対し、平等保護条項で争われる権利は、歴史・伝統を修正するためのものであることが多い。そしてバワーズ判決では同性愛行為の保護が歴史・伝統に根ざすかどうかが問われたのに対し、本件ではそのような歴史・伝統はまったく論点になっていない。その意味で、バワーズ判決は本件の先例とはならないし、両判決は矛盾しないということも可能であろう。なお、ローレンス判決（→本書2）によってバワーズ判決が破棄されているため、両者の矛盾について論ずる意義は大きくない。

3 性的指向が「疑わしい区分」かどうかについて

先にも触れたが、「疑わしい区分」に基づく差別は厳格審査に服する。そして「同性愛」という区分が「疑わしい区分」かどうかについては、学説上も議論がある。本件でも争点の1つとなったが、ローマーIにおいて州地裁はこれを否定した。同性愛者が政治的に無力であることの立証ができなかったからである。州最高裁に上告された際に原告がこの点について争わなかったため、同性愛者という区分が「疑わしい区分」かどうかについては争点とならず、合州国最高裁も、理由を述べないまま、本件を「疑わしい区分」に基づく差別の事例ではないとしている。

合州国最高裁は、「疑わしい区分」の指標を明確に示しているわけではないため、何をもって「疑わしい区分」とするかについては諸説ある。代表的な指標としては、スティグマの押し付け、特徴の不変性、政治過程から切り離され孤立したマイノリティ、といったものが挙げられる。紙幅の関係上、詳細な検討はできないが、この3つの指標についてはいずれも同性愛者には当てはまるように思われる。

同性愛行為は、聖書の中でそれを禁ずる旨の記述があることからキリスト教文化圏では忌み嫌われてきた。同性愛者に対して敵意が向けら

Ⅲ 平等と尊厳

れてきたこと、そしてそれが広く容認されてきたことは、スカリア裁判官の反対意見でも指摘されている。こうした意識から、同性愛者たちにはスティグマが押し付けられ、それが差別の温床となったことは想像に難くない。

また、近年の研究からは、性的指向が先天的なものであって、本人の意思で変えられるものではないことが分かってきているという。だとすれば、同性愛者差別は、人種や性別と同じように、自身の意思で変更できない特徴による差別ということになる。

一方、政治過程から切り離され孤立している存在であるかについては、議論の余地がある。スカリア裁判官は、その反対意見の中で、「同性愛行為をする者がコミュニティに一定程度存在するがゆえに、そしてまた同性愛者の権利問題が公的な場面でしばしば熱く議論されるがゆえに、彼らは地域においても国家全体においても、その数に比してより大きな政治的影響力を持っている」と指摘する。実際、コロラド州内の自治体のいくつかは、性的指向に基づく差別を禁止する条例を有していた。もし政治過程から切り離され孤立したマイノリティであるならば、こうした条例は制定できないということにもなるだろう。

しかし、修正2のように、同性愛者に対する保護立法等を一切禁止する憲法修正がコロラド州で成立したこと自体、同性愛者が小さな政治的影響力しか持っていないことを示しているのではないだろうか。それに、もし保護立法の存在が政治的影響力の大きさを意味するのであれば、人種や性別についても、もはや政治過程から切り離され孤立したマイノリティとは言えないことになりかねない。その意味でも、スカリアの主張には賛同できない。

最高裁はこの点についての検討をしていないが、以上のように、「同性愛」を「疑わしい区分」とすることは十分に可能であろう。

【参考文献】

① 紙谷雅子1999「性的性向に基づく差別から同性愛者を保護することを禁止するコロラド州憲法の修正二と第一四修正の平等保護条項―Romer v. Evans, 116 S.Ct. 1620（1996）」ジュリスト1148号333頁以下

② 西條潤2008「判例研究：性的志向に基づく差別から同性愛者を保護することを禁止するコロラド州憲法修正2がアメリカ合衆国憲法修正14条の平等保護条項に反するとされた事例」近畿大学工学部紀要 人文・社会科学篇38号53頁以下

③ Cass R. Sunstein (1996) "The Supreme Court 1995 Term: Foreword: Leaving Things Undecided", Harvard Law Review 110巻6頁以下

④ Note (1996) "The Supreme Court: Leading Cases", Harvard Law Review 110巻135頁以下

⑤ Tobias Barrington Wolff (1996) "Case Note: Principled Silence", Yale Law Journal 106巻247頁以下

⑥ Cass R. Sunstein, (1988) "Sexual Orientation and the Constitution: A Note on the Relationship Between Due Process and Equal Protection" Chicago Law Review 55巻1161頁以下

⑦ Note (1985) "The Constitutional Status of Sexual Orientation: Homosexuality as a Suspect Classification" Harvard Law Review 98巻1285頁以下

⑧ Harris M. Miller II (1984) "An Argument for the Application of Equal Protection Heightened Scrutiny to Classifications Based on Homosexuality" South California Law Review 57巻797頁以下

14 私的な団体による同性愛者の差別 — ボーイスカウト対デイル

〈アメリカ〉合衆国最高裁判所・2000年6月28日・判決
Boy Scouts of America v. Dale, 530 U.S. 640, 120 S.Ct. 2446 (2000)

〔金澤　誠〕

●事実概要

本件は、James Dale（原告・被上告人）（以下、デイルとする）が、Boy Scouts of America（被告・上告人）（以下、ボーイスカウトとする）に対して、ボーイスカウト内でのアシスタント・スカウトマスターという地位の剥奪処分の撤回を求めた事例である。

デイルは、1978年、ボーイスカウトの地方組織であるマンモス・カウンシル（Monmouth Council）に入会した（当時8歳）。1988年には、もっとも名誉あるイーグル・スカウトの地位に就任した（当時18歳）。1989年からは、成年のアシスタント・スカウトマスター（指導者）として活躍するようになった。

しかし、デイルは、ラトガーズ大学に通いはじめる頃から、自身がゲイ*であることを自覚するようになった。1990年、デイルは、ラトガーズ大学のゲイとレズビアン*の会合に参加するようになり、のちに同グループの共同代表になった。そして、同年7月初旬には、活動をおこなっている彼の写真入りのニュースが新聞に掲載されている。

そこで、ボーイスカウトは、7月下旬に、デイルに対して、成人構成員の資格を剥奪するという通知および処分をおこなった。この処分は、ボーイスカウトのリーダーには、同性愛者は適切ではないというボーイスカウトの方針によるものである。

これに対して、デイルは、ニュージャージー州裁判所に対して、ボーイスカウトが、性的指向*を理由として、指導者としての地位を剥奪することは、州の公共施設における差別を禁止する法律（以下、差別禁止法とする）に違反するとして、地位剥奪処分の撤回を求めて訴訟を提起した。

第1審は、正式事実審理を経ることなく、ボーイスカウトは「公共施設」ではないという理由により、原告の請求を棄却した。これに対して、第2審は、ボーイスカウトが「公共施設」に該当することを認定し、第1審判決を破棄した（706 A. 2d. 270 (1998)）。州の最高裁判所は、第2審判決を維持して、デイルの請求を認めた（734 A. 2d 1996 (1999)）。

すなわち、州の最高裁判所は、差別禁止法によって、同性愛者をボーイスカウトにメンバーとして受け入れさせたとしても、ボーイスカウトの（表現のための）活動に対して、「重大な影響」を与えるものではない。州は、差別を是正する「やむにやまれぬ」利益を有しているとして、ボーイスカウトの主張を退けた。そこで、ボーイスカウトは、合衆国最高裁に対して、上訴を申し立てた。合衆国最高裁は、裁量上訴（職権により、憲法判断をおこなうこと）を認めた。

●判決要旨

レーンクィスト首席裁判官執筆による法廷意見は、差別禁止法をボーイスカウトに「適用」することが、合衆国憲法の第1修正に関する判例が認めている、表現のための結社の自由（freedom of expressive association）を侵害することから、違憲であるとした。州の最高裁判決を破棄して、州の最高裁判所に事案を差し戻した。

まず、法廷意見は、女性の成員資格の制限が

III 平等と尊厳

争われた、Roberts v. United State Jaycees, 468 U. S. 609（1984）（以下、ロバーツ判決とする）を引用して、次のようなことを確認した。公権力が、ある団体に対して、望まないメンバーシップを強要することは、許されない。メンバーシップの強制は、団体の公的あるいは私的立場を表明する能力に対して、「重大な影響」を及ぼす場合には、違憲である。

すなわち、団体の表現のための結社の自由は、絶対的なものではない。「やむにやまれぬ」利益を実現するもので、思想弾圧に関わらない、より制限的ではない他に選びうる手段であるならば、公権力による介入が許される。

ボーイスカウトは、子どもに対して、ある特定の価値を教え込むという活動をおこなっていることから、表現のための結社である。1978年にボーイスカウトの代表（the President of Boy Scouts）と執行委員長（the Chief Scout Executive）が署名した、Q＆A方式の文書によると、「同性愛*者であることを公然と表明した人が、ボランティア・スカウト・マスターの地位に就くことができるか」という問いに対して、Noと回答している。こうした立場は、何度か修正されているが、その核心部分は変わっていない。そうすると、差別禁止法を用いて、ボーイスカウトに、デイルを留まらせることは、（ある団体が）（自己の）信念に反することを提示する必要がないとする原則に矛盾することになる。

また、差別禁止法は、公共交通機関などの公共施設における差別を禁止するために制定されている。差別禁止法は、時が経過するにつれて、より多くの領域をカバーするようになった。しかし、差別禁止法の適用範囲の「拡張」は、表現のための結社の自由との衝突を引き起こす。当裁判所は、ボーイスカウトによる、同性愛者に対する考え方が「正しい」とか、「間違っている」とは判断できない。

デイルは、大学におけるゲイとレズビアンに関する団体の共同代表の地位にあり、今もゲイの人々のための権利活動家である。デイルを、ボーイスカウトのメンバーに留まらせることは、ボーイスカウトが、同性愛行為を正当な行為として受け入れているというメッセージを、メンバーに対しても、一般社会に対しても、送ることを強いている。それは、表現のための結社の自由に「重大な影響」を与えるから、ボーイスカウトに対して、差別禁止法を適用することは、違憲である。

スティーヴンズ裁判官による反対意見は、差別禁止法をボーイスカウトに適用しても、ボーイスカウトに「重大な影響」を与えないことから、合憲であるとした。

ニュージャージー州の差別禁止法による「公共施設」規定は、他の州よりも非常に幅広く設定されている。また、同法は、1991年の改正で性的指向を含む規定に改められた。法廷意見は、こうした州による権限行使の姿勢をまったく尊重していない。

たしかに、合衆国最高裁は、表現のための結社の自由が第1修正によって保護されるとしてきた。しかし、そうした権利は無制限ではないとしてきた。たとえば、私立大学やローファームや労働団体における黒人差別に関する事例で、表現的結社の自由の主張を退けてきた。

デイルがボーイスカウトに参加することは、ボーイスカウトに対しても世の中に対しても、いかなる認識可能なメッセージを送らない。ある種のメッセージを送るとしても、そのような行為は、決して象徴的な意味での言論と解すべきではない。同性愛者のボーイスカウトへの参加は、女性、黒人、宗教的マイノリティーがボーイスカウトに参加していることと同様にして認められるべきである。

●評　釈

1　アメリカにおいて、人種や性別などの差別に関する問題を検討する場合、よく指摘されるように、連邦法である1964年の市民権法が重要である。それは、市民権法の第2編が、人

種・宗教・出身国を理由とする公共施設における差別の禁止を定めているからである（Title II of Civil Right Act of 1964）。

しかし、市民権法は、それ以外の差別事由（たとえば、年齢・障害・性的指向）を明示的に規定していないために、各州は、それを補うような法律を制定している。ニュージャージー州の差別禁止法もまた、「いかなる人も、人種や信条、肌の色、民族的出自、家柄、夫婦関係、性的指向、家族関係、疾病、国籍、性別、収入によって……雇用や、公共施設における特権や便益を受けることを否定されない」と規定して、性的指向による差別を明示的に禁止している（N. J. Stat. Ann. § 10：5-4（West Supp. 2000））。

また、ニュージャージー州法は、差別が禁止される「公共施設」として、居酒屋、ロードハウス、ホテル、サマーキャンプ、デイキャンプ、森林公園、健康推進施設、レクレーション施設、卸売業社、リテイルショップ、レストラン、青果店、遊歩道、劇場、プール、公園、病院、図書館、各種の学校など50箇所以上を、（限定的にではなく）例示的に示している（N. J. Stat. § 10：5-5）。このような州による差別禁止法の制定は、時代的な要請に適うものであるといえる。

しかし、差別禁止法の適用範囲を「拡張」することは、法廷意見が強調するように、「私」的な団体の自由（私的自治）という価値との衝突を引き起こす。

合衆国憲法は、結社の自由に関する規定を置いていない。そのために、判例は、合衆国憲法の第1修正条項【表現の自由条項】から、表現のための結社の自由を認めている（NAACP v. Alabama, 357 U.S. 449（1958））。「差別禁止法と表現のための結社の自由との相克」に関するリーディング・ケースとして、ロバーツ判決が有名である。

すなわち、ロバーツ判決では、青年育成を目的とするジェイシーズという青年商工会議所が、18歳から35歳の女性の成員資格を認めていなかったことが争われている。合衆国最高裁は、ジェイシーズという団体に、差別禁止法を用いて、女性の成員資格を認めさせたとしても、ジェイシーズという団体の表現活動に対して「重大な影響」を与えないとした。

これは、ジェイシーズの運営の方針（表現）と、女性排除という方針のあいだには、実質的な関連性があるとはいえないから、差別禁止法によって女性加入を認めさせたとしても、団体の表現活動を妨げないという判断によるものであろう（ただし、先例においても、「重大な影響」を与える場合は違憲であることがすでに示されていたともいえる）。

そして、この判断枠組は、その後の判例でも確認されている。たとえば、ロータリー・クラブ事件（Board of Directors of Rotary International v. Rotary Club of Duarte, 481 U. S. 537（1987））においては、ロータリー・クラブの女性の成員資格の制限が問題となったが、合衆国最高裁は、「重大な影響」という基準を提示して、ロータリー・クラブに対する、差別禁止法の適用を合憲とした（See New York State Club Association. Inc. v. New York, 487 U. S. 1（1988））。

2　本判決の法廷意見は、ボーイスカウトに差別禁止法を「適用」することを違憲であると判断している。

本判決のそれぞれの意見が、先例の基準を踏襲すると明言していることから、本判決のそれぞれの意見が、むしろ「重大な影響」という基準を、どのように「適用」したか、あるいは、それぞれの意見の審査手法ないし基本的な姿勢が問題となる。

まず、本判決の法廷意見は、ボーイスカウト側の主張を基本的に「尊重」すべきであるという姿勢を示した。法廷意見によると、ボーイスカウトは、（彼らがいうところの）「正しい」人間を育てることを目的とする、「私」的な非営利団体である。そうした団体が、同性愛者を排除するという方針を「明確」にしている以上、公権力による介入は、許容されないとした。

III 平等と尊厳

　これに対して、本判決の反対意見は、同性愛者の「排除」を合法的に認めることは、憲法上禁止された劣位のシンボル（二級市民であること）を認めることにほかならないとした。そして、表現のための結社の自由を認めるためには、その団体が、どうしても差別をしなくてはならないことや、これまで一貫して差別的な方針を採用してきたことを、自ら「証明」しなければならないという姿勢を示した。

　以上のように、本判決の法廷意見と反対意見は、「重大な影響」という同じ基準を用いながら、実質的にいえば、かなり異なる姿勢を提示した。

　3　本判決において、先例と異なる結論が示された理由は何であるか。その理由を考える際には、いかなる団体が、私的な自由（私的自治）を主張できるかという論点を提示することが有意義である。

　まず、イメージを膨らませるために、やや極端な例を提示しておくと、公権力は、今日においても、「宗教」的な結社でなされる「宗教」教育や、「価値」の教え込みに対しては、原則的に介入できない。そのことから、それを実践しているキリスト教団内に役職などに関する女性差別があったとしても、差別禁止法を適用できないことが伝統的なリベラリズムの立場から提示されている。

　もちろん、キリスト教団内における差別行為に介入すべき（差別禁止法を適用すべき）とする積極的見解もあるが、（アメリカ）社会における多元性の尊重という観点と矛盾することから、これは多数説とまではいい難い状況にある。このことが示すように、公権力に妨害されない「私」的な自由が重要とされる団体ないし領域が存在する（なお、判例が、「重大な影響」を与えるかどうかという中間的な基準を提示してきたことも、この観点から理解すべきである）。本判決の多数意見が、ボーイスカウトを検討する際には、このようなイメージがあったといえる。

　そのことは、本判決の法廷意見が、ボーイスカウトは、（彼らがいうところの）「良い」人間を育てることを目的とする、「私」的な非営利団体であり、表現のための結社である。そうした団体が、同性愛者を排除するという方針を「明確」にしている以上、公権力による介入は許容されないとした姿勢に表れているように思われる。

　実際において、学説の中にも、ボーイスカウトが、宗教団体「類似」(quasi-religious organizations) の性格を有していたことから、先例とは異なる結論が示されたと分析するものがある（参考文献⑬などを参照）。また、ニュージャージー州法自体が、宗教教育をおこなう団体や子どもの親（結社とはいい難いが、家族のようなイメージ）など、純粋に「私」的な性格を有する団体や結社に対しては、差別禁止法を適用しないことを明文で認めていることも、ひとつの根拠として挙げられるであろう (N. J. Stat. Ann. § 10 : 5-5)。

　これに対して、単なる「営利」企業における雇用差別のように、企業という団体ないし結社による事業遂行と、差別のあいだに実質的な関連性がない場合には、差別禁止法を合憲的に適用できるだろう。本判決の反対意見が、ボーイスカウトを検討する際には、このようなイメージがあったといえる。

　そのことは、本判決の反対意見が、表現のための結社の自由を認めるためには、団体が、どうしても差別をしなくてはならないこと、さらには、差別的な方針をこれまで一貫して採用してきたことを自ら「証明」する必要があるとした姿勢に表れているように思われる。

　このようにして、「重大な影響」という基準をめぐって、本判決の法廷意見のように、ボーイスカウトの「私的」な「価値」選択とみなして、原則として、それに介入すべきではないという消極的な姿勢を採用するか、それとも、本判決の反対意見のように、ボーイスカウトに対して、ある種の「公共性」を認定しつつ、同性

愛者に対する「偏見」を取り除くべきという積極的な姿勢を採用するかについて、姿勢が分かれていることになる。

そして、結論から推論するならば、判例においては、ボーイスカウトが前者（宗教団体イメージ）に位置付けられたのに対して、青年商工会議所やロータリー・クラブが、後者（営利企業イメージ）に位置付けられたものと評価できる。これまで見てきたように、この判断をする際には、前提として、いかなる団体であれば、私的な自由（私的自治）を主張できるかという論点を意識しておくことが重要となる。

以上のように、判例は、差別禁止法をいかなる団体に対して「適用」すべきかについて、団体の規模、団体の目的、団体の目的と差別の「関連」性というような、具体的な事情を慎重に検討している。そして、本判決の法廷意見は、先例の基準を踏襲しつつも、ボーイスカウトの「私」的な性格を強調することで、差別禁止法の適用「除外」の類型を（はじめて）提示した。

私見によれば、確かに、差別禁止法の適用「除外」の領域を「拡張」することは、差別禁止法の形骸化に繋がることから、許されるべきではない。反対意見がいうように、本判決が同性愛者に与える、政治的（現実的）なインパクトも、無視できないだろう。

しかし、典型的には宗教団体のように、ある団体が、団体の運営方針と当該差別内容との間に「強い」関連性を有しているならば、「差別する自由」は、認められるべきである。とりわけ、アメリカでは、こうした考え方が強いとされ、参考文献③・篠原216頁では、「差別する権利──構成員を選択する権利──を保護することは、とりもなおさず、アメリカの基本的価値観を守ることであり、第1修正はその『常識』のあらわれであると見られている」とまで評価されている。

このことを踏まえると、本判決が示した「差別する自由」の観念を否定できない。それよりも、ある団体に対して、「差別する自由」を認める際の基準や考慮要素を模索することが重要となる。

たとえば、市民を教育・育成するという歴史的な使命を有することから、私立学校には、判例法上「差別する自由」が認められていない（See Runyon v. McCrary, 427 U.S. 160 (1976)）。この判例が示すように、「差別する自由」の射程は、本来的に狭い（短い）ものであるはずである。こうした歯止めさえ機能すれば、「差別する自由」を理論的に認めたとしても、それほど大きな混乱は生じないとはいえないか。

本判決は、ボーイスカウトによる差別的な方針の採用が「保護者からの期待」であったとして、ボーイスカウトの教育の「私」的な側面を強調した。ボーイスカウトにおける教育内容を決める際に、保護者の要請がもっとも重要な要素であるとするならば、こうした構成にも一理あるように思われる（ちなみに、ボーイスカウトは、かつて性別や宗教的観点による差別をしていた。時が経過するに連れて、その方針を変更した。同じようにして、自主的に同性愛者に対する差別方針を解消することが強く望まれる）。

これに対して、私立大学は、保護者だけではなく、公権力からのコントロールを受けるべき地位にある（たとえば、公権力からの補助金を受けている事実もある）ことから、公権力による介入可能性がより高まるといえるだろう。

【参考文献】
① 樋口陽一1994「二つの自由観の対抗──『自由』と『国家』の順・逆接続」同『近代国民国家の憲法構造』101頁
② 木下智史2000「私的団体による差別と結社の自由」神戸学院法学30巻3号・1頁
③ 篠原光児2001「判批」アメリカ法2001年号・213頁
④ 高井裕之2001「同性愛者差別の禁止と結社の自由」ジュリスト1192号・277頁
⑤ 岡田順太2002「アメリカ合衆国における『表現的結社の自由』」法学政治学論究54号・119頁
⑥ 木下智史2002「アメリカ合衆国における『結

社観』」立命館大学人文科学研究所紀要80号・121頁
⑦　井上聡2007「同性愛者を排除したボーイスカウトに対し、州の差別禁止法に基づき資格回復を強要することの合憲性」藤倉皓一郎・小杉丈夫編『衆議のかたち』26頁
⑧　金澤誠2008「アメリカにおける市民権法と表現的結社の自由との相克──政府言論の理論との関わり──」憲法理論研究会編『憲法変動と改憲論の諸相』89頁
⑨　福嶋敏明2008「雇用差別禁止法と宗教団体の自由──アメリカ連邦控訴裁判所における『聖職者例外』法理の展開と Smith 判決の射程」神戸学院法学38巻2号・49頁
⑩　Cass R. Sunstein 1999, *Should Sex Equality Law Apply to Religious Institutions?*, in IS MULTICULTURALISM BAD FOR WOMEN? 85 (SUZAN M. OKIN ed)
⑪　Dale Carpenter, 2001, *Expressive Association and Anti-Discrimination Law After Dale: A Tripartite Approach*, 85 Minn. L. Rev. 1515
⑫　Nan D. Hunter, 2001, *Accommodating the Public Sphere: Beyond the Market Model*, 85 Minn. L. Rev. 1591
⑬　Erez Reuveni, 2006, *On Boy Scouts and Anti-discrimination Law: the Associational Rights of Quasi-Religious Organizations*, 86 B. U.L. Rev. 109
⑭　Laura A. Rosenbury, 2007, *Between Home and School*, 155 Pa. L. Rev. 833
⑮　Martha Minow 2007, *Should Religious Groups Be Exempt From Civil Rights Laws?*, 48 B.C. L. Rev 781

Column 4

宗教と性的マイノリティ

多くの場合、既成宗教における性的マイノリティに対する待遇は良くない。この点は、すでに多くのフェミニストが指摘するように、宗教における女性に対する差別意識が醸成されてきた歴史とも重なる（田中雅一・川橋範子編2007『ジェンダーで学ぶ宗教学』世界思想社）。

とくに聖書宗教（イスラーム、ユダヤ教、キリスト教）は、その時代に応じて性別二元論や異性愛主義という規範を色濃くもち、その規範に合致しない身体や生き方を「断罪」してきた歴史をもつ。たとえば、つぎのような言葉を差し向けられることがある。「"身体は神から与えられたもの"——だから改変してはいけない、違和感をもってはいけない」、「"女と男はつがうもの"であり"子どもを産み育てるもの"——だから同性間のパートナーシップは否定されるべきである」などという言葉である。このような言葉を差し向けることにより、本来は人々の「幸福」を追求するはずの宗教が多くの人々の存在を否定し、その生命を奪ってきた経緯がある。

実際に、性的マイノリティや同性間性行為を行った者に、死刑を含む極刑を課す刑法をもつ国や地域もあり、それらが宗教的規範を根拠として説明されることもある。しかし、宗教全般を、その"おしえ（教義や教理）"が性別二元論や異性愛主義に立脚しているととらえることは短絡的にすぎる。というのも、刑法が設定された歴史や宗教が性規範を強化していくプロセスをみると、その時代や地域に存在する社会規範が色濃く影響していることがわかるからだ。少なくとも、現在、性的マイノリティに対する排除を"牽引"しているキリスト教の例をみても、その点は明らかである（山口里子2008『虹は私たちの間に——性と生の正義に向けて』新教出版社）。

現在、宗教における排除に対し、性的マイノリティ当事者および支援者のグループが宗教集団の内部や外部にもつくられ、差別に対する抵抗運動やピア・サポートなどが積極的に進められ、国際的なネットワークを構築する動きもある。

日本の場合、1990年代中ごろ以降、新宗教やキリスト教にも、性的マイノリティの人権問題に関する集まりやピア・サポートのグループなどが結成されてきた。これらは宗教のなかで断絶された性的マイノリティの個々人やネットワークをつなぐ役割を果たしている。また、宗教集団の事例のひとつに、1998年以降、日本基督教団（プロテスタント最大集団）で「同性愛者は牧師になれない」という発言に端を発した事柄が「同性愛者差別事件」として問題化されたプロセスがある。ここでは、性的マイノリティ当事者のみではない担い手の広がりをもち、排除の論理を生み出す異性愛主義をテーマに抵抗運動が全国的に展開された（堀江有里2006『「レズビアン」という生き方——キリスト教の異性愛主義を問う』新教出版社）。

また、仏教諸派については、僧侶たちのあいだにも近代以前には男性同士の性行為を許容する文化があったとして、日本は「同性愛に寛容」な歴史があると表現されることがある。しかし、男性に限定された集団のなかで許容されてきた習慣は女性排除の上に成り立っていることにも注意しなければならない。さらに現代の仏教界では、性的マイノリティは当事者コミュニティ形成の展開も依然として困難であり、いまだに不可視な存在であるといえる。

日本においては、宗教は「特殊」なものとして一般社会と切り離して認識されることが多い。しかし、宗教も一般社会のなかでその活動を継続しているのであり、社会規範を内面化している点においては共通している。その点で「社会を映す鏡」でもある。

（堀江有里）

Ⅲ 平等と尊厳

●性的マイノリティ判例解説●

III 平等と尊厳

15 大学における同性愛者に対する反差別方針と連邦資金
―― ラムズフェルド対 FAIR

〈アメリカ〉合衆国最高裁判所・2006年3月6日・判決
Rumsfeld v. Forum for Academic & Institutional Rights, 547 U.S. 47, 126 S.Ct. 1297(2006)

〔金澤　誠〕

●事実概要

本件は、Forum for Academic & Institutional Rights（原告・被上告人）（ロースクールなどから構成された、高等教育機関の学術の自由を促進する組織。以下、FAIR とする。）が、軍隊に関する法律（General Military Law）の第49章（軍隊内での禁止事項および制裁を定めた章）の Solomon Amendment（以下、ソロモン修正とする。）と呼ばれる条項の執行の暫定的差止命令を求めた事例である。

ロースクールを含むアメリカの大学においては、人種やジェンダー、宗教的観点、性的指向*に基づいて差別する企業の人事担当者を、大学に入れないという方針が一般的に採用されている。これに対して、軍隊は、同性愛*者に対して、差別的な方針を有している。すなわち、軍隊内においては、同性愛の指向について、互いに、「聞かないこと、いわないこと」を定めた、いわゆる "Don't Ask, Don't Tell" 方針が採用されている（10 U.S.C. § 654(b)）。そのことから、大学は、軍隊からの人事採用者を排除するようになった。

こうした事態を受けて、下院議員であるジェラード・ソロモン（Gerald Solomon）らの提案により、ソロモン修正が制定された（10 U.S.C. § 983）。ソロモン修正とは、高等教育機関の組織が、軍隊からの人事担当者のアクセスを認めなければ、連邦資金を失うと定めた条項である。ソロモン修正が対象とする連邦資金には、国防総省のほか、運輸省、労働省、保健福祉省、教育省などの連邦資金なども含まれる（10 U.S.C. § 983(d)(2)）。

また、9.11テロの後には、国防総省の解釈により、ロースクールにまで軍隊からの人事担当者を入れることが要求された。FAIR は、ソロモン修正のこうした解釈には異論があると考えて、国防総省（被告・上告人）によるソロモン修正の執行は、合衆国憲法の第1修正で保障された、表現のための結社の自由（freedom of expressive association）を侵害するとして訴訟を提起した。

ニュージャージー地区合衆国地方裁判所は、（ロースクールが）望まない周期的な訪問者（an unwanted periodic visitor）を受け入れるとしても、ロースクールのメッセージを表現する能力に対しては、「重大な影響」を与えていないとして、原告の請求を退けた（Forum for Academic & Institutional Rights, Inc. v. Rumsfeld, 291 F. Supp. 2d 269(2003)）。第3巡回区控訴裁判所は、ソロモン修正は、ロースクールに対して、第1修正上の権利を放棄するか、連邦資金を受け取るかの「選択」を強いていることが憲法上許されないとして、ロースクールの請求を容認した（Forum for Academic & Institutional Rights v. Rumsfeld, 390 F. 3d 219(2004)）。合衆国最高裁は、裁量上訴（職権により、自らの憲法判断をおこなうこと）を認めた。

●判決要旨

ロバーツ首席裁判官執筆による法廷意見は、控訴審判決を破棄して、事案を第3巡回区控訴裁判所に差し戻した（全員一致）。

本件においては、(大学が)軍隊の採用担当者を排除するという方針を取り続けることが、ソロモン修正の要求を満たしているかを考える必要がある。

まず、ソロモン修正は、キャリア・サービス(大学側が学生に提供する、職業斡旋サービス)の提供「方針」ではなく、その「結果」に焦点をあてている。より具体的にいえば、軍隊の人事担当者と、それ以外の企業の人事担当者(の処遇)を比較している。そして、当裁判所は、ソロモン修正の要求を満たすためには、ロースクールが、軍隊の人事担当者と、それ以外の人事担当者とを、「同等」に扱わなければならないと考える。

合衆国憲法は、合衆国議会に共同の防衛(the common defense)の権限を与えている。その権限は、広く包括的である(合衆国憲法第1編第8節)。合衆国議会は、軍隊の採用活動に関して、広い権限を持っているにもかかわらず、本件においては、支出権限を使うことで、間接的なかたちで、軍隊の採用担当者の大学キャンパスへのアクセスを確保しようとしているにすぎない。大学は、連邦資金を自由に断わることができるし、合衆国議会も、教育機関に対する連邦資金の提供において合理的な条件を付すことができる。

次に、話され、書かれ、あるいは印刷されたメッセージが、部分的に伝達されたものに対する規制というものは、一切許されないわけではない。たとえば、合衆国議会は、大学の雇用という場面で人種に基づく差別を禁止することができる。また、人種差別的な掲示を禁止するという合衆国議会の行為は、公権力による表現強制と解すべきではない。ソロモン修正は、政府が宣誓を強要するような事例(West Virginia Board of Education v. Barnette, 319 U. S. 624 (1943))とは区別すべきである。

さらに、第1修正は、思想を表現することを意図するすべての表現的な行為を保護していない(Texas v. Johnson, 491 U. S. 397(1989))。ソロモン修正によって規制される行為は、本質的に「表現」ではない。採用担当者は、ロースクールの一部ではなく、アウトサイダーである。彼らは、キャンパスにやってきて、制限された目的の範囲内で、学生を採用するだけである。したがって、成員資格の強要が問題となった事例とは区別すべきである(Boy Scouts of America v. Dale, 530 U. S. 640(2000))(以下、デイル判決とする)(→14事件)。以上のように、ソロモン修正は、ロースクールの表現する能力に「重大な影響」を与えていないことから、合憲である。

● 評　釈

1　ロースクールを含むアメリカの大学では、人種や性別、宗教的観点に基づいて差別する企業の人事担当者を大学構内に入れないという、反差別方針が一般的に採られている。1970年代以降、反差別方針は、性的指向による差別行為に対しても拡大された。

こうした動向を受けて、1990年、アメリカ・ロースクール協会(American Association of Law Schools)は、「ロースクールは、すべての学生に対して、同等の機会(同等のサービス)を提供するという方針を有する。大学が提供するキャリア・サービスに、人種、肌の色、宗教、民族的出自、性別、ハンディキャップ、疾病、年齢、性的指向によって差別するような使用者を関与させるべきではない。キャリア・サービスに(企業が)関与したい場合には、(採用活動において)差別をしない旨を記した書類を事前に提出させるべき」という決議をした。

この決議を受けて、今日においては、ほぼすべてのロースクールで、性的指向による差別を含めた反差別方針が採られるようになった。その結果として、大学のロースクールは、軍隊の人事担当者を大学構内から排除した。

しかし、ソロモン修正は、高等教育機関に対して、軍隊からの人事担当者の訪問を拒否し続ける(反差別方針を貫徹する)ことで、連邦資

Ⅲ　平等と尊厳

金の受領を諦めるか、それとも、反差別方針を撤回して、連邦資金を今後も受け取るかという「選択」を強いるものであり、ロースクールによる上記方針と正面から対立するものであった。

　いくつかの大学は、反差別方針を「緩和」する（たとえば、ロースクール以外の場所における就職面接を部分的に認める）ことにより、連邦資金を受給し続けることを模索した。これに対して、国防総省は、ロースクールに対しても、他の企業の人事担当者と「同等」のアクセスを要求する解釈変更をおこなった（のちに、その解釈が、成文化されている）（codified as amended 10 U. S. C. § 983(b)(2005)）。ソロモン修正が実施されたため、たとえば、イエール・ロースクールは、3億5千万ドルを受け取り続けるために、反差別方針を放棄したし、ヴァーモント・ロースクールや、ニューヨーク・ロースクールは、反差別方針を貫徹するために、連邦資金を放棄するようになった。

　このようにして、本判決においては、同性愛者の法的地位が直接的に争われたわけではなく、ロースクールが、反差別方針を貫徹（ロースクールが表現のための行為を）することの意味が争われている。実際において、FAIRは、軍隊における同性愛者の差別的方針そのものについては、争っていないようである。

　もっとも、いくつかのかつての下級審の裁判例は、軍隊内における、差別的方針が合憲であることを認めてきた（See Able v. United States, 155 F. 3d 628(2d Cir. 1998); Holmes v. Cal. Army National Guard, 124 F. 3d 1126(9th Cir. 1997)）。これらの裁判例においては、同性愛者の差別についての合憲性判断基準が、人種や性別による差別に関する厳格な審査基準よりも低い、合理性の基準（rational basis review）で足りるとされている（→本書13）。

　また、2003年の合衆国最高裁の判例においては、（軍隊という特定の場所ではないけれども）合意ある成年のソドミー行為の処罰が違憲とされた（→本書2）ことから、軍隊内での同性愛者の法的地位も訴訟でいくつか争われるようになったが、違憲という判断がなされることはなかった（See Cook v. Rumsfeld, 429 F. Supp. 2d 385 (2006)）。

　ところが、2010年の合衆国地方裁判所の判決において、"Don't Ask, Don't Tell"方針が、違憲であると判断されたことから（See Log Cabin Republicans v. United States of America, 716 F. Supp. 2d 884(2010)）、それを受けて、オバマ大統領が、同方針の廃止を決定することとなった（http://www.nytimes.com/2010/12/23/us/politics/23military.html）(last visited Mar. 10, 2011)。

　したがって、本判決で争われた状況と、今日における政治的な状況とはかなり異なっているといえるかもしれない。ただ、少なくとも、法理論的な観点（たとえば、軍隊における【女性、同性愛者】差別に対する司法審査のありよう）からすると、本判決は、いまだ重要な判例と位置付けられる。

　2　本判決においては、反差別方針を採用したロースクールの、表現のための結社としての性格をいかに把握するかが争われた。

　合衆国憲法は、結社の自由を規定していない。そのために、判例は、合衆国憲法の第1修正条項【表現の自由条項】から、表現のための結社の自由を認めている（NAACP v. Alabama, 357 U. S. 449(1958)）。たとえば、デイル判決（→本書14）では、差別禁止法をボーイスカウトに適用することが争われた。合衆国最高裁は、ボーイスカウトに差別禁止法を適用することが、ボーイスカウトに「重大な影響」を与えるから、ボーイスカウトの表現のための結社の自由を侵害するとして、違憲と判断した。

　まず、この枠組に依拠しているのが、本件の控訴審判決である。控訴審判決は、デイル判決を引用して、表現のための結社としての保護を受けるための要件として、①表現のための結社であること、②政府の行為が結社の表現をする能力に「重大な影響」を与えること、③政府の

利益が結社に対する負担を正当化すること、を提示した。

そのうえで、①について、ロースクールは、教育に関する哲学、使命、目的を有していることから、表現のための結社であると認定し、②について、使用者の差別は、ロースクールが持っている正義や公正の観念と矛盾することから、ロースクールの表現する能力に「重大な影響」を与えると認定し、③について、合衆国議会に「やむにやまれぬ」利益があるとしても、軍隊は採用活動に関して他に十分なリソースを持っていると認定して、ソロモン修正を違憲であるとした。

これに対して、本判決は、すでに見たように、合衆国議会の（広範な）防衛の権限を（まず）提示してから、第1修正に関する、それぞれの主張を（後から）退けるという思考を採用している。より具体的にいえば、本判決は、（まず）軍隊における性差別が合憲とされたロストカー事件（Rostker v. Goldberg, 453 U.S. 57 (1981)）を引用して、「司法府（裁判所）は、軍隊に関する事項に関しては（軍隊側の裁量に委ねるべきであり）、軍隊側に対して、最大限の尊重の姿勢を示すべきである」という緩やかな審査基準を提示したからである。

しかし、防衛の権限をベースとする判断枠組みは、表現のための結社であるロースクールにとって、必然的に不利なものとなる。実際において、本件の控訴審判決が、ロースクールの使命を強調しつつ、ロースクールによる、キャリア・サービスの提供を、経済的なサービス以上のものと積極的に評価したことに較べると、本判決においては、ロースクール側の事情が不当に軽視された印象が強く、（ロースクールに対して）「重大な影響」を与えないとの判断が比較的容易になされてしまったと評価できる。

そこで、ロースクールの反差別方針を重視する学説のなかには、ロースクールにおけるアファーマティブ・アクションの合憲性を認めた判例（Grutter v. Bollinger, 539 U.S. 306 (2003)）と

の整合性を強調する見解もある。ロースクール側の自由を重視する点においては、注目に値する見解であるが、はたしてキャリア・サービスの提供が、（大学の）学術の自由と同一視できるかについては、議論の余地があるかもしれない。

3　本判決においては、合衆国議会の支出権限をどのように理解するかも争われた。より具体的にいえば、合衆国議会が、憲法上の利益（本件でいえば、ロースクールに対して、表現のための結社の自由）を「放棄」することを誓約させたうえで、補助金を与えるという介入「方式」の合憲性が争われている。

まず、連邦資金を用いた介入「方式」については、合憲として認める判例が多く存在するようである（See United States v. American Library Association, 539 U.S. 194 (2003)）。もっとも、いくつかの判例は、「ある言論をした人（だけ）に対して、補助金などの特権を撤回したりすることは、その言論をする人を処罰することと同等のマイナスの効果をもたらす」として、憲法上の保護された利益を「侵害」するような、いくつかの連邦資金の拠出を違憲としている（See Speider v. Randall, 357 U.S. 513 (1958); Rosenberger v. University of Virginia, 515 U.S. 819 (1995); FCC v. League of Women Voters, 468 U.S. 364 (1984)）。ただ、どのような場合に、違憲とすべきかという判断基準は、いまだ確立していないようである。

これに対して、本判決は、2でも指摘したように、（まず）防衛の権限を強調することで、ソロモン修正の「直接」的（あるいは、「強制」的）な執行さえ許される、したがって、本件のような、連邦資金による「間接」的な介入が、当然に認められる（それくらいに、防衛の権限の重要性を強調し、それに影響を与えない範囲においてのみ、表現のための結社の自由が認められる！）というような前提を採用している。

しかし、これまで検討したように、連邦資金

Ⅲ　平等と尊厳

III 平等と尊厳

の受益者であるロースクールの自由ないし反差別方針の重要性という観点からすれば、合衆国議会の支出権限や防衛の権限に力点を置いて、ロースクールという表現のための結社の利益を必ずしも十分に取り扱わない利益衡量には、容易に賛同すべきではないだろう。

最後に、内容的には繰り返しになるが、軍隊における同性愛者に対する"Don't Ask, Don't Tell"方針は、オバマ大統領によって廃止されることが、少なくとも決定していることを強調しておきたい。

【参考文献】
① 平地秀哉2007「判批」ジュリスト1340号・108頁
② 金澤誠2007「判批」アメリカ法2007-1・133頁
③ Randy Shilts, 1993, *CONDUCT UNBECOMING: GAYS LESBIANS IN THE U. S. MILITARY*
④ J. Peter Byrne, 2006, *What Next for Academic Freedom? Constitutional Academic Freedom After Grutter*, 77 U. Colo. L. Rev. 929(2006)
⑤ Note, 2006, *Leading Cases*, 120 Harv. L. Rev. 253
⑥ Wesley B. Colgan Ⅲ, 2006, *Don't Ask-Don't Tell?, then Don't Recruit on My Campus!: An Application of the Doctrine of Unconstitutional Conditions to the Solomon Amendment: Rumsfeld v. Forum for Academic and Institutional Rights*, 71 Fl. Coastal L. Rev. Special Supp. 1
⑦ Paul M. Secunda, 2007, *The Solomon Amendment, Expressive Associations, and Public Employment*, 54 UCLA L. Rev. 1767
⑧ Paul Horwitz, 2007, *University as First Amendment Institutions: Some Easy Answers and Hard Questions*, 54 UCLA L. Rev. 1497

◆ IV ◆
表現・集会・結社の自由

IV 表現・集会・結社の自由

16 性表現に対する法的制限の合憲性
――晶晶書庫わいせつ雑誌押収事件

〈台湾〉司法院大法官会議・2006年10月26日・大法官解釈――釈字第617号

〔呉 煜宗〕

●事実概要

「晶晶書庫」は、主に同性愛*関連の雑誌・図書等を販売する台湾で第1号の専門店であり、台湾の同性愛運動の発信地として文化史上重要な地位を占めているところである。同店は、2003年8月25日に基隆地方検察庁検察官による捜査を受け、店長Aが香港から合法に輸入した「蘭桂坊」や「雄風」と題する同性愛に関する雑誌合計252冊が押収されるとともに、これらの雑誌に掲載されている写真と記述の一部はわいせつ的表現であり、店頭での販売が刑法235条のわいせつ物販売罪に該当する継続行為に当たるとして、Aはこれらの罪で起訴された。

1審は、Aに対して、禁錮50日または罰金に処する判決(基隆地方裁判所2004年度易字第一三七号刑事判決)を言い渡したが、Aは判決を不服として台湾高等裁判所に直ちに控訴した。しかし、同高裁が2005年12月2日に控訴を棄却したため、本件は確定となった(台湾高等裁判所2005年度上易字第一五六七号刑事判決)。

高裁の確定判決を受けたAは、1審と2審の判決が根拠とした刑法235条の規定及び司法院釈字第407号解釈は、可罰的違法性を有するわいせつな出版物の範囲を恣意に拡張するものであって、憲法上保障される言論の自由、人格の発展及び人間の尊厳が侵害されるおそれがあると主張して、司法院大法官審理案件法5条1項2号の規定に基づき、憲法上違憲審査権を有する大法官の解釈を申し立てた。

これを受けて大法官が作成したのが、本件解釈である(うち一部反対意見1人と反対意見1人がある)。

●解釈要旨

性表現及び性情報の流通は、営業の目的であるか否かを問わず憲法11条の言論及び出版の自由の保障を受けるべきものであるが、こうした保障は絶対的なものではなく、その性質によって異なる保障の範囲と制限の基準を有すべきであるとともに、国は憲法23条の規定の範囲内に限り法律上の明白な規定により合理的制限を加えることができる。

日常生活における男女の性的道徳感情及び社会風習を維持するため、立法機関が法律を以て規制するにあたって、大法官は、立法者の社会通念に基づく判断を原則的に尊重すべきである。但し、憲法11条の言論及び出版の自由を保障する旨を貫徹するため、社会通念における性の秩序を維持する必要がある場合に法律で制限することができるものを除き、性的マイノリティが性の道徳感情及び社会風習に関する認識に基づいて行った性表現及び性情報の流通は依然として保障されるべきである。

刑法235条1項の規定にいう「わいせつな文書、図画、音声、映像その他の物を配布し、放送し、販売し、又は公然と陳列した、若しくはその他の手段で人の鑑賞、視聴に供した行為」とは、暴力、性虐待あるいは獣姦等を含む芸術的、医学的または教育的価値を有しないわいせつな情報や物を配布した行為、あるいは客観的にみれば十分に性欲を刺激するものが大衆の前に現れることに対して、一般の人がとうてい受忍できないと感じるわいせつな情報や物に対し、適度かつ万全なガード措置を取らずに広まることにより、結果として一般の人が見聞きするこ

とができるように至らしめた行為である。

同条2項の規定にいう「配布し、放送し、又は販売する意図でわいせつな文書、図画、音声、映像その他の物を製造し、又は保有した行為」も、前項に掲げるような、暴力、性虐待あるいは獣姦等を含む芸術的、医学的または教育的価値のないわいせつな情報や物を広げる意図で製造・保有する行為か、あるいは客観的にみれば十分に性欲を刺激するものが、大衆の前に現れることに対して、一般の人がとうてい受忍できないと感じるわいせつな情報または物を、意図的に適度かつ万全なガード措置を取らずに広げ、一般の人が見聞することができるようにする行為であり、当該わいせつな情報や物を製造し、又は保有した行為を指す。

製造、保有等が本来、配布、放送、販売等の予備行為に属するにもかかわらず、配布、放送、販売等、情報や物の伝達を構成要件とする行為と同様の不法の程度のものとして規定したことは、立法形成の自由に属するものである。同条3項には「わいせつな文書、図画、音声または映像の付着物及び物は犯人の所有であるかどうかを問わずに一律に没収する」と規定されており、それらは前2項の規定に違反するわいせつな情報の付着物及び物に限る。本解釈の趣旨によると、前掲規定は性的言論の表現及び性情報の流通に対して過度な制限と差別をしているわけではなく、また言論及び出版の自由に対する制限は合理的な限度にとどまるものであって、憲法23条の比例原則に反するわけではないから、憲法11条が言論及び出版の自由を保障する本来の趣旨には違反しない。

刑法235条にいうわいせつな情報、物の中の「わいせつ」は評価を伴う不確定概念に属するが、わいせつとは客観的にみて十分に性欲を刺激・満足させることを指すのである。その内容は、性器、性行為及び性文化の描写と論述を連結させ、かつ、一般の人の羞恥または嫌悪感を引き起こすことによって性の道徳感情を害するとともに、社会風習を妨げるものに限られなければならない（釈字第四〇七号解釈参照）。その意味は一般の人が理解しがたいものではなく、立法者が予見することができるものであるし、司法審査を通じて確認することができるものであるから、上記の規定は法の明確性の原則に違反するとは言えない。

よって、申立人が、本件の刑事確定判決は釈字407号解釈の適用によって憲法が保障する言論の自由、人格の発展の自由を侵害するものであると主張した部分は、現行法制によるところ、いまだ違憲審査の対象となりえず、司法院大法官審理案件法5条1項2号の規定に適合していないので、同条3項の規定により、受理しない。

● 評　釈

本件は、性表現の制限の合憲性をめぐる事件であると同時に、憲法が政治的、学術的、営利的な言論の自由とは別に、性言論の自由及び性情報の流通の自由を独立した権利として純粋に保護することを認めたはじめての事件である。また、本件は、台湾において同性愛者の権利について論じた最初の司法的判断でもある。とはいえ、本件の解釈は、正面から同性愛者の権利を論ずることがなく、依然として一般の人々の権利制限という枠組みの中で、性表現の自由の是非を取り上げたものに過ぎない。いずれにせよ、近年、同性愛者の権利は台湾社会の関心事となりつつある中、このような大法官の解釈は、これまでの同性愛者の権利運動に対する司法の側からの応答という意味も有している。

1　「わいせつ」概念の再定義

性表現に関して大法官が最初に見解を示した1996年の釈字第407号は、一方において、わいせつ出版物の認定の条件を「一般人の性欲を十分に刺激または満足させ、その羞恥または嫌悪感を引き起こすことによって性の道徳感情を害し、社会風習を妨げる」ものでなければならな

Ⅳ 表現・集会・結社の自由

いとしながら、他方において、わいせつ的言論になるかどうかに関しては、「わいせつ出版物と、芸術的、医学的、教育的出版物などとの区別は、出版物全体の特性及びその目的を考察すべきであるとともに、当時の社会通念によって決めなければならない」と判断している。本件の大法官解釈は、こうした判断を基本的に踏襲しつつ、新たな点を補充したものであるといえよう。

しかしながら、釈字第407号解釈は、大法官が男女という両性の性情報の自由に対してのみ解釈を行ったものであるが、性的マイノリティとしての同性愛者のそれが申立の範囲内にされていないため、立ち入ることができなかった。対照的に、本件で大法官は、係争の同性愛雑誌に関するわいせつ性について、時代の背景等の要素を考慮したうえで、刑法第235条にいう「わいせつな情報又は物」の定義に対して限定的に解釈することによって引き続き合憲の祝福を与えると共に、同性愛者の社会的存在を意識しながらも、あくまで性表現の一般適合性についての議論に止まり、同性愛者の権利を積極的に論じてはいない。

釈字第407号は、「わいせつ」という不確定概念を解釈しようとしたが、そのあいまいさは解消できず、結局より多くの不確定概念をわいせつに代わって残したまま失敗に帰したといえる。なぜなら、解釈は、「一般人の性道徳感情」とは何か、そして「社会文化」とは何か、さらに「わいせつ出版物と芸術的、医学的、教育的出版物などとの区別」に関する具体的基準は何か、という課題を残したのみならず、行政機関に対し事前の検閲、配布の禁止また出版物の押収などの権限を認めたがゆえに、憲法が保障する言論の自由ないしは表現の自由という立憲主義的価値に対する配慮が欠けることを露呈したからである。

これに対し、本件解釈の多数意見は、刑法第235条のわいせつ出版物配布等の罪が違憲かという問題について、これを違憲とする結論を回避し、いわゆる合憲限定解釈の手法で、刑法には定義が乏しい「わいせつ」という概念を再構成して、引き続き合憲とした。すなわち多数意見は、いわゆる「一般人の性道徳感情」や「社会文化」等の不確定概念を、男女が共営する生活から析出するというものに定義し、かような解釈を通じて以上の不確定概念の確認ができるようならば、法の明確性の原則に違反しないと明示した。しかし、「男女」という語を使用した以上、同性愛者のような性的マイノリティの性道徳感情や社会風習が明白に「一般」から排除されている。

2 刑法235条は憲法11条に反するか

本件の主な争点は、刑法第235条第1項にいう「わいせつな文書、図画、音声、映像その他の物を配布、放送又は販売し、公然と陳列し、若しくはその他の手段で人の鑑賞、視聴に供した者は、2年以下の有期禁錮、懲役又は3万円以下罰金に処する又は併科する」という規定が憲法11条の言論及び出版の自由を保障する規定に反するか否かにある。要するに、第1は、前記刑法235条1項にいう「わいせつな文書、図画、音声、映像やその他の物」、すなわちいわゆるわいせつ出版物は、憲法11条にいう「言論及び出版」のカテゴリーに含まれるか否か、第2は、もし含まれるとしたら、それを制限する刑法235条1項は憲法23条にいう法律の留保の原則に合致するか否か、という問題である。

第1の争点に関して多数意見は、わいせつ出版物が性言論の表現や性情報の流通に属し、憲法11条の「言論及び出版」のカテゴリーに含まれるとしつつも、国は憲法23条規定の趣旨に合致する範囲内において法律の明確な規定でそれを制限することができる、とした。その上で、第2の争点に関し、多数意見は、刑法235条が規定する「わいせつ出版物」という概念は、価値判断を要する不確定概念に属するが、釈字第407号解釈によって解釈が明らかにされた以上、法の明確性の原則に反するものではないとし、

係争の規定を立法者の多数決定による判断の結果として尊重すべきであることを前提に、立法裁量によってわいせつ出版物の流通を制限する手段として刑罰を選択したことは、比例原則に合致するとし、合憲判断を下したのである。

前述のように、多数意見は、同性愛者の性表現を一般の人のそれという文脈の中でその憲法適合性を議論するにとどまり、本件解釈の理由の示すように、前憲法的・前法律的なものとしての性の道徳感情及び社会風習は、男女両性が共営することによって存在し、普遍的になるものとした指摘のうえで、性表現の自由を論じている。すなわちこのような考え方は、マルチカルチュラリズム的な視点から性表現ないし同性愛者の性表現を論ずる立場とは一線を画するものである。

しかし、多数意見は、法がわいせつ言論ないし表現を禁止するのは「社会多数の共通の性価値ないし秩序」と「性的マイノリティの性言論または性情報の流通」との間の衝突の問題であると指摘している。また、釈字第407号解釈においては、「社会文化」や「善良の風俗」や「一般人の性道徳感情」の保護のみが考慮され、言論や情報への制限という点が全く人権の問題として事件における主な関心事とはされていなかったのに比べると、本件解釈は、さらなる問題の核心部分の探究に迫るものであったとはいえよう。

しかしながら、問題の解決には未だ至ってはおらず、そこにはなお残された問題が存するというべきであろう。

3 同性愛者の権利は特別に保護されるべきか

わいせつ的表現が憲法の保障を受けるべき理由の1つは、性が自己の深層意識の実現と深くかかわりあるものであり、ある少数派の性文化集団の表現がたとえ多数派によってわいせつとみなされるものであったとしても、それは少数派の性文化集団に属する個人にとっては、自己のそうした深層意識の実現そのものであるからだ、といえよう。本件解釈は、このような問題点を見出したものの、問題の解決にはいたらなかった。この意味でも、本件解釈の結果は、釈字407号解釈と大きな違いはない。

多数派の決定による性価値ないしは秩序を少数派の性文化集団の性表現への制限の理由とするのは、本質的には、法を通じて少数派の性表現の内容を決める権限を多数派に与えるという考え方にいたる。したがって、以上のような論証の手法は、憲法が表現の自由を保障する基本精神に合致しているとはいえないので、表現の合憲性は性という要素を権利保護の論証に取り入れるか否かによって影響されることがないであろう。表現の自由の保障の問題に関する評価においては、多数派による少数派の性表現への禁止とその非性表現の禁止との間の相違は、実は区別しがたいことである。よって、ここには、本件解釈の限界が現れる。

これに対し、本件解釈の一部反対意見は、人間の尊厳及び平等原則に立脚して「人間は性的な権利の客体にはならぬ」という性の価値観の保護の観点から、法によるわいせつ出版物の禁止についての憲法上の正当性を構築しようとしている。さらに、「青少年の保護」若しくは「他人の性言論による侵害から免れる自由」について、わいせつ的な表現を制限することが法の目的として正当かどうかという問題と、善良の風俗または多数者の性価値ないし秩序の保護が立法の理由になるかという問題は、異なる次元の問題であることを指摘しているのは、正鵠を射たものといえよう。

「人間は、性的な権利の客体にはならぬ」との価値観は、たしかに憲法に基づく人間の尊厳及び平等原則から導出されるものといえるが、かような価値観は、たとえ憲法改正の限界になりうるとしても、多数派が少数派の意見を制限し、刑罰を以て制裁することができるか否かについては、憲法上の規定から導き出すことはおそらく難しいであろう。

4 まとめ

　以上論じたように、わいせつ的表現を明白に定義していない釈字第407号解釈に比べて、本件解釈は、芸術的、医学的、教育的出版物を刑法上の「わいせつ」から排除し、法の明確性に寄与したという観点においては、前掲の解釈よりは前進したといえよう。しかし、本件解釈が採ったような、「わいせつ」概念を単に定義するだけで刑法235条の違憲性問題を解決しようとする手法のみでは、依然として、多数派が刑罰を以て少数派の意見を抑圧するに等しいという批判を免れることはできない。

　もしも、性表現の自由に対する本件解釈の立場が、「禁止」ではなく、「制限」という前提の下で議論を進めるならば、その判断の結果は変わってくるかもしれない。刑法235条には、刑罰のほかに、「押収」を認めてわいせつ出版物の禁止を可能にする規定があるが、これはまさに法による性表現への制限に関する大きな問題を含んでいるはずである。しかし、本件解釈は、その重要性を見落としている。このように、同性愛者という現実社会における少数派の憲法上の権利がはっきりと前面に出てこないことも、問題点として指摘されよう。

【参考文献】

① 法治斌「定義猥褻出版品：一首變調的樂章？」『法治國家與表意自由』［2003］
② 李念祖「禁止猥褻言論的定義魔障」台灣本土法學第89期52頁［2006］
③ 黃榮堅「棄權又越權的大法官釋字第六一七號解釋」同上誌55頁
④ 林志潔「散布猥褻物品罪與性道德的刑事規制」同上誌74頁
⑤ 林志潔「誰的標準？如何判斷？──刑法第二三五條散布猥褻物品罪及相關判決評釋」月旦法學雜誌第145期80頁［2007］
⑥ 陳子平「刑法第二三五條散布猥褻物品等罪之合憲論與違憲論」（上）月旦法學雜誌第156期187頁［2008］、（下）同誌第157期182頁［2008］

17 青少年保護法による同性愛インターネットサイトの有害媒体物指定——エックスゾーン事件

〈韓国〉ソウル高等法院・2003年12月16日・判決、解釈——2002누14418

〔李　錫兌〕

●事実概要

　韓国青少年保護法第10条は、映像情報などの媒体物が青少年（19歳未満の者）の性的な欲求を刺激し、扇情的で、淫らである場合には、青少年保護委員会が青少年有害媒体物指定することを定めており、その具体的な審査基準と適用は施行令に委任している。その委任に従って青少年保護法施行令7条はその審査基準を「別表1」として規定しており、別表1の2(ダ)項は有害媒体物の審査基準として、「獣姦描写、乱交、近親相姦、同性愛*、加虐、被虐性淫乱症など変態性行為、売春行為、その他社会通念にもとる性関係を助長すること」と規定しており、「同性愛を助長すること」は青少年保護委員会が有害媒体物を指定する基準の1つになっている。青少年保護委員会が青少年有害媒体物だと判断した場合、その媒体物は青少年に有害な媒体物であることを表示しなければならず、青少年に販売や貸与、配布をしたり、その視聴、観覧、利用に提供したりすることはできない（青少年保護法14条及び17条）。

　原告は1997年6月6日からエックスゾーン（X-Zone）というインターネットサイトを運営していたが、このサイトは、韓国国内で初めて開設されたゲイウェブサイトであり、同性愛者の生活のガイドと情報の共有という趣旨を含んでいる。

　韓国情報通信倫理委員会は、2000年8月25日第17回専門委員会会議で「この事件のサイト（エックスゾーン）は韓国最初のゲイウェブサイトとして、純粋な開かれた心の、開かれた出会いをモットーに運営されるとするが、全体掲示板の内容が淫らで中傷などを具体的に描写しているにも関わらず、青少年が何の制限もなしに、容易にアクセスすることができるので、青少年有害媒体物に関する審査基準にある『獣姦描写、乱交、近親相姦、同性愛、加虐、被虐性淫乱症など変態性行為、売春行為、その他社会通念上許されない性関係を助長すること』にあたる」という理由で、青少年保護法10条、法施行令7条、別表1の2(ダ)項によってエックスゾーンサイトを青少年有害媒体物と判断した。青少年保護委員会は情報通信倫理委員会の要請に従って2000年9月20日青少年保護委員会の告示第2000-31号で決定事由を「淫乱」、施行日を2000年9月27日としてエックスゾーンサイトが青少年有害媒体物に当たるという内容の告示をした。

　原告は青少年保護委員会からその告示について通知されていなかったが、後に青少年保護委員会がエックスゾーンサイトを有害媒体物と決定告示したことを知るに至り、2002年1月9日情報通信倫理委員会及び青少年保護委員会を共に被告として、韓国ソウル行政法院に提訴した。原告は同訴訟で「同性愛を助長すること」を青少年有害媒体物との基準の1つとして規定している青少年保護法施行令7条別表1の2(ダ)項は憲法により原告が保障されている性的自己決定権、平等権及び表現の自由を侵害する条項であり、同条項に基づいて行われた情報通信倫理委員会の決定及びそれによる青少年保護委員会の青少年有害媒体物決定と告示は、全て憲法に違反しており、母法である青少年保護法10条の委任の範囲を逸脱しているとして、無効であると主張した。

　被告は同事件の決定及び告示は、性的好奇心

の強い青少年の保護のためには不可避な処分であるとして、正当であると主張した。同時に同事件の訴訟は前審手続を経ておらず、不適法であると反論した。

ソウル行政法院は、原告が主張した青少年保護法施行令7条別表1の2(ダ)項に対する違憲及び違法性について直接的判断は下さなかった。代わりに、問題になった青少年有害媒体物の判断など、処分が無効か否かに関して審理を行った。まず、ソウル行政法院は、同事件の訴訟は無効確認を求める訴訟なので、前審手続は免除されると判断した。しかし、ソウル行政法院は、行政処分が無効になるには、その行政処分の瑕疵が法規の重要な部分に違反しているか否かが重大であり、かつ客観的に明白でなければならず、また処分の根拠になる施行令が憲法や法律に違反しているか否かという点については、大法院最終判決前には客観的に明白ではないという立場を取った。したがって、青少年保護法施行令7条別表1の2(ダ)項に基づく本件の青少年有害媒体物判断及び告示処分は取消の対象になりうる行政処分であるというだけであり、ソウル行政法院は当然無効に当たる処分ではないと判断した。原告の請求は棄却され（2002．8．14．宣告 2002 グハブ 1519判決）、原告は直ちにソウル高等法院に上訴した。ソウル高等法院は2003年12月16日、原告の控訴を棄却する判決を下した。

● 判決要旨

ソウル高等法院は、前審であるソウル行政法院の判決に反して原告の請求の中で主要部分、すなわち問題の青少年保護法施行令規定が違憲違法なのかについても判断した。そして原告の請求に関して(1)「同性愛を助長すること」を青少年有害媒体物の審査基準とする規定が適法なのか(2)同規定による行政処分が取消事由を越えて当然無効と判断されるべき処分なのかどうかについて説明した。結果、ソウル高等法院は同規定の合憲性については違憲のおそれがあると判断したが、同規定に基づいて行われた行政処分については当然無効とはいえないと解釈した。

すなわち、ソウル高等法院は「異性間の性的結合とこれに基づいた婚姻及び家族生活を正常な性生活と見なす伝統的な性についての観念及び見解に鑑みると、『同性愛または同性間の性的接触』を社会通念上許されない性的関係と見なす余地がないとはいえないが、同性愛を含めた性的アイデンティティ自体が精神医学的に精神疾患や精神的な障害ではなく、異性愛*とともに正常な性的指向の1つとして見なすべきだという主張が少なくなく、同性愛または同性間の性的接触を『異性愛または異性間の性的結合』のように考えることができないとしても、我が社会の性的マイノリティである同性愛者たちを、犯罪者または社会的逸脱者として排斥することだけで解決できるような問題とは見なせない」と判断した。続いて、ソウル高等法院は、問題の青少年保護法施行令が、「憲法10条で保障している個人の人格権や幸福追求権の内容として認められる性的自己決定権、及び同性愛に関して意見を表現することができる自由や同性愛について知る権利を制限するとして表現の自由を侵害する恐れがある」とし、「同性愛自体を扇情的で淫らであり、または反社会的、非倫理的であるなどと判断すべきかは疑問がある」など様々な事情を考慮すると、青少年保護法施行令7条別表1の2(ダ)項の規定が「同性愛を助長すること」を青少年有害媒体物の審査基準に含んでいることは、違憲または違法のおそれがあると解釈した。

しかし、一方、ソウル高等法院は「同規定が憲法に違反したり、青少年保護法10条の委任の範囲を逸脱した委任立法として無効だという最高裁判所の先例はなく、違憲無効の成否は解釈による争いの余地がないほど客観的で明白だとはいえない」と判断した。したがって、同施行令に基づいた青少年有害媒体物としての判断及び告示に関する瑕疵は取消の事由に該当するだ

けで、無効事由とならないと結論づけた。

●評 釈

1 訴訟類型による制約

韓国の行政訴訟法において行政処分の瑕疵を争う訴訟は、行政処分の取消を求める訴訟とその処分の無効確認を求める訴訟に分かれる。上述の通り、前者は個別法規に規定された提訴要件の制限を受けるが、後者はそのような制限がない。原告は、青少年保護法に従って行政訴訟の前に、この事件の告示に対して60日以内に異議を申し立てるべきだったが、そのような告示があったことを後から知ったので、異議申立ができなかった。したがって、取消を求める代わりに、行政処分の無効確認を求める訴訟を起こした。しかし、ソウル高等法院は行政処分の当然無効を一般的に許容しない従来の判断に従い、この事件の訴訟は無効確認訴訟ではなく、行政処分の取消を求める訴訟として提起するべきだったと判断した。そのため、ソウル行政法院に続いて同様の棄却判決を宣告したと考えられる。

しかし、青少年保護法施行令7条別表1の2(ダ)項で「同性愛を助長すること」を青少年有害媒体物の審査基準の一つとして規定していることは、明らかに不当であるので、その瑕疵は取消の対象ではなく当然無効の事由と判断するべきである。違憲のおそれがあると言いながらも、その規定に基づいて行われた青少年有害媒体物としての判断などは取消の対象になる行政処分だけで、当然無効の処分ではないというソウル高等法院の判断は、あまりに消極的な解釈である。

2 国家人権委員会決定とその影響

この点は、ソウル高等法院判決が引用している国家人権委員会の決定において、より明白である。すなわち、原告が上記の通りソウル行政法院で敗訴判決の宣告を受けて、ソウル高等法院に控訴した後の2002年10月15日、ある同性愛団体が国家人権委員会に青少年保護法施行令7条別表1の2(ダ)項の審査基準が憲法に違反するという趣旨の陳情をした。青少年保護委員会が被陳情人になった同事件で、国家人権委員会は審理後に、「世界保健機関（WHO）は1993年ICD-10で同性愛を含めた性的アイデンティティ自体を精神的な障害と何らの関連がないものとしているということを確認して、異性愛、同性愛、両性愛を同等な立場で価値中立的な性質に分類している。そして、世界的にもっとも普遍的に使用されている（韓国の精神医学、臨床、相談心理学、そして社会事業など精神健康を担当する部所でも基準として利用されている）アメリカ精神医学会が精神疾患を診断する基準として発刊した統計便覧『DSM（Diagnostic & Statistical Manual of Mental Disorders)』について、アメリカ精神医学会の理事会は1973年12月15日、統計便覧 DSM 第2版から同性愛条項を精神疾患リストから削除すると決意し、公式に同性愛を疾病や疾患ではなく、性行動の正常な指向（normal orientation）と認めた。（中略）最近国内の同性愛に対する見解も急速に変化している。すなわち国内でも世界保健機関の基準に従って韓国標準疾病分類を告示して、その分類で『性的指向*性自体は障害とは関係がない』ことを明らかにしている。教育人的資源部が発行する性教育に関する教師用の指導指針書（中学校用）では『われわれの社会において、同性愛者は他人の厳しい視線を受けなければならず、また自分の愛を表現することにも制約を受ける。これは同性愛者を異常と見なす社会の影響を受けているためである。同性愛も1つの人間的な生活であると同時に愛情の形でもある』」として、同性愛を社会通念上、許容できない性関係の1つとして規定した青少年保護法施行令第7条別表1の2(ダ)項が憲法に違反すると判断した。そのため、国家人権委員会は2003年3月31日、同別表1の2(ダ)項から「同性愛」を削除するよう、青少年保護委員会に勧告する決定を下した

IV 表現・集会・結社の自由

（事件番号 02チンチャ[1]80 決定）。

　同国家人権委員会の決定は、ソウル高等法院の裁判の中で原告側の証拠として提出された。同性愛が異性愛と同じく正常な性的指向性であると考える国家人権委員会の理由と決定は、同決定に適切に引用されている世界保健機関などの権威のある国内外の例と比較しても極めて妥当である。その上、韓国の国家人権委員会法30条2項は雇用と取引などで「性的指向」を理由とする差別行為は、平等権侵害であると判断して職権又は被害者の陳情に基づき調査するよう規定している。同条項は、韓国社会で同性愛がもはや異常な性的指向ではないということを法律で認めたものである。したがって、青少年保護法施行令7条別表1の2(ダ)項は国家人権委員会法30条2項と矛盾する。ソウル高等法院が判決理由と国家人権委員会の同決定要旨に言及しながらも、同性愛差別を禁じている国家人権委員会法30条2項について何らの判断もしていないことは問題である。

　以上の点からすると、ソウル高等法院が青少年保護法施行令7条別表1の2(ダ)項について違憲の疑いがあると認めながらも、無効ではないとした判断は、行政法との関係において無効の基準を過度に狭く解釈したという批判を免れない。

　国家人権委員会法25条は、国家人権委員会から勧告を受けた機関の長はその勧告事項を尊重し履行に向けた努力をするべきで、同勧告を履行しない場合にはその理由を国家人権委員会に説明するよう規定している。本件の場合、もし青少年保護委員会が国家人権委員会の勧告決定を履行しない場合には、ソウル高等法院で（たとえ判決理由で違憲の疑いがあると言及しても結果的に）敗訴判決が下されたように、同性愛インターネットサイトに対する差別的な規制が続く恐れがあった（この判決に対して原告は最高裁判所に上告したが、2007年6月14日上告棄却判決が下された：最高裁判所 2004ドゥ619 判決）。幸いにも、青少年保護委員会はソウル高等法院の判決後、2004年1月に青少年保護法施行令別表1の2(ダ)項の「同性愛」条項を削除することを発表した。そして、2004年4月24日、発表の通り立法され、「同性愛」という表現は青少年有害媒体物審査基準の項目から削除された。（原告は、同事件とは別に、青少年有害媒体物であることを電子的に表示するよう規定している情報通信網利用促進及び情報保護などに関する法律42条などが、知る権利などを侵害する違憲の規定だと主張し、憲法裁判所に憲法訴願を申し立てたが、2004年1月29日、棄却された：ホンマ[2]894 決定）

【参考文献】

① 이민영. 2004. "청소년 유해매체물 규제: 엑스존 사건 판결에 대한 평가와 분석." 『정보통신정책』 제16권 제2호. ［イ　ミニョン、2004、青少年有害媒体物規制：エックスゾーン事件判決に対する評価と分析、情報通信政策第16巻第2号（韓国ソウル）］
② 윤가현. 1998. 『동성애의 심리학』. 서울: 학지사. ［ユン　ガヒョン、1998、同性愛の心理学、ハックジサ（韓国ソウル）］
③ Edited by Barry D Adam etc. The Global Emergence of Gay and Lesbian Politics、Temple University Press (Philadelphia、USA)
④ 한인섭・양현아 편. 2002. 『성적 소수자의 인권』. 서울: 사람생각. ［ハン　インソプ、ヤン　ヒョナ編、2002、性的少数者の人権、サランセンガック（韓国ソウル）］

（訳：澤田つばさ・李ジュヒ）

1　陳情の内容が差別行為と関連がある場合につける符号文字
2　憲法裁判所法第68条第1項による憲法訴願審判事件につける符号文字

18 性的マイノリティの表現の自由と商標権
── SFAA 対合衆国オリンピック協会

〈アメリカ〉合衆国最高裁判所・1987年6月25日・判決
S. F. Arts & Athletics, Inc. v. United States Olympic Committee, 483 U.S. 522 (1987)

〔志田陽子〕

●事実概要

アマチュア・スポーツ法110条（1978年制定）は、合衆国オリンピック協会（USOC）に対して、他者が「オリンピック」という用語およびオリンピックのシンボルマークを商業および広報活動に使用することを禁止する権利を認めている。本件上告人のサンフランシスコ・アーツ＆アスレティックス社（SFAA）は、カリフォルニアの非営利団体だが、1982年開催予定だった「ゲイ*・オリンピック」の広報活動の一環として、レターヘッド、メール、地方新聞、関連商品に、この用語を使用していた。USOCはSFAA社に対し、この法律に基づいて、当該企画に「オリンピック」の語の使用をやめるよう要請したが、SFAAがこれに応じなかったので、USOCは連邦地方裁判所に差止訴訟を起こした。裁判所は、USOCの差止請求を認めた。控訴審も第1審を支持し、当該法律はUSOCに「オリンピック」という用語の排他的使用を認めており、また、この用語およびシンボルマークおよびスローガンにおけるUSOCの財産権は、憲法第1修正条項を侵害することなく保護される、と判示した。USOCの当該権利の行使は差別的であり、憲法第5修正条項上の平等保護に反する、というSFAA側の主張については、USOCは合衆国憲法が適用されるべき政府機関ではない、との理由により斥けられた。

●判決要旨

合衆国最高裁判所は、次のように判示した。

1　USOCがアマチュア・スポーツ法110条によって他者による「オリンピック」の用語使用を排除できるのは混同を惹起するおそれがある場合のみである、とのSFAAの主張は、認められない。同法110条によってUSOCは、この語の使用が混同を惹起するおそれがあるか否かにかかわらず、他者に対し「オリンピック」という語の使用を禁止する排他的権利が認められている。

2　「オリンピック」という用語は商標としての保護を受けることのできない一般用語であるとの主張、この用語を商標として認定する法律は表現の自由を保障した合衆国憲法第1修正条項に違反するとの主張は、いずれも認められない。ある用語が、ある団体による努力や投資の結果として価値を獲得した場合、この団体は憲法上正当に、当該用語の使用に関する財産権を獲得できる。USOCにこの権利を認めた議会の判断は、商標法および憲法に反しない。

3　上の権利を認められた使用者が当該用語の排他的独占使用権を行使するにあたり、権利者以外の者による当該用語の使用が混同を惹起するおそれがあることを証明することを要しないとすることは、合衆国憲法第1修正に反しない。また、SFAAは、ここでの「オリンピック」の用語使用は同性愛者の社会的地位に関する政治的意見表明を意図的にこめたものであるから、アマチュア・スポーツ法110条によってこうした言論を禁止することはできない、と主

Ⅳ　表現・集会・結社の自由

Ⅳ　表現・集会・結社の自由

張しているが、この主張も認められない。同法が課している財産権保護のための制約は、営利言論への制約として適切な範囲内である。またUSOCは政府の機関ではないので、憲法上の平等保護の拘束を受けない。

●評　釈

1　表現の自由と商標権

ここで裁判の発端となったイベントは、1982年から始まったスポーツ・イベントで、主催団体が公表している趣意書によれば、同性愛者の社会的地位やイメージの向上をめざす意図をもって企画されている。上記のような経緯で「オリンピック」の用語の使用が認められなかったため、1982年から"Gay Games"の名で、4年に1度、開催されている。

ここではアメリカの商標法（ランハム法）との関連でアマチュア・スポーツ法110条をどう解釈するかという問題には立ち入らず、セクシュアル・マイノリティ問題および「表現の自由」問題に関連する部分に関心を絞る。

この判決には、憲法的観点からも商標法の観点からも批判が多い。以下では、パウエル判事法廷意見と、これと対照的な議論を行っているブレナン判事反対意見とを対比しながら、問題を整理することにする。

アマチュア・スポーツ法110条は、USOC（合衆国オリンピック協会）に、特定の団体に「オリンピック」の用語やシンボルマークの使用を禁止する権利を認めている。USOCはこの権利に基づいて、SFAAが同性愛*者参加によるスポーツ競技会に「オリンピック」の用語を使用することを差し止める請求を行った。裁判所は一貫してこの差止を支持する判断をとっており、連邦最高裁判所法廷意見も、この判断を支持している。

本件最高裁判決の中で、同性愛者の権利に直接かかわる問題としては、「表現の自由」の論点と、「平等保護」の論点とがある。

まず「表現の自由」については、次の点が問題となる。

1点は、「オリンピック」という用語は一般用語として自由な使用に供されるべきものであって、この用語に特定団体の排他的独占権を認めるアマチュア・スポーツ法110条は憲法（第1修正条項「表現の自由」）に反するのではないかという問題である。

もう1点は、ここでSFAAが行おうとしていた表現は、「同性愛者の地位向上」という憲法上とくに厚い保護を受ける「政治的言論」political speechにあたるため、本来は抵触する権利との比較において優越的な保障を受けるべきであるのに、これを通常の表現よりも権利保護の度合いの低い「営利表現」（commercial speech）とした上でUSOC側の権利を一方的に保護した下級審判決は憲法（第1修正条項「表現の自由」）に反するのではないかという問題である。

そして、アマチュア・スポーツ法110条およびこれを支持した下級審判決の法解釈は、「表現の自由」保障とのバランスにおいて不適切にUSOCの財産権を偏重しており、上告人の「表現の自由」を侵害しているのではないか、という問題がある。

法廷意見はどの論点についても上告人の主張を斥け、上告人の表現を営利表現とした上で、「オリンピック」の用語を禁止したからといって上告人が意図するようなメッセージを発信する自由が制約されたことにはならない、という。一方、USOCが「オリンピック」の語を排他的に独占使用する権利は、USOCが長年の努力によって正当に獲得したものであること、この語をUSOCの財産として保護するという議会の判断は合理的であることを認める。

これに対してブレナン判事反対意見は、当該の用語をそのように特定団体に独占させること──他の主体が使用不可能となること──は第1修正に反すると論じる。また、本件上告人であるSFAAが「オリンピック」の用語を使用す

ることは営利表現ではなく純粋表現（pure speech）にあたると認めた上で、アマチュア・スポーツ法110条は営利表現ではない純粋表現までを制約する法規と読まざるを得ず、これは表現の自由の側に不当な制約を強いる結果となっているため、違憲となる、と論じている。

法廷意見は、「オリンピック」という用語をUSOCの財産として保護する議会の判断は合理的であり、その結果USOCは実害を受けるおそれがあることの証明なしに、憲法上正当にこの禁止権を行使できると認めるが、ブレナン判事はこの点にも反駁する。この下級審の解釈を前提とした場合、アマチュア・スポーツ法110条は通常の商標法上の商標保護よりも強い一方的なものとなっている。この偏重は、「表現の自由」の側に不当な制約を課す結果となっているので許容されない、との趣旨である。

2　平等保護と商標権者の判断の自由

同性愛者の権利問題に関係する論点のうち平等保護に関するものは、USOCが当該の競技会に「オリンピック」の用語の使用を禁止したことは差別的な選択であって平等保護に反するのではないか、というものである。

アマチュア・スポーツ法110条は、USOC以外の団体が「オリンピック」という用語やシンボルマークを使用することを一律に禁止しているのではなく、どの団体に対してこれを容認しどの団体に対して禁止権を行使するかをUSOCの判断に委ねている。そして、事実、障害者によるスポーツ競技など、多くのスポーツ・イベントにおいて、USOCは「オリンピック」という用語を使用することを禁止していない。したがって、本件イベントに対する禁止の判断は差別的であり平等保護に反すると主張されたのである。これについては、下級審および最高裁法廷意見は一貫して、USOC自体は私的団体であるから憲法に拘束されないとして、USOCの判断の正当性を認めている。

これについて、ブレナン判事反対意見は、オリンピックに対する政府の関心とUSOCに認められている特殊な位置づけなどから、USOCと政府との実質的な相互関係を見て、USOCの判断を政府の判断と同質と見る。したがって、USOCが他の多くの団体に「オリンピック」という用語の使用を認めつつ本件の同性愛者団体にこれを認めなかったことについて、政府の意図と無関係と見ることはできないことを指摘し、USOCの判断を憲法（修正第5条）上の平等保護違反と見る。この部分には、オコナー判事、ブラックマン判事、マーシャル判事も同調し、この点において下級審判決を破棄すべきだったと論じている。

これらの議論の中で、セクシュアル・マイノリティ問題にとって重要な点は、このイベント全体が同性愛者の地位向上という政治的目的をもった「表現」であることや、このイベントに「オリンピック」の「名」がつけられることにシンボリックな政治性をこめようとした主催者の意図が裁判でどのように斟酌されるか、また、その社会プロセスが、公益および財産権保護という理由によって少なくとも部分的に遮断されたことの損失が裁判でどのように斟酌されるか、という点である。そして、当該イベントについてこうした斟酌がなされないとするならば、それは当該イベントに関係するあるアイデンティティに対してだけ、通常ならば斟酌されるはずの「表現の自由」の利益が考量の秤に乗せられないという意味で「平等保護違反」ではないか、という問題である。

3　法廷意見・反対意見の根本的な相違点

これらすべての点において、法廷意見とブレナン判事反対意見は真っ向から対立したわけだが、まず「表現の自由」に関する論点全体を通じて言えることは、法廷意見が議会の立法目的から出発して、「合理性の基準」に依拠しつつ財産権保護の正当性の議論に終始しているのに対して、ブレナン判事反対意見は、当該法規が「表現の自由」に対する制約として作用してい

IV 表現・集会・結社の自由

るという社会的事実を起点として論理を組んでいることである。

学説の中にも、本件は、SFAAの「オリンピック」という用語の使用に政治的言論としての保護が与えられるべきケースだったと指摘するもの（Kravitz, p.172）や、近年の商標保護は、文化を阻害するところまで過剰となっている、との視点から、このケースを不公正な結論であると指摘するもの（Bosland, p.1）がある。また、商標権に関する解釈としても、非営利団体であるSFAAに公益の必要から規制を課すことの可否が問題であるはずの本件に、私的営利行為に対抗する知的財産権保護の法理が適用されたことは誤りであることを指摘するもの（Rothman, pp.157-159, Calboli, p.341）など、この判決の妥当性を疑問視するものは多い。

アメリカ憲法訴訟の基礎となっている「二重の基準」（精神的自由や「切り離され孤立したマイノリティ」が生じている状況が問題となっているときには裁判所は積極的に権利救済のための判断をおこない、経済的領域の調整に関する問題は議会の裁量を尊重して裁判所は消極的な姿勢をとる、という考え方）の枠組みから言えば、このイベントの「名」がマイノリティ集団の政治的言論と認められるならば、裁判所は積極的な権利救済の姿勢をとり、厳格審査をおこなうべきこととなる。この場合には、こうした領域での規制は「やむにやまれぬ利益」が証明されないかぎり違憲であるとの考え方が妥当すべきことになる。本件を、あるマイノリティ団体の「表現の自由」に対して、「オリンピック」を関心事とする政府の利益ゆえに課された規制の合憲性の問題として構成するならば、裁判所の判断枠組はそのような成り行きになるべきだっただろう。そして、本来ならば、この事例はそのような構成において判断されるべきものだったのではないか。

一方、アマチュア・スポーツ法110条をもっぱら「財産権」を保護する法律と見るならば、財産権規制については合理性が認められるかぎり広い立法裁量が認められることになるが、「平等保護」の論点においてブレナン判事ほか数名の判事が反論するとおり、本件規制の焦点を、政府の利益から切り離した私的団体の財産権保護に見る見方には無理があるのではないか。この無理な構成によって採用された「合理性の基準」によって、本件の結論はすべて議会の判断を尊重し、上告人の主張を斥ける結果に終わっている。（ブレナン判事反対意見においては、この無理な財産権偏重型解釈の根底に差別的意図があったかどうかは論じられておらず、差別的な結果が生じている事実と、この結果に対してUSOCと政府が一体的に憲法の拘束を受けるという推論によって、平等保護違反の結論が導かれている。）

1980年代後半といえば、アメリカは「プロ・パテント政策」（知的財産権保護政策）を強力に打ち出した時代であり、この判決も、その時代背景に強く影響された判決だったのかもしれない。この時期以降、アメリカにおいては、「表現の自由か知的財産権保護か」という問題がしばしば浮上し、裁判所が「議会の裁量にゆだねる」との判断を示すことが少なくないが、この判決も、そうした問題場面の一環として捉えることもできるだろう。しかし結果的に、この用語の使用を拒まれた当該イベント企画者にとってみれば、この企画に含まれるアイデンティティ特性が理由で公的な意味合いを持つ言葉の使用が拒まれたと感じたとしても無理はなく、この選択的拒否は、当該アイデンティティを共有する人々にとって、マイナス方向でのシンボル的意味を持つことが十分に考えられる。本件の論理構成が過度に私的財産として理解された知的財産権保護に偏ったものであること、この偏りの結果、あるアイデンティティ・グループの言論の自由が当該裁判の結論（法廷意見）において不可視化され、過度の制約を受けたことは、否めないだろう。現在アメリカでは、知的財産重視の方向が強すぎるのではないか、といった見直しの議論も多く起きているが、この事例はその流れの中で、ひとつの重要な批判素

材を提供する結果となっている。

【参考文献】
① Robert N. Kravitz, 'Trademarks, Speech, and the Gay Olympic Case, (1989) 69 *Boston University Law Review* 131
② Jason Bosland, 'The Culture of Trade Marks: An Alternative Cultural Theory Perspective' (2005), Intellectual Property Research Institute of Australia Working Paper, No.13/05, 1 (Reprinted from 10(2) *Media & Arts Law Review* 99 (2005))
③ Jennifer E. Rothman, 'Initial Interest Confusion: Standing at the Crossroads of Trademark Law' (2005) 27 *Cardozo Law Review* 105
④ Irene Calboli, 'The Sunset of "Quality Control" in Modern Trademark Licensing', (2007) 57 *American University Law Review* 341

Column 5

ヘイトスピーチと多文化社会と性的マイノリティ

　ヘイトスピーチ（hate speech：憎悪表現）は、差別表現のなかでもとくに排撃的色彩の強いものを言う。民主主義の名に値する社会は、異なる文化をもつ複数の集団があるとき、支配従属関係の固定（身分制）や暴力によってではなく、相互尊重的な方法で共存をはかることのできる社会である。世界の国々が多文化社会への流れを歩んでいる現在、これは共有されるべき政治倫理である。しかし現実には、多文化主義的相互尊重が成熟する前の過渡的な段階として、ヘイトスピーチのような問題が発生することがある。セクシュアル・マイノリティに向けられる排撃的な言論の問題も、例外ではない。

　アメリカでは、公民権法が制定された1950年代後半から1960年代にかけて、黒人の政治的地位向上をきらった憎悪暴力や憎悪表現が激化した。ヨーロッパでも、ユダヤ民族などの特定民族が20世紀前半の民族虐殺（ホロコースト）の犠牲になったという歴史的経緯から、憎悪暴力を重く処罰するとともに、こうした状況を招来したり、被害集団に属する人々に強い心理的苦痛を与えるおそれのあるヘイトスピーチを処罰対象としているところが少なくない。「人種差別撤廃条約」では、この憎悪表現や、憎悪表現の伝搬に資金を出すことを、刑事罰の対象とするように各国に求める条項がある。

　わが国にはいまのところ差別表現やヘイトスピーチを規制する法律はない。しかし、わが国でも、差別表現やヘイトスピーチを法律で規制するかどうかというテーマは論議事項となっている。しかしその中で、セクシュアル・マイノリティに対する差別発言を人権侵害の問題として真剣に問題視する姿勢はまだ希薄である。

　表現の自由は、個人の人格的発展にとっても、民主的な社会の維持にとっても、不可欠の前提として重要視されている。したがって、これを法律で制限する場合には、「その目的のための手段としてその制約が正当であり必要不可欠なのか・その手段は正当な権利行使までも制約してしまってはいないか」という疑義をクリアしなくてはならない。

　セクシュアル・マイノリティに対して行われるヘイトスピーチは、主として、《不道徳な、またはまともでない性関係に従事している人間は、社会の表舞台で活躍するには人格面または知的能力面でふさわしくない》、といった類のものである。これは、サブカルチャー的私領域から公共領域へと進出して自己表出をおこないはじめたマイノリティに対して、公共領域からサブカルチャー的私領域へと撤退することを命じる意味合いをもつ言論である。こうした言論は、アメリカをはじめ多くの国ですでに社会的良識を欠く失言として社会的非難を受ける流れになっているが、日本ではその認識が遅れている。ここでは、そのアイデンティティを名指しされたセクシュアル・マイノリティの人格権および平等権が侵害されていることになるのだが、ヘイトスピーチを受けた側の心理的苦痛や社会へ出ていくことの心理的障壁は、社会の側がもっと真摯に考えていかなければならない問題である。この問題は、社会のマジョリティの側の認識不足に起因するところが大きい。しかしこの状況を防止するためにヘイトスピーチ規制を導入することが望ましいかどうか。これは、憲法上の表現の自由に反する可能性が高いばかりでなく、セクシュアル・マイノリティの状況改善にとって望ましいかどうか、疑問である。ヘイトスピーチ規制は、当該マイノリティ自身もマジョリティに対する批判的告発的発言をしにくくなるという副作用をもつ（萎縮効果）。こうした手段は、それがなければ当該マイノリティが対抗言論を行うことは事実上不可能、と言えるような場合にのみ用いられる「最後の手段」と考えるべきだろう。セクシュアル・マイノリティ自身に、自己表現や政治的主張、とくにヘイトスピーチに対して対抗言論を行う力はあると見ることのできる現在、セクシュアル・マイノリティ保護のためのヘイトスピーチ規制法は、望ましい法政策とは言えないだろう。

（志田陽子）

19 性的指向に基づく公共施設の宿泊利用拒否
―― 府中青年の家事件

〈日本〉東京高等裁判所・1997（平成9）年9月16日・判決
判例タイムズ986号206頁、判例地方自治175号64頁

［齊藤笑美子］

●事実概要

同性愛*者の人権に関する社会啓発、同性愛者のサポートを目的とする同性愛者の団体「動くゲイとレズビアンの会」（X）が、東京都（Y）の管理する府中青年の家で1990年2月に合宿を行った。Xが同宿の他団体に対して、「同性愛者の団体であり、同性愛者の人権を考える活動をしている」と自己紹介を行ったところ、他団体のメンバーは浴室を覗く、「ホモ」や「オカマ」などの発言を浴びせるなどした。

これに対してXは、このような嫌がらせに対する対策を求めて青年の家と交渉したが、青年の家所長は、同性愛は青少年に悪影響を与えるなどと述べて、今後のXによる青年の家の利用を断わる旨を通告した。1990年4月にXが、新たに宿泊利用申込を行ったところ、所長はその受理を拒否し、さらにその後、都教育委員会は、都青少年の家条例8条1号にいう「秩序を乱すおそれがあるとき」、および2号の「管理上支障があると認めたとき」にあたるとして、申込の承認を拒否した。Xは、この処分が、憲法14条・21条・26条、地方自治法244条に反し、違憲・違法であるとして、またXのメンバー3名も、職員らの発言によって精神的苦痛を受けたとして損害賠償請求の訴えを起こした。

Yの主張は、(1)青少年の健全育成を目的とする青年の家では、男女の同室宿泊は認められていないが、これは性行為のなされる可能性があるからであり、性行為のなされる可能性のある複数の同性愛者を同室に宿泊させることは青年の家の趣旨に反する、(2)同宿の青少年が同性愛者の性的行為を目撃あるいは想像することが、青少年の健全育成にとって有害である、(3)他の青少年の嫌がらせが青年の家の管理運営に支障をもたらすおそれがある、などである。

第1審（東京地判1994年3月30日、判時1509号80頁）は、(1)同性愛者が同室宿泊を拒否された場合には、男女の場合のように別室で宿泊できないので利用権を完全に奪われることになる、(2)本件の事実関係では、原告らの同室宿泊によって性的行為がなされる具体的可能性は認められない、(3)他の青少年の嫌がらせは、嫌がらせを行う青少年による利用拒否の理由となりえても、原告らの利用を拒否する理由となり得ない、としてYの不承認処分を違法とし、損害賠償請求を一部認容した（Xのメンバー3名による慰謝料請求は棄却）。これを不服としたYが控訴した。

●判決要旨

原判決の一部を変更する。（確定）

「青少年の健全な育成を図ることを目的として設立した教育施設である青年の家において」、性的行為が行われることを避けるために、「男女別室宿泊の原則を掲げ、この点を施設利用の承認不承認にあたって考慮すべき事項とすることは相当であり」、複数同性愛者の宿泊はこの原則に実質的に抵触する。

「ところで青年の家における宿泊は、おおむね6名以上で構成されている団体がするものであ」り、「特定の2人による宿泊に比べ、性的行為が行われる可能性は、同性愛者においても

Ⅳ 表現・集会・結社の自由

異性愛*者同様に、それほど高いものとは認めがたい」。「このように、青年の家において性的行為が行われる可能性はそれほど高いものとはいえず、またそれも利用者の自覚に委ねられているというべきものであって、これを絶対的に禁止することはそもそも不可能な事柄であり、やむを得ない場合には、例外を認めるものであるから、男女別室宿泊の原則を施設利用の承認不承認にあたって考慮することは相当であるとしても、この適用においては、利用者の利用権を不当に侵害しないように十分に配慮する必要があると言うべきである」。

元来は異性愛者を前提とした男女別室宿泊の原則を、「同性愛者にも機械的に適用し、結果的にその宿泊利用を一切拒否する事態を招来することは、右原則が身体障害者の利用などの際、やむを得ない場合にはその例外を認めていることと比較しても、著しく不合理であって、同性愛者の利用権を不当に制限するものと言わざるを得ない」。

男女別室宿泊の原則は「異性愛者を前提とする社会的慣習であり、同性愛者の使用申込に対しては、同性愛者の特殊性、すなわち右原則をそのまま適用した場合の重大な不利益に十分配慮すべきであるのに、一般的に性的行為に及ぶ可能性があることのみを重視して、同性愛者の宿泊利用を一切拒否したものであって、その際には、一定の条件を付与するなどしてより制限的でない方法により、同性愛者の利用権との調整を図ろうと検討した形跡もうかがえないのである。したがって都教育委員会の本件不承認処分は、青年の家が青少年の教育施設であることを考慮しても、同性愛者の利用権を不当に制限し、結果的、実質的に不当な差別的取り扱いをしたものであり、施設利用の承認不承認を判断する際に、その裁量権の範囲を逸脱したものであって、地方自治法244条2項、都青年の家条例8条の解釈適用を誤った違法なものと言うべきである」。

「都教育委員会を含む行政当局としては、その職務を行うについて、少数者である同性愛者をも視野に入れた肌理の細かな配慮が必要であり、同性愛者の権利、利益を十分に擁護することが要請されているものというべきであって、無関心であったり知識がないということは公権力の行使にあたるものとして許されないことである」。

●評 釈

1 本判決の意義

本件は、日本において性的指向を理由として公権力が同性愛者を差別的に扱ったことが裁判所で争われた唯一の例といってよい事案である。そのため、まず事案それ自体が重要性を帯びる。欧米においては、公権力による差別を争う端緒は、多くの場合同性愛者に何らかの形で不利益を課す刑事規制を改めさせようとすることであった（→本書**1**、**2**、**3**）。刑事規制の廃止を経て、ヨーロッパ諸国家は他の領域での性的指向*に基づく不利益を問題とし、パートナーシップ制度等の整備に向かうことになる。これに対して日本の当事者運動には刑事規制への異議申立という契機は存在しない。しかし、当然ながら、刑事規制の不存在は、差別の不存在を意味しない。少し注意して観察してみれば、日常生活・社会生活における異性愛主義の文化的ヘゲモニーは圧倒的である。それは自明過ぎるがゆえに決して自覚されざる「空気」のごときものである。そうであるから、差別は、日常において、軽蔑、嘲笑、からかいといった非公式の周辺化という形態で頻繁にあらわれることになる。

本件の発端も、そうした私人による「嘲笑」や「からかい」である（同性愛者の団体であることを明らかにした「自己紹介」を契機として同宿団体による「嫌がらせ」が起きた）。居合わせた人が「空気」を読むのであれば、そのような非公式の周辺化に対して異議申立がなされることはない。しかし一たび異議申立がなされると

●性的マイノリティ判例解説●

（本件の場合は、他団体との話し合いのための臨時リーダー会や所長との話し合いを求めた）、嘲笑やからかいの正体が、子どもらの無邪気な戯れ言という以上に頑強なものであり、社会的秩序の裏付けを伴っていることが明らかになる（青年の家側の対応）。被控訴人らが、改善を求めて青年の家側と交渉を経て、そこで満足な解決を得ることができなかったために提訴に至る過程は、当たり前の秩序を問題にすることの困難さとともに重要性を示すものと言えよう。

本件は日本で初めて同性愛者に対する公権力による差別が争われたという画期性を持つが、事案としては、集会の自由、より具体的には公の施設の平等な利用権が争われた1つの事例と位置づけるのが適切であると思われる。本件で争われた争点としては、青年の家職員のXのメンバーに対する名誉毀損と申込書の不受理の違法性、都教育委員会による利用不承認処分の違法性の3点がある。不受理の違法性に関しては省略し、名誉毀損に関する論点については、毎日新聞社事件（→本書11）の参照を願うこととし、都教育委員会の利用不承認処分に関する争点に絞りいくつかの指摘を行う。

2 集会の自由

憲法21条は、言論出版の自由と並び集会の自由を保障する。「集会とは、多数人が一定の共通目的のために一時的に一定の場所に会合し、集合体としての意思を形成し、さらにときにはその意思を対外的に表現し、その貫徹のために活動すること」である（芦部信喜『憲法Ⅱ人権(1)』〔佐藤幸治執筆〕（有斐閣，1978）568頁）。公開を前提とはしていないが、本件の宿泊合宿が集合体としての意思形成・交流を行う集会としての性質を備えていることに疑いはない。

集会は、目的、行われる場所、公開の有無に応じて複数のカテゴリーに分類されるが、それら集会に共通することは、多数人が集合するための場所を要するという点である。従って、集会の自由の行使は場所の確保と密接な関係を有する。そこで、公権力が管理権を有する道路・公園、さらに公会堂などの公の施設の利用について、広く許可制がとられていることが問題となる。許可制を憲法違反としたことはないが、許可が行政の自由裁量ではないことは最高裁も認めるところである（最大判1953年12月23日民集7巻13号1561頁）。

集会の自由保障の趣旨を受けて、地方自治法244条は、公の施設の利用における不当な差別の禁止を定める。ただし、多くの自治体の条例は、公の施設の利用を拒否できる事由を極めて一般的に定める。都青年の家条例8条も「秩序を乱すおそれがあると認めたとき」（1号）、「管理上支障があると認めたとき」（2号）に教育委員会は青年の家の使用を承認しないことができるとしており、本件の不承認もこれらに基づく。集会の自由を含む表現の自由は、憲法が保障する権利の中でも優越的な地位を占めるとされており、そのような表現の自由を、このように一般的に規制すること自体が問題になりうるが、判例はこうした条例を違憲とはしていない。合憲限定解釈（法令の違憲判断を避けるため、当該法令に憲法適合的な解釈を施すこと）の手法を用いて、個別的に判断を行っている。

市民会館における政治集会が同様の条例規定に基づいて拒否された事例において、最高裁は、「公の秩序をみだすおそれがある場合」（泉佐野市民会館条例7条1号）とは、「集会が開かれることによって、人の生命、身体又は財産が侵害され、公共の安全が損なわれる危険を回避し防止する必要性」が集会の自由の保障に勝り、「明らかな差し迫った危険の発生が具体的に予見される」場合と限定解釈を施した（最判1995年3月7日民集49巻3号687頁）。殺害された労働組合幹部の葬儀を福祉会館で行うことが拒否された事例では、集会に対する妨害が予想されることを理由に公の施設の利用を拒むことが出来るのは、警察の警備によっても混乱を防止できないような特別の事情がある場合に限られるとされている（最判1996年3月15日民集50巻3号

Ⅳ 表現・集会・結社の自由

549頁)。このように公の施設の使用拒否には明白な現在の危険や特別の事情が要求されることが判例として確立している。

3 判決の構造

前に示したとおり、本件は集会の自由をめぐる1事例として考えることができ、公共施設の利用拒否事由を一般的に定める条例を、集会の自由保障の趣旨に従って限定的に解釈し、利用拒否の根拠の有無を具体的に判断しようとする判決例の1つと位置づけてよいであろう。1審東京地裁判決と2審東京高裁判決に共通する枠組は、おおむね以下のようなものである。

①教育施設である青年の家において、性的行為が行われることを制度上認めることはできない。従って、異性愛者について男女別室宿泊の原則をかかげて、利用承認にあたって考慮することは妥当である。男女別室宿泊の原則を、形式的なジェンダー分離ではなく、性的意識の向かい合う者を同室に宿泊させないというセクシュアリティ分離の意味に解すれば、複数の同性愛者の同室宿泊はこれに抵触する。

②このセクシュアリティ分離の原則を、複数同性愛者の宿泊について厳密に貫こうとすれば、同性愛者の宿泊利用権は実質的には全面的に奪われることになる。(1審判決は、それゆえに処分の合法性を厳しく審査すべきことを導きだす。2審判決は、このような著しい不利益を課してまで、当該原則は貫かれる必要があるかを問う。)

③複数の同性愛者による同室宿泊において、異性愛者男女の同室宿泊におけるのと同様の性的行為の可能性があるという一般的可能性だけでなく、利用者が性的行為に及ぶ具体的可能性がある時には、青年の家条例8条1号および2条の要件を満たすものとして、利用を拒否できる。しかし、本件においてはそのような可能性は認められない。

このような枠組みにおいて、1審判決は、③の点についての検討を怠った教育委員会の処分を違法とするものであった。ところで、Xの主張は、男女別室宿泊原則をジェンダー分離であるとしてジェンダーとセクシュアリティとの分断をはかるものであったが、上記①②を見る限り、両判決とも、同原則をセクシュアリティを内包するものと解した上で、同原則の必要性とその貫徹によって生ずるマイノリティの不利益との比較衡量を行うという構造になっていることが分かる。

さらに東京高裁判決は、東京都の主張に応えて、④性的行為が行われる具体的可能性がない場合にも、教育施設であることに由来する教育委員会の裁量によって利用拒否ができるかについても判断している。東京高裁は、青年の家の利用実態を検討した上で教育委員会に広範な裁量を認めていない。同性愛者と青少年の同宿が有害であるとの「相当の根拠」がある場合でも、当然に同性愛者側の権利が制限されるわけではなく、より制限的でない方法での利用権の調整を求めている。高裁判決においては、④に関する調整の試みの欠如が違法判断の直接的理由となっていると思われる。

従って、1審判決が、性的行為が行われる具体的可能性がある場合のみを排除すればよいとするのに対し、2審判決からは、教育施設であることから利用権に制限が課されうることが示唆される。この点をとらえて、より制限的でない方法による利用権の調整として、同性愛者に対する自己紹介の制限を示唆する立場もある(君塚、棟居)。しかし、当合宿は公開集会ではないとはいえ、Xは同性愛者の人権擁護という主張を持つ団体である。これに自己紹介を禁じることは集会のアイデンティティを否定するに等しい厳しい表現内容規制(表現の内容に着目する規制)である点で容易に許容されるとは評釈者には思えない。

いずれにせよ、判決は公権力担当者に対して、少数者の人権に対して一般国民以上にセンシティヴであることを求めている。利用権の調整にあたってもそのような公権力担当者の義務が存する。そして、その内容が時代の変化に伴っ

てさらに進展することは疑う余地がない。

【参照文献】
① 君塚正臣2007「判批」『憲法判例百選Ⅰ第5版』68頁
② 清野幾久子1997「判批」判例セレクト4頁
③ 松山恒昭＝島崎邦彦1999「判批」判例タイムズ1005号118頁
④ 須藤陽子1999「同性愛者の団体に対する『府中青年の家』宿泊利用申請不承認事件」自治総研253号1頁
⑤ 赤坂正浩2007「同性愛の自由」棟居ほか『基本的人権の事件簿〔第3版〕』（有斐閣）26頁
⑥ 棟居快行1997「判批」判例地方自治160号110頁
⑦ 風間孝1999「公的領域と私的領域という陥穽—府中青年の家裁判の分析」解放社会学研究13号3頁

Ⅳ 表現・集会・結社の自由

20 性的マイノリティの集会の自由
――バンチュコウスキ対ポーランド

〈国際〉ヨーロッパ人権裁判所・2007年5月3日・判決
Bączkowski and others v. Poland no. 1543/06

〔齊藤笑美子〕

●事実概要

　性的マイノリティを含めたあらゆるマイノリティ差別に反対する目的のイベント「平等の日」がワルシャワで開催された。同性愛*者の利益を擁護するNGOで活動する申立人らは、この催し中の2005年6月10-12日にデモ行進を企画していた。そこで、5月20日に市交通局にデモ行進の許可申請を行った。

　ところで、ワルシャワ市長であるカチンスキ氏は、5月20日付日刊紙のインタビューで、主催者の申請書を読んですらいないが、何が書かれていようとデモを禁止する、同性愛の公然たるプロパガンダがあってはならない、などと述べていた。

　そして、6月3日、交通局はデモを不許可とした。その理由は、主催者らが事前に要求されていたにもかかわらず道路交通法65条の「交通計画図」を提出していないというものであった。

　同日、申立人らは6月12日に7つの静止集会（うち4つは、様々なマイノリティに対する差別に抗議する集会、残り3つの集会は女性差別に反対する集会）を行うことを市長に通知した。6月9日、市長は申立人らが主催する集会を禁止する決定を下した。その理由は以下の2つである。
① 主催者は、車の駐車場所や駐車方法、集会が行われる複数の場所を人や車がどのように移動するかを示しておらず、集会法の要求を満たしていない。
② 敵対的な集会が同じ日に企画されていた。参加者間の暴力的衝突を避けるため申立人らの申請は不許可とされる必要がある。

　しかし、女性差別反対の3つの集会と、「パートナーシップ法に関するいかなる立法作業にも反対する」集会など、申立人らに敵対的な主張を行う6つの対抗集会は許可された。6月11日、不許可処分にもかかわらずデモ行進は予定通り行われ、警察がこれを保護した。

　その後、申立人は、デモ行進と集会の禁止についてそれぞれ不服申立を行い、いずれについても取消を得た。しかし、処分が取り消されたのは、デモ・集会の予定日を過ぎてのことであったため、申立人は実効的な救済を求めてヨーロッパ人権裁判所に提訴した。

　なお、2006年1月18日、ポーランド憲法法廷は、道路交通法65条そのものの憲法適合性を争う訴訟において、同条は集会に適用される限りにおいて集会の自由を保障した憲法に反すると判断している。

●判決要旨

ヨーロッパ人権条約（以下、条約）11条、13条、14条に違反する（全員一致）。

・集会の自由（11条）について

　政党以外の結社も、デモクラシーの適切な機能のためには重要である。というのも多元主義は、多様性の承認と尊重、そして文化的伝統、民族的・文化的アイデンティティ、信仰、芸術的・文化的・社会経済的思想と着想のダイナミズムの上に構築されるからである。(62段落)

　デモクラシーは、単に多数派の意見が常に優先されるべきだということを意味しない。公平で適切な少数派の取扱を確保し、支配的立場の

いかなる乱用も防ぐような均衡が達成される必要がある。(63段落)

結社および集会の自由の実効的な真の尊重は、単なる国家の不干渉義務に矮小化することはできない。純粋に消極的な観念は、11条の目的とも条約全体の目的とも相容れない。これら自由の実効的な享受を保障する積極的な義務が存在しうる。この義務は不人気な意見を持つ人々や少数派に属する人々にとって特に重要である。というのもこれらの人々は迫害されやすいからである。(64段落)

確かに、集会は最終的に決行された。しかしながら、その時点では禁止されていたことを考えると、申立人は集会の開催にあたって危険を冒していた。集会の許可を与えなかったことが、申立人および他の参加者に萎縮効果をもたらした可能性がある。他の人々が参加するのを思いとどまった可能性もある。

したがって、申立人は、不許可によって消極的な影響をうけた。不許可処分の取消が集会後であったことからいかなる法的救済も申立人らの状況を改善することはできなかった。したがって、11条によって保障された申立人の権利への干渉があった。

何らかの干渉は、それが「法律によって定められ」、11条2項にいう正当な目的を追求し、かつ目的達成のために「民主社会において必要な」ものでない限り、11条違反となる。(69段落)

問題となった不許可処分は、ポーランド国内で違法性が認定されている。従って、申立人の権利への干渉は、「法律によって定められた」ものではない。憲法法廷の判決もこのような結論を強化する。従って、目的の正当性と必要性という他の2つの要件については判断する必要がない。11条違反があった。(70-73段落)

・13条違反について（略）
・権利の平等享有（14条）違反について

問題の処分は、条約において差別事由として禁止される動機に直接的に言及しておらず、集会開催の技術的側面と要求の遵守に焦点を当てて

いる。しかし、他の主催者が同様の要求をされていたわけではないことが指摘できる。(95段落)

さらに、市当局は6月12日に開催される様々なデモ参加者との間の暴力的衝突を避ける必要性に言及して申立人の集会を禁止したが、同日に6つの対抗集会の開催を許している。(96段落)

処分の中で明示されていない動機の存在について推測することはできない。しかし、市長インタビューが5月20日に公表され、その中で市長が集会開催を拒否すると言明していることを見逃すことはできない。(97段落)

条約10条2項の下、政治的言論や公益問題についての討論への制約の余地は、特に政治家自身についてはほとんどない。しかし、選挙された政治家、同時に執行府の要職を占める者による表現の自由の行使は、特殊な責任を伴う。個人の権利の行使に影響しうる行政行為を直々に行い、あるいは代理によって行うことも当然にその公務の一部である。従って、要職にある者が表現の自由を行使することが、条約の保障する他の権利の享受を不当に制限することもある。表現の自由を行使するにあたって、これら要職にある者は、公務員達の雇用とキャリアが自らの承認に依存しており、自らの見解が公務員達によって命令のように受け取られることを念頭におき、抑制的であることを求められうる。(98段落)

問題の決定は、市長が彼の意見を公にしたあと市の機関によって出されている。さらに市長がこれらの意見を表明したのは、集会の許可申請がすでに市の機関にかかっているときである。市長の意見が決定過程に影響し、結果として申立人の集会の自由を差別的に侵害したと推論するのが合理的であろう。(100段落)

従って、本件の状況を全体的に検討すると、11条と結びついた14条違反があった。(101段落)

●評　釈

1　LGBTの集会の自由状況

IV 表現・集会・結社の自由

　この事件では、行政側の差別的意図が露骨であり、デモと集会の禁止の違法性は、ポーランド国内の裁判機関によってすでに認められていた。しかし、ポーランド法の下では、申請は早くとも開催予定日の30日前にしか行うことができず、不服申立の十分な時間はなく、一時差止のような法的手段もない。事後的に国内機関が処分を取り消したことは、集会やデモという表現行為の性質を考慮すれば、実効的な救済とは言えないことになろう。こうした事情を背景にした提訴である。

　さらに、この事件をより広い文脈においてとらえる必要がある。この事件が象徴するように、旧社会主義国におけるLGBT*の権利の保障は、現在のヨーロッパにおける課題のひとつである。近年、これらの国々においては当事者運動の組織・生成に伴い、公権力との間に表現の自由をめぐる紛争が生じることが珍しくない。

　この事件に登場するワルシャワ市長は、「法と公正」（PiS）党創設者の1人で後のポーランド共和国大統領レフ・カチンスキ氏である。同氏は、この事件の起きた2005年に大統領選挙に出馬し、「道徳革命」を掲げて大統領に選出された。同氏は、大統領選挙運動中も、LGBTのデモ行進を禁止し続けると述べていた。

　平等の日事件はポーランドにおいて禁止された親LGBTデモとしては唯一ではない。2005年11月にもポズナン平等マーチが市長によって禁止された。禁止にもかかわらず集会は行われたが、これに対し、「オカマをガス殺しろ！」などと叫ぶ敵対者による嫌がらせ・威嚇が加えられた。この事件では、ポーランド行政最高裁判所がデモ行進禁止の根拠を不十分と判断している。

　ハンガリーでは、2001年にドナウ川の無人島で毎夏開催されていた若者向けの音楽フェスティバル「ペプシ・アイランド」から、同性愛に関するあらゆる情報提供を排除する旨の協定が、市長及び警察と主催者の間で結ばれていたことが問題となった。地区裁判所は、その差別性を理由として協定の法的効力に差止を認めた。（http://www.soros.org/resources/articles_publications/articles/hungary-gay-lesbien-20020403 最終アクセス2011/10/25）

　モスクワでは、2006年以降パレードが企画され続けているが、すべての申請をモスクワ市は拒んでいる。2006年に市の許可のないままに決行されたパレードでは、参加者が機動隊および敵対者と衝突し、パレード参加者および敵対者合わせて120人の逮捕者が出た（ワシントンポスト2006年5月28日）。2007年にも同様に衝突が起きている（→ *Column 6*）。

　これらの国々おける性的マイノリティの表現の自由を巡る衝突は、当事者運動の一定の活性化とその困難を同時に垣間見せるものとなっている。以下においては、11条の集会の自由と14条の権利の平等享有に限って、本判決の意義を述べる。

2　人権裁判所と集会の自由

　まず、本判決の意義は、人権裁判所が性的マイノリティの集会の自由を初めて認めたという点に認めることができるだろう。性的マイノリティの集会の自由が行政権によって制約を受けている上記のような現状に大きな影響を持つことになろう。

　人権裁判所は、デモクラシーにおける多元主義の重要性を確認し、政党のみならず様々な結社が果たす役割を強調した。また、「デモクラシーとは、単に多数者の見解が常に優先しなければならないという意味ではな」く「少数者の公正かつ適切な取扱を保障し、支配的立場の乱用を防止するような均衡」が必要であり（63段落）、特に不人気な見解を持つ少数派にとっては、集会の自由を実効的に保障する国家の義務が重要であると述べる（64段落）。デモクラシーとは多数者の支配ではないこと、少数者の意見表明の権利を実効的に保障する必要と国家の義務を強調している。

　人権裁判所は、条約11条2項の集会の自由の

制約事由である「法律で定められた」「正当な目的」については、ポーランド国内審級の判断に依拠している。つまり、国内で行政処分が違法とされたこと、および行政処分が基づいている法律の規定が違憲とされたことに言及して、「法律で定められた」干渉ではないと結論づけている。従って、それ以外の条件である干渉の目的の正当性や民主社会における必要性については今回検討されていない。

しかし、先例によれば、暴力行為や暴力の扇動、民主主義の諸原則の拒絶の危険が予見されるのでければ、条約11条2項にてらして干渉が正当化されない（Stankov and United Macedonian Organisation Ilinden v. Bulgaria, 2 October 2001, Reports 2001-IX）ことから、今回のようなワルシャワ市の干渉が許される余地はないだろう。

敵対者との暴力的衝突の可能性は、どうであろうか。このケースでは、敵対者にのみ集会開催を認めるという市の差別禁止違反行為が明らかであったためこの点を問題とする必要はない。いずれにせよ、妨害可能性を理由とした表現の制約は、許されないと考えるべきだろう。さもなければ、敵対者は妨害の脅迫をするだけで、たやすく気に入らない表現を封殺できることになってしまう。しかも、ヨーロッパ人権条約の下では、集会の自由は、単に公権力が介入を控えるというだけでなく、妨害者から表現者を積極的に保護するために介入する義務を含む（Plattform "ärzte für das Leben" v. Austria, 21 June 1988, Series A 139）。このことは、本件でも確認されている。

また、以前は同様の条件構造を持つ8条（私生活の尊重を受ける権利）＊に関して、同性間性関係の処罰や性行為同意年齢の差別的設定が、正当かつ必要な制約として条約適合性を認められてきたが、今日の人権裁判所の判例の展開にてらして、性的マイノリティの集会の自由の制限が正当かつ必要な目的を追求していると認められる余地は、例えば「未成年者の保護」を旗印としたとしてもまずないと言ってよいだろう

（→本書3参照）。

3 　権利の平等享有＊違反

判決が指摘するようにワルシャワ市によるデモ行進・集会の禁止は、交通計画図の提出など申立人が形式的要件を満たさなかったことなどを理由としており、内容中立の規制と言えないこともない。しかし、他のデモや集会には同様の要求がされなかったことから、その差別性が認定されている。また、市長は他の参加者との衝突防止を集会禁止の理由としたが、敵対者の集会を禁止していないことから、一方のみ集会を禁止することの差別性は明白であった。

また、市長インタビューの内容も差別評価の根拠となった。親LGBTのデモに関する否定的な市長の見解が、禁止処分に何らかの影響を与えたと認めたのである。匿名の一市民ではなく市長としてインタビューに答えて、どうあってもデモ行進を許可しないという趣旨のことを述べたのであるから、処分との結びつきを認めた判断は妥当であろう。

他方で、これは市長の意見表明の自由が制約されることを意味する。この点につき人権裁判所は、執行府の要職にある者と一般市民の表現の自由を同列に置かないという立場を表明している。執行府の要職にある者の表現の自由の行使が、むしろ一市民の権利享受を脅かすようなものとして立ち現れることがあるからである。選挙職の執行府の要職者にこそ自制を求めている点が注目される。

【参考文献】

① Sina Van den Bogaert 2007 "ECHR Rules on Illegal Ban of Warsaw Equality Parade: The Case of Bączkowski and Others v. Poland", *German Law Journal*,（www.germanlawjournal.com 最終アクセス2011/10/25）no.9, vol.8
② Amnesty International 2006 *Poland and Latvia, Lesbian, Gay, Bisexual and Transgender Rights in Poland and Latvia*, 15 nov. 2006, EUR 01/019/2006

Column 6

旧社会主義諸国におけるLGBTパレード禁止

2006年5月に開かれた第1回モスクワ・ゲイ・プライド・パレードは、極右の民族主義グループ、ロシア正教信者などの同性愛反対派の暴力に見舞われた。パレード参加者には卵や水の入ったビンが投げつけられ、殴られた者もいた。そしてこのパレードはもうひとつ、モスクワ市による開催不許可という、公権力の暴力にも遭っていた。モスクワ市とモスクワ・プライド主催者のパレード開催をめぐる争いは、今日まで続いている。

2006年から2008年のパレード開催を不許可とされた主催者らは、これを不服としてロシア国内の裁判所に提訴したが、結局全て敗訴した。国内の裁判所の判断を不服としたパレード主催者らは、モスクワ市の決定はロシアが批准したヨーロッパ人権条約の11条（集会および結社の自由）、13条（実効的な救済を受ける権利）および14条（差別の禁止）に違反するとしてヨーロッパ人権裁判所に提訴した。

モスクワ・プライド開催不許可に先立ってヨーロッパ人権裁判所で争われたのはポーランドのケースである。ポズナンのLGBT*パレード開催の不許可をめぐって、2007年にヨーロッパ人権裁判所は、LGBTパレードの開催不許可がヨーロッパ人権条約11条、13条および14条違反にあたるとしている（→本書20）。これを先例とし、モスクワ・プライド事件についても、人権裁判所は同様の判断を下した（Alekseyef v. Russia, of 21 October 2010 nos. 4916/07, 25924/08, and 14599/09）。

リガ・プライド・パレード（ラトビア）も2006年に当局が開催を不許可としたが、ラトビア最高裁は2007年11月、これを違法としている。LGBTパレードの開催不許可は上述のロシア、ポーランド、ラトビアの他、セルビア、ハンガリー、ルーマニアなどでもみられ、公人による同性愛嫌悪*的発言によるLGBTに対する社会的嫌悪の助長やパレードでの同性愛反対派による暴力とあわせて旧社会主義諸国における近年の傾向となっている。このような傾向を憂慮したヨーロッパ議会は2006年、「ヨーロッパにおける同性愛嫌悪に関するヨーロッパ議会決議」を採択している（建石真公子訳2007, 法とセクシュアリティ2号参照）。この決議後もパレード開催不許可をはじめとするLGBT市民に対する権利侵害が続いたが、今後、前述のポーランドの判決、そしてそれに続いたモスクワ・プライドに関する判決を先例として、ロシアをはじめとする旧社会主義諸国におけるLGBT市民への基本的自由と権利の確実な保障が期待される。

(山下　梓)

◆ V ◆
雇用と労働環境

V 雇用と労働環境

21 別性容姿で就労することの申出と企業秩序
── S社性同一性障害者解雇事件

〈日本〉東京地方裁判所・2002(平成14)年6月20日・決定
労働判例830号13頁

〔清水弥生〕

● 事実概要

Xは、性同一性障害*と診断され、訴訟申立当時は精神療法と共にホルモン療法を受け、精神的肉体的に女性化が進んでいた、生物学的性は男性の労働者である(よってMTF*といえる)。

Xは、1997(平成9)年にYに雇用され、Yの本社調査部に所属し、調査業務に従事していた。2002(平成14)年1月21日、Xは、製作部へ配転の内示を受け、これを機に①女性の服装で勤務する、②女性用トイレの使用、③女性用更衣室の使用を申し出、女性として認めてほしいと申し出た。2月12日、YはXに対し①Yが申出を承認しなければ配転を拒否する、②配転には応じるがその後の勤務において本件申出を受け入れて欲しい、のどちらであるかを回答するよう求める確認書を発し、Xは①を選んだ。

2月14日、YはXに対し、配転の辞令およびXの申出を承認しないという通知書を発した。Xは、Yからの各書面を破棄したものに、しかるべき公的機関にこの事実をすべて告発する旨を朱書したメモを同封し、Yに返送した。2月20日、XはYに謝罪文を送付し、2月13日から22日までの間を有給休暇として申請する届と、25日から3月25日までの休職願を提出した。Yは、手続違反と要件に該当しないことを理由にどちらも承認せず、2月25日からの出勤を命じ、有給休暇については残日数の範囲で認める意向であると連絡した。

3月4日、Xは女性の容姿で出社し、Yから自宅待機を命じられた。翌5日から8日の各日、女性の容姿で出社したXに、Yは、①女性風の服装、アクセサリーを身につけたり女性風の化粧をしないこと、②明日は服装を正し、始業時間前に出社すること、と記した通知書を発した。3月8日、Yは、懲戒処分検討をXに通知し、弁明聴取が同12日に行われた。同日、Xは裁判所に懲戒処分差止を求めた。Xは、4月17日までの各勤務日に女性の容姿で出社し、その都度自宅待機を命じられた。

4月17日、YはXに対し、聴聞手続の後、懲戒解雇を告知し、通知書を発した。解雇事由は①配転命令に従わなかったこと、②辞令を破棄、Yに返送したこと、③業務引継を怠ったこと、④Y貸与のパソコンで、業務時間中、自己ホームページに、誹謗中傷記事、業務上の秘密を書き込んだこと、⑤業務命令に全く従わなかったこと、であった。

● 決定要旨

Xは、懲戒解雇後に地位保全および賃金、賞与の仮払請求の仮処分を申し立て、地裁は以下のように決定を下した。

・懲戒解雇事由①配転命令に従わなかったこと、について

「本件配転命令は、Yにおける業務上の必要性に基づき、合理的な人選を経て行われたものであり、相当なものと認められる」。Xは、女性として就労することを認めてほしい旨の「本件申出が認められなかったことを主な理由として、本件配転命令を拒否したものというべきである」。そして、「Xにおいて、本件配転命令に一旦応じた上で、Yに対し本件申出を受け入れ

るように働きかけることも可能であったことを併せ考えると」、Xの配転命令拒否は、「懲戒解雇事由である就業規則88条11号の『正当な理由なく配転を拒否したとき』に当たる」。

しかし「YがXに対し、本件申出を受けた1月22日からこれを承認しないと解答した2月14日までの間に、本件申出について何らかの対応をしたこと、上記回答をした際にその具体的な理由を説明したことについては、いずれも認めるに足りる疎明がなく、Xの性同一性障害に関する事情……に照らすと、XがYのこのような対応について強い不満を持ち、本件配転命令を拒否するに至ったのもそれなりの理由があるといえる」。

「以上を総合すると、Xによる本件配転命令の拒否が、懲戒解雇事由に相当するほど重大かつ悪質な企業秩序違反であるということはできない」。

・解雇事由⑤業務命令に全く従わなかったこと、について

「Yが、Xの行動による社内外への影響を憂慮し、当面の混乱を避けるために、Xに対して女性の容姿をして就労しないよう求めること自体は、一応理由があるといえる」。しかし、「資料によれば、性同一性障害（性転換症*）は、生物学的には自分の身体がどちらの性に属しているかを認識しながら、人格的には別の性に属していると確信し、日常生活においても別の性の役割を果たし、別の性になろうという状態をいい、医学的にも承認されつつある概念であることが認められ、また、資料によれば、Xが、幼少のころから男性として生活し、成長することに強い違和感を覚え、次第に女性としての自己を自覚するようになったこと、Xは、性同一性障害者として精神科で医師の診察を受け、ホルモン療法を受けたことから、精神的・肉体的に女性化が進み、平成13年12月ころには、男性の容姿をしてYで就労することが精神、肉体の両面において次第に困難になっていたことが認められる」。「これらによれば、Xは、本件申出をした当時には、性同一性障害（性転換症）として、精神的、肉体的に女性として行動することを強く求めており、他者から男性としての行動を要求され又は女性としての行動を抑制されると、多大な精神的苦痛を被る状態にあったということができる」。これに照らすと「XがYに対し、女性の容姿をして就労することを認め、これに伴う配慮をしてほしいと求めることは、相応の理由があるものといえる」。

「Y社員がXに抱いた違和感および嫌悪感は」、Xの「事情を認識し、理解するよう図ることにより、時間の経過も相まって緩和する余地が十分あるものといえる」。Yは、本件申出に対し何らかの対応をしたとは認められない上、「Xの性同一性障害に関する事情を理解し、本件申出に関するXの意向を反映しようとする姿勢を有していたとも認められない」。そして、Yにおいて、「双方の事情を踏まえた適切な配慮をした場合においても、なお、女性の容姿をしたXを就労させることが、Yにおける企業秩序又は業務遂行において、著しい支障を来すと認めるに足りる疎明はない」。「本件服務命令違反行為は、懲戒解雇事由である就業規則88条9号の『会社の指示・命令に背き改悛せず』」等に「当たり得る」が、各事情を考えると「懲戒解雇に相当するまで重大かつ悪質な企業秩序違反であると認めることはできない」。

・「よって、**本件解雇は権利の濫用にあたり無効である**」。

● 評　釈

1　女性容姿での就労申出と配転拒否

本件は、性同一性障害を有する労働者が、従前の性とは異なる性の容姿で就労したいと申し出たことに端を発した、懲戒解雇の相当性に関する事例である。

本決定は、まず本件配転命令については、相当なものであったと判断した。そして、そのような配転命令を拒否したことは、就業規則に定

V 雇用と労働環境

められた懲戒事由に該当するとしつつ、しかし、懲戒解雇に相当するかについてはXの事情を深く考慮した。その判断枠組みは、Xの有していた性同一性障害という事情に照らすと、YがXの本件申出に対し何らかの対応や説明をなさなかった場合に、Xが強い不満を生じることも理由のあることであり、配転拒否という行動にも相応の理由があり、懲戒解雇の相当性は認められない、というものである。本決定は、Xにとっては本件申出の承認こそが重要であったことをみて、Xに対応しようとしないYの姿勢が、Xに配転拒否をなさせたのだと説示している。それゆえ、女性装の申出の背景にある性同一性障害という事情に企業が向き合おうとしなかった場合には、たとえ合理性が認められる配転についての拒否であっても、懲戒解雇には相当しないのだと判断している。

2 女性の容姿での就労と業務命令違反

本決定は、YがXに対して発した女性の容姿で就労しないことを求める服務命令を、社内外への悪影響を憂慮し当面の混乱を避けるためになされたものとして認めた。従って、これに違反して連日女性容姿で出社したXの行為は、懲戒事由に当たり得るとした。

一方で、懲戒事由に相当するかについては、①Xが女性の容姿での就労を求めることには、理由がある、②Yの社内における、Xに対する違和感や嫌悪感は、Xの事情を認識し理解するよう社内で図ることによって、緩和する余地がある、③にもかかわらず、そのような姿勢を有していたとは、認められない、④Yの取引先や顧客が抱くおそれがある違和感や嫌悪感については、業務上著しい支障をきたすおそれがあるとまでは認められない、⑤Xの事情を踏まえた適切な配慮をした場合であったとしても、それでもなおXの女性容姿での就労が企業秩序や業務遂行に著しい支障を来すとは認められない、として、懲戒解雇に相当するほどの悪質な企業秩序違反とは認められないとした。

つまり、本決定は、第1に、Yの発した服務命令を、社内外での混乱を避けるための当面の処置として認めたにすぎず、第2に、女性の容姿での就労が、企業秩序や業務遂行上の著しい支障とはならない、としている。

第1点目について、本決定は、Xの女性容姿での出社を、強いショックや違和感において企業秩序に混乱を与えるものとし、乱れた企業秩序を一旦回復するための具体的な指示を、女性装の禁止という服務命令を通じて与えることに、理由はあると認めた。しかし、その後にYがなすべきこととして、性同一性障害の一般的事情に加え、Xの現在の状態を重視し、Xにとっての女性装の重要性を、認識し理解しようとする姿勢をYに求めたものである。そして具体的には、社内で、Xの事情の認識と理解がなされたならば、違和感や嫌悪感を緩和する余地はあったのであり、Yの不作為を考えると、Xの行為を懲戒解雇に相当するまでの企業秩序違反と認めることはできないと導いている。

第2の点については、性同一性障害という事情に立った固有の判断と解すべきであろう。労働生活において従前の性とは異なる容姿で出社、就労することは、周囲に少なからぬ影響を及ぼす。これに関し、本決定も、Y社員が抱いたと同時に、取引先や顧客が抱くおそれのある違和感や嫌悪感を認めている。しかし同時に、このような違和感・嫌悪感は「抱かせるおそれ」であり、業務上著しい支障をきたすおそれがあるとまでは認められないとしている。

業務上の著しい支障とは、一般に、会社の名誉、体面、信用を毀損し社会的評価の低下をもたらすものを指す。本決定では、Xの女性の容姿による今後の悪影響の重大性を判断するにあたって、Xが女性の容姿をすることの性質、情状を考慮し、かつXが社内で重責にないことなどから総合判断して、業務遂行に著しい支障を及ぼすものではないと説示したものではないかと考えられる。

3 本決定における性同一性障害者およびXの位置づけ

本決定では、解雇事由⑤の判断にあたって、「性同一性障害（性転換症）とは生物学的には自分の体がどちらに属しているかを認識しながら、人格的には別の性に属していると確信し、日常生活においても別の性の役割を果たし、別の性になろうとしている状態」と叙述し、ゆえに男性としての行動を要求され又は女性としての行動を抑制されると、多大な苦痛を伴う状態にあったと判断した。従前の性とは異なる容姿で就労するという労働関係上まれな申出が、受け入れられる場合とはどういう場合であるかについての1基準を示したといえよう。

また、性同一性障害は、本決定が出る以前の判例においては、もっぱら戸籍上の性別訂正請求事件（→本書5）において争われてきた。大切な点として、訴えをなした原告らは、ほぼすべて手術療法によって性転換を成し遂げた後の性同一性障害（性転換症）者（以下、「トランスセクシュアル*」とする）であった。本件のXは、プレオペラティブであり、本決定は、女性装での就労という点で、プレオペラティブを、手術後の性転換症と隔てることなく、その切実性ゆえに救ったということにも意義があろう。本決定は、性別変更の対象とはならなかったプレオペラティブのトランスセクシュアルが、心理的社会的に属すると確信する性によって現実に生活する上で生じる別の性での容姿に関して、「労働」という社会との大きな接点における相応性を認めた点で貴重である。

4 女性の容姿での就労と職場の調和

さて、容貌や服装などの外見の自由は、『ライフスタイルの自己決定権の一環として、憲法13条によって保障される自己決定権に含まれるとする説が学説上有力である。また一般に……私法上の人格権の内容を形成するか、少なくとも法的に保護に値する人格的利益に該当すると解されている』（藤原稔弘「使用者の業務命令と労働者の人格権——外見・服装の自由に対する規制を中心として」『労働法律旬報』旬報社1421号[1997年]13頁)。そのため、労働関係においても、制限に当たっては、目的、手段必要性の観点から考えられなければならないとされている。

だが、MTFにとっての女性の容姿を外見の自由として捉えることはなじまない。なぜなら、髪型やひげ等は、多くの選択肢の中から自分らしさを求めたうえでの人格である。ゆえに、何を選ぶかの自己決定が可能となり、制限に当たっては、企業の円滑な運営上、必要かつ合理的な範囲であるか、という判断が存在しうる。一方、性は、人間の存在を決定する根源的要素である。生物学的性と異なる性への属性を選んだトランスセクシュアルには、『自分は、本来は選んだ性に属しているべきであり、生物学的性がこれと同一でないのだ』という確信が存在する。すなわち、ここにおける性の選択は、自己決定というよりも、自己の性の存在位置の確認なのである（例えば同性愛*については「アメリカ精神医学会では…今日同性愛は、その人の意思による決定以前の個人の『指向』の問題であるといわれている。そうだとすれば、同性愛者には『選択の余地』はないのであり、同性愛者であること自体は憲法13条の『自己決定権』の対象とはならない」とある（清野幾久子「同性愛者団体の公共施設宿泊拒否と法の下の平等——東京と青年の家事件」『判例セレクト1997（憲法）』)。ゆえに、そこに生じる女性の容姿は、MTFにとって、本来的な、あるべき姿の装いなのである。性は人たる根源であり、それに基づく容姿を制限することは、たとえその性が生物学上の性と異なっていようとも、公序良俗の観点から許されないといえよう。

では、採用時と異なる性の容姿で就労する従業員を、なぜ企業は保護しなければならないのか。

男女雇用機会均等法5条は、採用について性別による差別を禁じている。「同法の機会均等措置の基本趣旨である「男女の均等な機会及び

V 雇用と労働環境

待遇の確保」とは、男女が、個々人として、その意欲や能力に応じて、等しい機会や待遇を与えられることを意味し、……使用者に対し、女性をその個々の意欲・能力に応じて取り扱うことを要請するものであり、能力主義の立場に立つ」とされる（菅野和夫『労働法第4版』弘文堂 1995年）。従って、企業は、個々人として、当該人を採用したと考えられ、それは、性別の変更によって左右されるものではない。現に、一従業員として当該人が従前と変わらず存在しており、従前と変わらぬ意欲や能力を有しているならば、企業は、従前と同様の取扱をしなければならないといえよう。

　雇用とは、労働力を受け入れることにとどまらず、人を受けれることである。採用した従業員が、途中から、心理的社会的に属すると確信する別の性での生活に基づいて、従前の性とは異なる容姿で就労を希望するということは、衝撃的なことである。だが、労働における従業員の能力の発露や向上は、従業員が持つ資質を磨くことで成り立つものである。そしてそのような資質とは、しばしば「生来有する」と表現されるが、分け入って考えると、生物学的成長過程より、むしろ、誕生以来当人を培ってきた、心理的社会的な成長過程に、源を見ることができるものであろう。であるならば、採用に当たって企業が当該従業員を選んだ理由である、意欲や能力の可能性は、トランスセクシュアルの、従前とは異なる性にこそ存在するとも考えられるのではなかろうか。

　トランスセクシュアルが自らその事実を表明するか否かはプライバシーの自由である。だが、トランスセクシュアルは、その性質上、表明することによって初めて自己の心の充足と安定を得られることは明らかである。心の充足と安定は、職業能力の発揮において重要な要素である。こと、労働関係においては、トランスセクシュアルが労働者として持つ職業上の力を、容姿への偏見において阻害することは、企業における損失である。

　企業は、利益を追求するための業務を遂行するに当たって、一定の秩序を必要とする。結果、企業には企業ごとのカラーがおのずと存在し、従業員にも、社風に応じた、服装や身だしなみの統一が見られるのが通常である。であるならば、MTFの女性の容姿を、そこにおける女性の容姿の枠内で検討し、努力して秩序に組み込もうとすることを考えることも求めうると思われる。一従業員が、職業生活の過程で、やむをえない事情によって、特殊な変化をなす場合には、かつ、就労の意欲において従前と変わりがないならば、一切を拒否するのではなく、実際には何が問題となり、どう解決しうるのかに向き合う姿勢を有し、双方にとっての可能な接点を求めていくことが必要であろう。

【参考文献】
① 芦部信喜1994『憲法学Ⅱ人権総論』（有斐閣）
② 渡寛基1991「企業社会における労働者の人格権侵害の法的救済」日本労働法学会誌78号

22 トランスセクシュアルを理由とする職場での差別
—— P対Sおよびコーンウォール県

〈国際〉ヨーロッパ司法裁判所・1996年4月30日・判決
P v. S and Cornwall County Council, Case C-13/94, [1996] IRLR 347

〔田巻帝子〕

●事実概要

原告Pは、1991年4月に英国コーンウォール県立の教育機関にマネージャーとして採用された。1年後、Pは同機関の長である上司のSに、自身がMTF*のトランスセクシュアル*(以下、TS)であることと性別適合手術(「性転換」手術)を受けるつもりであることを話した。当初Sは協力的で寛容的な態度を見せ、彼女の職位について保証したが、その後、態度を一変させ後述のような対応をした。

1992年夏、Pは性別適合の治療として初期段階の手術を受け、そのため病欠で休職していた。その頃、Sら雇用者側はPの解雇の決定をし、Pの雇用を同年12月31日付けで満了とする3ヶ月前通告をすると同時に、Pが取り組んでいた特定の職務をその満了日までに終えるよう伝えた。Pが女性装で職場復帰することを告げた際、経営者側は彼女に対し、在宅で仕事を完了させることができるとして出勤の必要性がないとした。最終的に、彼女は職場に復帰することなく、同機関との契約は定められた期日で終了した。

Pは、雇用契約終了の通告後で期間満了前である1992年12月23日に、最終的な性別適合手術*を受けた。Pは、翌年3月13日に雇用審判所(英国トゥルーロ)に性差別による不当解雇の訴えを提起した。これに対し、Sとコーンウォール県はPが(人員整理の)一時解雇によって解雇されたものと反論した。

雇用審判所は、審議の結果、解雇の真の理由は、Pの性別適合手術を受けるという意思をSと県が拒絶したことであり、一時解雇が必要な実態はあったものの、Pは性別適合手術を受けたことだけを理由に解雇されたと判断した。

また同審判所は、英国法、特に、1975年性差別禁止法(Sexual Discrimination Act 1975)に照らす限り、Pに対する差別の根拠を見出すことができないとしたが、男女平等の処遇について定めたヨーロッパ経済共同体指令(以下、EEC指令)76/207を拡大解釈することで、「性を理由とした」差別を「TS当事者に対する」差別に適用できるのではないかという見解を示した。そこで、ヨーロッパ司法裁判所に以下の2点について判断を持ち越した(ヨーロッパ司法裁判所は、加盟国の裁判所の申請に応じて、共同体法の要点の解釈や妥当性について先決的判決を下す役割を担う)。

① EEC指令76/207の1条に掲げる雇用機会の男女平等処遇の原則に照らし、性別の適合(性別の再指定)に関することを理由にTS当事者を解雇することは、同指令違反にならないのか。
② 性を理由とした差別に言及している同指令第3条は、被雇用者のTSの状態を理由とした対応を雇用者がすることを禁止しているのではないか。

●判決要旨

「雇用機会における男女平等処遇の原則について定めたEEC指令76/207(1976年2月9日)の立法趣旨に鑑みて、同指令5条1項の規定は、性別適合に関することを理由にTS当事者を解雇することを禁止している。」

「本件のような解雇については、EEC指令5

Ⅴ 雇用と労働環境

条1項にいうところの、解雇の扱いも含む労働条件全体における、性を理由とした差別のない男女平等の原則に照らして考える必要がある。

先の雇用審判所はまず、本件が英国の1975年性差別法の適用に該当するかについて検討した。同法は、男女が、男性であるか女性であるかを理由に異なる処遇を受けた時のみに適用されるものである。本件のPは法的には男性であるが、Pがもし女性で性別適合手術を受けたとしても同様に解雇されうることから、Pが男性でも女性でもこの処遇に変わりはない。従って、1975年性差別法の適用にはあたらないと判断した。その上で、本件がEEC指令76/207の適用範囲内かどうかについては不明であるとした。同指令1条1項は、EEC加盟国は男女平等処遇の原則を取り入れること、2条1項は、その原則が『直接・間接を問わず、性を理由としたいかなる差別をも禁止』を意味することを定めている。このことから、同指令の適用範囲は国内法よりも広いことが明らかであり、同指令と国内法との関係について、本司法裁判所に解釈を求めた次第である。

これまでにヨーロッパ人権裁判所は、TSの用語について、身体的には一方の性に属しながら、自身は他方の性に属していると確信している者に適用されると明示している。TSの当事者は、医学的治療や身体的特徴を心の性に適合させる外科手術によって、より確かな自己アイデンティティを取り戻すとされている。このような手術を受けたTS当事者は、一定数の存在として認められるところである。

同EEC指令のタイトル、前文および条項にいう『男女』平等処遇の原則とは、『性を理由とするいかなる差別も許されない』ことを意味しており、この明確な平等の原則は（ヨーロッパ）共同体法の基本原則の1つである。

ヨーロッパ人権裁判所はまた、性を理由とした差別を受けないという権利は、裁判所が擁護すべき基本的人権の1つであるという判断を示してきた。それゆえ、同指令の適用は、個人が一方もしくは他方の性に属する事実（男性か女性か）を理由とする差別のみに限定されるのではなく、同指令の目的と性質から、本件のように当事者の性別適合をめぐって生じた差別も含むと解することができる。

このような差別は、本質的にその当事者の性別に関することを理由としたものである。個人が性別適合のための行動の意思表示をしたこと、もしくはその行動をとったことを理由に解雇されるのは、その当人が性別の適合をする前の性別に属する他者（本件では男性）より不利な扱いを受けたことになる。

このような差別を容認することは、裁判所が保障する個人の尊厳と自由を奪うものである。従ってこのような解雇は、同指令2条2項の例外規定で正当化できなければ（本件は正当化できない）、5条1項に反するとみなされる。同規定は、EEC指令76/207の制定目的から、性別の適合に関することを理由としたTS当事者の解雇を禁止する。」

● 評　釈

1　本判決の意義

本判決は、TSであることを理由に職場において差別することを禁じ、英国のTS当事者の主張を初めて認めた画期的な判決である。本判決に先立つ意見陳述（1995年12月14日）でテソーロ（Tesauro）法務官が原告を支持する積極的な意見を述べ、それを受けた判決となった。これにより、TS当事者の職場での扱いに関してはTSの意思が尊重され、MTFであれば女性として扱うことが確定した。但し、TS当事者が信じる自身の本当の性（以下「TSの性」）について具体的な解釈はなされず、本件でPが果たして男性なのか女性なのか最終的に言及せず、TS当事者の性別は法的には出生時の性であるとしか言っていない。その意味で、「TSの性」を法的に認知することを扱ったケースとは性質を異にする判決である。

英国のTS当事者は、1970年のコーベット判決（Corbett v. Corbett (Otherwise Ashley) (Probate, Divorce & Admiralty Division) [1971] p.83）以降、英国内およびヨーロッパの裁判所において、TSという存在や定義は認められながらも、「TSの性」が法的に認知されることはなかった。また、TSであることを理由に職場から解雇された先例に、1977年英国でのホワイト判決（雇用審判所、White v. British Sugar Corporation [1977] IRLR 121）がある。これは、FTMTSの原告が、男性として雇用されたものの、まもなく、職務遂行にふさわしくないことと彼が職場全体の妨げになるとして、辞職を求められたケースである。当時はまだTSの認知度も低く、裁判において原告を完全に「女性扱い」するなど、TS当事者の人権を無視した内容であり、職場におけるTS当事者の扱いはその後も当事者にとっては不当なものであり続けた。

本判決で、TSであることを理由とした差別が性差別に該当すると明示された結果、英国はその内容を加えて1975年性差別禁止法の改正を行うにいたった（The Sex Discrimination (Gender Reassignment) Regulations 1999）。しかし、TS当事者をめぐる他の訴えにおいては、本判例は先例として適用されることはなかった。

2 「TSの性」の認知：英国内とヨーロッパの扱い

上記のコーベット判決は、夫が性転換をしたTS「妻」との婚姻無効を訴えたケースで、「妻」が女性と認められるかどうか、性の決定基準は何かが争点となった。同判決で、個人の性は、もっぱら生物学的な要因（性染色体、内性器、外性器等）を基準に生物学的な性（sex）によって決定され、性別適合手術を受けても出生時の性は変更できいという判断が示された。その後、英国内外のTSをめぐる裁判でこのコーベット（性別判断）基準が踏襲され、2004年ジェンダー公認法の立法にいたるまで、「TSの性」は法的には認められないままであった。

コーベット判決以降、英国のTS当事者は訴訟の場をヨーロッパに移し、国内法で「TSの性」が認められずヨーロッパ人権条約の8条（私生活と家族生活の尊重）*および12条（結婚して家族を形成すること）*で保障する人権が守られていないとして、ヨーロッパ人権裁判所に訴えたリーズ対イギリス（Rees v. UK, 17 October 1986, Series A 106）、コシー対イギリス（Cossey v. UK, 27 September 1990, Series A 184）。ここでも、TSの法的な性については出生時の性の変更不可能という判断が維持されたが、リーズ判決とコシー判決の間に出された、フランスのTS当事者を原告とした同種の訴えに対しては、この2つの判決とは逆にTSの性の変更を認める判断がなされている（B v France, 25 March 1992, Series A 232-C）。同一裁判所で異なる判断が示されたことは、TS当事者をめぐる法的問題は、「各国の広範な裁量にかかる」問題であり「一般とTS個人とのフェアバランス（公正な衡量）」の観点から判断されるとして、英国内のTSをめぐる社会的状況とフランス国内のそれとの違いを理由に正当化された。その論理は、言い換えれば、英国内のTSを取り巻く状況は他国に比べてまだ社会が受容するにいたっておらず、国内法で「TSの性」を認知するには時期尚早であるというものである。

それゆえ、本判決で、TSを理由とした差別の禁止に限ってではあるが、英国のTS当事者が法廷に訴えた主張が初めて認められたことで、それ以降はヨーロッパ人権裁判所においてTS寄りの判断がなされる先例が築かれたとみなされた。

しかし、本判決は、Pが男性なのか女性なのかについて、「法的には男性」としたもののTSの性別に関する解釈・判断は避け、法的な効果をもたらさない「社会的には女性」の扱いを認めたに過ぎない。そのため、出生証明書の性別変更や結婚等のTS当事者の法的な身分（legal status）に直接影響する事例のX・Y・Z対イギリス判決（X, Y and Z v. UK, 22 April 1997,

V 雇用と労働環境

Reports 1997-Ⅱ) やシェフィールドおよびホーシャム対イギリス判決 (Sheffield and Horsham v. UK, 30 July 1998, Reports 1998-V) は、本判決の直前に英国内で出された Re: P and G (transsexuals) 判決 (高等法院女王座部、[1996] 2 FLR 90) と同様に、「TS の性」を法的には認めず、本判決が先例として用いられることはなかった。ヨーロッパの裁判所は、英国の TS 当事者に対しては、2002年のグッドウィン判決 (→本書 9) まで、このような慎重な対応をとり続けている。

3 「性差別」の意味

本判決で争点となったのは、「TS であることを理由とした差別」が「性差別」に含まれるかどうかであり、具体的には、男女平等の実現を掲げる EEC 指令の立法趣旨にかんがみて TS 当事者の性別適合の行動を理由に解雇することが同指令に反し、また「性差別」に該当するかということである。この差別の判断に、基準となる対象 (comparator) と比べる比較衡量型アプローチ (comparison-centred approach) が用いられた。例えばAの事実を、Bという場合の基準に照らして、同じか、Bより上か或いは下かという論理の進め方であり、ヨーロッパの裁判所ではこのアプローチがよく用いられる。

本件で被告のSとコーンウォール県側は、Pの元の性が男性であり (事実)、もし女性であったら (比較基準) どうかというアプローチを提示し、男性か女性かで処遇が異なる場合にのみ性差別があるが、Pが女性であっても TS であれば同じように解雇されて (男性 TS も女性 TS も) その「不遇な」処遇に差がなく、性差別とならないと主張した。これに反して、テソーロ法務官は、Pが「MTF」の TS である (事実) から解雇されたのであって、Pが男性のままでいれば (比較基準) 解雇されなかったことに言及し、そこに (MTFTS と一般男性との) 差別を見出した。裁判所はその見解を受けて、TS であることを理由とした差別を認めた。

また EEC 指令の「性差別」の意味について、同指令は基本的人権の尊重を定めており、基本的人権の一環として性差別を禁じたヨーロッパ人権裁判所の先例から、個人が男性か女性かに基づく差別だけなく、TS 当事者の性別適合に関すること、また性に関すること全体に対する差別を含んでいるという判断を示した。これは、テソーロ法務官が TS は「第三の性」を構成しないと断言したことで、「性差別」の「性」は男性か女性かの 2 つしかなく、TS 当事者もどちらの性においてかは別として、男性もしくは女性として差別されるという見解を示したことを受けている。

4 「性の移行期」にある TS 当事者

本件のように、TS 当事者に対する職場での処遇をめぐって、①「TS の性」で扱うとすればそれはどの時点からか、②他の被用者とどのように折り合いをつけるか、という判断や対応が必要となる。これは、性別適合の外科治療に先立つリアルライフテスト (1〜2年など一定期間、適合させる方の性別役割で日常生活を送ること) を実施中の、「性の移行期」にある TS 当事者が社会生活を行う上で直面する問題でもある。本判決では、「性の移行期」の TS 当事者を職場から排除することが性差別にあたると判断されたが、Pをいつからどのようにして「女性」と扱うかについて明言されず、上記①②の問題は未解決のままである。そのため、本件のP同様に性別適合の治療中である MTFTS 当事者の原告が、職場での待遇を不服とした (女性トイレの使用を断られ、障害者用のトイレを使うように言われた) 2003年のクロフト判決 (控訴院民事部、Croft v. Royal Mail Group plc, [2003] EWCA Civ 1045, [2003] All ER (D) 319 (Jul)) でも、「性の移行期」における TS 当事者をどのように扱うべきなのか、法廷でも判断しかねている態度が伺える。最終的には、果たしてどの時点で「女性」となるか (上記①) の判断は、性別適合の最終的な外科手術を済ませ

ているかどうかを目安とする見解が示された。裁判所はまた、まだ「性の移行中」であれば女性トイレを使用する資格はなく、もはや男性用トイレを使うことができないのであれば障害者用のトイレを使用するという「折衷案」は、原告の主張する性差別ではなく、上記②の職場全体のバランスという観点から現実的な対応として正当化できるとした。

以上のように、本判決でTSであることを理由とする差別を性差別として禁止することが確定しても、実際には、職場においてどのようにTS当事者を扱うかの問題は、2004年ジェンダー公認法の制定で法的な性の変更が可能となるまで解決されなかった点に注意することが必要と思われる。

【参考文献】

① 大島俊之2002「第9章　性同一性障害と職場差別　第2節　ヨーロッパ法」『性同一性障害と法』(日本評論社) 303-318頁。
② Beger, N., 2000,"Queer Readings of Europe: Gender Identity, Sexual Orientation and the (Im) Potency of Rights Politics at the European Court of Justice," 9 *Social and Legal Studies: An International Journal*, pp.249-270.
③ Bell, M., 1999, "Shifting Conceptions of Sexual Discrimination at the Court of Justice: from P v S to Grant v SWT," *European Law Journal* Vol.5 No.1, pp.63-81.
④ Reeves, T., 1999, "No homosexual please, we're European," 149 *New Law Journal* No.6884, pp.558-
⑤ Stychin, C. F., 1997, "Case Note: Troubling Genders: A Comment on P v S and Cornwall County Council," 2 *International Journal of Discrimination and the Law*, pp.217-222
⑥ Skidmore, P., 1997, "Can transsexuals suffer sex discrimination?," 19 *Journal for Social Welfare and Family Law*, pp.105-109.
⑦ Skidmore, P., 1997, "Sex, gender and comparators in employment discrimination" *Industrial Law Journal* Vol.26 No.1, pp.51-61.
⑧ Campbell, . and Lardy, ., 1996, "Discrimination against transsexuals in employment," 21 *European Law Review*, pp.412-418.
⑨ Barnard, C., 1997, "*P v. S*: Kite Flying or a New Constitutional Exercise," in A. Dashwood & S. O'Leary (eds), *Equal Treatment* (Sweet & Maxwell), pp.59-79.
⑩ Barnard, C., 1998, "The Principle of Equality in the Community Context: *P, Grant, Kalanke and Marshall*: Four Uneasy Bedfellows?," *Cambridge Law Journal* Vol.57 No.2, pp352-373..
⑪ Sharpe, A., 2002, *Transgender Jurisprudence: Dysphoric Bodies of Law* (Cavendish Publishing Ltd.).
⑫ Whittle, S., 2000, "New-isms: Transsexual People and Institutionalised Discrimination in Employment Law," *Contemporary Issues in Law* Vol.4 No.1, pp.31-53

V 雇用と労働環境

23 トランスセクシュアルを理由とする採用の拒否
—— A 対ウェストヨークシャー警察署長

〈イギリス〉貴族院・2004年5月6日・判決
A v. Chief Constable of West Yorkshire Police and another, [2004] IRLR 573 HL

〔長谷川聡〕

●事実概要

A（以下、申立人という）は男性の身体を女性の精神に合致させる性別適合（gender reassignment）手術＊を受け、社会に再適応するために住所を変更し、手術を受けた事実を公表せずに女性として生活していた者である。申立人はウェストヨークシャー警察署長（以下、被申立人という）に警察官としての採用を申込んだが、被申立人は申立人がトランスセクシュアル＊であることのみを理由にこれを拒否した。申立人はこの取扱が性差別禁止法（Sex Discrimination Act 1975）違反に該当するとして審判所に対して申立を行った。

これに対し被申立人は、被抑留者の身体捜索（intimate search）は被抑留者と同性の者によって行われる必要があると警察・刑事証拠法（Police and Criminal Evidence Act 1984）54条9項に定められており、法的には男性である申立人は男性被抑留者の身体捜索しか行うことができないが、その場合申立人がトランスセクシュアルであることが同僚に明らかになるため、かえって申立人の権利を侵害する結果になると反論した。また、身体捜索はプライバシーの観点から同性によって行われることが合理的であり、申立人に女性被抑留者の捜索をさせないことは、例外的に差別を正当化する「真正な職業上の適性（genuine occupational qualification）」（性差別禁止法7条2項(b)(i)）に該当することを主張した。

雇用審判所は、警察官としての全ての義務を履行することができない可能性があることを理由として採用を拒否することは、申立人が有する平等取扱を受ける基本的権利を不当に侵害すると判示して申立人の訴えを認めた。また、訴訟継続中に性差別禁止法が改正され、トランスセクシュアルであることを理由とする差別が例外的に正当化される真正な職業上の適性に該当する場面として、「制定法上の権限に基づいて身体捜索を行うことを命じられる義務を負う業務に携わる職」が追加規定された（性差別禁止法7B条2項(a)）が、この条文もEUの男女均等待遇指令76/207/EECに違反すると判断した。

これに対し雇用上訴審判所（[2002]IRLR 103）は、申立人は法的には男性であるために女性の身体捜索を行うことができず、仮にこのような取扱を認めれば申立人が性別適合手術を受けた事実が明らかになるという申立人にとって望ましくない状態になることを指摘して、被申立人の上訴を認めた。また、トランスセクシュアルに取調べをされることに対して宗教、文化、道徳などの観点から合理的な理由をもって反対する者が多いことを指摘した。また、性差別禁止法7B条2項(a)も、身体捜索を行わなければならない場面は頻繁にあるわけではなく、性別適合手術を受けた者が同条により警察官になることから完全に排除されるわけではないことを理由に、男女雇用均等待遇指令に違反しないと判断した。

控訴院（[2003]IRLR32）は、性別適合手術を受けた者は、適合させた性別の者として扱われなければならないと判断したヨーロッパ人権裁判所のグッドウィン対イギリス判決（→本書

122

●性的マイノリティ判例解説●

⑨）に基づいて、本件においては申立人は女性として扱わなければならなかったと判断して、申立を認容した。被申立人は貴族院に上告した。

● 判決要旨

上告棄却。

被申立人は、警察・刑事証拠法54条に基づいて男性または女性の身体捜索を行うことが可能であることは、警官に関する真正な職業上の適性に該当し、いずれも対応できない申立人を差別することは適法であると主張する。しかしこの職には男女ともに就くことができるのであって、この主張は認められない。

P対Sおよびコーンウォール県ヨーロッパ司法裁判所判決（→本書22）は、①男女雇用均等待遇指令は性別を適合させたことを理由とする不利益取扱を禁止すること、②その禁止は、指令の規定の意味の分析ではなく、EU法の基本原則の1つである平等原則、および個人が享受する尊厳および自由を守る裁判所の義務を基礎としていることを指摘している。同様のアプローチは、本件採用拒否発生後のヨーロッパ司法裁判所判決（KB v. National Health Service Pensions Agency and Secretary of State for Health, [2004] ECR I-541）においても踏襲されている。

P判決（前掲）によれば、性別適合手術を受けた者が警官として雇用されることを妨げる国内法の規定は、平等原則に反することになる。この排除は男性や女性ではなく、性別を適合させた者を対象としたものであるが、彼らも可能な限りトランスセクシュアルでない者と平等に扱われる権利を有する。また、職場の同僚にトランスセクシュアルであることを明らかにさせることは、トランスセクシュアルが他の者と同様に有する尊厳や自由を傷つけることになる。警察・刑事証拠法54条9項や性差別禁止法1条などに規定される男性、女性などの文言は、外見およびあらゆる実際上の目的において当該性別のトランスセクシュアルでない者と区別できない状態にある、性別適合手術後のトランスセクシュアルについて、適合させた性別を意味するものとして読むことで、初めてEU法に合致した法的効果が得られる。いずれの性別に属する者も、そのような者による身体捜索を拒否することはできない。

人権法（Human Rights Act 1998）の発効およびグッドウィン対イギリス事件判決（→本書⑨）は本件採用拒否以降のものであるため、これらを基礎に判断することはできない。この判決は、性転換を承認し、個人の尊厳と自由に対する理解を発展させるという法および行政上のコンセンサスが加盟国において成立し、各国が有する法的評価に関する裁量によっても適合後の性別を公式に認めないことを適法と判断できない地点に到達したことを認めている。本件におけるヨーロッパ人権条約の重要性は、グッドウィン事件判決ではなく、基本的人権が意味することや、必要とすることに関する今日のEUの理解が形成されるにあたり、人権条約が果たした役割に由来している。

● 評　釈

1　問題の所在

今日、性転換を理由とする差別は、2010年平等法（Equality Act 2010）によって、性差別や人種差別と並んで禁止されている。ところが本件発生当時は、こうした性転換を理由とする差別を直接的に禁止する法規が存在しなかったため、本件では、当時存在していた性差別禁止法（2010年平等法に吸収される形で廃止）を用いて、性転換を理由とする差別が性差別に該当するか否か、該当するとしても本件取扱が差別を例外的に正当化する「職業上の真正な適性」に基づく取扱に該当するか否か、という形で争われた。

2　性転換を理由とする差別と性差別

差別理由について文言上「性（sex）」としか書いていない性差別禁止法が、性転換を理由とする差別も禁止するか否かは一見したところ明

V 雇用と労働環境

らかではない。性差別禁止法が制定された当時、おそらく立法者はこのタイプの差別の禁止を念頭に置いていなかったであろう。だが、性転換を理由とする解雇の適法性が争われたP対Sおよびコーンウォール県事件（→本書22）において、ヨーロッパ司法裁判所は、性差別を受けない権利が基本的人権として保障されることを認め、当該人物の性と本質的に結びつく性転換という事実に基づいて国が取扱を区別することは男女雇用均等待遇指令に違反すると判断した。これを受けて、イギリスの性差別禁止法の適用下にある民間企業においても同様の保護が与えられることを認める審判例が現れ（Chessington World of Adventures Ltd. v. Reed, [1998] IRLR 556 EAT）、EU法に国内法を合致させるために性差別禁止法に性転換を理由とする差別の禁止を加える性差別禁止（ジェンダー適合）規則（The Sex Discrimination (Gender Reassignment) Regulations 1999）が制定されることになる。

その後EUでは、性転換を理由とする差別について、性差別ではなく、人権侵害という側面からアプローチする例が現れる。適合後の性別に基づく婚姻の可否が争点となったグッドウィン事件判決も、性差別という枠組みではなく、適合後の性別を法的に承認しないことが、雇用や社会保障、婚姻などの場面における私的生活の尊重を定めるヨーロッパ人権条約8条＊、および婚姻の権利を定める同条約12条＊に違反するか否かという形で争われた。ヨーロッパ人権裁判所は、個人が自らのリスクで選んだ性的アイデンティティーに従って尊厳をもって生きることを可能にするために、適合後の性別について法的な承認を得る申立人個人の利益を上回る重要な公益的要素が存在する場合を除き、社会はこれを認めることによるある程度の不都合を許容することが求められるとして、右取扱は人権条約に違反すると判断した。

本件控訴院判決は、この判決に基づいて男性から女性へと性別を適合させた申立人はそもそも女性として扱われなければならず、性転換を理由に取扱を区別すること自体がナンセンスという論理で申立人の訴えを認めた。これに対し貴族院判決は、グッドウィン事件判決が本件よりも後の判決であることを理由にこの判決に依拠することを否定し、むしろ人権条約を背景にトランスセクシュアルに対する不利益取扱を禁じるコンセンサスがEU加盟国間において形成されていることを主張の根拠とした。直接的な先例を引いていない点で法的理由付けとしては弱いが、かえって性転換を理由とする差別の禁止が基本的人権化していることが強調されている。

また、個人の尊厳を根拠に性転換の事実を公にしないことに利益を認めた点も注目される。性転換を理由とする差別の禁止が明文化されたとはいえ、トランスセクシュアルに対する偏見は根強く、これを公にしないという個人の選択も尊重される必要がある。

3　性転換と真正な職業上の適性

性差別禁止法7条は、例外的に性差別が正当化されるケースとして、芸術やプライバシー保護などの目的のために特定の性別の者を採用するなど、その差別が真正な職業上の適性を理由として行われる場合を規定していた（2010年平等法では附則9）。性転換を理由とする差別についても同様の正当化理由が認められていたが（7A条1項）、独自の正当化理由が追加的に（supplementary）規定されていた（7B条2項）。すなわち、前掲した(a)制定法上の権限に基づいて身体捜索に従事する業務の場合、(b)居宅で行われる業務であって、業務や居宅の性質・状況上、業務従事者に許され、または利用されうる、居住者との身体的・社会的接触の程度、または居住者の生活に関する私的情報の観点から性別適合手術を現在受けている、または受けた者以外の者が業務に従事することについて、合理性がある職務、(c)事業所の性質または立地の関係上、使用者から提供された建物以外に住むことが業務従事者にとって現実的でない場合におい

て、尊厳およびプライバシーを保護する観点から、業務従事者が性別適合手術を受けている間、他の者と施設・設備を共有しないことに合理的な理由があり、かつ、使用者にその建物に適切な便宜を講じ、あるいは代わりの措置を講じることを期待することが合理的でない場合、(d)業務従事者が、弱者（vulnerable individual）に対してその福祉を増進するために個人的サービス、あるいはこれに類するサービスを提供する場合で、性適合手術を現在受けている者ではそのサービスを効果的に実施することができないと使用者にとり合理的に考えられる場合、を挙げていた。

本件で問題となった取扱は、性差別禁止法7B条2項(a)に該当する。これらの正当化事由が、グッドウィン事件判決が示した、適合させた性別について法的な承認を得る申立人個人の利益を上回る重要な公益の要素が存在する場合にのみ差別が許容される、というルールと調和するか否かは、なお議論の余地があった。

もっとも、こうした争点が提起されるケースは、グッドウィン事件判決を受けて制定されたジェンダー公認法（Gender Recognition Act 2004）によって限定されることになった。この法律は、自身の性別に違和感（gender dysphoria）を有すること、申立以前に公認を求める性別の者として2年間生活してきたこと、公認を求める性別の者として最後まで生きていく意思を有すること、などの要件の下に、あらゆる場面において適合させた性別の者として法的に取り扱われることを公認する定めを有する。この公認を受けた場合には、本件のように女性に性別を適合させた者は当然に女性として扱われることになり、性転換を理由とする差別に関する真正な職業上の適性による正当化は問題とならない（性差別禁止法7A条4項、7B条3項）。この法律は、一定の手続を要するものの、グッドウィン事件判決が対象としていた性別適合手術を受けた者以外の者――例えば適合手術を受けている段階の者――にも適用対象を拡大している点で注目される。また、2010年平等法では、適合手術に関する文言が保護要件から削除され、性を転換する過程から、性を選択することに視点が移され、保護範囲が拡大されている。

【参考文献】
① Robert Wintemute, 1997 'Recognising New Kinds of Direct Sex Discrimination: Transsexualism, Sexual Orientation and Dress Codes' 60 *Modern Law Review* 334
② 長谷川聡2003「性転換者に対する採用拒否と「職業上の真正な理由」の抗弁の成否」労働判例844号96頁

V 雇用と労働環境

24 性的指向を理由とする軍隊からの解雇
—— ラスティック＝プリーンおよびベケット対イギリス

〈国際〉ヨーロッパ人権裁判所・1999年9月27日・判決
Lustig-Prean and Beckett v. UK, Reports 1999-Ⅵ

〔谷口洋幸〕

●事実概要

本件は、イギリス海軍に属するラスティック＝プリーンとベケットの2人が、軍警察（service police）から自己の性的指向*について尋問をうけ、同性愛*者であることのみを理由に解雇された事実について、ヨーロッパ人権条約（以下、条約）8条（私生活の尊重を受ける権利）*および8条に関連する14条（権利の平等享有）*違反が争われたものである。

申立人ラスティック＝プリーンとベケットは、いずれもイギリス海軍に勤務し、両名ともに勤務態度や能力評価はきわめて優秀であり、将来を有望視されている職員であった。国防省は1994年、刑事司法・公序法（the Criminal Justice and Public Order Act）が軍隊における同性間の性行為を非犯罪化したことにともない、「同性愛に関する国軍政策指針」を改訂した。この改訂版には、緊密な作業や共同生活が要求される軍務の特殊性から、同性愛者の存在は軍全体の士気や作動効率を下げてしまうため、男性か女性かを問わず、同性愛者は軍隊への従事に適さないことが明記されていた。このため申立人らは、軍警察から自己の性的指向について数度にわたる尋問をうけ、その過程において、自らの同性愛指向を認めるに至った。後日、海軍本部は両名の性的指向を理由に、任務の終了と解雇を言い渡した。

申立人らは高等法院における司法審査手続（judicial review proceedings）に訴えかけた。高等法院のサイモン・ブラウン卿は申立人らの勤務態度や能力評価を認めた上で、国防省の政策に一定の疑問をはさみつつも、同政策が違法とまでは言い切れないとの結論に達した。控訴院も、その政策が不合理とまでは言い切れず、条約8条の権利侵害は、不合理性の訴えの背景にあるものにすぎないとの判断を示した。貴族院上告委員会も訴えを棄却した。なお、性差別禁止法にもとづく労働審判所への両名の訴えは、途中で取り下げられている。

●判決要旨

条約8条の権利に対する侵害を認める。8条に関連する14条違反については個別の問題を生じるものではない（全員一致）。

干渉の有無については、軍警察による申立人らの性的指向に関する尋問や周囲への聞き取りは、申立人らの私生活の尊重を受ける権利への直接的な干渉にあたる。また、その結果である性的指向のみを理由とする解雇も、当該権利への干渉となる。法律にもとづく規制であるか否かについて、国防省の政策は、国内法および適用可能なEC法の観点からも法律にもとづくものであり、制定法による承認もうけている。また、同政策は「国家の安全の利益」および「無秩序の防止」という正当な目的を追究するものである。問題は同政策が「民主的社会において必要」といえるか否かである。政府は、軍隊には一般社会と比べて特別な考慮が必要であること、軍関係者への調査（HPAT（同性愛政策評価チーム）による報告書。以下、HPATレポート）によると同性愛者の存在は戦力や作動効率の低下を招きかねないこと、これらの調査が第一線

の現場の職員が示した真意であることを理由に同政策の正当性を主張した。これに対して原告側は、私生活にかんする尋問や捜査にはとくに深刻な理由が必要であること、戦力や作動効率の低下は純然たる偏見の所産であり、実質的証拠がないばかりか、偏見をうけつける根拠ともなりうることを理由に反論している。民主的社会において必要であるか否かは、差し迫った社会的必要性と正当な目的との均衡性によってはかられるものである。政府の同性愛者排除政策は合法的なものであるが、絶対的・一般的な特徴をもつものであり、調査手続がきわめて介入的な性格をもち、解雇は申立人のキャリア形成に深刻な影響をあたえる。確かに国家の安全の保護については締約国の裁量は認められる。しかしながら、性的指向は私生活のもっとも内面的な部分であり、その干渉を正当化するには「特に説得的かつ深刻な理由（particularly convincing and weighty reason）」が要求される。私生活への干渉にあたる政策を採用する場合には、作動効率の現実的な脅威が示されなければならない。政府が依拠しているHPATレポートは、調査主体が政府機関であることや調査方法・対象の限定性から信憑性に疑問が残るものである。もしHPATレポートの内容を受け入れるとしても、戦力や作動効率への悪影響は、異性愛の隊員による同性愛の隊員に対する否定的態度のみに依拠している。このような否定的態度は、たとえそれらが真意であるとしても、同性愛という少数者に対する異性愛という多数者側からの偏見を表明しているに過ぎない。このような偏見は人種、出自、皮膚の色の違いにもとづく否定的態度と大差はない。他者の尊重などを隊員に義務づけた軍の行動規則が、人種差別やセクシュアル・ハラスメント、いじめの問題には効果的であったことに鑑みれば、これを同性愛について活用せず、排除政策をとりつづけたことには合理性がない。加えて、同様の政策をとる締約国は稀である。これらのことから、本件は条約8条の権利を侵害している。

24 性的指向を理由とする軍隊からの解雇

● 評　釈

1　労働関連事例の展開

　労働に関連する人権侵害事例は、雇用、昇級、職場環境から退職まで多岐にわたるが、とくに軍隊組織や警察・消防組織のような特徴的な職務様式をもつ公的機関について、性的マイノリティの存在そのものが問題視されることがある。アメリカの「言うな、聞くな政策（Don't Ask, Don't Tell）」（→本書15参照）に代表されるように、性的指向にかかわる法政策の中でも、軍隊組織の問題は最も困難な争点のひとつである。まず確認しなければならないのは、本件で争われたヨーロッパ人権条約（以下、条約）には、そもそも雇用や労働に関する権利規定が存在しない点である。本条約の歴史や名称（人権および基本的自由の保護に関する条約）が示すとおり、内容は自由権的権利に限定されており、雇用・労働・社会保障など社会権的規定は存在しない。ヨーロッパ社会権憲章にはこれらの権利が規定されているものの、同憲章には本条約のような裁判制度は完備されていない。

　このような根本的な限界をもちながらも、ヨーロッパ人権条約のもとでは労働に関連する人権侵害が争われてきた。これまでに争われてきた性的指向に関連した労働事件として、たとえばブルース対イギリス（Bruce v. UK, 12 October 1983, Decisions and Reports vol. 34, 68-73頁）がある。この事件ではイギリス軍に所属していた申立人ブルースが21歳以下の男性らとの性行為を理由として除隊処分となったことが争われた。当時の軍隊規則には、たとえ勤務時間外であっても、男性同性間の性行為を禁止する規定が存在していたが、ブルースは当該規則が条約8条の権利を侵害していると主張した。ヨーロッパ人権委員会（以下、委員会）は、21歳以下の男性との性行為禁止は「他者の権利および自由の保護」や「道徳の保護」のために正当化できると判断した。さらに軍隊という閉鎖的な特殊空間においては同性間の性行為が「軍隊内

V 雇用と労働環境

部の秩序に対して市民生活には生じないような重大な危険をおよぼす」との見解を示している。本件はブルース事件における正当化事由と一定程度、同じ立場にたちながらも、「危険」の具体性の立証不足をもって、人権侵害を認定するにいたったものである。またモリソン対ベルギー（Morissens v. Belgium, 3 May 1988, Decisions and Reports vol. 56, 127-137頁）では、教師の職にあったモリソンが、テレビ番組に出演した際に、自らが同性愛者であるために昇進できなかったと発言したところ、勤務先の学校から解雇された事例である。モリソンは表現の自由（条約10条）に対する侵害を申し立てたが、委員会はモリソンの行為が「他人の名声および権利の保護」、すなわちテレビという媒体を通じた「申立人の発言の有害な反響」という点から、学校や他の教員の名声を保護するという正当性があると判断している。

2 判決の展開

本件とは別に、同様の解雇事例について同日にもう1つの判決が出されている。スミスおよびグレイディ対イギリス事件（Smith and Gnady v. UK, Reports 1999-VI. 以下、スミス事件）である。本件もスミス事件もほぼ同様の判旨から、条約8条の権利侵害が認められている。スミス事件では、8条以外に、同性愛者排除政策が申立人らの品位を傷つける取扱（3条）にあたることおよび性アイデンティティ（sexual identity）を表明する自由（10条）の侵害についても争われた。いずれも条約上の権利侵害なしとの結論ではあるが、裁判所はそれぞれの条文が本件において争点となりうることを認めている。3条について、権利侵害が認められるような重大性の最低基準には達していないものの、同性愛者排除政策が「特に深刻な性質」をもつものであり、「一般的に、同性愛者という少数者に対する異性愛者という多数者側からの偏見にもとづく処遇として、3条の範囲内に位置づける余地を否定しない」と述べている。また10条に

ついては、「自らの性的指向について沈黙を強いられることは、表現の自由に対する侵害を構成する」ことを認めた上で、性的指向の表明は8条の権利に付随する内容であることから、10条について個別に検討する必要なしとの判断が下された。

本件と上記の判決で争われたイギリスの同性愛者排除政策については、その後もヨーロッパ人権裁判所において、同様の判例が展開されている。ベック、コップおよびベイズリー対イギリス事件（Beck, Copp and Bazeley v. UK, 22 October 2002）とパーキンスおよびR対イギリス事件（Perkins and R v. UK, 22 October 2002）では、いずれも同趣旨にもとづいて条約8条の権利侵害が認定された。なお、後者の事件では、ヨーロッパ連合条約177条にもとづいて、イギリス高等法院がヨーロッパ共同体指令76/207の男女の職業差別禁止に性的指向も含まれるか否かについての照会（reference）も請求されている。ヨーロッパ司法裁判所はP対Sおよびコーンウォール県（→本書22）において、性差別にはトランスセクシュアルであることにもとづく差別が含まれると判断したものの、グラント対南西鉄道会社（→本書28）においてはヨーロッパ共同体指令75/117（賃金平等）には性的指向差別が含まれないことを示していたことを理由に、指令76/207には性的指向は含まれないとの見解が示されている。

3 私生活領域からの脱却

本件の意義のひとつは、条約8条の権利について、性的指向にかかわる空間や行為への不干渉としての「尊重」から、個人の属性としての尊重へと保障内容が展開されたところにある。それまで、条約8条のもとで争われてきた事例は、ほとんどがソドミー法規定に関連するものであった。ダジャン対イギリス事件を皮切りに、私生活という領域で行われている同性間の性行為に対する刑事法上の介入が、個人のもっとも内面的な事柄への不当な介入として、条約8条

の権利侵害として認定されてきた（→本書1）。これに対して本件は、軍警察による性的指向にかかわる尋問や調査だけでなく、性的指向のみを理由とする解雇そのものも、8条の権利侵害にあたることが認定されている。この展開は、性的指向の問題を国家による干渉が許されない私的領域として「放っておく」ことだけで人権保障の完成ととらえるのではなく、多様性や寛容・寛大な精神を軸とする民主的社会において、性的指向が多数者による偏見にさらされている状況を人権侵害として捉えなおしたものと評価することができる。とりわけ、人種差別になぞらえた裁判所の見解は、性的指向の問題を人権問題として捉えるために示唆に富んでいる。「……たとえその見解を表明した人々が心からそう感じているとしても、HPATレポートに示されている態度は、同性愛指向の人々に対する敵対意識の固定観念的な見解から、同性愛者の同僚が存在することに対する不安の漫然とした意見までさまざまである。それらが同性愛の少数者に対する異性愛の多数者側からの固定的な偏見を表している限り、その否定的態度はそのものとして申立人の権利に対する干渉を十分に正当化するものとはいえず、異なる人種、出自または皮膚の色をもつ人々に対する同様の否定的態度にほかならない（90段落）」のである。この点に関連して、原告は政府の同性愛者排除政策は、「偏見への救済措置を講ずるよりもむしろ、偏見の犠牲者を処罰する（76段落）」ものとも主張している。いずれの立場も、排除政策が単なる同性愛嫌悪（Homophobia）＊の表出にすぎないことを的確に批判している。軍隊や消防職員、教職をはじめとする一定の公的性格をもつ職業だからこそ、締約国側の義務として、私生活の効果的な尊重のために、偏見や無知を助長する政策の転換が必要である。本件は性的指向にかかわる人権問題を私的領域から公的領域へと押し広げるための基礎理論を提示したものととらえることができる。

【参考文献】
① 谷口洋幸「性的マイノリティの人権保障：国際人権法を素材として」矢島正見編『戦後日本・女装同性愛研究』（中央大学出版部・2008）

Ⅴ 雇用と労働環境

25 性的指向を理由とする差別と性差別の関係
―― マクドナルド対スコットランド法制長官

〈イギリス〉貴族院・2003年6月19日・判決
Macdonald v. Advocate General for Scotland, [2003] IRLR 430 HL

〔長谷川聡〕

●事実概要

申立人であるマクドナルドは、1986年から1997年まで空軍に所属していた男性である。申立人は、スコットランド航空交通管制部（Scottish Air Traffic Control Centre）への配転にあたり、交信の安全を委ねるに値する人物か否かを判断するための面接を受けたが、その際に自身が同性愛*者であることを明らかにした。その後改めて上官からセクシュアリティに関する詳細な面接を受け、そこでも自身の性的指向*を伝えたところ、同性愛者であることを理由に強制的に除隊させられた。当時のイギリスにおいては、男女問わず同性愛者は軍隊には適格でないとの立場が採用されており、もし任官中に同性愛者であることを認め、上官がこれを裏付ける十分な理由があると判断した場合、その者を除隊させる規則が存在した。

申立人は、この除隊処分を不服として、同性愛者であることを理由とする雇用契約の終了は、性差別禁止法（Sex Discrimination Act 1975）が規制する性を理由とする不法な差別に該当することなどを雇用審判所に申し立てた。

雇用審判所は、性差別禁止法は性別に関する法であり、性的指向を理由とする差別への適用を予定していないことを理由に申立を棄却した。

これに対し雇用上訴審判所（[2000] IRLR 748 EAT）は申立人の上訴を認めた。性差別禁止法の「性」の文言は、性的指向を含むと解釈すべきであって、同性愛者の男性または女性と、異性愛者の女性または男性とを比較して差別の有無を判断することが適切であり、問題となっている性別の同性愛者が他方の性別の異性愛者よりも不利益に取り扱われたか否かを検討すべきと指摘した。

民事上級裁判所（[2001] IRLR 431 HC）は再び国の主張を認め、雇用審判所の判断を支持した。多数意見は、性差別禁止法が禁止する性差別は性別を理由とする差別に限定され、性的指向を理由とする差別を含まないことは、この法律における性の文言の使い方から明らかであると指摘した。そして本件の適切な比較対象者は、軍隊に雇用される同性愛者の女性であって、この者が申立人と同様に退官を求められることは争いがないことを理由に、性差別の成立を否定した。

この判断に対し申立人が上訴したのが本件である（なお本件は、貴族院において Pearce v. Governing Body of Mayfield School 事件と併合されて審理されている。）。

●判決要旨

上告棄却。

性差別禁止法1条の「性」は「性別（gender）」を意味し、性別とは別個の個人の特性である性的指向を含まない。性差別禁止法はそもそも性的指向を視野に入れて制定されておらず、同法の「性を理由とする」という文言を、性的指向を理由とする差別の事件も適用対象に含むように拡張的に解釈することに理由があるとはいえない。EU法にもこのような拡張的解釈を認める根拠は存在しない。

性的指向は、比較対象者の証明の要件であ

「関連する状況（relevant circumstances）」から除外されない。関連する状況とは、差別を行ったと訴えられている者が、ある女性または男性を問題となった取扱のように扱うことを決めた際に考慮に入れていた事実である。関連する状況が性差別禁止法5条3項に規定される「同一または実質的に異ならない」ものであるというためには、申立人が取り扱われた方法に関連する申立人のすべての特徴が比較対象者にも見られなければならない。両者はまったく同一である必要はないが、実質的に異ならないものでなければならない。これが似た者同士（like with like）を比較するときの基本的なルールである。問題となっている取扱の決定に関連しない特徴は無視することができるが、関連する特徴は、もし性別が異なれば取扱が異なったか否かを判断するために、同じでなければならない。

本件において、申立人の取扱を決定づけた要因は、申立人の性的指向にある。申立人は、性的指向を理由とする差別を認める規則に基づいて解雇されたのであり、性を根拠としているわけではない。この規則は男性と同様女性にも適用される。申立人の性的指向は、本件において比較の基礎とすべき決定的な事実である。

したがって本件における適切な比較対象者は、異性愛者の女性ではなく、性的指向が申立人と同じ同性愛者の女性であり、このように解さなければ似た者同士を比較したとはいえない。異性愛者の女性に対する取扱と比較することは、一方の状況が他方の状況と実質的に同じであることを必要とする以上、適切な比較とはいえない。なぜなら両者は異なる性的指向を有しているからである。申立人は、同性愛者の女性が取り扱われるよりも不利益に取り扱われたとはいえず、性を理由とする差別は成立しない。

なお、本件取扱はヨーロッパ人権条約を国内法化する人権法（Human Rights Act 1998）が発効する前に行われているため、申立人は、人権法に基づいて同条約に規定された権利が侵害されたことを主張することはできない。

● 評　釈

1　問題の所在

イギリスでは、EU法の影響の下に2003年に雇用平等（性的指向）規則（The Employment Equality（Sexual Orientation）Regulations 2003）が制定され、雇用の場における性的指向を理由とする差別の禁止が明文化された。今日、性、人種、性的指向等を理由とする差別を包括的に禁止する2010年平等法が制定され、この規則や性差別禁止法の定めはこの法律に引き継がれている。同性愛者を軍隊から排除するという本件で問題となった取扱も、これをヨーロッパ人権条約に規定された私的生活を尊重される権利（8条）＊や差別の禁止（14条）＊を侵害するものと判断したスミスおよびグレディ対イギリス（Smith and Grady v. UK（→本書24 同旨））などのヨーロッパ人権裁判所判決を受けて、2000年1月に廃止されている。

前述の規則が施行されるまでは、既存の性差別禁止法を用いて性的指向を理由とする差別を争う試みがなされていた。本判決は、この議論に性的指向を理由とする差別は性差別に該当しないという決着をつけ、イギリスの差別禁止法制の展開において、性差別禁止法の解釈の限界と課題を示した点に意義を有す。従来この問題は、①同法の「性」という概念は性的指向を含むか否か、②同性愛者の男性に対する性差別を証明するために用いられる比較対象者は、異性愛者の女性か、同性愛者の女性か、という2つの観点から取り組まれており、貴族院もこれに沿って議論を展開している。

2　性差別禁止法における性概念

性差別禁止法1条1項(a)は、性を理由とする（on the ground of her sex）差別を禁止しており、この性の文言に性的指向が含まれれば、性的指向を理由とする差別は当然同法違反として禁止されることになる。この文言の定義を定める条文は同法には存在せず（82条で男性とはすべて

V 雇用と労働環境

の年齢の男性を意味し、女性とはすべての年齢の女性を意味すると定めるにすぎない。）、同法の適用範囲の決定は解釈に委ねられていた。

性的指向を理由とする差別を性差別として初めて救済したのが、本件の雇用上訴審判所の判断である。雇用上訴審判所は、同性愛者であることを理由とする差別を、差別の禁止を定めるヨーロッパ人権条約14条に違反するものと判断したヨーロッパ人権裁判所判決（スミスおよびグレディ対イギリス（→本書24 同旨）、ダ・シウヴァ対ポルトガル（→本書38））が存在することを指摘して、そもそも多義的である性の文言も、ヨーロッパ人権条約に沿って国内法を解釈すべきことを定める人権法3条1項に基づいて柔軟に解釈されるべきと判断した。

もっとも、審判例・裁判例のほとんどは、性の文言に性的指向を含むことを否定してきた。その理由について控訴院は、バーテンダーとして雇われていた同性愛者の男性が、同僚から自身の性的指向を理由とするいやがらせを受け、その後、性的指向を理由として解雇されたことについて性差別禁止法違反を争った事件（Smith v. Gardner Merchant Ltd, [1998] IRLR 510 CA）において、性差別禁止法が性的指向を理由とする差別も禁止の対象とする趣旨であるならばこれを明示したはずであること、従来の裁判例は性の文言を性別を意味するものと解釈してきたことを挙げていた。

本件民事上級裁判所判決も、人権法を介したとしても、性という文言が通常意味する範囲や他の条文の解釈との整合性の観点から性的指向も含むと解釈することは困難であり、当時雇用平等（性的指向）規則の制定が準備されていたことが、性差別禁止法がこのような解釈を予定していないことを示していると指摘して多数派の裁判例に従った。貴族院判決は、人権法の適用を否定している点に論理の違いはあるが、以上のような審判例・裁判例の流れを踏襲している。

3 性差別の証明における比較対象者の決定

差別の証明は、被差別者である申立人と差別理由以外の点で類似する状態にある「比較対象者（comparator）」を示し、被差別者との間に取扱について差があることを説明することで行われる。性差別禁止法5条3項は、この比較対象者を、当該事件における「関連する状況（relevant circumstances）」が申立人と同じ、または実質的に異ならない者と定義していた。

ここでの問題は、差別理由が「なければ（but for）」被差別者は差別のない取扱を受けていたか否かを判断することである。したがって比較対象者に求められる関連する状況には、問題となった取扱が決定された際に考慮された状況が含まれる（James v. Eastleigh Borough Council, [1990] IRLR 288 HL）。性的指向を理由とする差別を性差別として争おうとする際に問題となるのは、この関連する状況に性的指向という特徴が含まれるか否かである。すなわち性的指向が含まれないとすれば、同性愛者の男性の比較対象者は異性愛者の女性になるが、含まれるとすれば、女性の同性愛者が比較対象者となる。前者であれば、性的指向を理由とする差別が差別禁止の対象になりうるが、同じ性的指向の者を比較する後者であれば、実質的に対象とならない。

同性愛という性的指向が決定的な要因となって除隊という取扱が決定されている以上、性的指向は関連する状況に該当する、というのが本判決の判断である。性的指向は男女に共通して生じる個人の特徴であり、これを理由とする差別を性差別ととらえることは困難であるという。

この論理は一見明快だが、本件で問題となった性的指向を「男性が性的に男性を指向すること」と理解すると、必ずしもそうとはいえない。性別以外の状況が同じ者を比較するという比較の基本ルールに着目すれば、この条件から性別を除いた「性的に男性を指向すること」という性的指向を関連する状況ととらえることになり、本件の比較対象者を性的に男性を指向する女性

――異性愛者の女性――とする論理も成り立つからである。

本判決は、この論理を性以外の関連する状況を変化させないというルールに忠実であるように見えながら、実は同性愛という性的指向を異性愛へと変更している点で矛盾していると批判する。だが本件民事上級裁判所の反対意見のように、この論理を支持する主張も有力であった（例えば、Robert Wintemute, 1997, 'Recognising New Kinds of Direct Sex Discrimination: Transsexualism, Sexual Orientation and Dress Codes' 60 *Modern Law Review* 334）。性のみを変更して比較する、という一見簡明な差別証明ルールは、差別理由の意味自体の深化という課題の前には、さらなる実質的検討を必要とするものであったといえよう。

4 むすびにかえて

性差別禁止法が制定された1975年当時、性的指向を理由とする差別の禁止が立法者の念頭になかったことはたしかであろう。本件の争点は、新たに認識された性に関連する問題にどれだけ性差別禁止法が柔軟に対応しうるかを検証するものであった。

裁判所の結論は、性差別禁止法はあくまで性差別の禁止を定めるのみであるというもので、結果的に、個人の性的自己決定権の保障は同法の視野から外れることになった。この結論の背景には、契約の自由を大原則として、これの例外となる差別禁止の対象を、人種、性、というように個別に立法してきたイギリスの事情があるようにみえる。イギリスの差別禁止法は、要件を満たす限りで適用範囲を拡大することはできるが、差別理由それ自体を拡張することは契約自由の原則への抵触を意味する。

しかし同じように比較的近年に入って社会的認知が進んだ性転換者＊に対する差別については、P対Sおよびコーンウェール県ヨーロッパ司法裁判所判決（→本書22）において、性差別を受けない権利が基本的人権として確立しており、このような差別も性と密接に関連していることを理由に男女雇用均等待遇指令の下で禁止の対象に含まれると判断された。結局イギリスでは前述の規則が制定されるまで、性的指向を理由とする差別を救済するしくみは形成されなかったが、同様に本人の性別と密接な関係にある性的指向差別についても類似の論理が展開される余地は存在したはずであった。

法の下の平等を前提として、差別禁止の内容を立法や公序を用いて具体化する方法を採用している日本には、イギリスのような制約は存在しない。性的指向を理由とする差別が公序との関係においていかなる位置にあるかを検討することもできようし、むしろ性的自己決定権の侵害という側面に着目して分析を行うことも可能であろう。

【参考文献】

① David Pannick, 1983 'Homosexuals, Transsexuals and the Law' *Public Law* 279.
② Hazel Oliver, 2004 'Sexual Orientation Discrimination: Perceptions, Definitions and Genuine Occupational Requirements' 33 *Industrial Law Journal* 1.
③ David Manknell, 2003 'Discrimination on Grounds of Sexual Orientation, Harassment, and Liability for Third Parties' 32 *Industrial Law Journal* 297.
④ Pawl Skidmore, 1997 'Sex, Gender and Comparators in Employment Discrimination' 26 *Industrial Law Journal* 51.
⑤ Ann Numhauser-Henning, 2001 'Sexual Orientation and the Sex Discrimination Act 1975' 30 *Industrial Law Journal* 324.
⑥ 長谷川聡2005「イギリスにおける性的指向を理由とする差別に対する法的枠組み」比較法雑誌38巻4号151頁

V 雇用と労働環境

26 同性間のセクシュアル・ハラスメント
——ニコル他対アステカ社

〈アメリカ〉第9巡回区合衆国控訴裁判所・2001年7月16日・判決
Michelle Nichols, Antonio Sanchez, Anna Christine Lizarraga v. Azteca Restaurant Enterprises, Inc.
256 F.3d. 864

〔池田弘乃〕

●事実概要

サンチェス（Sanchez）（以下X）はレストランチェーンのアステカ社（Azteca Restaurant Enterprises, Inc）（以下Y社）において、最初は案内係として後には給仕として1991年10月から1995年7月までの4年余り働いていた。Xの主張によると、その在職期間中、男性の同僚たちや上司はXのことを英語およびスペイン語で「彼女」と呼び、Xの「女のような」歩き方や給仕の仕方を真似た。さらにXのことを英語及びスペイン語で「オカマ（faggot）」や「淫売婦（fucking female whore）」等と呼び侮辱した。これらの言動は少なくとも週1回、多い時には日に何度もくり返された。

Y社のセクハラ防止指針によればセクシュアル・ハラスメント（以下セクハラ）を受けた従業員は同社の平等雇用機会（EEO）役員に苦情を申し立て、会社はその苦情内容について徹底的に調査し、適切な対策を講じることとされていた。この手続きは会社が設けた訓練プログラムによって全従業員に周知されることとなっていたため、Xも知っていた。XはEEO役員への申立は行わなかったが、自身が勤める店の店長や副店長には苦情を伝えていた。1995年5月になってXは、自身と同僚との間で起きた喧嘩について取り上げるために呼び出された会合において、店長同席のもとY社の人事部長にハラスメントの詳細を伝えた。人事部長は、Xがハラスメントの更なる詳細を店長に伝えることおよび人事部長自身によってハラスメントが止んだかどうか抜き打ち検査を行うことという2点にわたる解決案を提示した。その後4、5回行われた抜き打ち検査で、人事部長は1回だけXと言葉を交わし、Xから状況が改善した旨の報告を受けたので、もし状況が悪化したら店長もしくは自分に直接連絡するようにと伝えた。人事部長との面談から2ヶ月余りたった1995年7月29日、Xは副店長と口論になり職場を離れたところ、勤務中に仕事から離れたことを理由に解雇された。1ヶ月後、Xは平等雇用機会委員会（EEOC）に差別を受けたとの訴えを提起し、その後、Y社に対する訴訟をワシントン州西部地区の連邦地方裁判所に提起した。

Xは自らが受けたセクハラおよびそのセクハラに対して苦情を申し立てたことへの報復として解雇されたことは、「性（sex）を理由とした」雇用差別を禁じた公民権法第7編およびワシントン州反差別法に違反するものだと主張した。これに対し、連邦地裁は、Xの職場環境は主観的にも客観的にも敵対的なものとは言えないと認定した上で、ハラスメントは原告の「性を理由として」起こったものではないとしてセクハラとの訴えを棄却した。さらにXの苦情申立と解雇との間には因果関係がないとして報復との訴えも棄却した。Xは直ちに第9巡回区合衆国控訴裁判所に控訴した。

●判決要旨

Xの同僚および上司の行動は敵対的環境を作出するセクハラにあたり、Y社はそのハラスメ

ントに対して適切な救済を講じることができなかったと認められる。従って、セクハラの成立を否定した部分について原審を破棄し、損害賠償額について審理させるために差し戻す。但し、報復に関する訴えを棄却した部分に関しては原審を認容する。理由付けを以下で3点にわたり詳述する（本判旨では使用者責任に関する論点は、性について特段の記述を含まないので省略する）。

1 セクハラの成否

公民権法第7編は、「性……を理由とした（because of... sex）」雇用上の差別を禁じているが、敵対的環境型のセクハラはそこで禁じられている性差別にあたる。そして、敵対的環境型セクハラを受けたと認められるためには、当該ハラスメントが雇用の条件を変化させてしまう程ひどい（severe）ものであること（Meritor Sav. Bank, FRB v. Vinson, 477 U.S. 57, 1986)、すなわち通常の合理性を備えた人間（reasonable person）の観点から客観的に判断して敵対的ないし虐待的であること、かつ主観的にも当該犠牲者が実際にそう感じていたことを証明する必要がある（Faragher v. City of Boca Raton, 524 U.S. 775）。

Xが被った言葉による辱め、すなわち性的に侮辱的な言葉を浴びせられこと、女性代名詞で呼ばれたこと、女性的に振る舞ったことを嘲弄されたことは、通常の合理性を備えた人間の観点から判断して、客観的に十分ひどいものであったと認められる。

また、XはY社が定めた手続きには拠らなかったものの上司に対して苦情を申し立てており、自らが被った侮辱を「歓迎されない（unwelcome)」ものと感じていたと認められる。Xは、時々男性の同僚たちと悪ふざけ（horseplay）に興じることがあったが、それは男同士の仲間意識（male bonding）の現れと思って許容していた。Xはそのような悪ふざけと、それを超えた耐え難い侮辱とを区別した上で、後者についてハラスメントにあたると訴えているのである。

以上の考察の結果、Xが被った辱めは客観的にも主観的にも敵対的または虐待的な職場環境を作出したものといえ、セクハラに該当すると判断することができる。

2 性を理由とした差別かどうか

合衆国最高裁のオンケル（Oncale）判決によれば、セクハラが提訴可能なのは、それが「性を理由とした」ものである場合である（523 U.S. at 79, 1998)。また連邦最高裁はプリンス・ウォーターハウス（Prince Waterhouse）判決（490 U.S. 228, 1989）において、女性についてのステレオタイプに合致しないことを理由として女性を不利益に扱うことは、公民権法第7編でいう「性を理由とした」差別にあたると判示している。このことは、男性についてのステレオタイプ（male stereotype）に合致しないことを理由として男性を不利益に扱うこともまた「性を理由とした」差別となることを示している。本件でのXに対する辱めは、Xを女性代名詞で呼ぶ点や、その仕草の女性性を嘲弄する等の点において、Xが「女性的（effeminate）」であること、すなわち「男性についてのステレオタイプ」に合致していないことに基づくものであり、「性を理由とした」差別であるということができる。本裁判所すなわち第9巡回区控訴裁判所がかつて下したデサンティス（DeSantis）判決（608 F.2d. 327, 1979）は、性に関する「ステレオタイプに基づく差別は、公民権法第7編の射程には入らない」と判示しているが、この判決はプリンス・ウォーターハウス判決によって、先例としての効力を失ったというべきである。

なお本裁判所は、ジェンダーに基づく全ての区別が公民権法第7編上の性差別にあたると考えている訳ではない。例えば、服装や身だしなみに関して男女で異なる基準を設けることは、それが理にかなったものである限り、性差別とはならない（本判決の脚注7）。

V 雇用と労働環境

3 報復について

Xが会社に対して行った苦情申立とXの解雇との間には因果関係を認めることができないとの原審判決が明らかに誤っていることを示す証拠はない。この点については、本裁判所は原審判断を容認する。

●評　釈

このニコル判決は、2つの合衆国最高裁判例の延長上にあるものとして理解することができる。2つとも判決中に引用されているが、1つはプリンス・ウォーターハウス判決であり、もう1つはオンケル判決である。前者は、ニコル判決中でも比較的詳しく触れられており、ジェンダー・ステレオタイプと性差別との関係を論じたものである。そこでは、原告女性ホプキンスが上司たちによって「マッチョである」、「エチケットや美容について教わる必要がある」と判断され、昇進したければ、「話し方、歩き方、そして服装等の点においてもっと女性らしくした方がよい」とのアドバイスを受けた事実が認定された上で、結局、昇進を認めなかった被告プリンス・ウォーターハウス社の行為は、性差別にあたると判断された。すなわち、ある性別に属する者を、当該性別として適当でない(「女(男)らしさ」にかなっていない)言動をとったことを理由として不利益な取扱をすることは性差別にあたると判示したのである。

一方、オンケル判決は、ニコル判決中では、セクハラが公民権法第7編上提訴可能であるためには「性を理由とした」ものである必要があることを示した判決として簡潔に触れられているだけであるが、同性間のセクハラが第7編で禁じられた性差別に含まれると判示した初の連邦最高裁判決として著名なものである。原告男性オンケルは石油掘削装置で他の男性労働者たちとともに働いていたところ、数回にわたり3人の男性同僚からその他の労働者たちもいる前で性的な嫌がらせを受け、うち1人からはレイプの脅しにもあった。その旨を会社に訴えたが会社は何ら対策をとらなかった。それどころか会社の担当者は、オンケルを同性愛者*を暗示する名で呼んだ。オンケルはこのままではレイプされるか性交を強要されると考え職場を辞めた。そして性(sex)を理由として職場において差別されたとして、会社に対し訴訟を提起したのである。

この訴えに対し、スカリア裁判官の執筆による全員一致の法廷意見は、第7編は、原告と被告とが同性であるというだけでは、性による差別であるとの訴えを妨げはしない旨を判示した。しかし、では同性間のいかなるハラスメントが「性を理由とした」差別となるかについては、最高裁は必ずしも十分に触れてはいなかった。「……差別的な労働条件と、職場における通常の社交(同性間の悪ふざけや異性間のいちゃつき)とを取り違えない」ことが重要だとされ、「一般常識(common sense)と社会的文脈への適切な感受性があれば、裁判所や陪審員は、同性間での単なるからかいや乱暴さと合理的な人間が耐えがたく敵対的・侮辱的と感じる行為とを区別することができるだろう」といった言及があるだけである。そして、本件事実がセクハラにあたるかどうかについて審理するための差戻し審もその開始直前に和解が成立したことにより、「性を理由とした」とはどういう意味なのかは明らかにならなかった。

オンケル判決によって性差別に含まれうるとされた同性間セクハラの事案について、ジェンダー・ステレオタイプへの合致の有無に焦点を据えたプリンス・ウォーターハウス判決に依拠する形で訴えを提起し、勝訴を勝ち取ったところに本ニコル判決の意味はあるといえる。別の言い方をするならば、被害者の性的指向*(具体的には同性愛者であること)故におきたハラスメントかどうかという論点には立ち入らずに同性間セクハラの成立の有無を論じているのである。これは同性間セクハラの被害者側にとって大きな意義を持つ。というのも、性的指向に基づく

差別として論じてしまうと、それが第7編で禁じられた「性差別」であるかどうかについての議論を巻き起こしてしまいかねないからである。

実際、ニコル判決によって破棄されたデサンティス判決は、同性愛者であることを理由とした雇用差別の訴えを、性的指向を理由とする差別は第7編でいう性差別ではないという理由で退けていたのである。ニコル判決で原告側は、その道を避けジェンダー・ステレオタイプによる論証の道を選んだ。この点をとらえ、この種のセクハラ事案では、依頼人（被害者側）の性的指向には触れず、依頼人が男性についてのジェンダー・ステレオタイプに合致していない故に差別されたことを論証するように務めることが、裁判戦略上は重要であると説く論者もいる（ジョナサン・ハードエイジ）。もっとも、ジェンダー・ステレオタイプ型の論証は、セクシュアル・マイノリティに対する差別的取扱それ自体に正面から立ち向かうものには必ずしもならない点には留意する必要がある。また、ニコル判決が脚注7で付言するように「服装や身だしなみに関して男女で異なる基準を設けること」はそれが理にかなっていると判断される限り許容されることもステレオタイプ型論証に対する限界となりうる。例えば、2006年のジェスパーセン判決で第9巡回区控訴裁判所はニコル判決を引用しつつ、女性従業員に就業中は化粧をすることを求めた会社の方針は不合理なステレオタイプの押しつけではないとして、或る女性従業員からのセクハラの訴えを棄却している（Jespersen v. Harrah's Operating Company, Inc., 444 F.3d. 1104）。アン・マクギンリー（Ann McGinley）はこのよう論証の限界がトランスジェンダー＊に対する差別の事案ではより深刻なものとなると論じている。

では、法理論上はニコル判決をどのように位置づけることができるだろうか。合衆国のセクハラ法理の展開を主導した1人であるキャサリン・マッキノン（Catharine MacKinnon）は、セクシュアリティとは男性の支配と女性の従属からなる権力関係で、そのような性的欲望の方向付けが具現したものがジェンダー（gender）（男らしさ／女らしさ）なのだと考える。そしてセクハラとはそのような権力関係を表現し強化するものとして捉えられるのである。しかしこのように性的欲望に関する支配従属関係という観点からセクハラを論じるやり方には批判もある。

例えばヴィッキー・シュルツ（Vicki Schultz）は、男性から女性への性的誘いを中心に据えたセクハラ理解（性的欲望-支配モデル）は、一方で狭すぎ他方では広すぎる規制をもたらすと批判する。狭すぎるというのは、いわゆる敵対的環境型セクハラにおいては、性的な誘いや性的欲望ではなく、職場の男性的なイメージの維持こそがハラスメント行為の目的となっている事実が見落とされてしまうからである。そのようなハラスメントは、職場なり職種なりの「男性性」を維持するために、男性に対しては同調を強要し、女性はそこから排除するという形で、性別による職域分離をすることに主眼がある。故に、セクハラを論ずる際には、単に性的な支配従属を問題にするだけではなく、より広い社会的なジェンダーヒエラルキーを見るべきであり、ジェンダー・ハラスメント（「男らしさ」、「女らしさ」にまつわる諸規範としてのジェンダーに起因するハラスメント）に注目する必要性が指摘されるのである。一方、規制が広すぎるというのは、マッキノンの理論は、性的表現一般の禁圧へとつながりうる可能性を帯びているからである。特に「歓迎されない」性的誘いという基準は疑わしいものとされる。その基準による限りは、本当に歓迎されないものであったかを調べるという口実の下、被害者側の性的履歴を詮索することが正当化される危険性があるからである。

またキャサリン・フランク（Katherine Franke）は、ハラスメント行為によって性的な主体と客体が産出されてゆくメカニズムを重視し、セクハラは、加害者から被害者への他動詞

V 雇用と労働環境

的な行為ではなく、両者を共に特定の規範の下へと同調させる再帰的（reflexive）な実践であるとする。その規範は男性性／女性性に関する推定的異性愛を前提とした性に関わるステレオタイプとして表現される。この規範は男性中心主義と異性愛中心主義の結合体という意味で、異性愛-家父長制（hetero-patriarchy）と呼ばれる。性的欲望に起因するかどうかに関わらず男性を男性化し、女性を女性化する実践に焦点を当てることによって、男性に対するセクハラ（同性間、異性間を問わず）をも適切に理論化することができるとフランクはいう。ニコル判決はまさにこのようなステレオタイプに着眼することによって同性間セクハラという問題を取り扱った事例であるということができよう。

さて、第7編に相当する立法を持たない日本法では、セクハラは主に人格権侵害という不法行為上の問題として論じられ、合衆国のように「性を理由とした」という文言の解釈という難問に直接は対峙する必要はない。しかし、同性間のセクハラ事案も既に裁判上に現れ始めている今（例えば川崎市水道局事件。横浜地方裁判所川崎支部2002（平成14）年6月27日判決、判例時報1805号105頁。控訴審たる東京高等裁判所2003（平成15）年3月25日判決にて確定、労働判例849号87頁）、ハラスメントが「セクシュアル」であるとはどういうことなのかについて性的指向や性自認＊までも含めて考察する必要は少なくないと思われる。日本法において「人格権」を論じていく上で、その「人格」にとって「性」が持つ意味が、「社会的相当性」や「公序良俗」といった茫漠とした概念によって判断されるのは、事案毎の柔軟な判断を可能にする利点があるとも言えるが、性に関する常識や一般通念が無批判に前提とされてしまう危険性もある。オンケル判決も、セクハラの判断にあたってcommom senseが重要な要素となると述べていたが、このcommon senseが単なる社会通念ではなく、真に良識あるものとなるためには、性についての（とりわけセクシュアル・マイノリティについての）深い理解が求められるだろう。その際にニコル判決のような性に関わるステレオタイプに着目する立論は1つの方向性としておおいに参考となるだろう。

なお、本裁判で問題となったワシントン州反差別法は、2006年に、従来からの性（sex）や、人種、信条などに加え「性的指向（sexual orientation）」を理由とする差別をも禁じるものに改正されている（Rev. Code Wash. § 49.60.010）。

【参考文献】

① 相澤美智子2004「（判例紹介）Nichols v. Azteca Restaurant Enterprises, Inc.」アメリカ法2004、374-379頁
② Katherine Franke, 1997, What's Wrong With Sexual Harassment?, *49 Stan. L. Rev. 691.*
③ Jonathan Hardage, 2002, COMMENTARY: Nichols v. Azteca Restaurant Enterprises, Inc. and the Legacy of Price Waterhouse v. Hopkins: Does Title VII Prohibit "Effeminacy" Discrimination?, *54 Ala. L. Rev. 193.*
④ Catharine MacKinnon, 1979, *Sexual Harassment of Working Women*, Princeton University Press.
⑤ Ann McGinley, 2010, Erasing Boundaries: Masculinities, Sexual Minorities, and Employment Discrimination, *43 U. Mich. J. L. Reform 713*
⑥ Vicki Schultz, 1998, Reconceptualizing Sexual Harassment, *107 Yale L.J. 1683.*

◆ VI ◆
同性カップルの生活保障

VI 同性カップルの生活保障

27 同性カップルの「内縁」認定の可否
―― エールフランス事件・保険受給資格事件

〈フランス〉破毀院社会部・1989年7月11日・判決
Recueil Dalloz, 1990, p.582

〔大島梨沙〕

●事実概要

本件は、同性カップルの内縁認定の可否が争われた異なる2つの事例に対し、同じ日に2つの破毀院判決が出されたものである。

第1事例　家族割引特典付与の可否（エールフランス事件）

Y社（エールフランス航空）の客室乗務員であるX男は、1970年3月からA男とカップルとして生活していた。Y社には、同社運行便の航空券割引特典を「従業員及び規則により定められた要件を充たす従業員の家族に付与する」との従業員身分規程（以下、「Y社規程」と呼ぶ）74条が存在し、当該特典は従業員の「内縁当事者（concubins）」にも与えられると規定されていた（同24条1-1）。1983年1月19日、X男は、A男のための割引航空券交付願いをY社に提出したが、1983年2月9日、Y社は、A男をY社規程の想定に入らない「第三者」であるとして、拒絶の回答をした。同年4月18日、X男は再度の要求をしたが、Y社は同月26日、文書で前回と同様の回答をした。

これを不服とするX男は、1984年6月4日、パリ労働審判所に当該問題を提起した。第1審（パリ労働審判所1984年11月14日判決）は、①異性愛*のカップルと同様に、同性の2者が同居して関係を継続しているという事実は内縁を構成する、②Y社による特典付与拒絶は、法律、特に労働法典L.122-35条によって禁止された、労働者に対する性生活を理由とする差別的行為である、との2点から、X男の割引航空券交付請求を認容した。

Y社によって控訴がなされた。原審（パリ控訴院第1部1985年10月11日判決）は、以下のように判断して、第1審判決を覆し、X男の請求を棄却した。①X男が援用したのは従業員身分規程とその附則であって、就業規則の性質をもたず、就業規則における差別を使用者に禁止する労働法典L.122-35条の対象とはならない。②立法者は「自由結合（union libre）」にも内縁にも定義を与えていないが、一般辞書に拠れば、これらは男女の結合であると記されている。③強制認知を定める民法典340-4条に内縁への言及があるが、この法文の意味においては、内縁は男女間でしか存在しえないことが含意されている。④立法者は（親子関係、社会保障、税法等において）「婚姻の外観をもつ安定的で継続的な関係」のみを内縁として法的効果を発生させており、その婚姻とは、法律で規定された男女の結合である。判例が内縁当事者に一定の権利義務を認めるのもこれらの要件においてのみである。⑤同意ある成人間での同性愛*行為が刑事上制裁を受けないという事実をもって、2人の同性愛者の同棲状況が権利を生じさせると演繹することはできない。⑥X男は、本件において基本権を侵害されておらず、Y社規程という限定された枠組みにおいて手当の授与を求めているのみである。

これを不服とするX男から、破毀申立がなされた。X男は、①当該Y社規程には、従業員とその内縁当事者が異性の場合にのみ当該特典を付与するとの文言がないため、控訴院判決はY社規程74条とその附則に反する、②控訴院の解釈は正当化されるに十分でなく、法定の根拠を

示していない、③性別又は性風俗（moeurs 今日での「性的指向*」の趣旨と思われる）を理由とするすべての差別を禁止する多くの法規定、及びヨーロッパ人権条約の前文に反する、④破毀院は、（本件の判断を下すにあたり）Y社規程74条の合法性について行政裁判所の判断を仰ぐ必要がある、と主張した。

第2事例　疾病保険・出産保険受給の可否（保険受給資格事件）

X女は、1980年5月より、社会保険の被保険者であるA女と共に共同生活を送っており、A女の内縁当事者であると言明していた。1983年1月11日、X女はY機関（ナント疾病保険第1基金CPAM及びその非訟的異議申立委員会）に対し、A女の加入する社会保険の受給権者資格をX女に認めるよう求めた。X女はその際、「社会保険被保険者と夫婦同様に生活している者すべて（toute personne qui vit maritalement avec un assuré social）」に受給権者資格を認めると規定する1978年1月2日の法律（以下、「1978年法」と呼ぶ）13条を根拠として主張した。Y機関は、1978年8月9日の疾病保険基金の通達（以下、「1978年通達」と呼ぶ）が、当該文言を「被保険者と同居し、被保険者と共に、互いを夫と妻とみなすカップルを形成している者」として解釈し、その適用対象を異性間のカップルに限定していることに基づいて、X女の請求を斥けた。

これに対し、X女は訴訟を提起し、①道徳観念の変化とともに、「夫婦のような生活」という表現は、共同生活をする同性カップルの状況と内縁で生活する男女の状況とを同一視することを可能にする、②1978年法や1978年通達は、異性カップルと同様の生活形式をしている同性カップルを明示的には排除していない、と主張した。

第1審（ナント社会保障第1審委員会1984年1月19日判決）は、1978年法自体が「夫婦のような生活」という文言によって同性カップルを暗に排除していると評価し、X女の請求を棄却した。すなわち、「夫婦のような生活」という文言は、今日においても家族形成のために男性1人と女性1人により締結される結合である婚姻における夫婦生活をほのめかすものとして一般に解釈されているところ、同性カップルは家族を形成しえないのであるから、「夫婦のような生活」をなしえないとの判断である。

これを不服とするX女が控訴した。原審（レンヌ控訴院第8部1985年11月27日判決）は、以下のように判示して、第1審判決を全面的に肯定し、X女の主張を斥けた。「立法者は、1978法13条によって、疾病保険及び出産保険という限られた領域において、婚姻をせずに被保険者と安定的に生活する者を、被保険者の配偶者と同一視しようとしたにすぎない。『夫婦のように生活する』という表現を採用することによって、婚姻の外観を含意するその通常の定義と、カップルにおける性差（l'hétérogénéité sexuelle）を含意する状況を、立法者が参照したことは明らかである。同性の2者間の共同生活は、疾病保険及び出産保険という限られた領域において法的効果を発生させるために立法者によって考慮された状況に合致しないと考えられるため、X女は法律によって求められた夫婦のような生活の要件を充足しておらず、Y機関に対し、A女との内縁を援用しえない。」

X女はこれを不服とし、社会保障の一般化をもたらす1978年法はすべての者のための保護の原則を規律するものであるため、その規定は広義に解釈されなければならないところ、同法13条の夫婦のような生活とは、2者間の安定的な共同生活と理解されると主張して、破毀申立を行った。

● **判決要旨**

第1事例

「当該特典を『自由結合の配偶者（conjoint）に』拡大するY社規程24条1-1は、婚姻によって結びついてはいないものの夫婦（époux）のように生活することを決定した2人の者に享

27　同性カップルの「内縁」認定の可否

同性カップルの生活保障

Ⅵ 同性カップルの生活保障

受させようとしたものとして理解されなければならず、それは、男性1人と女性1人から成るカップルのみを対象としうる。このように判示した控訴院の判断は正当である。」

第2事例
「1978年法13条において夫婦のような生活の観念を参照することによって、立法者は、疾病保険及び出産保険に関して、婚姻によって結びついてはいないものの夫婦（époux）のように生活することを決定した2人の者の共同生活によって構成される事実状況に、法的効果を制限しようとした。それは、男性1人と女性1人から成るカップルのみを対象としうる。（控訴院が）X女は法律によって要求された夫婦のような生活の要件を充足していないと結論付けたことには根拠がある。」

●評　釈

1　本判決以前の内縁保護の状況

同性カップルの内縁認定可能性を議論する前提として、従来のフランスにおける内縁保護を概観しておきたい。伝統的にフランスでは、内縁保護には消極的であった。1804年制定のナポレオン民法典では、婚姻夫婦により形成される嫡出家族を強固に保護したため、非婚結合には抑圧的であった。その後、一方の事故死により内縁当事者が困窮する場合などに例外的に法的保護が与えられてきたが、その場合も、内縁は「婚姻とは異なる事実上の結合」であることが強調され、一般不法行為法理及び一般契約法理による解決が図られてきた。このような判例による法的効果付与の蓄積と、1960年代後半以降の内縁者数の増加から、とりわけ事実を重視する社会法の分野において、内縁をも保護の対象としうる旨が法律において規定されるようになった。

ところで、従来、内縁に関する事例はすべて男女の非婚カップルが対象であった。学説も一般に、内縁の定義を、安定性・継続性をもつ男女の非婚結合であるとしてきた。なお、「自由結合」という言葉は、従来の「内縁」という言葉がもつ古いイメージを嫌って20世紀後半から使われ始めた言葉であるが、法的には依然として「内縁」という言葉が主流であり、「自由結合」も「内縁」に吸収されて扱われている。

他方、同性カップルは、1980年代当時、同性愛行為の禁止こそなかったものの、社会から偏見を受けており、法的効果を積極的に得ることは難しい状況にあった。このため、同性カップルが社会的承認を得る手段の1つとして、あるいはその関係を守るために、裁判所に「内縁」に認められる法的効果を要求する事例が見られるようになった。本判決は、同性カップルの内縁（以下、これを「同性内縁」と呼ぶ）認定の可否について判断した初の破毀院判決として、大きな影響を与えた。

2　同性内縁を否定する見解

同性内縁を否定する立場（参考文献②④⑤）は、その根拠として、以下の2つを挙げる。

第1に、それまで法的効果が認容されてきた内縁には、安定的・継続的な男女の結合であることによって第三者の目から見て婚姻の外観が備わっていたことを重視し、「男女」でなければ婚姻の外観を得られないとして、同性内縁を否定する。本件第1事例及び第2事例の控訴院がこの立場を採用している。また、本件とは別に、賃借人死亡後の賃借権の同性パートナーへの移転が争われたパリ控訴院1986年5月27日判決も、この立場に立って、同性パートナーの請求を棄却している。

第2に、婚姻を参照することによって内縁が定義されていることを強調したうえで、その内縁が参照する婚姻とは、家族を形成する、つまり再生産を目的とするものであるとする。したがって、再生産を担うことのできない同性カップルは、内縁とは同一視することができないという帰結が導かれる。本件第2事例の第1審もこの論理を採用しているといえる。

3　本判決の立場

　以上に対し、本件破毀院判決は、それぞれの事例で問題となった「自由結合の配偶者」や「夫婦のように生活している者」という概念について、「婚姻によって結びついてはいないものの夫婦のように生活することを決定した２人の者」と定義し、そこから男女のカップルのみが当該概念に当てはまるとの帰結を導いた。この破毀院の論理は少し分かりにくいが、「婚姻しうる」カップルが「婚姻外」で「夫婦のように」生活することを「決定する」という４点に内縁の意義を見出しているといえるだろう。「外観」にも「再生産」にも明示的に触れなかった点が上記の否定説と比べての特徴であるが、男女間の結合である婚姻を参照することによって内縁を定義している点は同じである。

4　本判決への批判──同性内縁を肯定する見解

　当該破毀院判決に対しては、同性内縁の可能性を肯定する立場（参考文献①③⑧）から様々な批判が展開された。その根拠は、①内縁の語源、②従来の内縁の位置づけとの不整合、③社会法の役割の３点に分けられる。

　①　内縁を意味するフランス語のconcubinageという言葉は、ラテン語のconcubinaからきており、concubinaは単に「一緒に寝る」ということを意味するconcumbereに由来する。このため、内縁という言葉からは、性別の違いという基準を導入することは帰結しえないとする。このことから、「一緒に生活する２人の者（語源によると一緒に寝る者）の状況」こそが、内縁認定にとって本質的な問題であると指摘する。

　②　既に述べたように、従来のフランスの裁判所は、内縁を、婚姻とは異なる事実上の結合であるとして、婚姻と内縁とを区別してきた。この従来の立場に拠れば、男女の結合である婚姻と区別される内縁には、同性カップルを含みうることになる。「厳粛」な行為である婚姻と純然たる「事実」である内縁を根本的に区別し、婚姻独自の地位を守るためにも、同性内縁の否定は望ましくないとの主張である。

　他方、本破毀院判決のように内縁を定義することは、従来認められてきた内縁の法的保護を縮小させる可能性があるとの指摘もなされた。それまでの判例では、重婚的内縁にも法的効果を認めていたが、「婚姻しうるが婚姻していない」点に着目する本判決の内縁定義では、重婚的内縁は排除されることがその一例として挙げられる。

　③　本判決で問題となったのは、第１事例にしろ第２事例にしろ、労働法と社会保障法といういわゆる「社会法」の領域における内縁の保護である。たとえ、内縁と同性カップルとを区別することが望ましいとしても、それは、民法の領域に限られるべきであり、社会法の領域においては、カップルの「タイプ」を考慮する以前に、各個人の要保護性が考慮されなければならないとする。

5　本判決が与えた影響

　結局、内縁になぜ法的効果が認められてきたのか、すなわち「内縁」と「婚姻」の関係性に対する考え方の違いが、同性内縁の可否に対する立場を決定することが見て取れる。「婚姻」と「内縁」との間に厳然たる差をつける立場からは、同性内縁を肯定する帰結が導かれる。それに対し、同性内縁を否定する立場は、「内縁」を「婚姻」と近接させることによって、「男女間結合」と「同性間結合」の間に厳然たる差をつけようとしていると評価できる。（この点、日本の「内縁」保護は、フランスとは異なり、伝統的に「婚姻」と同視することによって行われてきたことに注意が必要である。つまり、日本の従来の内縁保護理論〔準婚理論〕からすれば、同性婚を否定したままで同性内縁を肯定することは、理屈上はフランス以上に難しいということになる。しかしながら、他方で、「婚姻」との近さにこだわらず、カップルとしての実態と要保護性があれば

Ⅵ 同性カップルの生活保障

法的効果を付与するという裁判所の傾向が見られるのも事実である。この傾向から見れば、日本でも同性内縁を肯定する余地があるといえよう。）

本判決は同性内縁の可能性を否定し、「男女間結合」と「同性間結合」の間を分断する立場をとった。この帰結がその後のフランスにおける同性カップルの法的扱いに与えた影響は大きい。

本判決後の裁判例では、同性カップル側の請求はことごとく斥けられた。本判決の事例に比べ、要保護性が高い事例であったとしても、本判決の帰結が踏襲されて法的保護が否定されたことから、立法による対処が意識されることとなった。当初は、社会法分野において、部分的に、同性カップルをも保護の対象とする旨の改正がなされた。最終的には、パックスを創設する1999年11月15日の法律（→本書33参照）によって、同性カップルも内縁と認定されうることが、明文によって規定されることになった（民法典515-8条）。本判決が、パックスや同性内縁を法定するきっかけとなったのである。同性カップルの内縁認定の可否は、同性カップルの法的扱い全体を左右する重要な問題であることを本判決は示している。

【参考文献】
① *D.* 1986, p.380, note Dominique Denis
② *D.* 1990, p.582, note Philippe Malaurie
③ *RTD. civ.* 1990, p.53, note Jacqueline Rubellin-Devichi
④ *Gaz. Pal.* 13 avril 1990, n°103-104
⑤ *JCP.* 1990, II, 21553, obs. Martine Meunier
⑥ *RTD civ.* 1991, p.306, note Jean Hauser
⑦ *JCP.* 1998, I, 151, n°2, obs. H. Bosse-Platière
⑧ Clotilde Brunetti-Pons, L'émergence d'une notion de couple en droit civil, *RTD civ.* 1999, p. 27
⑨ Caroline Mécary, *Droit et homosexualité*, Dalloz, 2000
⑩ Henri Capitant, François Terré et Yves Lequette, *Les grands arrêts de la jurisprudence civile*, Tome I, 12ᵉ éd., Dalloz, 2007, p.199
⑪ 齊藤笑美子「訳者解説」ロランス・ド・ペルサン著『パックス 新しいパートナーシップの形』（緑風出版、2004年）
⑫ 大村敦志「パクスの教訓―フランスの同性カップル保護立法をめぐって」岩村正彦・大村敦志編『個を支えるもの』（東京大学出版会、2005年）
⑬ 大島梨沙「フランスにおける非婚カップルの法的保護―パックスとコンキュビナージュの研究―（1・2完）」北大法学論集57巻6号（2007年）370頁・58巻1号（2007年）210頁

28 同性パートナーへの社員家族割引の適用と性差別
―― グラント対サウスウェスト鉄道会社

〈国際〉ヨーロッパ司法裁判所・1998年2月17日・判決
Grant v. South-West Trains Ltd, Case C-249/96, [1998] ECR I-621 [1998] IRLR 206 [1998] 1 FLR 839

〔田巻帝子〕

●事実概要

　原告リサ・グラントは、1995年1月に、勤務先のサウスウェスト鉄道会社に対して、被用者本人と近親家族に与えられる社員割引を、同棲しているパートナーの女性に適用する申請を行った。同社員割引の規定にいう近親家族には、配偶者及び扶養家族、また2年以上にわたって安定した関係にある非婚の異性パートナー、「コモンロー上の配偶者（common law spouse）」が（英国法では）含まれる。実際に、原告の前任者である男性社員は、同棲している女性パートナーへの同社員割引の適用を受けていた。

　原告の申請に対し、会社側は、同社員割引の適用は配偶者もしくは非婚の異性パートナーに限られるものであり、同性パートナーは規定外であるとした。そこで原告は、男性社員の女性パートナーには認めて女性社員の女性パートナーには認めない同社の対応は性に基づく差別であるとして、男女同一の賃金払いを定めたEC条約119条に違反すると雇用審判所（英国サウザンプトン）に訴えた。

　1996年7月22日の雇用審判所の決定で、以下の争点についてヨーロッパ司法裁判所に判断が持ち越された（ヨーロッパ司法裁判所は、加盟国の裁判所の申請に応じて、共同体法の要点の解釈や妥当性について先決的判決を下す役割を担う）。

　①　このような割引を、配偶者や非婚の異性パートナーに認めている一方で、同性パートナーに認めないことは、EC条約119条とヨーロッパ経済共同体指令（以下、EEC指令）75/117（1975年2月10日）1条にいう男女同一賃金の原則に反するか。

　②　119条の「性に基づく差別」には、被用者の性的指向に基づく差別が含まれるのかどうか、また、被用者のパートナーの性別に基づく差別が含まれるか。

　③　上記①が該当するのであれば、被用者は、雇用者に対して社員割引を認めるよう直接に訴えることができるか。

　④　このような割引適用の拒否は、EEC指令76/207の男女平等処遇の規定に反するか。

　⑤　雇用者は、（イ）同社員割引が、配偶者および配偶者と同等の立場にあるパートナーにする福利厚生であること、（ロ）会社の経済的・組織的な事由からではなく、同性カップルが夫婦と同等であると一般的に認められていないことを説明できれば、このような拒否を正当化することができるか。

●判決要旨

　「本件において、被用者社員の同性パートナーに対して、配偶者および非婚の異性パートナーに認められる運賃割引の適用が拒否されたことは、男女の同一賃金原則について定めたEC条約119条もしくはEEC指令75/117に違反する差別に該当しない」

　「このような社員割引は、先例からEC条約119条にいう『賃金』に含まれることは確定している。

　原告の主張は、（イ）社員割引の特典を、前任の男性社員の非婚異性パートナーに認めたことは、男性社員と女性社員の自分との扱いが平

Ⅵ 同性カップルの生活保障

等ではなく、性に直接基づく差別に該当する、ロ）これは119条にいう『性に基づく差別』の概念に含まれる、性指向*に基づく差別に該当し、Ｐ対Ｓおよびコーンウォール県（→本書22）で確認されたところの当事者本人の性に基づく差別である、というものである。

会社および英国側の反論は、（ハ）Ｐ判決は性別適合という特別な事例で、性の変更を理由とした差別が男女どちらの性に属するかを理由とした差別に相当すること以上を示したものではない、（ニ）原告が訴える処遇の相違は、本人の性指向や嗜好に基づくものではなく、割引適用規定の要件を単に満たしていないだけであり、（ホ）性に基づく差別は性指向に基づく差別ではなく、同性パートナーを（配偶者を含む）異性パートナーと同等に扱うことについては、共同体加盟国で共通理解を得ておらず、ヨーロッパ人権条約の擁護対象となっていない、というものである。

そこで、当裁判所は、①当該社員割引規定が、被用者本人の『性に基づく差別』にあたるかどうか、②もしあたらなければ、共同体法は、同性カップルを夫婦もしくは安定した関係にある非婚異性カップルと同等に扱うことを求められるかどうか、③性指向に基づく差別は、被用者本人の『性に基づく差別』に該当するかどうか、を検証する。

まず①について、同割引規定は、被用者の性別を問わずに適用されるものであり、女性社員の同性パートナーに適用されないのと同様に男性社員の同性パートナーにも適用されないことから、本人の『性に基づく差別』に該当しない。

②について、同性カップルの法的な扱いについては共同体加盟国間でばらつきがあり、合意のもとに法を制定するにいたっていないことから、同性カップルを夫婦や非婚異性カップルと同等に位置づけてはいないといえる。ヨーロッパ人権裁判所において、同性カップルは人権条約8条に定める『家族』に該当しないこと、夫婦や非婚異性カップルを同性カップルより優遇することは、同14条に定める性に基づく差別の禁止に該当しないこと、同12条（婚姻する権利）*は一対の異性カップルによる伝統的な婚姻のみ適用されることが確認されている。同性カップルの位置づけをめぐる現状から、その法的扱いについては各国の立法府における判断に委ねられる。

③について、原告が先例として引用したＰ判決は、被用者の性別適合*という固有の事例が本人の『性に基づく差別』に含まれると判断したものであり、（本件のような）性指向に基づく処遇の相違は該当しない。

さらに、国際法に照らして、共同体法で禁じている性差別の概念には性指向に基づく差別が含まれるという原告の主張に対しては次のように回答する。共同体法は、基本的人権の保護を主要な目的としているものの、共同体の権限を越えて、性差別についてＥＣ条約で定める内容を拡大解釈することはできない。しかし今後、共同体法を改正した1997年10月のアムステルダム条約が施行された暁には、性指向に基づく差別を含むさまざまな形の差別を撤廃するようしかるべき対応がとられることになる。

したがって、現行の共同体法における性差別に、性指向に基づく差別は含まれず、本件で原告の同性パートナーに社員割引が適用されないことは性差別にあたらない。」

● 評　釈

1　本判決の意義

本判決は、2年前（1996年）のＰ対Ｓおよびコーンウォール県判決（→本書22）で、トランスセクシュアル（以下、ＴＳ）であることを理由とした解雇が「性差別」に該当すると判断され、ヨーロッパ共同体法に定める「性差別」の解釈が広げられた後、同性愛*者であることを理由に職場で不利な扱いを受けることが直接的な性差別にあたるかどうか、その判断が注目されていた。しかし裁判所は、性差別にいう「性」と

は何かを正面から扱うことを避け、①性指向による差別を性差別と認めず、また②同性愛を異性愛と同じく扱わなくても差別にならないとした。特に②の点について、ヨーロッパ人権条約の下では同性愛者は「普通の」異性愛者と同等の扱いを受けないことが正当化されたことを、繰り返し引用することで原告の訴えを退けたため、判決後に、同じ「性的マイノリティ」でも法廷の扱いは「同性愛者＜TS*当事者」の図式であると揶揄した批判が学者や関連団体から寄せられた。

このグラント事件以降は、後述する他の同性カップルをめぐる裁判で法的に同性カップルを保護する方向の解釈が進み、また、1999年性差別禁止法、2004年シビル・パートナーシップ法の制定を経て、同性カップルが法的に認知される道が開かれた。その意味で、本判決は、同性愛者が法的に「不遇な時代」の最後に位置づけられる判決といえる。

本判決を受けて、同年6月15日に英国内の控訴院判決においても原告敗訴が確定している(Grant v. South-West Trains Ltd (Court of Appeal: Civil Division) [1998] 1 FCR 377)。

2 「性に基づく差別」の意味

本件の論点は、①原告の同性パートナーを社員割引規定の適用外とすることが、「本人の性に基づく差別（性差別）」にあたるかどうか、②共同体法の下では、同性カップル（ホモセクシュアル）を夫婦もしくは非婚異性カップル（ヘテロセクシュアル）と同等に扱うことが求められるか、③「性指向に基づく差別」＝「本人の性に基づく差別（性差別）」であるかどうか、である。原告は、①と③についてP判決で違法と判断された性差別に該当すると主張したのに対し、裁判所はP判決は先例として採用せず、また、「性指向に基づく差別」は「性に基づく差別」ではないと断定した。

共同体法・EC条約119条やEEC指令で禁止する性差別の解釈について、裁判所は、本人の性が何であるかという「本人の性に基づく・関することへの差別」を意味し、P事件で争点となった「当事者の性別適合に関する（本当の性に適合させる）行為を理由とした差別」はそれに含まれるが、本件の「性指向に基づく差別」は、この「本人の性に基づく・関することへの差別」とは区別され、共同体法の適用範囲外であるとした。

その理由を検証するにあたって、P判決同様に、性差別にあたるかどうかの判断基準となる対象（comparator）と事実とを比べる比較衡量型アプローチ（comparison-centred approach）が用いられた。まず、被告の会社および英国側は、同性愛指向の男性社員（比較基準）と同性愛指向の女性社員（本件事実）とを比べると、同じように冷遇されて「等しく哀れな（equal misery）」処遇に差がなく、性差別とならないと主張した。それにたいして原告側は、非婚女性パートナーのいる男性社員（比較基準）と非婚女性パートナーのいる女性社員（本件事実）の比較で、社員の性別によって差別があるため性差別にあたると主張した。問題の焦点となるのは、当該社員の性別いかんというよりはむしろ、社員の性別とそのパートナーの性別の組み合わせであり、いずれにしても「性（の概念）はその差別の中心にある」(Bell, 1999)と言える。

しかし、P事件とは全く異なり、裁判所は「運賃割引は、同性パートナーと暮らす男性社員にも、同性パートナーと暮らす女性社員と全く同様に認められない。このように（社員）規定の適用条件が男性社員と女性社員と同様であるならば、これは直接的な性差別にはあたらない」(27-28段落)として、「等しく哀れな」処遇というアプローチを採用した。

3 ECにおける同性愛者の位置づけ

さらに裁判所は、性指向に基づく差別が共同体法に定める性差別の概念に該当しないことについて、同性愛者の処遇をめぐる立法の有無や歴史的経緯や文化的社会的状況からEC加盟国

Ⅵ 同性カップルの生活保障

間に「温度差」があり、同性愛者の扱いが統一されていないことをその理由とする。ECにおいては、基本的人権を保護する原則を条約や指令によって規定化する一方で、具体的な人権の内容によっては、各国の裁量に判断をゆだねるというスタンスが一般的にとられてきた。

しかし本判決の裁判所の姿勢は、判決の時点で15の加盟国のうち7カ国が立法により同性愛者への差別禁止を明確に打ち出していることから、性指向をめぐる法の判断に関するこの間の一般的傾向を軽視するものである。ヨーロッパ人権条約の下で、同性愛者を異性愛者と同等に扱わないとする判断は1990年に示されたものであり、それ以降の社会情勢の変化や1年前の1997年1月のサザランド事件（ヨーロッパ人権委員会 Sutherland v. UK, No.25186/94）での、ヨーロッパ人権条約14条で禁止する差別は性指向による差別を含むという判断を考慮していない。

「性差別」の意味について、同じ裁判所で出されたP判決の「何かしら性に関わる差別」という解釈と一致することなく、グラント判決で慎重な判断が求められた理由は次の3つの政策的配慮が考えられると指摘されている（Bell, 1999）。①法的保護の対象となる当事者グループの規模の違いからの政策的配慮である。統計的に非常に少数のTS当事者と比べて同性愛者の人口は3,500万人と推定され（エルマー法務官）、また、「同性愛者」の定義は一様ではなく、例えば本件の社員割引の適用をめぐって該当する当事者対象が量的に質的に複雑に膨れ上がる可能性がある。②英国内の行政に及ぼしうる影響からの政策的な配慮である。同性愛者の数に関連して、本件でグラントの主張が認められた場合、新たな法律や制度の整備が必要となり、英国内だけでなくEC加盟各国で労働法や差別禁止法の改正が求められることが想定される。③「道徳的な」側面からの政策的配慮である。宗教、特にキリスト教との関係から、婚姻と家族をめぐる問題は常に慎重な対応が求められており、同性愛の社会的な受容に決着がついていない現状から宗教関係者や機関への影響を考えたものである。

以上のことから、本裁判所は、同性愛者の位置づけについて英国のスタンスを支持し新たな解釈は提示しなかった。

4 配偶者（spouse）と家族の一員（a member of family）

2004年シビルパートナーシップ法以前の同性愛者にとって、パートナーとの家族生活を法的に保護されることは困難であった（英国では、1967年の性犯罪法改正まで同性愛者は犯罪者であった）。一方で、法律上の婚姻関係にない同棲している異性カップルは、「コモンロー夫婦」として、婚姻関係にある夫婦と同様の、もしくはほぼそれに準ずる地位を占める扱いを受けてきた。

本判決前の参考意見でエルマー（Elmer）法務官は、当該の社員割引規定は家計を支援する家族割引という福利厚生の規定であるとして、次のように解説をする。「同規定にある『コモンロー配偶者（common law spouse）』は、夫・妻という性の属性を含まない『配偶者（spouse）』の意味で、同性パートナーも含まれる。なぜなら、同規定で割引の対象となるのは『異性のコモンロー配偶者』としており、コモンロー配偶者の中でも異性パートナーの場合に限定していることがわかるからである」。ここで言及されたように、英国には、2種の異性カップル（夫婦と非婚異性カップル）と同性カップルが存在し、この3つのカップル間には階層構造がある、すなわち上から夫婦、非婚異性カップル、同性カップルの順に位置づけられている、という指摘がなされている（Bailey-Harris, 1999）。本判決で、この階層構造がある「事実」を前提に、「配偶者」の拡大解釈をめぐって同性カップルを異性カップルと同等に扱うことはできず、あくまでも下位にあるグループとして法的に同等な権利義務が発生しないことを正当化している。また、上述のように、ヨー

ロッパ人権裁判所においてもその扱いの差異が正当化されるとする。

英国の同性「配偶者」をめぐっては、フィッツパトリック判決（Fitspatrick v. Sterling Housing Association Ltd, 1998年に控訴院民事部判決［1997］4 All ER 991、1999年に貴族院判決［2000］1 FCR 21）があり、これは、死別した同性パートナーのテナンシー（不動産賃借権）を他方パートナーが相続する権利を認めた画期的な判決である。英国内の裁判所に人権侵害を訴えてその主張が認められないと、次のステップとしてヨーロッパの裁判所に持ち込むというパターンが多い中で、英国内の裁判所で決着がつき、また、ヨーロッパに先駆けて同性パートナーに有利な判断をしたケースである。

グラント判決でも参照されている、ヨーロッパ人権条約8条にいう「家族生活」は同性パートナーに認められていなかったが、フィッツトリック判決で英国裁判所は、同性パートナーを「配偶者」として扱うことはできないが相手方の「家族の一員」と認めることができるとして、家族が享受しうるテナンシーを与える判断をした。その後、2002年ガーダン判決（Ghaidan v. Mendoza, 控訴院判決［2002］EWCA Civ 1533）では、フィッツパトリック判決よりさらに同性パートナーの解釈が前進し、遺された同性パートナーを死別した者の「配偶者とみなす」判断がなされた（その後2004年の貴族院判決［2004］UKHL 30において確定──同年11月に成立したシビル・パートナーシップ法を見越したものと考えられる）。同判決において、本件のグラント判決に言及して、同性パートナーの解釈が見直されており、ヨーロッパ人権条約14条の性差別に「性指向」による差別は含まれることを確認している。

このことから、同性カップルの「家族生活」に関しては、2人の関係を「配偶者」より「家族の一員」として位置付けるほうが、社会的にも法的にも受容されやすく、その観点から、本件で原告グラントがパートナーを「配偶者」の規定ではなく、「扶養家族」の規定で社員割引の申請を行っていれば、若干異なる判断がなされたかもしれない。

【参考文献】

① 三木妙子 2003「欧州人権裁判所に現れた家族」三木他『家族・ジェンダーと法』（成文堂）1-36頁
② Armstrong, K., 1998,"Tales of the Community: sexual orientation discrimination and EC law," *Journal of Social Welfare and Family Law* Vol.20 No.4, pp.455-468
③ Bailey-Harris, R., 1998,"Case Report: Discrimination," *Family Law* Vol.28 July pp.392
④ Bailey-Harris, R. 1999,' Third Stonewall Lecture: Lesbian and Gay Family Values and the Law', *Family Law* Vol. 29 August, pp. 560-570
⑤ Jeremiah, M., 1998, "Viewpoint; Extend anti-discrimination laws to all," *The Lawyer*, 14 April 1998, p.19
⑥ Bell, M., 1999,"Shifting Conceptions of Sexual Discrimination at the Court of Justice: from *P v S* to *Grant v SWT*," *European Law Journal* Vol.5 No.1, pp.63-81
⑦ Reeves, T., 1999,"No homosexual please, we're European," *New Law Journal* Vol.149 No.6884, pp.558
⑧ Barnard, C., 1998,"The Principle of Equality in the Community Context: *P, Grant, Kalanke and Marshall*: Four Uneasy Bedfellows?," *Cambridge Law Journal* Vol.57 No.2, pp352-373
⑨ Barnard, C., 1999,"Some are more equal than others: the decision of the Court of Justice in *Grant v. South-West Trains*," in A. Dashwood & A. Ward (eds) *Cambridge Yearbook of European Legal Studies*.Vol.1, pp.147-173
⑩ Skidmore, P., 2004, "A Legal Perspective on Sexuality and Organization: A Lesbian and Gay Case Study," *Gender, Work and Organization* Vol.11 , pp.229-253
⑪ Koppelman, A., 2001, "The Miscegenation Analogy in Europe, or, Lisa Grant meets Adolf Hitler," in R. Wintemute and M. Andenaes (eds) *Legal Recognition of Same-sex Partnerships* (Hart Publishing), pp.623-633
⑫ Helfer, L. R., 1999, "International Decisions: *Grant v. South-West Trains Ltd.*," *American Journal of International Law* Vol.93, pp200-205
⑬ Bowley. M., 1998, "A Pink Platform," *New Law Journal* Vol.148 No.6830, p.376
⑭ Kenner, J., 1998,"EC Employment Law," *New Law Journal* Vol.148 No. 6855, p.1316
⑮ Wintemute, R., 1995,"Sexual orientation and military employment," *New Law Journal* Vol.145 No. 6714, p.1477
⑯ Desmond, H., 1997, "New developments in anti-discrimination law," *New Law Journal* Vol. 147 No.6804, p.1216

Ⅵ 同性カップルの生活保障

29 遺族年金の同性パートナーへの支給
── ヤング対オーストラリア

〈国際〉規約人権委員会・2003年9月18日・見解
Young v. Australia, UN. Doc. CCPR/C/78/D/941/2000

〔馬場里美〕

●事実概要

申立人（男性）はC（男性）と38年間にわたって性的関係にあった。Cは退役軍人であり、申立人は、Cの晩年の数年間、Cを世話していた。Cは1998年12月20日、73歳で死亡した。1999年3月1日、申立人は退役軍人援護法（Veteran's Entitlement Act. 以下、援護法という）13条に基づいて、退役軍人の被扶養者として年金支給を申請したが、1999年3月12日、申立人は同条に基づく被扶養者ではないとして申請は却下された。

なお、援護法11条は「退役軍人の被扶養者とは、(a)パートナー……を意味する。」とあり、同法5E条は、パートナーを「カップルの一員である者に対する、他方の一員」と定義している。そして、同条(2)によると、カップルとは、次のいずれかに該当する場合であるとされている。「(a)法的に婚姻しており、恒常的な別居状態にない場合。(b)次の全ての条件を満たしている場合。(i)ある者が他の性別の者（以下パートナーという）と共同生活をしていること。(ii)パートナーと婚姻していないこと。(iii)パートナーと婚姻と同様の関係にあること。(iv)1961年婚姻法23B条により禁止された関係ではないこと。

そして、申請を却下する決定では、「援護法5E条(2)(b)(i)の文言は明確であり、この点に関する裁量の余地はない。したがって現行法のもとで申請者は退役軍人の被扶養者とはみなされない。このため、同法に基づく年金の受給資格は認められない」とされた。

この後、申立人は異議申立を行ったが、同様の理由で却下された。

このため、申立人は、締約国が、同性であることを理由に申立人をCのパートナーと認めなかったことを、国際人権自由権規約（以下、規約という）26条が保障する法の下の平等の権利の侵害にあたると主張した。

これに対して、締約国は、次のように主張した。援護法13条(1)は戦争に関する勤務に関連する死亡であることを要件としているが、C氏はこれに該当しないため、性別とは無関係の要因で申立人にはそもそも年金受給資格が認められない。このため、申立人は性的指向*に基づく差別の被害者であるとはいえず、受理可能性を認めるべきではない。また、仮に受理可能性が認められるとしても、年金受給申請却下の理由は、申立人が実際にCのパートナーであったことが十分証明されていなかったこと等であり、規約26条の問題は生じない。

●見解要旨

・受理可能性について

締約国は、申請却下の理由は、申立人がそもそも年金受給資格のあることを立証していないことであり、国内担当機関の決定にかかわらず、性的指向が理由ではないため、規約の権利を侵害するものではなく、受理可能性がないと主張している。しかし、国内担当機関は却下の理由を、「他の性別の者」と居住していないために「カップルの一員」ではないためと説明しており、少なくともこれらの機関は申立人の性的指向を理由としていたことは明確であるため、申立は受理される。

・本案について

　申立人が当該年金の受給資格を満たしていたか否かは明確ではないが、当委員会はこのような事実関係や証拠を審査する権限を持たない。しかしながら、国内担当機関が申請を却下するにあたって示した唯一の理由は、申立人が「他の性別の者と共同生活をしていること」という条件を満たさないことであるため、この点について当委員会は審査を行う。

　締約国は、国内機関が申立人の申請を、申立人が他の性別の者と生活しておらず「カップルの一員」ではないことを理由に拒否した解釈を否定せず、ただ、法が定める別の理由によっても申立人の申請は却下されていたであろうことを主張するのみである。当委員会は、仮に申立人が他のすべての要件を満たしているとしても、「カップルの一員」という文言のために年金を受給できる可能性はないものと考える。この点について、締約国も反論していない。したがって、当委員会は、締約国が、申立人がCと同性であることを理由に年金支給を拒否したことが、規約26条に違反するかどうかを審査する。

　当委員会の先例によると、規約26条に基づく差別の禁止は、性的指向に基づく差別の禁止も含む（トゥーネン対オーストラリア）。また、婚姻したカップルと婚姻していないカップルの区別は、当該カップルが婚姻するか否かを選択できたことから、合理的かつ客観的なものである（ダニング対オランダ）。本件では、年金受給の要件として、婚姻したカップルまたは異性の同居カップルと定められているが、パートナーと同性である申立人が婚姻できないことも、同居カップルと認められることがないことも明らかである。当委員会の一貫した先例によると、すべての区別が規約に基づいて禁止されるわけではなく、合理的かつ客観的要件に基づく区別は許容される。締約国は、年金受給から排除される同性パートナーと、年金受給を保障される異性パートナーとの区別の合理的かつ客観的理由について説明しておらず、また、この区別を正当化するいかなる要素も提出されていない。したがって、当委員会は、締約国が、申立人の性別または性的指向に基づいて申立人への年金支給を拒否したことは、規約26条に反すると結論付ける。

● 評　釈

1　自由権規約と「性的指向」

　国連には様々な人権保障制度があるが、自由権規約をはじめとして、性的指向に関して明示的に定める規定をもつ人権条約は存在しない。しかしながら、1990年代以降、各条約の解釈の中で、性的指向に言及する人権条約実施機関が見られるようになっている。とりわけ重要なのは、自由権規約委員会（以下、委員会という）である。委員会は、私的な同性愛行為を刑法で禁止したタスマニア州法が争われたトゥーネン対オーストラリア事件（Toonen v. Australia, Communication No. 448/2000（4 April 1994）, UN. Doc. CCPR/C/50/D/488/1992）において、私的な同性愛*行為の禁止は規約17条が保障するプライバシー権を侵害するとした。これが、国際人権において性的指向に関する権利が認められた最初の事例とされている。

　その後、同性愛行為の禁止など、性的指向のみを理由に積極的に差別し不利益を与える法制度がプライバシー侵害となることは定着した。そこで、次に問題になったのが、同性愛者に対するより一般的な平等取扱が締約国に義務付けられるのかという点、すなわち規約26条が保障する平等との関係である。本見解は、この点に関するリーディングケースである。

2　規約26条と性的指向に基づく差別

　本見解でも述べられているように、委員会の先例によると、規約26条は列挙された事由に関するあらゆる区別を禁止するものではなく、合理的かつ客観的理由に基づく区別は許容される。したがって、論点は2つに分けられる。第1に、規約26条に列挙されている「人種、皮膚の色、性、言語、宗教、政治的意見その他の意見、国民的若しくは社会的出身、財産、出生又は他の地位等」に「性的指向」が含まれるのかという

Ⅵ 同性カップルの生活保障

点である。そして第2に、含まれるとするならば、性的指向に基づく区別が「合理的かつ客観的」であるとされるのはどのような場合かという点である。

(1) 性的指向に基づく差別と規約26条列挙事由

この点について、委員会はすでにトゥーネン事件見解の中で、性的指向は、規約26条の「他の地位」ではなく「性」に含まれることについて言及している。もっとも、これは規約17条違反というトゥーネン事件の結論とは関係のない、いわば傍論部分であったため、その射程は不明確なものであった。

このため、遺族年金受給資格の異性カップルへの限定が問題となった本件ヤング事件は、性的指向と規約26条の関係が主たる争点となった最初の事件であるといえる。委員会は、トゥーネン事件を引用し、規約26条の「性」に性的指向が含まれることを明確に示したうえで、社会保障受給資格に関しても、この指標が適用されることを明示した（なお、規約26条が社会保障分野に適用されることについては、ダニング対オランダ（L. G. Danning v. The Netherlands, Communication No. 180/1984（9 April 1987）, U. N. Doc. CCPR/C/OP/2）を参照）。このため、同居異性カップルに認められる社会保障の受給資格が、同居同性カップルには認められない場合には、その「合理的かつ客観的な理由」を国家の側が立証しなければならない。このことは、後述のように、社会保障制度が、「家族」概念と密接な関連をもつために、きわめて重要な意味をもっている。

(2) 「合理的かつ客観的な理由」

では、委員会は、性的指向に基づく区別を、どのような場合に「合理的かつ客観的な理由」があると判断するのだろうか。前述のトゥーネン事件では、規約17条のプライバシー権の制約の文脈であるが、委員会は、私的な同性愛行為を禁止する根拠として締約国が主張した公衆衛生と道徳の維持という理由を、合理性がないとして退けた。本件では国家による不利益措置ではなく、積極的な利益付与が問題となっているのであるが、見解ではオーストラリア政府が規約26条に基づく申立人の主張に対して正面から応答していないことが、規約26条違反という結論の直接の理由となっている。このため、本見解は国家による給付に関して性的指向に基づく区別を広く禁止する趣旨ではなく、その射程は限定的に解すべきとする個別意見が本見解には付されている。

しかしながら、後に出されたX対コロンビア事件見解（X v. Colombia, Communication No. 1361/2005（14 May 2007）, U.N. Doc. CCPR/C/89/D/1361/2005）と合わせて考えるならば、ヤング事件の重要性は明らかである。この事件も、同性パートナーの遺族年金受給権が問題となったものである。ここでも、ヤング事件の場合と同様に、婚姻していない同居の異性カップルには年金受給権が認められていたことから、委員会は、婚姻・非婚姻の区別ではなく、同性カップルと異性カップルの区別の問題、すなわち性的指向に基づく区別であることを指摘したうえで、締約国が婚姻していない異性カップルに資格を与え、同じく婚姻していない同性カップルにそれを与えないという区別を行う合理的かつ客観的理由についていかなる理由も説明していないため、規約26条が禁止する性的指向に基づく差別であると判断した。

重要なのは、ヤング事件とは異なり、このX事件では、締約国が、同性・異性の区別の正当性について、「法制定の際には、単にカップルが共に生活しているかどうかだけでなく、さまざまな社会的および法的要素が考慮されるのであり、性的または感情的結びつきに基づくか否かにかかわらず、すべてのカップルおよび社会的集団に同様の財産的制度を創設する義務はない。また、本制度の創設目的は、単に異性カップルを保護することであり、他の結びつきに対して損害を与えることではない」と主張しており、委員会は、これを退けて規約26条違反を認定している点である。婚姻しているか否かで異性カップルが区別される場合には、委員会は、当事者に婚姻という選択肢自体が開かれていることを理由に、区別の正当性を一貫して認めている（ダニング事件（前掲）、ダークセン及びベッ

カー対オランダ（Derksen and Bakker v. The Netherlands, Communication No. 976/2001 (15 June 2004), U.N. Doc. CCPR/C/80/D/976/2001））。これに対して、婚姻外の関係の中で、性的指向を根拠として区別がなされる場合には、特定の社会的集団（この場合は異性カップル）を特に保護することについての積極的な理由が必要とされるということである。

しかし、規約26条からこのような解釈を導き出す場合には、婚姻の自由を保障する規約23条との関係が問題となり得る。委員会は、規約23条の適用範囲を異性関係に限定しているからである（ジョスリン対ニュージーランド（Joslin v. New ealand, Communication No. 902/1999 (17 July 2002), UN. Doc CCPR/C/75/D/902/1999）。X事件見解に付された反対意見もこの点を指摘している。規約23条をそのように理解する場合、規約全体の整合性をふまえた解釈をするならば、事実上の婚姻関係とみなされ得る同居の異性カップルとは異なり、同性カップルは規約の意味における家族ではなく、家族概念を基礎におく利益を要求することはできないはずである。そして、コロンビア政府も主張しているように、社会保障の制度設計の際には、必ずしもすべてのカップルおよび社会的集団に同様の財産的制度を創設することが求められるわけではない。多くの場合、その基礎とされているのが、社会の最小構成単位であるところの「家族」であり、それ以外にどのような社会的集団を対象とするかの判断の際には、単に共同生活の有無、また性的あるいは感情に基づく結びつきの有無だけでなく、さまざまな社会的及び法的要素を考慮して行われているのが現状である。

したがって、性別にかかわらず全てのカップルが同等に利益を保障されていることをスタートラインとし、単に、すべてのカップルを同等に扱う必要はないということ以上の、区別の客観的かつ合理的理由を締約国側が主張しなければならないとする場合、その立証はきわめて困難になると考えられる。その意味で、ヤング事件とそれを受けたX事件は、利益付与について性的指向に基づく差別の禁止が適用されたことにとどまらず、規約における婚姻や家族の意味を問い直すことにもつながり得る、きわめて論争的なものといえるのである。

3 国連のその他の取り組み

自由権規約委員会だけでなく、たとえば、社会権規約委員会も健康、雇用、住宅分野における性的指向に基づく差別の禁止について一般的意見の中で言及するなど（General Comment 14 (UN. Doc. E/C.12/2000/4) para 18, Geranal Comment 18 (UN. Doc. E/C.12/GC/18) para 12, etc.）、国連の人権諸機関において、性的指向に基づく差別の禁止は、既存の条文の解釈としては定着しつつある。しかしながら、これらはいずれも法的拘束力をもつものではないため、その実効性は必ずしも十分とはいえない。本件でも、規約26条違反という委員会の判断に対して、オーストラリア政府はその受け入れを拒否し、いかなる対応策もとられていない（UN. Doc. CCPR/C/81/CRP.1/Add.6）。

このため、法的拘束力のある新たな条文の必要性もいわれているが、各国による文化や伝統に基づく政治的抵抗も強く、普遍的なコンセンサスの形成が困難ななかで、複数国に適用される共通の権利というかたちで明記されるには至っていない。

【参考文献】
① Ignacio Saiz 2004, "Bracketing Sexuality : Human Rights and Sexual Orientation-A Decade of Development and Denial at the UN", 7 *Health & Human Rishts.* 49
② Holing Lau, 2008 "Sexual Orientaiton & Gender Identity : American Law in Light of East Asian Developments", 31 *Harvard Joumal Law & Gender* 73.

30 同性パートナーの居住権——カルナー対オーストリア

〈国際〉ヨーロッパ人権裁判所・2003年7月24日・判決
Karner v. Austria, Reports 2003-IX

〔齊藤笑美子〕

●事実概要

申立人ジグムント・カルナー（男性）は、同性のパートナーであるW（男性）と、Wが1年前から賃借人であったウィーンの集合住宅で暮らしていたが、1994年にWはエイズのために死亡した。1995年、この住宅の所有者は、賃貸借契約を終了するため申立人に対して訴訟を起こした。

1996年1月、ファヴォリーテン（Favoriten）地区裁判所は、亡くなった賃借人の家族のメンバーが賃貸借契約を承継して引き続き居住する権利を持つことを定めたオーストリア賃貸借法14条3項が同性パートナーにも適用されると判断して、所有者の訴えを退けた。同年4月、ウィーン民事地域裁判所は、地区裁判所の判断を支持して所有者による控訴を棄却した。同裁判所は、賃貸借法14条3項の目的は、婚姻せずに長期間共に暮らしてきた人々が突如路頭に迷うことのないようにこれらの人々を保護することであり、この規定は異性愛*者と同様に同性愛*者にも適用されると判断した。

しかし、同年12月、オーストリア最高裁判所は、所有者による上告を受けて、控訴審判決を取り消して賃貸借契約を終了させた。最高裁によると、賃貸借法14条3項にある「生活の伴侶」（Lebensgefährte）の概念は、法律の採択時と同様に解釈しなければならず、1974年の法律採択時、立法者には同性愛カップルを含める意図がなかったと考えたからである。

申立人は、性的指向*に基づく差別を受けたとして、ヨーロッパ人権条約（以下、条約）8条（私生活・家族生活の尊重を受ける権利*）および14条（権利の平等享有*）の違反を人権裁判所に申し立てたが、オーストリア政府は、2000年9月に申立人が死亡していることを理由に、申立の却下を求めている。なお、問題の賃貸借法14条2項は、「住居の主たる賃借人が死亡した場合、3項に定める賃貸借承継権者は賃貸借契約を承継する」と定める。そして3項は、賃貸借承継権者に、亡くなった賃借人の配偶者、直系卑属・尊属、兄弟姉妹の他に、「生活の伴侶」を含め、これを賃借人の死亡まで、賃借人と婚姻生活同様に世帯の出費を分担し、その家屋で賃借人と3年以上暮らしている人と定義しており、その家屋に賃借人とともに移り住んできた人も、これに同視される。

●判決要旨

14条違反

・8条と結びついた14条違反の主張について

オーストリア最高裁判所が1996年12月5日の判決で、賃貸借法14条にいう「生活の伴侶」の地位を申立人に認めなかったことが、性的指向に基づいた差別にあたると申立人は主張している。申立人は8条と結びつけて14条を援用している。

・14条の適用可能性について

申立人は、当該訴訟の対象は、私生活、家族生活と住居について定める8条1項の管轄であると主張する。オーストリア政府は、本件の対象が8条1項の「私生活および家族生活」の管轄ではないと主張している。

14条は、他の条項を補うものであり、単独では適用されないので、本件の対象が8条の管轄

か否かを検討する。

当裁判所は、「私生活」あるいは「家族生活」を定義する必要はないと考える。というのも、本件では、8条の保障する住居を尊重される権利が、この取扱の差異によって侵害されたかが問題であるからである。申立人はWが借りていたアパートで生活しており、オーストリアの裁判所は、彼の性別、より正確には彼の性的指向を考慮に入れなかったならば、賃貸借法14条に定める人生の伴侶の地位を認め、これによって彼に賃貸借契約承継の権利を与えたであろう。従って、14条は援用される。

・8条と結びついた14条違反の主張について

オーストリア政府は賃貸借の承継について、その性的指向のために申立人が異なる取扱の対象となったことを認めているが、他方で、この取扱の差異には、伝統的家族の保護という客観的かつ合理的な根拠があると主張する。

何らかの取扱の区別が、客観的合理的な正当化根拠を欠くとき、つまりその区別が正当な目的を持たない、あるいはその目的と用いられる手段との間に釣り合いのとれた合理的関連が存在しないときには、この区別が14条の禁ずる差別に当たる。さらに、性別のみに基づいた取扱の差異は、非常に強固な理由がない限り条約違反とされるが、これと同様に、性的指向に基づく取扱の差異も特に重要な理由によって正当化されなければ条約違反である。

オーストリア最高裁判所は、最終的に賃貸借の終了を望む所有者の要求に応えたが、その判決理由において、異性カップルのメンバーのみが賃貸借承継の権利を享受することを正当化する重大な理由があるとは述べておらず、賃貸借法14条3項採択の際、立法者にはその保護を同性カップルに拡大する意図はなかったと述べた。そしてオーストリア政府は、当該規定の目的は、今日、伝統的家族単位の保護であると主張する。

当裁判所は、伝統的な意味における家族の保護という目的が、取扱の差異を正当化する重要な理由の1つであることを認めるにやぶさかでない。そこで本件の場合には、比例性の原則が尊重されていたかどうかを検討しなければならない。

伝統的意味の家族を保護するという目的は、かなり抽象的であって、それを実現するためには様々な措置が採用されうる。性別や性的指向に基づいた取扱の差異の場合のように、締約国に残された裁量の余地が狭いときは、採られた措置が追求されている目的を通常実現できるものであることのみならず、目的の達成のために、ある人々―この場合は同性愛関係にある個人―を問題となっている措置―本件では賃貸借法14条―の適用領域から排除する必要性を立証することが、比例性の原則から義務づけられる。当裁判所は、オーストリア政府が、このような結論に至ることを可能にする論拠を提示していないと認める。故に、当裁判所は、賃貸借法14条3項を限定的に解釈することによって、同性カップルがこの規定を援用する可能性を剥奪することを正当化する説得的かつ確固たる理由を、オーストリア政府は提示していないと判断する。従って8条と結びついた14条の違反があったと認める。

●評　釈

1　同性パートナーの居住権

同性パートナーの居住権は、社会保障受給権と同様に、同性カップルの日常生活に密接にかかわる。複数の人が居住することを目的として、家屋の賃貸借契約を締結する際、全ての人が賃借人として契約書に名を連ねることができればよいが、それが可能でなかったり、あるいは単にそのような配慮をしないということが考えられる。賃借人である人が急に亡くなるようなことがあった場合、賃借人ではない居住者は、権利のないまま家屋を占有していることになり、賃貸人の退去要求に対抗することができない。それでも賃貸人との間に良好な個人的関係があれば切り抜けることができようが、同性カップ

Ⅵ 同性カップルの生活保障

ルの場合、賃貸人の偏見にぶつかることも考えられる。そのようなとき賃借人ではない同性のパートナーは住む場所を失うという困難に直面することになってしまう。

　婚姻カップルの場合であれば、遺された配偶者は法律で明示的に賃貸借を承継できることが多く、問題は生じない。賃貸人とその同居人に法律上の関係がない場合でも、法律は同居人を保護する規定を持つことが多い。それがオーストリアの賃貸借法14条に定める「生活の伴侶」という地位である。日本の法律も同様の規定を持っており、事実婚カップルの生存パートナーの居住権を保障する（借地借家法36条１項）。本判決で問題となったのは、このようにもともとは婚姻していない異性カップルの保護を念頭におく規定の、同性カップルへの適用の可否であった。オーストリアの国内下級審はこれを承認したが、最高裁は、異性カップルを念頭に置いた立法者意思にこだわり、同性カップルへの適用を拒否したのであった。

　フランスでも、同性パートナーの居住権の問題は、パートナーシップ制度に関する議論の嚆矢となった（→本書27評釈参照）。実生活に密着した問題であり、婚姻していない異性カップルへの権利保障が、明文ですでに認められていたということが、事件の背景にあると思われる。

2　審査の基準

　ヨーロッパ人権裁判所は、時代状況に応じて積極的に条約を解釈する。つまり、時代状況に応じて、判例は大きく変更されうる。本判決の８年前、ヨーロッパ人権委員会は同様の事件において、同性カップルへの賃貸借承継を認めないことには合理性があるとしていた（Röösli v. Germany, 15 may 1996, DR 85-B）。従って、本判決は、明確な判例変更となった。このような変更をもたらしたのは、実際のところ、同性カップルの法的承認が飛躍的に拡大する90年代半ば以降のヨーロッパの状況の変化であると思われるが、ここでは判決内在的に検討を加えてみよう。

　性的指向が、条約14条の権利の平等享有によってカバーされる概念であることは、ダ・シウヴァ事件において明らかにされている（→本書38）。本判決においては、さらに、性的指向を理由とする取扱の差異については、性別を理由とする取扱の差異と同様に、締約国の裁量の余地は限定され、厳しい審査が行われることを明らかにしている（41段落）。こうして国家の裁量は厳しく限定され、「伝統的家族の保護」という立法目的の正当性だけではなく、その目的達成のために、同性パートナーの排除が必要であることが立証されなければならない（同段落）。さらにその立証責任は国家側にあるとされている。今回、オーストリア政府はそうした立証責任を果たしていないとみなされ、14条違反の責めを負うことになったのである。

　このように性的指向に基づく取扱の差異に不合理性を推定し、立証責任を国家に課すというきわめて厳しい審査基準を用いたことが本判決の結論を導き出すことを可能にしていると言える。

3　判決の射程

　もう１つの論点は、この事件で対象となっている利益が条約の保障する権利のうち、いずれによってカバーされるのかという点である。条約14条は、単独では適用されず、条約で保障される他の権利を平等に享受できなかった時に適用される。本件が、条約の８条の問題であることは明らかであるが、同性の関係は、従来、８条のうちでも「私生活の尊重を受ける権利」によって保障されるというのが、人権裁判所の立場であった（→本書1）。同じ８条の「家族生活の尊重を受ける権利」は、家族的紐帯の既存を前提としており、判例によると、これに同性パートナーの関係は含まれない。家族生活の尊重で保障される結びつきは、国家の積極的な保護を約束され、家族呼び寄せ権のような重要な権利の保障を受けることができることになる。

それゆえに家族生活の定義は最も紛糾するのであるが、本判決はこの点への言及を避け、やはり8条に定めのある「住居の尊重」の問題と解したのであった。

それでも、人権裁判所が、刑事分野に続いて（→本書3）、民事分野でも、性的指向に基づく取扱の差異に対してきわめて厳しい審査を行ったことの射程は小さくない。人権裁判所が住居の尊重において一度認めた平等を、他の分野では適用しないということが想像しにくくなったのは間違いない。「同性カップルに家族生活の尊重を受ける権利が認められる時期が遠くないこと」を予想させる判決と言われている

(Frumer, p.683)。

【参考文献】

① *RTD civ.* 2003, octobre-décembre, p. 764, chron. Jean-Pierre MARGUENAUD
② *Revue des contrats*, 1er juillet 2004, n°3, p.785, note Anne DEBET
③ *JCP éd. G.* 2004, chron. I 107, p. 185
④ *RDP* 2004, n°3, p. 841, note Michel LEVINET
⑤ Philippe FRUMER《La discrimination fondée sur l'orientation sexuelle dans les relations de partenariat ou de cohabitation》*Rev. tr. dr. H.* 2004, p.663

VI 同性カップルの生活保障

Column 7

事実婚カップルと社会保険・住居・医療

　事実婚とは、愛情や信頼にもとづき協力して生活を維持しているが、婚姻届を出していないふたりの関係や生活のことをいう。日本では、事実婚のカップルというと男女のカップルが思い浮かぶが、同性同士でもお互いを人生のパートナーだと認め合い、長期にわたり生活をともにするカップルがもちろんいる。

　さて、婚姻届を提出した法律婚カップルには、法的に、社会的に認められることがたくさんある。そのうちのいくつかは、男女の事実婚カップルにも認められている。とくに社会保険については、法律で手厚く保護されている。たとえば、企業の従業員や公務員のための医療保険では、配偶者が被扶養者（年収がおよそ130万未満）の場合、保険料を支払わずに保険に加入できるが、その「配偶者」に事実婚のパートナーを含めている。年金に係る制度も同様で、事実婚でも第3号被保険者になれる（給与所得者の配偶者で年収130万未満であれば、国民年金の保険料を免除される）し、遺族年金も受けられる。どちらかが相手を養っているというカップル、家計が苦しいカップルには、必要性の高い制度だ。

　ふたりの関係を解消するさいにも、男女のカップルであれば法律婚カップルと同じように、原因を作った側へ慰謝料を請求したり、財産分与を求めたりすることができる（判例）。こうした権利は、関係を一方的に解消されると生活に困ってしまう者（多くは女性）にはとくに重要であるが、ふたりがともに生活に対して責任をもつという自覚を促し、生活に安定をもたらすものでもある。

　生活の基盤である住居についてはどうだろうか。公営住宅の申し込みにあたっては、通常、親族と入居することが求められるが、その親族には事実婚のパートナーも該当するという規定がある。民間の賃貸住宅でも、家族向けの物件であれば、「婚姻届を出していない」という理由だけで男女の事実婚カップルの入居が断られることは、ほとんどないだろう。

　病院も、患者の親族を知りたがるところである。入院費の支払いを約束する人、手術の承諾書に署名する人、病状の説明を受ける人、治療に関する判断を代行する人、重体のときに面会する人は親族であると、病院側は慣習的に考えており、何かのときには親族を尊重する。その親族から、「法律的な関係がないから」と事実婚のパートナー（異性）が外されてしまうといったことも、まずないと思われる。事実婚というライフスタイルがよく知られるようになったためである。

　以上は、カップルの生活を安定させる重要な権利や保障であり、だからこそ生活の実態に即して与えられてきたものである。しかしこれらは、今のところ、同性カップルにはほとんど認められていない（もっとも病院や民間賃貸の対応は少しずつ変わってきている）。日本では、法律も地域社会も、同性カップルの存在を、また同性間の事実婚（共同生活）を想定していないのである。そのため、同性カップルは、住居を探すのに苦労し、入院にさいしても不安を抱え、扶養負担も軽減されず、関係解消時に調停もなされず、様々な社会的場面でパートナー扱いされない理不尽に直面している。男女であろうと同性同士であろうと、カップルとして営まれる生活や、その生活に必要なものに大きな違いはない。ふたりの関係や生活の実情に見合う法的、社会的扱いが望まれる。

（2008年5月2日脱稿）

〔追記：2011年5月19日〕

　日本経済新聞（2010年8月31日夕刊16面）は、同性間暴力においてDV防止法にもとづく保護命令が出されたケースが2007年にあったと報じた。保護命令は「配偶者の暴力」から被害者を保護することを目的に裁判所が出すものであり、この「配偶者」に「事実婚にある者」も含むとDV法は規定する。同性パートナーから暴力を受けたと申し立てた女性の生活実態を「事実婚」だと判断した裁判官がいた、というわけだ。同性カップルに対する社会の見方は少しずつだが確かに変わっている。

（杉浦郁子）

◆ VII ◆
婚姻とパートナーシップ制度

VII 婚姻とパートナーシップ制度

31 同性愛と離婚理由 —— 夫の同性愛を性的異常として離婚を容認した事例

〈日本〉名古屋地方裁判所・1972（昭和47）年2月29日・判決
判例時報670号77頁

〔角田由紀子〕

●事実概要

　原告（妻）と被告（夫）は、1964（昭和39）年11月26日事実上の結婚（筆者注：現在の用語法での「事実婚」ではなく、法律婚を前提とした同居生活等のことと思われる）をし、翌1965（昭和40）年3月5日婚姻届を出した。同年8月28日長女が生まれている。2人の間には、婚姻当初4ヶ月ほどは「ほぼ正常な性交渉」があったが、婚姻届を出す前の1965（昭和40）年2月頃から、夫は妻に性交渉を全く求めなくなり、妻からの求めにも応じなくなった。妻は夫のこのような態度に不審と不満を抱いていたが、娘のことを考え、また実家の親にも諭されて耐え忍んでいた。ところが、婚姻から6年後である1971（昭和46）年2月頃、妻は夫がある男性Aと同性愛*関係にあることを派出所勤務の警察官から知らされた。妻は驚いて直ちに娘を連れて実家に帰り、以後別居している。
　夫は、婚姻後3年目頃からAと同性愛関係になり、同人との間で「男女間におけると同様の関係を繰り返していた」。1970（昭和45）年頃、Aの結婚話をきっかけに夫は同人とはいったん別れたが、その後もAへの「未練を断ちがたく、その後も、同人に執拗につきまとっていた」。（筆者注：「」内の用語は判決文からの引用、判例時報では当事者双方の主張等を整理した「事実」の部分は省略されており、双方が実際にどのような主張をしたかの詳細は分からない。従って、事実概要は、理由部分から構成した。判例時報以外の判例誌等には、本判例は収録されていない。）

●判決要旨

　まず、長女の親権者を妻として、離婚を認容し、被告は原告に150万円の慰謝料を支払うことが命じられた。
　判決では、理由中で事実概要に記載の事実経過が述べられたあとで、次のように書かれている。
　「右認定の事実によれば、被告は、性的に異常な性格を有していることが明らかである。もっとも、それがいかなる程度のものであるかは明らかでなく、場合によっては、被告自身の努力と適確な医学的措置によって矯正することも可能なのではないかとも考えられる。しかしながら、性生活は婚姻生活における重大な要因の1つであって、原告がすでに、数年間にわたり被告との間の正常な性生活から遠ざけられていることや、原告が被告とAとの間の同性愛の関係を知ったことによって受けた衝撃の大きさを考えると、原、被告相互の努力によって原、被告間に正常な婚姻関係を取り戻すことはまず不可能と認められる。したがって、原、被告間には民法第770条第1項第5号に該当する離婚原因が存するものというべく、これが被告の責によるものであることはすでに述べたとおりである。」との判断を示している。
　そして、「原告が被告との離婚によって受けた精神的損害に対する慰謝料の額」は「150万円をもって相当」であるとしている。
　親権者についての判断は以下のとおりである。「長女は、現在、原告の実家で原告および原告の両親に見守られ平穏な毎日を過ごしていることが認められ、これと前記認定の事実とを併わ

せ考えると、長女の親権者は原告と定めるのが相当である」。

● 評　釈

　この判決には、同性愛者に関する今日の社会的・法的認識を前提にすれば、驚くような「認識」が示されている。東京地裁は1994年に「府中青年の家事件」で初めて同性愛者への差別的扱いを違法と認定し、この判断は東京高裁によって支持された（→本書⑲）。これらの判決とそこにいたる原告ら当事者を中心とする運動が社会の同性愛者への認識を大きく変えた。今では、同性愛は異常ではない、人の性的指向*は異性に向くものだけではない、同性愛は人間の性愛の1つのあり方という認識が法的にも社会的にも（少なくとも公には）共有されている。しかし、当時の受け取り方は大いに違っていたことが判例時報の事例の紹介の前に置かれている以下の短い解説文からも、うかがえる。当時は、夫が同性愛者であったという事実がそれ自体、事例として珍しいという以外には、特に理論的な興味をもたれてはいなかったようである。同性愛を疑いの余地なく「異常」としている点では、解説氏は判決と全く同様であり、それが判例時報の見出し（夫の性的異常が婚姻を継続し難い重大事由に該当するものとされた事例）にも率直に表現されている。

　「『婚姻後数ヶ月にして、夫が同性愛に陥り、妻の要求に応じなくなり、いったんその関係を解消した後も、未練断ちが難く相手につきまとうという性的に異常な行動をとる』という問題は『矯正の余地も考えられるので、その努力がなされたか、矯正の見込みがあるかと言うことも考慮の余地はあるであろうが、その精神的衝撃も大なるものがあり』、妻からの離婚請求を認容した。『性的問題が離婚理由となることは問題ないが、本件はやや異常な事例である点で1つの事例的意味がある。慰謝料150万円の点も参考になろう』」。

1　性的指向と「婚姻を継続しがたい重大な事由」

　論点1は、被告（夫）が同性愛関係にあったことが、民法770条1項5号の裁判離婚理由である「婚姻を継続しがたい重大な事由」に当たるか否かである。異性愛*者の妻にとって夫が同性愛者であることが5号に当たることは、特に問題はないといえよう。しかし、判決はそのことを導くのに、同性愛者であることで、被告が「性的に異常な性格を有している」とまず判断している。同性愛は、「異常」であり、それは「性格」の問題と位置づけられている。そこで、夫がAと「性的関係を持っていたこと」、Aと一旦別れた後に、いわばストーカー的行為をしていたことを「被告の性的に異常な性格」を示す事実として位置づけている。

　今日であれば、カップルの間で性的指向が異なることは、婚姻を継続しがたい重大な事由になるというシンプルな理由づけで足りたはずである。しかし、このようなシンプルな理由づけは、この時代では望むべくもなかったといえるのかもしれない。そもそも性的指向というコンセプト自体が、存在していなかったのだから。性的指向という考えがないところでは、「異性愛者と同性愛者の婚姻の継続は困難」とするには、単に性的な興味・関心の対象に違いがあるからでは不十分で、異性愛者を「正常」と前提した上で、同性愛者を「性的異常性格者」とする事が必要であったのだろうか。

　異性愛者間の婚姻・離婚についても、日本の裁判所は、割合気軽に（？）「正常な性生活」のような言葉を持ち込んでいる。性生活のあり方は実は千差万別であるのに、裁判官が、多くは自分の経験を根拠にしてか、「正常」か「異常」かを判断することに、実は根本的な問題があったはずである。離婚理由となりうるのは、「正常」か「異常」かではなく、当事者がそれをどう受け止めているかということである。当事者が、いやだと思い、屈辱的だと思う行為をその相手方の意思を無視して強いることが、憲

VII 婚姻とパートナーシップ制度

法24条を基本的指針とする婚姻のあり方として問題になるのであり、それが一方当事者にとっては、「婚姻を継続し難い重大な事由」となる。判断の分かれ目は、「正常」か「異常」かではないはずだ。

論点1の思考方法は、ある意味では、日本の判例の判断方法に従ったものであろうし、同性愛者が少数者であり、差別されている状況では、「異常」とのレッテル張りは、極めて容易であったろう。異常と認定してしまえば、その先をいろいろ考えることなく、離婚認容となるという構造のようである。裁判官は、夫を異常とする判断に悩むことすらなかったのかも知れない。そのことが、「原、被告間に正常な婚姻関係を取り戻すことはまず不可能と認められる」という所に現われているのではないか。

2 慰謝料認定の可否

論点2は、離婚を認めるとして、この事案では慰謝料を認めるべきかである。

裁判官は、妻にいたく同情的であり、妻が夫との「正常な性生活」から遠ざけられてきたこと、および夫とAとの間の同性愛関係を知ったことで受けた「衝撃の大きさを考えると」という表現に、それが端的に見て取れる。判決はこの2つを挙げて「原、被告間に正常な婚姻関係を取り戻すことはまず不可能」と認定して離婚を認容し、「これが被告の責によるものであることはすでに述べたとおりである」と結論づけた。「すでに述べたとおり」の内容は、2つの事実と、夫が、「性的に異常な性格を有していること」であろう。これらが夫の慰謝料を基礎づけることができるのか、順次検討する。

①まず、「正常な性生活」を享受できなかったことは、判例によれば離婚慰謝料の対象である（例えば、京都地裁1990〔平成2〕年6月14日判決、判例時報1372号123頁は、一度も性交渉を持たなかった夫に500万円の慰謝料を認めている。浦和地裁1985〔昭和60〕年9月10日判決、判例タイムズ614号104頁はポルノ雑誌に夢中で性生活を拒否した夫に500万円の慰謝料を認めている）。問題は、同性愛の場合も、これら異性愛者の事案（特に、異性愛者と書かれていないが）と同様に考えられるかということである。この点で、性格の不一致や相手への愛情を失ったことによる離婚には慰謝料が認められないという判例の考え方が参考になる。いずれも当事者の責任とはいえないからである。夫の性生活拒否が、同性愛に起因するのであれば、性格の不一致などと同様に、あるいはそれ以上に、本人の責任を問えないことになろう。本件では婚姻後、同性愛が自覚されたのではないかと思われ、その後に性生活拒否が起きている。従って、婚姻前に告知しなかったことは問題にならない。

ところで、同性愛者であるのになぜ異性と婚姻したのかという疑問を持たれる読者がいるかもしれない。この社会の多数派である異性愛者（という認識もほとんどの人は持っていないかもしれない。異性愛は同性愛をきちんと認めたうえで相対化した認識であるからだ）は、自分たち中心に法を含む社会の仕組みができていると気づく機会は少ない。それが「当たり前」の風景であるからだ。そのことは、翻って同性愛者に自分の性的指向が同性に向いていることを自覚すること、あるいは自覚してもそれを当然のこととして受容することを許さない。「異常」と位置づけることがそれを示している。治療の対象と考えることもおなじ態度である。異性愛者との婚姻（日本では「婚姻」は、異性愛者のための制度である）という自己の存在の根源を脅かす事態に直面して、自分が同性愛者であることにも直面せざるを得なくなるのではないだろうか。さらに、本件当時の日本では、今以上に婚姻は誰もがすべきものであった。婚姻そのものへの社会的圧力が強大で、しかも同性愛否認の圧力も同様に強大な社会では、同性愛者がこのシステムに巻き込まれることが起こりえたと理解できる。

②次に、夫がAと「同性愛の関係に陥り、同人との間で、男女間におけると同様の関係を繰

り返していたこと」は、慰謝料を基礎づけるかが問題となる。本判決は、離婚理由を770条1項5号にしており、同項1号（不貞行為）には触れていない。従って、上記の点は5号の判断要素と位置づけられている。そのことが慰謝料の理由となるのは、妻の側の夫の「性的異常」への嫌悪感やショックに基づくのであろう。妻が衝撃を受けたのは、判決文の書きぶりからすれば、夫の「不貞」そのものではなく、相手が男性であったことのようだ。判決は、「妻の衝撃の大きさ」という表現をしているが、そこには妻が夫の女性との不貞を発見した時の「衝撃」とは異なるものが込められており、それに裁判官が共感していると読むのは、深読みすぎだろうか。Aとの関係の離婚理由の中での位置づけは、異性愛者の不貞事案とは異なり、同性愛者であることそのものではないか。そうだとすると、後述の「性格」論と同様の理由で、被告の責任を肯定できないのではないか。

ところで、夫が同性愛関係を持っていたことを、婚姻上の守操義務違反と考えるのであれば、夫の同性愛関係は、異性愛における不貞と同格の扱いを受ける可能性がある。しかし、このように考える前提は、同性愛関係と異性愛関係をいわば対等に扱うことであるが、本判決は1号に触れておらず、そのようには考えていない。同性愛を単純に異常と断定しており、到底異性愛と並ぶ位置は与えられていない。

因みに、同性愛が不貞行為といえるかについて、内田貴は本判決を引いて「解釈論の決め手は、同性愛を、異性との不貞行為に匹敵する有責行為と考える社会意識があるかどうかである」（民法Ⅳ、116頁）という。

③最後に、夫が「性的に異常な性格を有していること」はどうか。これが離婚慰謝料の根拠となるだろうか。

今日の同性愛に対する認識では、論外であるが、当時の理解に立ってどう考えることができるか。文字通り、性格の問題であれば、その性格形成に法的責任を問うことはできない。同性愛という「性格形成」に故意も過失も出番があるまい。判決は、医学的な矯正可能性にふれてはいるが、被告について具体的に論じているわけではなく、夫がその努力をしなかったという非難はされていないし、それを求めているわけでもない。判決自身が原・被告の努力によって両者の間に正常な婚姻関係を取り戻すことはまず不可能という。2つの事実の根源に夫の同性愛があるから、結論として回復不可能と判断しているわけであろうが、それは明示されていない。

このように判決文を仔細に検討すると、結局、同性愛者であることが、慰謝料を認めた理由ではないかと思われる。そして、同性愛者であることが、慰謝料を命じる法的根拠たり得るかは、もちろん検討されていない。

しかしながら、今日の認識で言えば、初めに書いたように同性愛は人間の性愛の1つの形であり、もちろん医学的な矯正の対象などではありえない。皮肉なことに、判決が最も強く拠って立つ「性的に異常な性格」は、最も強く慰謝料を否定する事由となる。同性愛者であるという事実は、慰謝料を認める根拠とはならない。

3　慰謝料額とその妥当性

論点3は、判決が認めた慰謝料額の評価である。

実務家としての感覚からすれば、いわゆる離婚そのものに対する慰謝料として当時（1972年）の物価等からすれば、150万円はかなり高額ではないかと思われる。この年、全国の家庭裁判所で調停および24条審判で決まった慰謝料と財産分与額の合計額のうち、婚姻期間6年以上7年未満で101万円以上200万円以下のものは9％程度である（最高裁判所、司法統計年表　昭和47年）。解説氏が、「慰謝料150万円も参考になろうか」と書いたのは、高いという認識ではないだろうか。認容された金額に裁判所のこの問題の位置づけが表れていると考えることができる。

VII 婚姻とパートナーシップ制度

　1972年の賃金センサスによれば、大卒男子の産業計・企業規模計の初任給は、52,700円であった。2006年の賃金センサスによれば、大卒男子のそれは約4倍弱である。これを参考にすると当時の150万円は、現在の感覚では600万円程度ということになろうか。婚姻期間6年での離婚慰謝料としては、やはり高額であったのではないか。これは、異性愛者間の不倫による離婚慰謝料よりも高いのではないかと思われる。現在でも普通の人（芸能人などではなく）の配偶者に対する不貞を理由とする離婚慰謝料が600万円とすれば、高額との印象がある。

　もし、前記の金額についての議論が正しいとすれば、何ゆえに高額の慰謝料が認容されたのかは、検討に値する。例によって、判決文それ自体は、150万円の算定理由を述べていないので推測するしかない。筆者の推測（邪推か？）は、裁判官の同性愛者に対する潜在的嫌悪感が関連しているのではないかということだ。それは、妻への同情的な口ぶりからも、性的異常という明白な言葉からも推測される。もっとも、はじめに紹介した性生活拒否事例での500万円の慰謝料に比べれば、普通の金額という反論もあろう。

4　性的指向と親権者の指定

　論点4は、親権者の指定である。
　本件は妻が求めた離婚であるが、調停での争点は離婚そのものであったのか、慰謝料であったのか、あるいは親権者であったのか、判例時報の事実欄が省略されており、不明である。判決は妻を親権者に指定して、その理由を子どもの監護状況と「前記認定の事実と併せ考える」としている。前記認定の事実とは、夫の同性愛問題である。親権者となるにあたって、同性愛者であることにいかなる問題があるのか、ないのかがこの事案で論じられた形跡は見あたらない。また、1972年当時は、親権者指定が父親よりも母親に傾いていた時代であり、その一般的傾向の影響下に本件の結論もあったと考えられよう。あるいは、同性愛者の父親というだけで、親権者として不適であることは、「論を俟たない」という判断があったのだろうか。今日では、同性愛者であることで、当然に子どもの親権者あるいは監護者として不適切ということはできない（関連→本書38）。

　いくつかの論点を挙げて本判決を見てきたが、39年の時の流れとそれに伴う人権感覚の変化を感じる。本判決が異様に見える時代に生きていることを実感するとともに、性的マイノリティの人々の人権確立の道遙かを思わずにはいられない。

【参考文献】
角田由紀子『性の法律学』（有斐閣、1991年）205頁は本判決を取り上げて批判している。

32 ドイツ基本法の婚姻保護と同性カップル
―― パートナーシップ法合憲判決

〈ドイツ〉連邦憲法裁判所第1法廷・2002年7月17日・判決
BVerfGE 105,313

〔三宅雄彦〕

●事実概要

2001年に、社会民主党／緑の党の連立政権の下、連邦議会により「同性共同体差別撤廃法」が制定された（2月16日。施行は8月1日）。これは、「登録生活パートナーシップ法」を制定する部分（1章）、民法を改正する部分（2章）、訴訟や社会保障に関するその他の法律を改正する部分（3章）、合計3つの部分から構成される。とりわけ、第1の「登録生活パートナーシップ法」（以下「本法」）により、同性カップルが生活パートナーシップという包括的法関係を設定することが承認され、法律上の婚姻とほぼ同等の権利関係がこの生活パートナーに付与された。本法では、登録手続（1条）、共通の姓（1条）、扶養義務（2条）、同居生活の扱い（5条、12条）、一方パートナーの実子に対する他方パートナーの「小監護権」（9条）――ただし年少者を共通の養子にはできない――、遺言（10条）、終了手続（15条）などが規定されている。この他、例えば第3章では、一方パートナーが外国人の場合のその入国滞在権（11条）、民事訴訟法上の証言拒否権（16条）なども規定されている。

なお、当初はこれ以外にも租税や社会保障などに関する規定も多く用意されていた。しかし、これら規定は州の権限に言及するため（各州の代表からなる）連邦参議院の承認を必要とするものであったが、同性愛*者と異性愛*者の同権化に反対するキリスト教民主同盟が連邦参議院で多数派を占めており、これら規定が連邦参議院で阻止される可能性があった。そこで連与党はこの部分を「生活パートナーシップ補充法」としてまとめ、さしあたり上記「差別撤廃法」のみを上程したのである。その後、本体部分（本法）は無事に成立した後、05年からの第2次連立政権でさらに拡充されたが（なお、判旨が挙げる「重婚」状態も解消されている）、補充法案については、02年以降も、また大連立の05年以降も、連邦議会を通過する可能性は未だない。

だが、各州を巻き込む部分が封印されはしたが、生活パートナーシップ制の実施のためには各州の法律が必要であり、各州が動員されることに依然として変わりない。そこで、本法に批判的な、ザクセン、テューリンゲン、バイエルンの3つの州が、本法が基本法（憲法）に違反するとして、抽象的規範統制訴訟を提起したのである。

●判決要旨

法廷意見

1　本件規範統制の訴えを棄却する。本法は基本法に適合する。

2　本法は、基本法6条1項に適合する。基本法6条1項は、婚姻の自由、婚姻の制度保障、価値決定原則の3つの要素からなるが、本法はいずれの点でも合憲である。

第1に、本法は、婚姻の自由を侵害するものではない。基本法6条1項は、婚姻を国家により妨害されない自由を保障している。しかし、生活パートナーシップ制度により婚姻制度は影響を受けないし、生活パートナーシップを結ぶ

●性的マイノリティ判例解説●

Ⅶ 婚姻とパートナーシップ制度

者も異性と婚姻を結ぶことができる。なお、これにより生活パートナーシップと婚姻の間で、一種の「重婚」状態が生じるが、この問題は法律解釈や立法措置により改善可能であり、本法の合憲判断に影響を持たない。

第2に、本法は、婚姻の制度保障を侵害するものではない。基本法6条1項は、婚姻制度の具体的内容の形成を立法者に委ねつつ、同時に、婚姻制度の本質的構造原理の維持を立法者に命じている。その構造原理とは、男女により継続的な生活パートナーシップが結成されることであるが、しかし、生活パートナーシップ制度が同性カップルに認められても、婚姻制度の法的根幹に変更が加えられるわけではない。

第3に、本法は、婚姻の価値決定を侵害するものではない。基本法6条1項は、全法秩序において婚姻と家族に国家の特別の保護を与える、価値決定規範も規定している。この価値決定規範により、婚姻を侵害する全てを行わないこと（侵害禁止）、婚姻を促進する適切な措置を行うこと（促進要請）が、国家の任務とされる。しかし、生活パートナーシップに婚姻と同等の権利義務を付与しても、婚姻を不利に取り扱うことにはならないし、生活パートナーシップ制度を新たに設けるとしても、婚姻に対する従来の促進措置が廃止されるわけではない。

なお、婚姻の促進要請は、婚姻を婚姻以外の生活形式に対し特権化すること、婚姻以外の生活形式を劣位に取り扱うことを、意味しない。基本法6条1項にいう「特別の保護」は、婚姻と家族のみが憲法的保護を受け、他の生活形式は受けないことを意味するが、婚姻が常に他の生活形式以上の保護を受けることを意味するものではない。つまり、促進要請は「距離要請」ではない。

3　本法は、基本法3条1項に適合する。基本法3条1項は、性による差別を禁ずる特別差別禁止と、差別それ自体を禁ずる一般平等条項からなるが、本法はいずれの点でも合憲である。第1に、生活パートナーシップを、異性カップ

ルに認めないのは、性による差別ではない。本法は、人的結合の組み合わせに関連づけて区別をするにすぎない。第2に、生活パートナーシップを、異性カップルや親族共同体（親と子、兄と弟、姉と妹、など）に認めないのは、一般平等条項に反しない。これらには同性カップルと別に取り扱われる正当な違いがある。

少数意見（基本法6条1項につき、パピア、ハアス、シュタイナー、3名の反対意見がある。パピアは本件規範統制の訴えを認容するといい、ハアスは法廷意見の理由づけを不十分だという。両者の見解に特段の相違はないが、論理がより詳細なハアスのみを挙げる。なお、シュタイナー少数意見は判例集に記載はない）

1　法廷意見の理由づけは十分でない。

2　基本法6条1項は、侵害排除基本権の他に、制度保障と価値決定原則を含んでいる。まず、婚姻が制度として保障されるのは、婚姻が親であることの潜在性を持ち、家族へと発展する可能性をもつからである。次に、婚姻に価値決定原則を認めるのは、婚姻をより積極的に保護するため、すなわち、婚姻に特権を付与するためである。

けれども、法廷意見の制度保障理解は正しくない。制度保障の目的は、婚姻への不当な侵害の防禦ではなく、婚姻の根本的構造原理の維持にある。禁止されるのは、婚姻の名称を持つ制度を新設することでなく、婚姻と同等の権利を持つ制度を新設することである。法廷意見は、生活パートナーシップが婚姻の規律内容に匹敵するかどうかを、審査すべきである。しかし、生活パートナーシップには、特別の促進を正当化する、親としての責任、国家と社会の未来への貢献を果すものはない。

3　基本法3条1項は、不平等取扱を正当化する事由を要求している。しかし、法廷意見は、異性カップルと親族共同体を区別する根拠を十分に指摘していない。

● 評　釈

1　本判決の最重要の論点は、生活パートナーシップ法が基本法6条1項に適合するかどうか、である。本件を受理した連邦憲法裁判所・第1法廷は、本法を合憲と判断した（法廷意見）。だが、基本法6条1項の解釈論として、本判決は特別の意味をもたない。なぜなら、本条項「婚姻と家族は国家秩序の特別の保護の下にある」の規定には、婚姻を国家の妨害から守る「婚姻の自由」、婚姻を制度として保障する「制度保障」、婚姻に特別の保護を付与する「価値決定規範」、この3つが含まれること、そして、制度保障においては、制度の具体化につき制度の構造原理が維持されるべきこと、価値決定規範においては、婚姻を侵害する措置が禁止され、これを促進する措置が要請されること、これらにつき、法廷意見は連邦憲法裁判所の確定判例を確認するだけであるし、少数意見もこの点には異論を唱えているものではないからである。以下では議論を、この基本法6条1項に絞ることにしよう。

さて、基本法6条1項に3つの要素を読み込むこの憲法解釈は、日本国憲法の解釈には無縁に見えるかもしれない。しかし、日本の既存の学説でいずれも説明が可能である。第1に、婚姻の自由は、国家活動の不作為を求める自由権を婚姻に応用したものである。第2に、制度保障も、日本国憲法20条（政教分離）、23条（学問の自由）、29条（財産権）などに語られる制度的保障説を、家族問題に適用しただけである。第3に、価値基本決定については、私人間効力論を思い出せばよい。日本の通説である間接効力説を、その輸入元のドイツ的流儀で説明すれば、それは次のようになる。つまり、憲法の中には個人尊厳を至上原理とする価値秩序がある、この価値秩序は自ら光源となり全法秩序を照射している、確かに憲法は国家を拘束して私人間では適用されないが、私人間の民法は憲法の価値秩序に照射されているはずだ、ならば民法解釈も憲法の照射効を同時に読み取るべきだ、と。価値基本決定とは、この価値秩序のことなのである。

2　ならば問題は、基本法6条1項の同じ解釈枠組を用いながら、なぜ、法廷意見は本法を合憲とし、反対意見は本法を違憲と判断したか、あるいは、なぜ、法廷意見は距離要請を拒否し、反対意見は距離要請を導出したか、である。まず、同性カップルへの価値判断の違いが、この謎を解く仮説となるかもしれない。例えば、少数意見は、婚姻のみが人類と国民の未来を担うと述べた。同性カップルには次世代の生物学的再生産の能力が欠けるという事実を、少数意見はマイナス評価し、法廷意見は無視したのかもしれない。だが、実はこの推論は取り上げるに値しない。第1に、社会的動物である人間であれば、生殖能力と無縁の者であっても人間文化や社会規範の伝達は可能である。上記の少数意見には、こうした月並みな論駁が可能である。第2に、こうした同性カップルへのナマの評価を解釈論にダイレクトに接合することほど、稚拙なことはない。憲法解釈は憲法解釈として見なければならない。

判決論理の核心を探るには、判決の価値判断という外在的な探求より先に、判決自身が語ることに着目するべきだろう。だが、反対意見自身が法廷意見を批判しているではないか。法廷意見の制度保障理解は正しくない、と。すなわち、婚姻の制度保障は、他の共同体にない特権を婚姻に要求しており、したがって、婚姻が持つ特権は他の共同体に付与してはならない。だが、パートナーシップ制度を新設しても婚姻に影響なしという法廷意見にしたがえば、同性間の結合を婚姻と呼ばなければよく、これに婚姻と同等の権利を与えても別段構わないことになる、と。つまり、法廷意見は婚姻の名称を同性共同体に認めるな、と言い、これを批判して、婚姻の特権を認めるな、と少数意見は主張する。だが双方の主張は、どの憲法規範が妥当かを直観的に語るに過ぎず、制度の名称が禁じられる

Ⅶ 婚姻とパートナーシップ制度

のか、制度の中身が禁じられるのか、その論証は結局、同性カップルへの価値評価に依存することになる。

3 評者の見るところ、こうした論理の不明確さは、制度理解の不明確さに起因するのではないのか。そもそも、憲法学における制度とは一体何か、この点必ずしも一致が存在しない。少々強引に整理するならば、制度を規範と見るか事実と見るかで、大略２つの傾向がある。まず１つの傾向は、制度を法規範の複合体として把握する。ここで婚姻の制度保障と言えば、婚姻を法規範の複合体で保障することと同義である。ところが、婚姻の内容自体が確定されるわけではないから、多様な法規範自体の内容を任意に設定しても許されてしまう。もう１つの傾向は、制度を何かの実体として把握する。例えば、国家でも個人でもない中間団体や、法典中の法規範に解消されない私法上の仕組みを、制度と呼ぶことができる。この場合の婚姻の制度保障とは、制度としての婚姻を憲法で保障することを意味する。このとき、憲法規範の内容は任意に設定できない。制度の理解自体が規範の内容を指定するはずである。

この図式を本判決に当てはめればおそらく、前者を採るのが法廷意見であり、後者を採るのが少数意見である。翻ってみると、法廷意見の言う制度保障とは、婚姻の自由や価値決定の帰結と大差ないのだった。基本法６条１項のどの要素でも、生活パートナーシップの新設は婚姻制度の存立と関係がない。いわば、３つの要素はどれも憲法上の客観規範であり、それゆえ制度保障はただの規範の束と言えば足りる。では少数意見の制度保障はどうか。ここでは、何か実体が法廷意見とは別の結論を要求している。仮に制度を、個人に非個人性を与えて人格的完成を命ずるものだとしよう。ここで婚姻が制度だと言えば、それは婚姻を異性の人倫共同体と見ることになる。そうなるとこの制度観は、個人の自由への様々な制約を正当化するはずで、他方、その制約は他の共同体には認められない

はずだ。つまり、制度それ自体が制約内容を決定するだろう。婚姻に留保されたのは特権という名の義務かもしれない。

さて、憲法による同性カップルの保護は、自己決定権の延長線上でも語られる。同性と生涯生活を共にする自己決定は、権利として保護されるべきである、と。この問いをドイツ流に言えば、人間の尊厳（基本法１条１項）と結びついた人格発展への自由（同２条１項）の問題である。判決ではほとんど議論の対象とはならなかったが、しかしこの自己決定権が無視されたわけではない。先に触れた価値決定が人権の体系を意味する以上、この価値決定の中に自己決定権も含まれるからだ。本来の価値決定の論理に忠実に促進要請を解釈したのが法廷意見で、制度の非個人主義を促進要請に読み込んだのが反対意見であろう。核心的論点は、制度または婚姻を反個人主義的な道徳的鍛錬の場と見るか、である。少々アイロニカルにまとめれば、法廷意見は、婚姻を個人的幸福の拡張と見て、同性カップルに婚姻類似の保護を付与し、反対意見は、婚姻を個人的幸福の牢獄と見て、同性カップルへの義務の拡張を拒否した、となろうか。

［追記］

本稿脱稿（2008年５月７日）後に、生活パートナーシップ法をめぐる状況にいくつか重大な変化があったので、これにつき簡単に付言しておきたい。本法に関連する事件は、連邦憲法裁判所でその後も多く扱われてきたが、中でも、公務員遺族年金の受給を婚姻配偶者に認めても生活パートナーに認めない措置を違憲とした、第１法廷2009年７月７日決定（判例集124巻199頁）が重要である。さて、すでにCDUとCSUは同性パートナーシップを承認する基本政策を07年に打ち出していたが、両党は、連邦憲法裁決定の直後、2009年10月に、同権化に元々寛容なFDPと連立協定を結んで、指摘された違憲状態を是正し、平等違反の不利益取扱を解消する方針を打ち出している。そして、10年の段階

ですでに、税法上の優遇措置や俸給と恩給の受給について同性パートナーの同権化を実現している。なお、同性カップルが共通の養子を持つことは依然として承認されていない。

そこで、上記2009年決定の具体的な内容だが、それは、基本法６条１項を直截に扱うのでなく、基本法３条１項の平等原則に関わるものである。すなわち、ある集団とある集団の不平等取扱を正当化するには、両集団の元からある違いと、両集団を区別する規律との間に、密接な関係がなくてはならない、しかし、基本法６条１項が婚姻を特別に保護するだけではこの不平等取扱を正当化する事由にならない、というのだ。02年判決が、基本法６条の法理により、まずは生活パートナーシップの存在を消極的に承認した判断とすれば、09年決定は、基本法３条の厳格審査により、この一旦承認された存在と基本法上の婚姻との違いを消去することを開始した判断だ、ということになろう。もっとも、同性カップルの同権化には大幅な前進だとはいえても、その代償として、婚姻という制度とは一体何か、その制度的保障とは一体何か、という肝心要の理論的な問いが忘却されたように見える。

【参考文献】
〈本判決の評釈〉
① 渡邉泰彦2003「生活パートナーシップに関する2002年７月17日連邦憲法裁判所判決について」徳島文理大学研究紀要65号25-37頁
② 阪口心志2007「人生パートナーシップと婚姻の憲法保障」法政研究73巻４号779-809頁
③ 三宅雄彦2008「生活パートナーシップ法の合憲性」栗城・戸波・嶋崎編『ドイツの憲法判例Ⅲ』（信山社）（立法過程や関連判決などの情報については、この拙稿も参照されたい）
〈生活パートナーシップ法の解説〉
④ 三宅利昌2002「同性カップルの法的保護について」創価法学32巻１・２号131-154頁
⑤ 小野秀誠2005「ドイツの終身パートナー法と同性婚」国際商事法務33巻８号1089－1092頁
⑥ 渡邉泰彦2006／2007「ドイツ生活パートナーシップ法の概観（１）（２・完）」東北学院法学65号81-150頁、66号１-79頁
⑦ Arinane Sickert, Die lebenspartnerschaftliche Familie, 2005.
〈憲法解釈など〉
⑧ 工藤達朗2005「憲法における婚姻と家族」赤坂・大沢・井上・工藤『ファーストステップ憲法』（有斐閣）145-156頁
⑨ 赤坂正浩2008「人権と制度保障の理論」大石・石川編『憲法の争点』（有斐閣）70-71頁
⑩ 三宅雄彦2007「人権と制度」小山・新井・山本編『憲法のレシピ』（尚学社）230-237頁
［付記にあたり追加］
⑪ 渡邉泰彦2010「ドイツ同性登録パートナーシップをめぐる連邦憲法裁判所判決」産大法学43巻３・４号883-914頁
⑫ 三宅雄彦2011『憲法学の倫理的転回』（信山社）第１章三

Column 8

ヨーロッパにおける同性パートナーシップ法

　同性カップルの法的取扱について、1987年にスウェーデンで「内縁夫婦の財産関係に関する法律」が内縁として保護するようになり、1989年にはデンマークで登録パートナーシップ法が導入された。2011年までに西ヨーロッパでは、イタリア等ごく一部を除き、ほとんどの国で立法されている。国によっては、まず州などの一部が導入してから、国レベルで立法された例もある（スペイン、ドイツ、イギリス、スイスなど）。

　同性カップルの法的保護には、1）内縁・事実婚としての保護、2）パートナーシップ契約、3）登録パートナーシップ、4）婚姻、という方法がある。これを、フランス（1、2）、オランダ（1、3、4）などのように複数選択する国もある。

　1）内縁・事実婚として包括的に定める法律により（ポルトガル、スウェーデン、フランス）、または住居や社会保障など個別の法律により（オーストリアなど）、法的保護を同性カップルにも拡大する。これらは、下記2）～4）と並列して行うことができる。

　2）パートナーシップ契約は、同性カップルの当事者が締結し、登録することにより一定の法律上の効果が発生するというものである。この登録は身分登録ではないことから、婚姻と異なるものとして、男女カップルにも認められている（フランス、ベルギー、ルクセンブルク）。婚姻が認められるカップルにも利用可能な制度では、婚姻より狭い範囲でしか法律上の効果が認められないことになる。

　3）登録パートナーシップは、男女カップルの婚姻と並列する制度として同性カップルに身分登録を認める。その法律上の効果は、婚姻と同じまたはほぼ同じとする国（デンマーク、フィンランド、ドイツ、イギリス）、婚姻より狭くする国（スイス、チェコ、オーストリア）がある。その内容は様々だが、オランダのように男女カップルにも認めるのは例外である。家族法上の制度である登録パートナーシップの存在を要件に同性カップルに共同養子縁組や人工生殖を認めるかは、国により異なる（例えば、ドイツでは一部、スイスではすべて否定）。

　4）同性間の婚姻を認める国では、嫡出推定の規定の他は、男女間の婚姻と同じになる。同性間の婚姻に否定的なカトリックの影響の強い国（スペイン、ベルギー、ポルトガル）が導入したのも興味深いといえよう。また、近年は、婚姻と同じ効果を有する登録パートナーシップに代えて、同性間の婚姻を導入する国がある（ノルウェー、スウェーデン、アイスランド）が、当事者の権利と義務に変化はない。

　同性パートナーシップ制度に対して当初は導入の可否が憲法上の問題となっていたが、20年以上の時を経た西ヨーロッパでは、もはや目新しい制度ではなくなった。登録パートナーシップをすでに導入している国では、婚姻と同じ効果の付与、同性間の婚姻への移行、そして同性カップルによる共同養子縁組と、見直しの動きは続いている。いわば、制度の質を問う、次のステップへと進んでいる。しかしながら、同性間の婚姻が認められるのかという問題について、統一的な答えはまだ出ておらず、婚姻の理解が異なる状況は継続している。

　現状として、登録数が大幅に増加している国では男女カップルの登録が多く（オランダ、フランス、ベルギー）、婚姻締結数を超える国もある（ベルギー）。都市部を中心に同性間の登録は徐々に増え、同性カップルの存在を社会的に認知させることに成功したといえる。だが、同性愛*指向を公表するに等しいこれらの制度の利用に対して、同性愛者差別という社会的なハードルはまだ残っている。

（渡邉泰彦）

33 婚外カップルの立法化の合憲性——パックス合憲判決

〈フランス〉憲法院・1999年11月9日・判決
n°99-419 DC, Journal Officiel du 16 nov. 1999, p.16962

〔齊藤笑美子〕

●事実概要

　同性カップルを含む2者の共同生活に法的保護を与えるパックスを創設する法案は、それが事実上同性カップルを法的に承認する効果を持つために、議会内外において大きな議論を呼んだ。革新系が多数を占める国民議会（下院）において、1999年10月13日に法案が再可決されたが、両院合わせて213人の保守系議員が、法案の違憲性を主張して憲法院に提訴した。フランスでは、権限を有する者の提訴に基づいて憲法院が法案の合憲性を事前に審査することができる。

　違憲の主張は、手続に関するものを除き、さらに評者の関心に沿って限定すると①立法者がその権限を放棄していること（消極的無権限）、②平等原則違反、③共和主義的婚姻の侵害、④家族と子どもの不十分な保護という4つの主張に分類できる。憲法院は、解釈留保を付した上で、以下のように、法案を合憲と認めた。シラク大統領の審署ののちパックスを創設する法律が発効した。

●判決要旨

① 立法者が権限を放棄しているという主張について

　提訴者は、パックスが規律の対象とする「共同生活」概念の内容など10点について、立法者は、法律の欠落や不明確を補う配慮を行政命令権および司法権に任せており、［法律事項を定める］憲法34条で立法者に認められた権限を果たしていないと主張する。しかし、(i)法案中の「共同生活」は、性的関係を含むカップルの生活のことであり、(ii)パックスは親子関係や人工生殖に関する現行規定に影響を与えない。このようなパックスの法的性質やパートナーの法的地位についての解釈留保のもと、立法者が権限を放棄しているという訴えは退けられなければならない（22-38段落）。

② 平等原則違反について

〈租税負担の平等違反について〉

　提訴者は、法案が、一方で、(i)婚姻している者とパックスのパートナーに等しい税制上の権利を与え、他方で、(ii)内縁カップル及び(iii)単身者を犠牲にしていることが、1789年の人及び市民の権利宣言13条の租税負担の平等に違反すると主張する（41段落）。

　(i)については、パックスが権利を発生させるには最低限の期間の条件が課されており、この点が婚姻と異なっているので、そのような主張は根拠がない（42段落）。

　(ii)について、パックスは婚姻できないまたはしたくないが、共同生活契約によって結ばれたいと考えている人に特定の権利を与えるもので、相互扶助義務などが伴っている点で、内縁とは異なる。この状況の相違は、内縁カップルとの取扱の差異を正当化する（43段落）。

　(iii)人権宣言13条によれば、租税は、能力に応じ、市民の間で分担される。立法者は、憲法的原理を尊重し、各税の性質を考慮に入れ、納税者の負担能力を評価する規範を定めることができる（44段落）。

　単身で暮らす人と比べてパックスの締結者に与えられる利益が、過度であれば、平等原則違反となる。しかしながら、家族係数2の適用か

Ⅶ 婚姻とパートナーシップ制度

ら生ずる減税は、カップルのどちらかの収入が少ないか無である場合にしか最大の効果を発揮しない。従って、共同課税から生まれる利益は世帯内の扶養者の存在によって正当化される。それ以外の場合には、家族係数の適用は、租税負担の平等を著しく破るような利益を生まない（45段落）。

〈その他の平等原則違反について〉

議会審議では、パックスには性的意味がないと主張されていた以上、一定範囲の親族に締結を禁止することは平等原則違反であるという主張について。立法者はインセストの禁止に関する公益を考慮して、近親者間でのパックスを禁じることができる（55段落）。

③ 共和主義的婚姻の侵害の主張について

パックスの制度化は、新しい共同生活契約を婚姻の傍らに創設することで、この共和主義的な制度と共和国の法律から生ずる基本的原理を危うくするという共和主義的婚姻への侵害の主張について。パックスは婚姻に関する規範を全く問題にしないので根拠がない（59段落）。

④ 家族および子どもの保護が十分でないという主張について

子どもと家族を十分に保護していないため1946年憲法前文に反するという主張について。立法者は、親子関係や未成年の法的条件に関わる立法を改革することなしにパックスを制定することができる。現行親子関係法と子どもの権利を保障する規定が、パックスパートナーの子にも適用されること、親権に関わる訴訟の場合には、家事事件裁判官（juge aux affaires familiales）が管轄するのだから、家族や子を保護していないというのはあたっていない（77-82段落）。

● 評　釈

1　判決の基調

判決文は、稀に見る長さであり、憲法院の重要な違憲判断回避テクニックの1つである解釈留保（réserve d'interprétation）が多用されたことからも「法案の書きかえ」（Molfessis）判決として注目を浴びた。特に、憲法院は、性的関係のない友人同士も締結できるという、立法過程における法務大臣の説明を真っ向から否定し、パックスを性的な結合として定義した。

他方で、判決は、パックスのパートナーシップ制度としての側面のみに考察を限定し、婚姻と家族への影響については、直接的には何も述べていない。

また、この判決が注目された理由の1つに、私法規範の憲法化がある。憲法院はこの判決において、民法典1382条と無期限の契約を破棄する自由を人及び市民の権利宣言（以下、人権宣言）4条に基づいて憲法化した。このようにパックスは、多くの私法上の問題が憲法の観点から扱われる機会を与えることになった。

2　平等原則違反について

共同生活を契約によって規律し、権利義務関係を発生させることは、究極的には契約当事者の私的自治の問題であり、それが「公序」に反しない限り、当事者の自由である。これに対応する国家の義務は、共同生活への介入を控えることしかない。他方で、婚姻制度にせよパートナーシップ制度にせよ、国家の介入を前提とした特権付与を伴う場合、平等原則に照らして特権付与の正当性が問われるべきなのは、特に、税や社会保障といった公法上の効果ということになる。そのような意味で、租税負担の平等の論点は大変興味深いものとなった。

平等原則違反の申立は、パックスパートナーに対する税の優遇が、一方で婚姻カップルに対して、他方で内縁者や1人で暮らす人に対して、それぞれ租税負担の平等違反をなすというものであった。

フランスの所得税のメカニズムは、一方で、累進制に、他方で、納税者の家族扶養の負担を考慮に入れて累進制を緩和する家族係数（Quotient familial）に基づいている。累進税率は、家

計の全所得を家族の人数によって定まる除数で割ったものに適用される。家族係数は隣国には見られないフランス独自のシステムで、その出自においては明らかに「伝統的」多産家族を擁護する目的を持っていた。従って、憲法院に提訴した議員達は、「伝統的家族」の擁護という一般的利益によっては正当化できない権利の拡大を攻撃していた。

これに対して憲法院は、まず、婚姻夫婦との関係では、パックスパートナーが婚姻夫婦と対等な利益を受けていない限りで平等原則に反しないとした。つまり、パックスはここでは婚姻との関係で劣等性を決定づけられることによって、正当性を獲得した。

次に、内縁カップルとの関係では、パックスパートナーが、内縁にはない一定の義務を負っていることによって、パックスパートナーの税の優遇を正当化した。

最後は、単身者との関係である。憲法院は、共同課税に適用される家族係数から生ずる利益が過剰であれば、平等違反となることをまず言明する。そして、家族係数の適用から生ずる減税効果が最大に達するのは、パートナーのどちらかに所得がなく、他方によって扶養されている場合であり、2人のパックスパートナーの所得に差がないときは、減税効果はないことを指摘した。パックスパートナーの間の経済的連帯を考慮し、パートナーのどちらかが重い経済的負担を負っている場合にのみ、著しい減税効果があることを指摘して、パックスパートナーへの家族係数の適用を社会政策的観点から正当化したのであった。収入のないパートナーを扶養する者の経済的負担を和らげるという目的を家族係数に与えたのである。家族係数は、もともと子を持つ婚姻カップルの負担軽減というフランス流家族政策的配慮によって導入されたものである。憲法院の論理は、子の存在と関係のない経済政策的正当性を家族係数に明示的に与えたと言える（Mignon p.7）。

従って、この判決は、憲法院が、「伝統的家族」を擁護してきたフランス流家族政策と租税政策との分離を裏付けたものと読むことも出来る。他方で、こうした家族政策と租税政策との分離の論理を押し進めれば、この家族係数のメカニズムそのものに疑問が生ずる。今日、家族係数は子のない婚姻カップルをも利している。しかしながら、そもそもこのメカニズムは、「個人」の能力に応じた負担を定める人権宣言13条の租税負担平等への違背であり、家族主義的配慮からその違背が正当化されていた。この家族主義的配慮が正当性を失えば、婚姻カップルへの利益供与といえどもあらゆる批判を免れることが出来るわけではないだろう。

3　「共和主義的婚姻」及び子どもと家族の保護

婚姻や家族に関わる論点に対して、パックスはこれらと無関係であるということを一貫して押し出すことによって、憲法院はその合憲性を根拠づけた。「共同生活契約は婚姻の枠組の中でしか締結できない」、パックスは共和主義的民事婚の単一性を脅かす、という議員たちの申立に対しても、憲法院はパックスが婚姻とは無関係だとして、これを一顧だにしなかったように見える。

1946年憲法前文が言及する子どもと家族の保護についても、パックスのような親子関係に無関係な共同生活契約を作ることは立法者の裁量の範囲内であることを述べて、憲法院は違憲の訴えを退けている。憲法院は、パックスが家族の保護に反するという回答を望む提訴者の期待には応えなかったものの、逆方向の期待にも応えていない。それは、パックスパートナーも家族たり得るのだから、1946年憲法前文の保護に値するという回答の期待である。そのような回答は、同性カップルも家族形態の1つであることを意味する可能性があった。

憲法院にとって、パックスは2者間の、性別から独立した共同生活契約にすぎず、パックスパートナーはカップルを形成するけれども、必

Ⅶ 婚姻とパートナーシップ制度

ずしも家族を形成するわけではない。ここでは、カップルの問題と親子関係を含んだ家族の問題を分離して規律する可能性が肯定されている（Garneri p.118）。

4 婚姻制度と憲法

婚姻制度やいわゆる伝統的な意味での家族の保護に対して、憲法院は冷淡である。婚姻制度への侵害も家族と子どもの保護の違反の訴えも、全て形式的に退けられ、家族係数は家族政策的配慮による正当性を奪われた。憲法院のこの形式主義は、パックス法のように政治的負荷の高い争点に対して判断を下す際のテクニックであったに違いない。

これに対して、民法学の重鎮カルボニエは、憲法院が婚姻について立ち入った判断をしなかったことを強く批判している（Carbonnier, pp.233-234）。

伝統的家族の保護から正当化されてきた婚姻カップルの税の優遇をパックスパートナーに拡大したことについて、憲法院は実質について直接に答えずに、税の計算におぼれ、婚姻の機能に言及しなかったと批判している。

さらにカルボニエは、「唯一、有無を言わせぬ」申立であり得た、「共和主義的民事婚への侵害」という訴えについて、「憲法院が、その政治的確信の脆弱さを最も見事に露呈させた」と論難する。憲法院が、この申立にわずか数行で素っ気なく回答したことに対して、「この機会に憲法化しなければならない私法上の制度があったとすれば、婚姻こそが、つまり継続的な性的結合の国家独占こそがまさにそうであった」、「憲法院は1958年以前にさかのぼるフランスの歴史を受け入れた方がよい」と激しく非難している。

これまでに憲法院が、婚姻に言及した判決としては、1993年移民規制法違憲判決がある。憲法院は、同判決で、婚姻する権利に、憲法66条の保障する個人的自由（libertés individuelles）の1つとしての憲法的な価値を認めた（n° 93-325 DC du 13 août 1993, *JO* 1993 p.11722。後に、liberté individuelle ほどには厳しい司法統制を要求しない liberté personnelle に変更された）が、これは婚姻することを妨げられないという自由権的側面について明らかにしたものである。

自由権的側面への配慮を越えて、婚姻制度を憲法化するということは、一定の内容を持つ婚姻制度を立法によって改変する事の出来ない憲法事項にするということである。したがって、このような立場をとらなかった憲法院は、今のところ婚姻制度を立法超越的な憲法上の制度としては定義していないということになるだろう（→本書32評釈参照）。

その後、2008年の憲法改正により、法律の事後的な合憲性審査がフランスでも可能になった。早速、同性間婚姻を禁止していると解釈された民法典の規定（→本書34）の合憲性が争われた。憲法院は、同性間婚姻の禁止が、婚姻の自由にも、平等原則にも抵触しないとした（n°2010-92 QPC du 28 janvier 2011, *JO* 2011, p.1894）。しかし、そこでも婚姻が一定の内容を持つ制度として定義されたが故に同性カップルの排除が正当化されたというよりも、立法裁量を広く認めていることが直接的には合憲の結論につながっていることに注意が必要である。

【参考文献】

① 齊藤笑美子 2001「婚姻外カップル立法化の合憲性―連帯民事契約（PaCS）法判決」『フランスの憲法判例』（信山社）98頁
② Bertrand et Verpeaux 2000, *PA*, n° 148, pp. 11-17
③ Blachèr et Seube 2000《Le Pacs à l'épreuve de la constitution》*RDP*, n° 1, pp.203-231
④ Charbonneau et Pansier 1999《Et in Terra Pacs》*Gaz. Pal.* n° 332 à 324, pp.2-16
⑤ Drago 1999《La constitution en réserves》*Droit de la famille*, n° 12 ter déc. hors-série, pp. 46-51
⑥ Garneri 2000, *RFDC*, pp.104-120
⑦ Molfessis 2000《La réécriture de la loi relative au Pacs par le Conseil constitutionnel》

JCP G. I 210

⑧ Schoettl 1999 《Le pacte civil de solidarité à l'épreuve de constitutionnalité》 *PA*, n° 239, pp. 6-25

⑨ Mignon 2000 《Quotient familial et notion d''enfant recueilli'》 *Revue de Jurisprudence Fiscale Francis Lefebvre*, 1/00

⑩ Carbonnier 2002, *Droit civil, Introduction*, 27ᵉ éd. refondue, PUF, n° 123, pp. 233-234

⑪ Rousseau 2000 《Chronique de jurisprudence constitutionnelle》 *RDP*, n° 1, pp.25 et s.

Ⅶ 婚姻とパートナーシップ制度

34 同性婚の有効性──「ベグルの婚姻」事件

〈フランス〉破毀院第1民事部・2007年3月13日・判決
Recueil Dalloz, 2007, p.935

〔大島梨沙〕

● 事実概要

　2004年5月25日、フランス・ベグル市の市長が男性2人（以下「当該カップル」と呼ぶ）の婚姻公告を行った。同月27日、ボルドー大審裁判所検事長がベグル市長に対し、当該カップルが男性同士であることを理由に、婚姻障害事由申立を行い、その旨は同年6月2日、身分証書の登録簿に記載された。にもかかわらず、ベグル市長は、同年6月5日、彼らの挙式を行い、婚姻証書を作成して身分証書の登録簿に加えた。

　これに対し、同検事長が、当該婚姻の無効を求めて、当該カップルを裁判所に召喚する請求をした。検事長は、配偶者間の性別の違いは婚姻の実体的要件の1つであると主張し、その論拠として、役所での挙式手続を定める民法典75条の文言が性別の違いを示唆していること、配偶者間の性別の違いを要求する過去の判例、パックス・内縁・婚姻の違いを比較すると婚姻が性別の違いを要件としていることが明らかであること、婚姻する権利を定めるヨーロッパ人権条約12条には「男女」という文言があること、過去のヨーロッパ人権裁判所判例を挙げた。他方、当該カップルは、民法典中に同性者間の婚姻を禁止している明示的規定はなく、当該婚姻は無効ではないと抗弁した。また、補充的に、検察側からの婚姻障害事由申立や婚姻無効請求は被告の私生活・家族生活尊重を求める権利、婚姻する権利への不当な干渉である、婚姻を男女に限定することは法の下の平等の原則に反している等と主張した。

　第1審（ボルドー大審裁判所第1民事部2004年7月27日判決）は、以下の点を挙げて、当該婚姻は「性別の違いという点に関して婚姻の要件を充たしておらず、無効とされなければならない」と結論付けた。

　1）国内法：民法典中には性別の違いが婚姻の要件として明示されてはいないが、①民法典の起草者ポルタリスが『民法典序論』において婚姻を「男性と女性の組合（la société）」と定義しており、性差は立法者にとって自明であった、②婚姻した「男女」への（法律上での）言及が少なくなったのは配偶者間の平等への配慮にすぎない、③民法典中に婚姻が男女によることを前提としていると思われる条項（144条・75条・108条・264条・300条）が存在する、④パックスの創設は婚姻を男女カップルに留保することを意図して行われた、という4点を挙げ、「フランスにおいては、性別の違いは婚姻の要件である」と判断した。

　2）ヨーロッパ法：①婚姻する権利・家族形成権*について定めるヨーロッパ人権条約12条はその対象を「男女」に限定している、②ヨーロッパ人権裁判所1986年10月17日判決で、同12条の保護の対象が、生物学的性別が異なる2者間の「伝統的婚姻」をする権利であると強調されている、③ヨーロッパ人権裁判所1998年7月30日判決で、同性カップルに婚姻を禁止することは同12条が保障する権利を侵害しないとされた、④ヨーロッパ人権裁判所2002年7月11日判決（トランスセクシュアルの婚姻する権利を認めたグッドウィン判決→本書 9 ）は生物学的性別の変更という結果を重視しており、婚姻の異性愛性を暗に再確認している、という4点から、性別の違いを婚姻の要件とすることは同12条には反しないとした。加えて、⑤フランスではパッ

クス又は内縁としての私生活領域での同性愛*者の共同生活は認められているため、私生活・家族生活の尊重*について定めるヨーロッパ人権条約8条にも反しないと判断した。最後に、性別に基づく差別の禁止（権利の平等享有*）について定めるヨーロッパ人権条約14条との関係では、⑥家族を形成するという一般に考えられた、婚姻の伝統的機能を考慮すれば、同性カップルと異性カップルの取扱の差異は正当化される、⑦フランス法においては婚姻と家族は分かち難く結びついており、家族を形成する男女の結合としての婚姻制度という伝統的考え方はヨーロッパ諸国の多数派の考え方と同じであるため、フランス法が性別の違いを婚姻の要件としていることは正当化されるとした。

第1審の判断に対し、同性カップル側から控訴がなされた（当事者の主張内容は第1審時と同様）。

控訴審（ボルドー控訴院第6民事部2005年4月19日判決）は、以下の諸点を挙げて、当該婚姻証書は法的には存在しないものとし、その記載は削除されるべきとした。

1）国内法：①「婚姻は、明らかに、配偶者の一方が居住する市町村役所で要式に従い公的に締結される契約である」ところ、その要式を定める民法典75条が「『夫と妻』として」の性別の異なる2当事者の合意を定めている、②①は、「当該配偶者間の同意の交換が民法典の子の養育と親権に関わる諸規定の解釈を受け継いでいるという事実によって強化される」、③①のように解釈しないと同法典が兄弟2人の間、姉妹2人の間ではなく、兄妹間又は姉弟間について婚姻障害を設けていることと一貫しない、④父性推定規定をもつ婚姻は夫婦が共同して親となる嫡出親子関係を帰結するものであり、父の概念は夫という概念と密接に結びついている、⑤1903年の破毀院判例が配偶者間に性別の違いを要求している、⑥立法者ポルタリスの言葉、の6点を挙げた上で、「フランス国内法においては、婚姻は性別の異なる2者の結合を対象とし、彼らに嫡出家族を形成することを認める制度である。夫と妻という性化された概念は、父と母という性化された概念の反映（l'écho）である」と述べて、性別の違いは婚姻の成立要件を構成すると結論付けた。

2）ヨーロッパ法：①フランスでは、共同生活者間の契約締結が可能である上に、パックスや内縁としての保護もあり、婚姻していなくても家族形成は可能で、自然子（日本でいう非嫡出子）の差別もないことから、多様なカップル生活形成の可能性があり、法律はすべての者に平等な保護を保障している、②婚姻の特殊性は男女カップルのみが生殖可能であることと、立法者がその現実を考慮して『その形態を定め』ようとしたことに由来するのであって、同性カップルが婚姻に関与しえないのは確かであるが、同性カップルには生殖可能性がないため、男女カップルと同じ状況であるとはいえない、③グッドウィン判決がトランスセクシュアルの婚姻を認めたのはその性別変更が完全に承認されていたからである、④税制は政治的選択で設定されるもので年度ごとに変化する性格をもつものであり、パックスが税制において婚姻よりも不利であることは差別には当たらない、との4点を挙げて、権利の平等亨有を規定するヨーロッパ人権条約14条には違反しないとした。

これを不服とするカップル側からの破毀申立がなされた。

● **判決要旨**

「フランスの法律によれば、婚姻とは男性1人と女性1人の結合である。この原則は、ヨーロッパ人権条約のどの規定にも、ヨーロッパ連合人権憲章のどの規定にも反しない。後者は、フランスにおいては、拘束力をもたない。（よって）破毀申立理由は、いずれも根拠がない。」

Ⅶ 婚姻とパートナーシップ制度

●評　釈

1　背　景

フランスの同性婚の問題を語る前提として踏まえなければならないのは、1999年11月19日の法律である。この法律によって、2者間で共同生活を送るための民事連帯協約（le pacte civil de solidarité、以下「パックス」と呼ぶ）が新たに導入された（参照→本書33）。パックスは、同性カップルも利用可能で、2者間で共同生活に関する財産的取決めができる上、共同生活者としての2人の法的関係を公に主張できるという特徴をもつ。他方、同法律によって、従来「内縁」と認定される余地がなかった同性カップルの状況（→本書27）が改められ、同性カップルも、内縁に含まれうることになった。

だが、同法律は、同性婚については何も述べていない。むしろ、当該法律の意図は、婚姻には手を加えずに同性カップルに法的保護を与えることにあった。このため、パックスの法的効果は婚姻の場合よりも少ない。また、内縁を含め男女カップルには認められている生殖補助医療の利用についても、同性カップルには閉ざされたままである。

従って、同性カップルによる婚姻への要求や、子どもをもち育てることに対する承認要求は、1999年の法律制定後も持続することになった。そのような状況の下で、手続的には多少強引に（この点も本件の一大争点になったが本評釈では扱わない）本件の挙式が行われ、「ベグルの婚姻」としてメディアでも大きく取り上げられた。本件の「婚姻」をした当事者と市長は、同性婚の是非について世に問おうとする運動的意図を持っていたのである。本件は、同性間の婚姻の可否が争点となったフランス初の事件として注目された。

2　民法上の議論

フランスの民法学説は、現行フランス民法典下での同性婚の可能性を否定しており、性別の違いは婚姻の要件であると解している。その論拠は、本件下級審が網羅的に述べているため、詳細を繰り返すことは避けるが、大別して以下の2つに分けられる。配偶者間の性別の違いは自明であるとする見解（参考文献①③⑥⑧）と、婚姻は生殖のためのものであることを強調する見解（参考文献②④⑤⑧）である。

第1の見解は、民法典起草者ポルタリスの著した『民法典序論』や、民法典中に配偶者間の性別の違いを示唆する条文があること、ヨーロッパ人権条約の条文が婚姻に関して「男女」と明示していること、国内やヨーロッパ人権裁判所の過去の判例が配偶者間に性別の違いを要求していること等を挙げて、同性婚を否定するものである（第1審の立場はこれに近い）。これらは、伝統的に婚姻は男女のものとされてきたことの証拠ではあるが、現代において新たに提起された同性婚の可否という問題に対し、過去の例だけを挙げて同性婚の可能性を否定しているという難点がある。

そこで、第2の見解は、この点を克服するため、「婚姻は家族形成の基盤となる」（これは、婚姻した夫婦が生殖によって子どもをもち、夫婦とその子どもによる「家族」を形成することを意味する）ことを強調して、生殖不可能な同性カップルの排除を正当化する。本件の控訴院判決は、この第2の立場を明確に打ち出している。

だが、この第2の見解に疑問を呈し、婚姻は家族形成とは切り離されているとする見解も主張されている。生殖能力の欠如は婚姻の有効性に影響を与えないとした破毀院判決の存在や、民法典が高齢者間の婚姻も可能としていること、子をもたない予定のカップルも婚姻可能であること等から、婚姻と家族はもはや結び付けられていないとするのである。そして、婚姻が生殖とは切り離された2者間の人格的関係となってきていることを踏まえれば、同性カップルだからといって婚姻できないとするのは、性的指向*による差別を構成しうるとする。ただ、この見解の場合も、現行民法典から直接、同性婚

可能との結論を引き出すことは難しく、現行の婚姻制度のあり方が人権規範に反するとの主張がなされる。そこで、フランスにおける人権規範も参照する必要が生じる。

3　人権規範との関係

フランスでは、当時、事後的な違憲審査（国内憲法適合性審査）が不可能であったため、ヨーロッパレベルでの人権規定が重要な位置を占めた。同性婚との関係で援用されうるのは、婚姻する権利（ヨーロッパ人権条約12条）、私生活・家族生活の尊重（同8条）、権利の平等享有（同14条）の3点である。（なお、フランス国内レベルで、2008年の憲法改正後に同性婚禁止の国内憲法適合性が問題となった事例として、憲法院2011年1月28日判決（Cons.Consti., déc. 28 janv. 2011, n° 2010-92 QPC）がある。憲法院は、①性別の違いを婚姻の要件とするのは「婚姻の自由」を侵害しない、②家族法上の規則については、立法者は、状況の相違に基づいて扱いに違いを設けることができる、③婚姻を単なる2者間の生活共同体と認識するか否かの判断は、立法者に属する、等を挙げて、民法典75条と144条を合憲と判断した。）

ヨーロッパ人権条約12条は「婚姻可能年齢に達した男女は、婚姻する権利及び家族を形成する権利をもつ」と定める。対象が明確に「男女」に限定されているため、同性婚の否定がこの条文に反すると帰結することは困難である。ヨーロッパ人権裁判所も、同条の対象が「男女」に限定されているとの判断を維持している。

これに対し、ヨーロッパ連合基本権憲章9条は、「婚姻する権利及び家族を形成する権利は、その行使を規律する国内法に応じて保障される」と規定しており、「男女」という文言は存在しない。しかし、当該憲章は、加盟国による批准がなされておらず、加盟国を拘束する効力をもたない。その上、当該条文は「その行使を規律する国内法に応じて」との留保を付している。このため、同条において「男女」の文言が

ないのは、オランダ等の同性婚を承認しているヨーロッパ連合加盟国への配慮にすぎないのであって、各国の多様な国内立法を尊重する目的をもっていたものと理解されている。

私生活・家族生活の尊重に関しては、フランスでは、同性愛行為はもはや禁止されていない上、パックスや内縁としての同性カップルの法的承認がなされている。従って、同性婚拒否が同性愛者の私生活を尊重していないとまでの判断は難しい状況となっている。

問題となりうるのは、権利の平等享有である。同性カップルに婚姻を認めないことは、性的指向に基づく差別を構成しないのか。ヨーロッパ人権裁判所によれば、「類似の状況におかれた個人間で、ある取扱の違いが、客観的・合理的正当化を欠く場合」、当該取扱の相違はヨーロッパ人権条約14条違反の差別となる。だが、この判断に当たって、婚姻を家族形成の基盤と定義した場合、同性カップルには家族形成可能性、すなわち生殖可能性がないため、同性婚不承認は差別には当たらないと解されることになる。結局、婚姻を家族の基礎として位置づけるかどうか（さらに言えば、同性カップルが子どもをもつことに対してどのような姿勢をとるか）が、同性婚の可否にとって最も重要な争点であるということになる。

4　本判決の立場

本判決は、簡潔かつ明確に、①フランスでは、「婚姻とは、男性1人と女性1人による結合である」、②①の結論はヨーロッパレベルのどの規定にも反しない、と述べることにより、同性婚不可との結論を下した。様々な理由を挙げた本件事実審判決と比べて、同性婚不可とする理由に言葉を尽くしておらず、あまりにも不親切な判文であるようにも思われる。だが、その破毀院の意図を考えてみたい。

本件の最大の焦点は、婚姻をどのようなものとして法的に定義するかという問題であった。この点について、破毀院も控訴院のように、生

Ⅶ　婚姻とパートナーシップ制度

殖と結びついた婚姻概念を示して同性婚を否定することは可能であったはずである。しかし、そこには全く触れず、婚姻は男女の結合であるとしか述べなかったのは、婚姻と生殖を過度に結び付けるような婚姻の定義をすることを、破毀院が躊躇したからではないか。

　一方で、同性婚を認めることは、従来の婚姻概念の根本的な変容をもたらす。破毀院は、そういった創設的な作業は司法ではなく立法に帰すべきものであると考え、同性婚承認にも踏み切ることができなかった。結果、婚姻は男女のものとだけ述べる簡潔な判示に留められたものと思われる。

5　本判決の影響

　本判決により、フランスにおける同性婚承認の問題は、議会（立法）に委ねられることになった。実際、2005年11月、2006年6月、2008年1月など、同性婚を可能にしようとする法案が国民議会や元老院にたびたび提出されている。2007年の大統領選挙では、社会党のロワイヤル候補が同性婚を容認する旨を表明し、争点の1つになった。サルコジ候補が当選したことによって一旦この問題は棚上げになっているが、2012年の大統領選挙の結果次第で同性婚承認の法案が通過する可能性もある。さらに、ヨーロッパレベルの今後の動向が、フランス国内の同性婚の議論に影響を与える可能性もある（とはいえ、ヨーロッパ人権裁判所2010年6月24日判決は、オーストリアについて、その同性婚禁止を人権条約違反とは判断していない）。従って、破毀院が本件で同性婚を否定したとしても、それは今後のフランスでの同性婚承認の可能性を完全に絶つものではない。他方、同性カップルにもパックスや内縁の可能性が承認されているため、本件の破毀院の判断が同性カップルを窮地に追いやるという状況でもない。本判決は、そのようなフランスの現状を踏まえた、様々なバランスに配慮した判断であったように思われる。

【参考文献】

①　*D.* 2007, p.935, obs. Inès GALLMEISTER
②　*Dr. fam.* 2007, comm. 76, p. 30, note Marc AZAVANT
③　Defrenois 2007, p.781, note Jacques MASSIP
④　*D.* 2007, p.1375, obs. Hugues FULCHIRON
⑤　Gérard PLUYETTE, La définition du mariage civil en question (ou en droit positif), *D.* 2007, p.1389; *Gaz. Pal.* 22 mars 2007, n° 81, p.10
⑥　*RTD civ.* 2007, p.315, note Jean HAUSER
⑦　*JCP* 2007, I 170, note Yann FAVIER
⑧　Henri Capitant, François Terré et Yves Lequette, *Les grands arrêts de la jurisprudence civile*, Tome I, 12ᵉ éd., Dalloz, 2007, p.236
⑨　齊藤笑美子2006「性的指向と人権：フランスにおける同性間婚姻論議」一橋法学5巻2号555頁
⑩　大島梨沙2007「フランスにおける非婚カップルの法的保護—パックスとコンキュビナージュの研究—（1・2完）」北大法学論集57巻6号370頁・58巻1号210頁

35 同性婚禁止法の合憲性
―― グッドリッジ対マサチューセッツ州公衆衛生局

〈アメリカ〉マサチューセッツ州最高裁判所・2003年11月18日・判決
Goodridge v. Department of Public Health, 440 Mass. 309, 798 N.E. 2d 941

〔大野友也〕

●事実概要

マサチューセッツ州在住のグッドリッジら14名7組の同性カップルは、2001年の3月から4月にかけて、それぞれの市町村に対し婚姻許可状の発給を求めた。しかし州が同性婚を認めていないことを理由に、担当官は婚姻許可状の発給を拒否した。同州では、婚姻許可状を取得せねば婚姻できないことになっていた。そこで同年4月11日、グッドリッジらが、同性カップルに婚姻許可状の発給を認めず、婚姻の法的・社会的地位を認めないこと、並びに婚姻の保護・利益・義務を与えないことはマサチューセッツ州法に反するとの判決を求めて出訴した。

州地裁は、婚姻とは男女間でなされると理解されていること、州の婚姻法は婚姻を異性間に限っていると解釈できることから、州婚姻法を同性婚の根拠とすることはできないと判示した。また州憲法に関する主張については、各条項の定める「権利」「自由」といった文言を限定的に解釈し、こうした条項が同性婚の権利を保障するという主張を斥け、州憲法上、同性婚は保障されないとした。その上で、合理性の基準による審査を適用し、問題とされている区分が同性婚と異性婚であること、婚姻についての規制権限は州にあること、婚姻が伝統的に保護されてきた主たる理由は生殖にあることを指摘し、同性カップルが生殖できないことから、婚姻を異性間に限定することについて目的と手段に合理的関連性があるとして、原告らの訴えを斥けた。そこで原告らが州の最高裁に飛越上訴した。

●判決要旨

法廷意見は、まず「婚姻」という文言について、ブラック法律辞典によれば、「男性と女性が、夫と妻として成立する法的結合」と定義されていること、コモンロー上もそのように扱われてきたことなどから、州婚姻法もその意味で用いられているとして、ここに同性婚が含まれると解する余地はないとした。

次に、本来の争点である、同性婚を認めないことが州憲法に違反しないかどうかについてである。

法廷意見は、州のポリスパワーによって婚姻が創設され、規制されているものであって、共同体の福祉を向上させること、秩序ある社会を支える制度であることを認める。さらに、婚姻によって親密な人間関係を築くことができるなど、個人の人生にとっても大きなプラスになるものであり、それに加え、税制上の優遇、相続といった財産に関わるものや、嫡出推定、親権などの利益もあることから、婚姻が「市民的権利」とされてきたとして、婚姻の重要性を確認する。

また、歴史的に禁止されていた異人種婚が連邦最高裁のラヴィング判決（Loving v. Virginia, 388 U. S. 1(1967)）などによって違憲とされたことから、歴史は不快な歴史を正当化することはないとした上で、婚姻をするか否か、誰とするかといった事柄は個人の自由であってデュー＝プロセスによる保護を受ける権利であると同時に、権利・自由は等しく保障されるべきことを確認する。そのことから、自由・平等に対する

VII 婚姻とパートナーシップ制度

Ⅶ 婚姻とパートナーシップ制度

州の権限行使は、少なくとも「正当な目的」を「合理的に促進する」ものでなければならないとして、合理性の基準による審査を適用することを明らかにする。そしてデュー＝プロセス条項の下での合理性の審査では、法が公衆衛生・安全・道徳またはその他の一般的福祉に現実的・実質的な関連性を有することが必要とされ、平等保護条項の下での合理性審査では、その分類が不利益を受ける集団への害悪を超えるほどの正当な公共目的を促進するということを公平な立法者が論理的に確信できるものであることが必要とされるという。

州が同性婚禁止の正当化事由として提示したのは、⑴生殖に適した環境の提供、⑵両性の親の下という子育てに適した環境の促進、⑶限定された州・私人の資源の保護の3つである。最高裁は、この3つについて順次検討をしていく。

⑴の生殖環境について、州婚姻法は生殖能力や生殖意思の証明を求めていないこと、州が婚姻の有無や実子か養子か、親の性的指向などに関わらず子育て自体を奨励していることなどから、裁判所は、婚姻と生殖を結びつけることについて疑問を呈する。そしてそのような主張は、同性カップルと異性カップルの間の深い溝を選び出したものであり、ローマー事件におけるコロラド州憲法修正2と同じく、たった1つの特徴のみを取り出し、それを理由に平等保護を否定するものであるとして、この主張を斥けた。

⑵の子育て環境について、裁判所は、子どもの福祉が州の最重要政策であることを認めつつ、婚姻を異性間に限定することはその政策を促進しないとした。家族のあり方は多様化しており、子どもの最善の利益は、親が婚姻しているかどうかや性的指向に左右されるものではない、という理由からである。さらに裁判所は、同性カップルの子どもが親の婚姻に基づく保護を受けられないことに何らの正当化事由も存在しないという点も指摘している。

⑶の資源保護について、同性カップルは異性カップルよりも経済的に独立しているとする州の主張に対し、裁判所は、そうではない同性カップルも少なからず存在すること、経済的な依存度に関わらず法律上の夫婦に対して援助をしていることを理由に、この主張も退けた。

以上のことから、同性婚の禁止と公衆衛生・安全・一般的公共の福祉との間に合理的な関連性は存在せず、そのことは同性愛者への偏見に基づく立法であることを示唆するとして、平等保護条項違反であると判示した。

最後に判決は、婚姻を「2人の配偶者の間で自由意志に基づいて成立する結合体」と定義した上で、議会に対して適切な手段を取るためとして180日の猶予を与え、その間、判決登録を停止するとした。

なお、1人の同意意見と3人の反対意見が付されているが、紙幅の関係から割愛し、評釈の際に必要な限りにおいて触れることとする。

● 評　釈

1　合理性審査と違憲判決

本件では、同性婚を認めていない州法の合憲性につき合理性の基準による審査が行われた。同性愛者への保護を禁ずる州憲法修正の是非が争われたローマー判決（→本書13）において合州国最高裁は合理性の審査を適用したが、合理性の審査を適用した理由は同じではない。ローマー判決では疑わしい区分でもなく基本的権利の問題でもないからというのがその理由であったが、本件では厳格度の高い審査を行わなくても違憲判決を導けるという理由からであった。

しかし、通常は合憲の判決を導く合理性の審査であるにもかかわらず違憲という結論に至ったため、反対意見や学説から本件でなされたのは合理性の審査ではなかったのではないかという疑問が提起された。本件の反対意見において、ソスマン裁判官は、法廷意見の言葉遣い（例えば婚姻を「基本的権利」だとする）を見れば、合理性の審査と言いつつ厳格度の高い審査を適用したことは明らかだと指摘する。

他方、学説の中には、州最高裁はこれまで合理性審査の適用に際して、「通常の合理性審査」と「高められた合理性審査」の2つの審査を使い分けており、使い分けの基準が不明確であり、また後者の適用例は多くはないものの、過去にも例がある手法であるとして、本件での合理性審査のあり方を擁護するものもある。なお、この学説に従うならば、本件では「通常の合理性審査」を適用していないことになり、その限りではソスマン裁判官のような批判が妥当する。最高裁がこの点に無自覚であるならば、裁判所への信頼・法的安定性といった点から問題である。自覚的にそのような使い分けをしているならば、その使い分けの基準を明確化する必要があるだろうし、それがソスマン裁判官のような批判に対する応答にもなるだろう。

なお、グリーニー裁判官は、婚姻の権利が基本的権利であり、また同性婚の禁止は性に基づく差別であって、同性婚の禁止は厳格審査に服するべきだとする同意意見を執筆している（同性婚の禁止と性差別の主張については後掲・大野論文を参照）。

2 同姓婚の是非

同性婚については、90年代半ば以降、アメリカにおいて最も熱い議論がなされているテーマの一つと言えるだろう。実際、90年代半ば以降、同性婚を認めていない州法を裁判所で争う事件が増えており、それに歩調を合わせる形で、学説においても数多くの論考が発表されている。加えて、近年では大統領選の争点の1つとしても浮上し、合州国最高裁裁判官の指名に際して候補者が同性婚をどう考えているかが問われたりもしている。

同性婚が否定される理由は様々である。よく聞かれるものとして、「婚姻とは異性間で成立するもの」という定義がある。そのように定義してしまえば、同性同士での婚姻が成立する余地はない。本件地裁判決や、最高裁判決におけるスパイナ裁判官・コーディ裁判官の各反対意見でも、婚姻は異性間でなされるものであって差別の問題は生じない、あるいはその差別は合理的なものであって違憲ではないとされている。しかし、このような主張は循環論法であり、また婚姻を異性間に限定する理由を合理的に説明していない。

本件で州が主張した3つの根拠のうち、生殖の促進と子育て環境の促進も、よく援用される理由である。これらの主張は、本件において斥けられているが、改めて検討する。

まず生殖の促進についてだが、婚姻が生殖のきっかけとなることは否定できないだろう。しかしそれはあくまで異性婚を積極的に容認する根拠とはなるだろうが、同性婚を否定する根拠にはならない。同性婚を否定することで、異性カップルの生殖が促進されるという関係があるようには思えないからである。なお、法廷意見は、生殖能力の有無や意思が問題とされていないことや、養子縁組に際して親の性的指向が問われていないことを指摘しているが、州においてそのようなことが行われていれば、合理的関連性があると言えることになりかねないため、それを根拠に合理的関連性を否定することには賛同しかねる（生殖能力の証明や性的指向の証明はプライバシー侵害の問題を引き起こすため、現実には難しいだろうが）。

子育て環境の促進について、異性カップルの下での子育てが子どもの福祉にとって最も好ましいという主張の是非は判断しかねるが、仮にそうだとしても、どのカップルが夫婦として認められるかという問題と、どのような環境が子育てに最適かという問題は別次元の問題であって、関連性を見出しがたい。加えて、法廷意見も指摘するように、夫婦の子に与えられる利益が、同性カップルの子に認められないことについては、子どもに責任がない以上、正当化できないだろう。

同性婚に反対する理由として、道徳が挙げられることもある。同性愛は不道徳であり、同性婚の合法化は不道徳なものを政府が是認するこ

VII 婚姻とパートナーシップ制度

とになる、という主張である。たとえばローレンス判決（→本書2）において、スカリア裁判官の反対意見は、性道徳が同性愛行為の処罰根拠となると主張し、同性婚の禁止もまた同じだと述べている。法の起源が道徳にあることは確かであろうが、しかし、道徳＝法というわけではなく、法と道徳の峻別についての議論が古くから存在していることは周知の通りである（たとえばカント）。ゆえに、「道徳だから」というだけで何らかの法規制を正当化することは困難であろう。なおローレンス判決において、オコナー裁判官は同意意見で、道徳的非難は単に処罰したいという願望以上のものではなく、平等保護条項の下で正当な政府利益とはならないと指摘している。

以上のように、同性婚を禁止する理由に合理的なものは見当たらないように思われる。このことは日本においても妥当するだろう。

3 同性婚に関するアメリカの現状

本判決を受け、マサチューセッツ州議会は、シヴィル＝ユニオン制度（希望する同性カップルに対し、婚姻に準じた地位を付与する制度）の導入を提案し、州最高裁に意見を求めた（マサチューセッツ州は、州議会等が重要な法律問題について州最高裁に意見を求める制度を採用している）。これに対し州最高裁は、法案が同性カップルに「婚姻」を認めていないことを問題視し、異性カップルに婚姻を認めつつ、同性カップルには婚姻を認めないとすることが同性カップルを低い立場に追いやるものと指摘し、そうした取扱が二級市民を作り出すものであるとして、平等保護条項違反・デュー＝プロセス違反であると宣言した。

ところが同州議会は、2004年3月29日、同性婚を禁止し、代わりにシヴィル＝ユニオン制度を導入する憲法修正案を可決した。だが、州憲法の修正は、州民投票で可決されるまで効力を持たないため、その間、州最高裁の判決に基づき、希望者には婚姻が認められているという。

その後、2005年9月14日、州議会が同性婚を禁止する州憲法の修正を否決したこともあり、同州では現在もなお、同性婚を認めている。

その他の州の動きとして目立っているのがカリフォルニア州である。カリフォルニア州では、2008年5月に州最高裁が同性婚を認めないことは州憲法に違反すると判示し（*In re* Marriage Cases, 183 P. 3d 384）、同年6月から婚姻許可状の発給が始まった。ところが、この動きに反発するグループの働きかけなどが実り、同年11月に同性婚を禁止する州憲法修正案が州民投票で可決された。これに対し、同性婚を推進するグループが州民投票の無効を求める訴訟を提起したが、2009年5月、州最高裁はこの訴えを斥けた（*Strauss v. Horton*, 207 P.3d 48）。ところが2010年8月、連邦地裁がこの憲法修正を連邦憲法に反するとした（*Perry v. Schwarzenegger*, 2010 U. S. Dist. LEXIS 78817）。この判決によって、8月18日から同性婚が認められることとなったが、今度は連邦控訴裁判所がこの判決の執行の差止を認める決定を行ったという。本件訴訟は連邦最高裁にまでいくだろうと予想されており、今後の動きは流動的である。

このほか、比較的最近の判決として、2006年10月にニュージャージー州最高裁が同性婚禁止は州憲法違反だとした事件（Lewis v. Harris, 908 A. 2d 196）、2007年9月にメリーランド州控訴裁判所（州最高裁に該当）が同性婚禁止は州憲法違反ではないとした事件（Conaway v. Deane, 932 A. 2d 571）、2008年10月にコネティカット州最高裁が同性婚の禁止は州憲法違反だと判示した事件（Kerrigan v. Commissioner of Public Health, 957 A. 2d 407）、2009年4月にアイオワ州最高裁が同性婚の禁止は州憲法違反だとした事件（Varnum v. Brien, 763 N. W. 2d 862）、2010年9月にテキサス州控訴裁判所が同性婚の禁止は連邦憲法の平等保護条項に違反しないとした事件（*In re* Matter of the Marriage of J.B. and H.B., 2010 Tex. App. Lexis 7127）などがある。

また、同性婚ないしドメスティック＝パート

ナー制度を合法化した州・特別区として、バーモント州（2009年4月）、ニューハンプシャー州（同年6月）、コロンビア特別区（同年12月）がある。メイン州では2009年5月に州議会で同性婚を合法化する法案が可決されたが、州民投票の結果、同年11月に廃止された。また州憲法を改正したり州法を制定したりして同性婚を禁止している州も42州に上るという。連邦レベルにおいても、1996年に婚姻保護法（Defense of Marriage Act(1 U.S.C. § 7); DOMA）が制定され、ある州が同性カップルに婚姻を認めたとしても、それを別の州が認めなくてもよいとする条項が盛り込まれている。

このように、全米で同性婚をめぐって熱い戦いと議論が展開されている。世界的にも同性婚ないしそれに準じた扱いを認める動きが進んでおり、政治家などによる同性婚も報じられている（2010年だけでもアイスランドのシグルザルドッティル首相やドイツのウェスターウェレ外相などのケースが報じられている）。日本においても同性婚の法制化を真剣に検討すべき時期が来ているように思われる。

【参考文献】

① 紙谷雅子（2005）「Goodridge v. Department of Public Health, 440 Mass. 309, 798 N.E.2d 941（Mass．2003）──婚姻を希望している2人が同性であると婚姻許可証の発給を州が拒否し、婚姻が与える保護、利益、義務を拒否することは、州憲法に抵触すると州最高裁判所が判断した事例」アメリカ法2004-2、278頁以下

② 大野友也（2009）「同性婚と平等保護」鹿児島大学法学論集43巻2号17頁以下

③ 羽渕雅裕（2005）「同性婚に関する憲法学的考察」帝塚山法学10号31頁以下

④ Note（2003）"Recent Case: Constitutional Law--Due Process Clause--Massachusetts Supreme Judicial Court Holds That Opposite-Sex Marriage Law Violates Right to Marry: Goodridge v. Department of Public Health, 798 N.E.2d 941（Mass 2003）" Harvard Law Review 117巻2441頁以下

⑤ EVAN GERSTMANN（2008）"SAME-SEX MARRIAGE AND THE CONSTITUTION (2nd ed.)"（Cambridge University Press）

⑥ Lawrence Freedman（2006）"Ordinary and Enhanced Rational Basis Review in the Massachusetts Supreme Judicial Court: A Preliminary Investigation" Albany Law Journal 69巻415頁以下

Ⅶ 婚姻とパートナーシップ制度

36 同性婚容認判決 ── 婚姻法照会

〈カナダ〉最高裁判所・2004年12月9日・判決
Reference re Same-Sex Marriage（2004 S.C.C 79）

〔榎澤幸広〕

●事件概要

カナダ連邦政府（正式な提起者は、総督）は、最高裁判所法53条に基づき、最高裁判所に対して、2003年7月16日、同性婚を合法化する法案である、「民事目的の婚姻における法的能力の諸側面に関する法の提案（Proposal for an Act respecting certain aspects of legal capacity for marriage for civil purpose〔以下、提案法案と略〕）」について、照会（reference）した。

提案法案の1条は、「婚姻とは、民事目的とするものであり、排他的な2人の法的結合である。」とし、2条は、「当該法は、宗教団体の司祭が、自らの宗教信仰に従わない婚姻を主宰することを拒否する自由に、何ら影響を与えるものではない。」と規定する。

そして、これらの提案法案に対して、以下の3つの問題が提起された。

1. 提案法案は、カナダ連邦議会の排他的な立法権限の範囲内にあるのか。もしないなら、いかなる事項においてか。そして、いかなる範囲においてか。
2. 質問1の回答がイエスなら、同性間に対して婚姻する能力を拡大する提案法案の1条は、権利及び自由に関するカナダ憲章（1982年憲法法の一部。以下、憲章と略）に一致するのか。一致しないなら、いかなる事項においてか。そして、いかなる範囲においてか。
3. 憲章2条(a)に保障される信教の自由は、ある宗教者である司祭が、自らの宗教信仰に反する同性婚を主宰するよう強制されることから、保護するのか。

2004年1月26日、クレティエン（Chretien）首相の後継であるマーティン（Martin）首相は、4番目の問題を付け加えている。

4. 民事目的の婚姻における異性の要件は、コモン・ローによって確立され、ケベックにおいては、連邦法－民事法調整法第1の5条に規定されているが、これは憲章と一致するのか。一致しないなら、いかなる事項においてか。そして、いかなる範囲においてか。

●判決要旨

カナダ最高裁は、2004年10月6・7日の2日間にて、連邦政府と26の訴訟参加人から弁論を聴取し、12月9日、提案法案を合憲と判断した。以下、4つの質問に対する最高裁の判断の概要を示すことにする。

1 質問1について

提案法案1条は、連邦議会の権限内にある。理由として、1条は、民事的な婚姻における法的能力を規定するものであり、1867年憲法法91条26号（婚姻と離婚についての連邦議会の権限を規定）の範囲内にあるとする。

これに対して、提案法案2条は、連邦議会の権限外にある。理由として、2条は、婚姻主宰者に関する規定であり、1867年憲法法92条12号（州における結婚式についての州立法府の専属的権限を規定）における州の権限にあるとする。

2 質問2について

提案法案1条は憲章と一致する。提案法案が

示す同性婚への権利は、潜在的に、信教の自由への権利と衝突する場合もあるが、権利の衝突はカナダ憲章との不一致を含意するものではなく、むしろ、憲章内において、一般的に、比較考量などの解釈を通じて、それらの衝突は解決されるとする。

3 質問3について

憲章2条(a)の信教の自由の保障は、ある宗教者である司祭を、国家によって、自らの宗教信仰に反する民事的又は宗教的な同性婚を主宰することを、強制されないように保護するのに十分である。

4 質問4について

この質問については、以下の3つの理由づけにより、回答を拒否した。

第1に、連邦議会は、最高裁判所の回答にかかわらず、同性婚問題を、立法上提起する意図を示している。また、下級審判決により、5つの州と1つの準州で、もはや異性要件を持ち込まないことになっており、質問4の方も同じように考えるべきである。この点、連邦政府は、これらの判決を容認し、自己の立場として採用している。

第2に、先の訴訟の当事者や同性カップルは、確定判決に服しており、その権利を保護されている。

第3に、質問4への回答は、カナダ全土における民事的な婚姻に関して、政府が示した統一性を達成する目標を掘り崩す可能性がある。要するに、ノーと回答すれば、その統一性が達成されるが、イエスと回答すれば、混乱をもたらすというのである。

●評　釈

1 照会制度と本判決

抽象的審査を行わない付随的違憲審査制を違憲審査制と理解する多くの読者は、このような

カナダの照会制度について、違和感があるかもしれない。カナダも日本と同様に、付随的違憲審査制を採用するが、カナダの最高裁判所法53条は、連邦議会や州の立法府の権限などに関して、重大な法的問題や事実問題を審理検討するために、政府が最高裁判所に法的判断を求めること（照会）を認めている。今回の政府も、正に婚姻や結婚式に関する連邦議会の権限や、婚姻を異性カップルに限定する連邦・州法の憲法適合性について、最高裁判所に法的判断を求めたのであった。

この点、判決のポイントは、第1に、婚姻の定義について、連邦議会の権限内にあるとしたことである。第2に、その定義変更が、憲章に違反しないとした点である。このことは、同性婚を望む者たちにとって長年障害となっていた、1866年のイギリスのハイド判決（*Hyde v. Hyde and Woodmansee* (1866), L.R.1 P.& D.130）により形成された、婚姻を「男女の結合」とするコモン・ロー上の婚姻の定義変更を連邦議会の権限内にあるとしたことを意味する。

2 照会へ至るキーポイント

次に、このような照会に至る流れを検討しよう。この点につき、カナダにおいて初めての人権規定を備えた、1982年の憲章抜きに考えることはできない。憲章15条1項は、「すべて個人は、法の前及び下に平等であり、とりわけ、人種、出身国若しくは出身民族、皮膚の色、宗教、性別、年齢又は精神的若しくは身体的障害により差別されることなく、法による同様の保護及び利益を受ける権利を有する」と規定する。このように、憲法に平等条項が置かれ、裁判所がアメリカ並に司法審査権を行使するようになって以来、同性愛*の問題に対しても積極的な取組がなされるようになった。また、連邦政府や州政府は、彼らの雇用・サービス・移民などの面における問題に対して取り組んでおり、1990年代において、様々な問題が改善され、中には、残るは同性愛者の家族問題だけだろうといわれ

Ⅶ 婚姻とパートナーシップ制度

る州もあったほどである。しかしそのような方向とは同一化せずに、同性愛者の婚姻や家族形成の争点を巡っては、宗教的な見解も含め、伝統的な家族像を望む人も依然根強くおり、議論は二分されていた。

それでは、いかにこのような状況が打開されていったのか。この点、照会判決に至る過程として主に、2つのキーポイントが存在すると考えられる。

第1のキーポイントは、1999年5月20日の最高裁判所判決（*M. v. H.*, (1999) 2 S. C. R 3）である。本判決の争点は、長期にわたる内縁関係を構築した同性カップルが関係破綻後、異性カップルと同様、配偶者としての扶養的財産分与を受領できるか否かということであったが、最高裁は、配偶者の定義を異性の文言で定義するオンタリオ州家族法（the Ontario Family Law Act）が憲章15条1項に違反するとし、オンタリオ州議会は、6ヶ月間の法改正期間を与えられた。この判決自体は、同性婚を直接扱うものではなく、異性カップルの経済的利益を同性カップルにまで拡大するものにすぎない。

この判決が出された後、連邦・州レベルにおいて、同性カップルを認める法が制定・改正された。しかし、それらとは別に、コモン・ロー上の伝統的な婚姻概念を維持したり、一対の男女の結合という婚姻関連法の定義が継続されたりしたので、同性婚を異性婚と同じレベルに置くものではなかった。

第2のキーポイントとして、2002年以降、憲章との関係において、婚姻概念自体を争う訴訟が増え、立て続けに、裁判所が異性婚との差別化を図る立法を憲章15条違反としたことがある。すなわち、同性カップルも異性カップルと同様の法的利益を得るようになったが、婚姻について異性カップルと別の取扱をされていることが問題にされたのである。この点、同性婚を禁止するのが憲章違反だとするブリティッシュ・コロンビア州控訴裁判所判決（*EGALE Canada Inc. V. Canada (Attorney General)*, (2003), 13 B.C.L. R.(4th)1）や1867年憲法法91条26号の婚姻に同性婚も含まれるとするオンタリオ州控訴裁判所判決（*Halpern v. Canada (Attorney General)*, (2003), 65 O. R.(3rd), 161）に対して、クレティエン首相は、2003年6月17日、上告しないと宣言した。そのかわりに、翌月に最高裁にて照会を行うことにしたのである。この照会の意図や効果については、①当時の政府が少数与党政府であったこと、そして与党内でも意見対立があったため、最高裁の法的見解を引き出すことで自己の立場を補強しようとしたという見解、②①と同様の背景から、時間稼ぎのために照会が行われたという見解、③当時、全カナダ10州3準州中5州1準州が州レベルで同性婚を認めているという法の分裂状態が存在したために、これを解消するため最高裁の判決を必要としたという見解も存在する（佐藤論文・381頁）。佐藤論文では全てが関わっているだろうとした上で、更に、①②の背景として、野党の保守政党による従来の婚姻概念を再確認する動議が出され、137対132で否決されたものの、与党である自由党の171議席中53名も同性婚反対派（賛成票）に加わっていた点も関係しているとする。

3 婚姻法（Civil Marriage Act）成立──同性婚を認める世界で4番目の国に──

質問4の回答が拒否され政府は最高裁の違憲判断に基づき法改正を行う戦略は採用できなかったが、最高裁がコモン・ロー上の定義変更が連邦議会の権限内にあるとしたこと、そして、それが憲章に違反しないという判断をしたことによって、本判決後、連邦政府は、2005年2月1日に法案を下院に上程し、下院・上院を経て、最終的に、7月20日、婚姻法が制定されることになる。

本法は、前文と15条から成る。特徴的なのは、婚姻法に位置づけられたこと（1条）、異性要件がないこと、民事目的の婚姻が排他的な2人の結合であること（2条）、宗教団体の司祭が自らの宗教信仰に合致しない婚姻を主宰するこ

とを拒絶する自由を有することが認められること（3条）である。これらの内容は、概ね照会判決が反映されているといえる。また、5〜15条は、本法の制定に関連して、様々な法を改正する規定である。例えば、同性婚カップルに離婚法が適用できるよう改正する規定があるが、異性婚のみならず、同性婚の当事者の一方も他方に対して配偶者として位置づけられると改正されることで、離婚へのアクセス保障の平等化が徹底されている。また、前文にて、連邦議会が同性婚の権利を否定するために、「適用除外条項」（憲章33条）を使用することを排除する、としている点も重要である。この33条は、連邦議会や州立法府が憲法の人権規定を無視する形で立法を制定することを認めている（5年の期限付き）。

このように、伝統的な婚姻概念を変更し、信教の自由を尊重した上で同性婚を認める法が短期間で成立した。このような法の成立は、オランダ、ベルギー、スペインに次いで、世界で4番目である。しかし、2006年1月、連邦総選挙を通じて、政権が自由党から、従来から同性婚に反対していた保守党へ転換したことにより、当該法の見直しが検討されることになる。だが、見直しを求める動議は、12月7日、連邦議会に提出されるものの、175対123の反対多数で否決されることになる。このことにより、この件について、連邦議会で再度議論されることはなくなったが、その後、同性婚反対派であるモラリストらの反対運動が展開している点も付言しておく必要があろう。

【参考文献】（副題は省略）
① 榎澤幸広「カナダの憲法における家族」専修法研論集26号（2000）
② 佐藤信行「カナダにおける同性婚」法学新報112巻11・12号（2006）
③ 富井幸雄「同性婚と憲法（一）（二・完）」法学新報113巻1・2号（2006）、113巻3・4号（2007）
④ Joanna Radbord & Martha McCarthy, "Marriage (P) reference-Equality, Dignity and Individual Voices," *National Journal of Constitutional Law*, 17:213-260 (2004)
⑤ Peter Hogg, Canada: the Constitution and Same-Sex Marriage. *International Journal of Constitutional Law*, 4:712-721 (2006)

Ⅶ 婚姻とパートナーシップ制度

37 同性婚を禁ずる婚姻法の定義を違憲とした判決
——フーリエ事件・レズビアン＝ゲイ平等プロジェクト事件

〈南アフリカ〉憲法裁判所2005年12月1日・判決
Minister of Home Affairs v Fourie & Another（Case CCT 60/04）; Lesbian and Gay Equality Project and Others v Minister of Home Affairs and Others（Case CCT 10/04）（2005）

〔榎澤幸広〕

●事件概要

本件は、2005年に、憲法裁判所にて、同日審理されることになった2つのケースからなる。まず1つ目のケースは、1994年以来パートナー関係にあったが婚姻を受理されなかったプレトリアのレズビアン*・カップルであるフーリエ（Fourie）とボンシュイ（Bonthuy）を当事者とするものである。彼女らは、2002年、同性愛*者の婚姻登録を行うべきとする国の義務を訴える闘いを、プレトリア高等裁判所（the Pretoria High Court）にて開始した（当該ケースはその後、最高裁判所（the Supreme Court of Appeal）を経て、この憲法裁判所へと至った[1]）。彼女らは、この憲法裁判所にて、コモン・ロー上の婚姻の定義が「すべての者を排除する、永続的な1人の男性と1人の女性の結合」としていることから、自らを含む同性カップルが、公的に彼らの愛を祝福されることや婚姻においてお互いが関わりあうことから排除されているとした。2つ目のケースは、レズビアン・ゲイ*平等プロジェクト（The LGEP）らにより提起された。彼らの主張は、婚姻法（the Marriage Act 25 of 1961）の30条1項が同性カップルを排除するものであり、違憲であるというものであった。すなわち、当該条項は、婚姻主宰者（marriage officers）がカップルに対し婚姻の誓いをさせる式文について、「汝は〇〇を汝の法的な妻（あるいは夫）（wife (or husband)）とみなす」と規定しており、この文言が同性カップルを排除しているというのである。国側は双方のケースに異を唱えた。

●判決要旨

南アフリカ（以下、南アと略）の憲法裁判所は、救済面を除いて、満場一致で、婚姻法もコモン・ローの婚姻の定義も、同性カップルを差別しており違憲だとした。

サックス（Sachs）判事は、多数意見を代表して、以下のように示している。第1に、南アは、社会の発展に伴い、多様な家族形態を有する。従って、特定の形態の家族を社会的・法的に容認されたものと位置づけるのは、不適切である。第2に、我が国において、特定領域で多くの打開がなされてきてはいるが、ゲイやレズビアンの周縁化（marginalisation）や迫害が、長期の歴史において存在してきた。従って、断固として、彼らの歴史を認める憲法上の必要性があった。第3に、特定領域での取り組みはなされてきたが、家族法上のゲイやレズビアンの権利について、包括的な法規則が存在していない。第4に、我が国の憲法は、不寛容と排除に

---

[1] 南アの憲法裁判所は裁判長、副裁判長とその他9人の裁判官から構成される。憲法裁判所は憲法関連の事例を判断する最終審で、それ以外の裁判所はその判決に従わなければならない。この裁判所が扱う事例は例えば、国家組織間の憲法事項をめぐる紛争、違憲の法律、大統領の違憲行為である。高等裁判所や最高裁判所等の裁判所も憲法判断を行うことができるがそれは憲法裁判所が最終判断を行うまでの暫定的措置である。南アのあらゆる者が憲法裁判所に訴えることができるが、通常高等裁判所からスタートする。

基づく過去と徹底的に決別している。すなわち、そのような動きは、すべての者に対して、あらゆる方法によって、平等と敬意に基づく社会を発展させる必要性を容認することを推し進めることになる。

このようなサックス判事の理由づけは、同性カップルが従来の婚姻の定義から排除されてきたという点に照らして、特に南ア憲法に規定される平等への権利（9条）と尊厳への権利（10条）に基づいて示されている。

従って、コモン・ロー上の婚姻の定義は、憲法と一致せず、そして、異性カップルが享受する地位や利益を、同性カップルに認めていない限りにおいて無効であるとした。また、婚姻法30条1項については、「あるいは夫」の用語の後に、「あるいは配偶者（or spouse）」の用語が遺漏している点で、憲法と一致せず、婚姻法はその一致しない範囲において無効であるとした。

そして、判決日から12ケ月間、これらの無効の宣言を留保する決定をなした。その間、議会に対して、該当する欠缺部分を訂正させることを認めた。この期間内に、これらの訂正が立法を通じてなされない場合、婚姻法の当該部分は、憲法裁判所が示した内容に自動的に読み込まれ、コモン・ローの当該部分についても無効となるともした。

リーガン（O'Regan）判事は違憲という点には同意したものの、憲法に規定される憲法裁判所の正当性や役割から、同性カップルに婚姻に対する即時の効果を認めるために、憲法裁判所が主導で、コモン・ローの展開や婚姻法30条1項の読み込みを行うべきだとし、救済部分では異を唱えた。

● 評　釈

1　南アフリカ共和国憲法と同性愛者

南アフリカは、かの有名なアパルトヘイト（人種隔離政策）体制から1993年の民主主義体制への転換に向けて、「虹の国」（様々な人々の共生する国）建設を重要視してきた。従って、南ア史上、権利章典を初めて備えた新憲法では、9条（平等条項）にて、アパルトヘイトによる主たる被害者である黒人について問題になる人種のみならず、ジェンダーや年齢など様々な具体的事由が示されている。

アパルトヘイト政権下において、同性愛行為を犯罪とするなど同性愛者に対する法的規制が様々存在した。この点をふまえ、「性的指向」もその事由の中に含まれ（世界史上初）、この結果、ゲイ、レズビアンら性的マイノリティに光があてられることになった。因みに、同条は、政府と国民の関係のみならず、私人間においても適用され、差別とは、直接・間接双方を指す点もあげる必要がある。

フーリエ判決にも示されているように、同条の成果として、議会を通じて、同性愛者に対する差別的な様々な法の改正がなされた。また、憲法裁判所を通じても、家族の多様性に注目して、同性カップルに対する差別について、次々と違憲判決が出されている。例えば、外国人の同性パートナーの移民権を認める判決（NCGLE v Department of Home Affairs (1999)）、同性カップルに共同の養子縁組を認める判決（Du Toit v Minister of Welfare (2003)）、人工授精により生まれた子どもの両親の中に同性カップルを含むとする判決（J v D-G, Department of Home Affairs (2003)）など。

2　本判決の意義

本判決も、このような同性愛者へのアパルトヘイト（クローゼットのアパルトヘイト）に対する差別撤廃の一連の流れに位置づけることができる。本判決は、①コモン・ローや婚姻法における婚姻の定義が、憲法違反か否か、②反する場合、憲法裁判所により、適切な救済が図られるのか、という2点が争点になっていた。

①の点について、同性カップルが公的に結婚式を執り行われ、婚姻登録されるという「婚姻する権利」が問題になっていた。この点、特に

VII 婚姻とパートナーシップ制度

強調されたことは、婚姻の利益や責任から同性カップルが、法的に排除されてきたことである。すなわち、南アフリカ法における同性婚の排除が同性カップルはアウトサイダーであるとしてきたといえる。そしてそれらの法は、異性カップルに比して、人間として親密な関係を確認・保護する必要がないとほのめかしてきたともいえるのである。

更に、宗教的な文脈で解釈したり、宗教団体で争いのある争点の一方に肩入れするならば、不寛容な状況になるとしており、憲法上の開かれた民主主義社会とは、多様性を承認する社会であることを強調している。すなわち、聖俗間に敬意ある相互の共存が必要になることも示している。

②の点については、憲法裁判所による個別修正による救済よりも、議会による包括的な改正や新法の制定による救済に重きを置いていたことも重要であろう。この点、憲法裁判所が立法にあたっての注意として示した以下のいくつかの原則を確認しておく必要がある。(a)新たな法案の目的は、尊厳、平等、及び、人権や自由の向上を促進するものであること、(b)新法は、民事上の婚姻よりもレベルを下げたものを創設してはならないこと、(c)議会は、一見平等に見えるが現実的には同性カップルを更に周縁化するような分離を創設することを回避するのに敏感でなければならないこと、(d)選択された法案が、異性カップルにおけるのと同様に、同性カップルにも寛大で容認されるものでなければならないこと。

但し、同性カップルの側から見た場合、この判決において若干の問題点もある。婚姻主宰者側の宗教信仰の自由を考慮する点から、同性カップルの婚姻祝福を拒否することを認めていることである。

3 シビル・ユニオン法制定

憲法裁判所は当該判決以後、議会に対して12ヶ月以内（2006年12月1日期限）に婚姻法改正を提示し、それがなされない場合、自動的に修正が行われるとした。その結果、憲法裁判所の意向をふまえて、2006年11月30日、シビル・ユニオン法が制定されることになる（世界で5番目、アフリカ大陸では初）。

この点、2006年8月の段階にて、2つの案が出された。一方は、同性カップルのみが利用できるシビル・ユニオン案、他方は、同性カップルと異性カップルが利用できるシビル・ユニオン案である。しかし、憲法や当該裁判所の見解をふまえて、後日、後者が採用されることになる。

但し、立法時点において、これらの点を踏まえるどころか、様々な反対の動きがあった点は注意を要する。まず、アフリカキリスト教民主党（the African Christian Democratic Party, ACDP）による「婚姻を男女間」に限定する憲法修正案提出を初めとして、世論、一部の宗教関係者等に、反対の動きがあった（法案可決時には、「我が国の12年間の民主主義の中で最も悲しむべき日」という意見もでた）。そして、与党であるアフリカ民族会議（Africa National Congress, ANC）内部でも一部同様の見解が存在した。これに対して、同性愛者擁護団体には、憲法裁判所の意向を反映する法制定を望む声が大きかった。

現在、南アには、3つの婚姻法が存在する。第1に、裁判の争点になった婚姻法（the Marriage Act (Act 25 pf 1961)）。第2に、慣習婚承認法（the Recognition of Customary Marriages Act (Act 120 of 1998)）。これは南アに存在する先住アフリカ人の慣習法に従った婚姻を承認する法である。そして、第3に、今回制定されたシビル・ユニオン法（the Civil Union Act (Act 17 of 2006)）である。

同性カップルが利用できるのは、シビル・ユニオン法のみであるが、そこで、シビル・パートナーシップか婚姻かを選択する。後者を選択した場合、婚姻法下で保護された婚姻カップルと同様の権利を享有することになる。確かに、

議会は、憲法裁判所の要求をある程度実現したといえよう。しかし、1つの法に統一すべきという意見もあるように、憲法裁判所がこれらのケースに対して個々別々に対応するだけでは不十分であるため、議会に包括的な対応を望んだはずである。従って、議会立法による、このような差異化は、憲法裁判所が注意を促した「分離すれども平等」の考えを推し進めることになるのではなかろうか。

4 南部アフリカにおける位置

先述の通り、南アのシビル・ユニオン法は、アフリカ大陸初のものであった。当該大陸で、これらの判決（あるいは法律）が与えた影響は良くも悪くも大きかった。南部アフリカ（サハラ以南のアフリカ諸国）の大半の国（ジンバブウェ、ケニア、ウガンダ、ナイジェリア、タンザニア、ガーナなど）はソドミー法（→ *Column1*）や関連法を有しており、2006年の動きだけを見ても、その内容の補強を図ろうとしていた。例えば、ジンバブウェのムガベ（Mugabe）大統領は「ゲイは豚や犬に劣る」と発言しており、男性間での親密なハグ、キス、手をつなぐ行為までも刑罰対象としようとした。当該判決と逆方向への動きは、同性愛がヨーロッパから持ち込まれた望まれない文化遺産（植民地主義や白人文化の産物）であるとして、黒人主義を主張する国ほど、同性婚どころか同性愛者を排除する傾向にあるのである。

南アでも、このような考え方は憲法制定過程時においても議論されたし、現在も残っている。また、HIVに罹患している国民の数が圧倒的に多いことも、宗教関係者のみならず国民側からも同性愛者排除の動きを強くしている（罹患理由は、異性間の性的接触が大部分といわれているが）。更に、このような動きは、レイプや暴力、最悪の場合には殺人にまで発展しており、同性愛者に対する法的保護が現実的ではないと指摘する声もある。

【参考文献】

① Cathi Albertyn & Beth Goldblatt, "Equality", Stuart Woolman/Theunis Roux/Michael Bishop (2nd eds.), *Constitutional Law of South Africa* (Cape Town:Juta & Co LTD.,2006)
② Kenneth McK. Norrie, "Marriage and Civil Partnership for Same-Sex Couples: The *International Imperative*", *Joural of International Law & International Relations* Vol. 1 (1-2), 249-260.
③ Mark Gevisser and Edwin Cameron (eds.), *Defiant Desire* (New York: Ravan Press, 1995)
④ 榎澤幸広「クローゼットのアパルトヘイト」法とセクシュアリティ1号（2002）
⑤ 南アフリカ憲法裁判所ホームページ<http://www.constitutionalcourt.org.za/site/home.htm>

VII 婚姻とパートナーシップ制度

Column 9

セクシュアリティは婚姻の条件か？

この問いに対する答は、イエスでありノーであろう。まず、日本の民法は、婚姻が男女によるものとの明確な規定を置いていない。ただ、婚姻の効力その他の部分では、「夫婦」という言葉が使われているので、婚姻は男女によるものとなる。これを受けて、婚姻の法的手続に関する戸籍法は、夫婦についての戸籍の記載は「夫又は妻である旨」としている。

夫婦、つまり男女によってしか婚姻が認められないとしても、そのことが法律上も当然に性行為を行うことを要求していたり、子どもを産んだりすることを要求しているわけではない。婚姻を男女に限るとする理由として、その目的が種の保存であるからと説明されてきている。これまでも大部分の「婚姻」を名乗るカップルは男女によっていたし、多数派は何事につけても「普通」の基準を形成するので、この説明は実態にあっているとして受け取られてきていた。少なくとも、異性愛者の間では。

ところで、私たちの周りを見回しても、子どものいない夫婦は特別珍しい存在ではない。その理由が、自由な選択であろうと、身体的な問題であろうとである。また、既に生殖可能な年齢を過ぎてからの婚姻も珍しいことではない。再婚でも初婚でもそうである。そのような人々の婚姻の目的にセクシュアリティの占める位置はどのようなものであるか。もっとも、高齢者の婚姻が性的なものを全く欠いているかは不明というしかない。何が性的であるかは、一義的に決定することはできないからだ。

長年親密な関係にあり、親身な世話をしてくれた女性に対して、死を目前にした入院中の64歳の男性が婚姻届を出し、その5日後に死亡したという事例で、裁判所は「法律上の夫婦となる意思」を持って婚姻届がされており有効と判断している。この婚姻では、セクシュアリティどころか一定期間の共同生活の可能性も疑わしい。しかし、それでも婚姻は成立している。これからすると婚姻を成立させる要件である「法律上の夫婦になる意思」の内容も実は当事者によりまちまちであるといえる。

さて、性行為をすることは婚姻の条件といえるのだろうか。拒否は離婚理由になりうる。しかし、だからといって「性行為なし」の合意をした婚姻が少なくとも日本では無効になるわけではない。セクシュアリティの位置づけを含めて、婚姻を成立させる条件は、性別を除けばほとんど当事者の自由というのが、実態であろう。性別は、日本では婚姻を婚姻たらしめている最後の砦（？）。だからここは譲れないということなのだろうか。

（角田由紀子）

◆ Ⅷ ◆
性的指向と親子関係

Ⅷ 性的指向と親子関係

38 親権付与と権利の平等享有
—— ダ・シウヴァ対ポルトガル

〈国際〉ヨーロッパ人権裁判所・1999年12月21日・判決
Salgueiro da Silva Mouta v. Portugal, Reports 1999-IX

〔齊藤笑美子〕

●事実概要

　ポルトガル籍の申立人ダ・シウヴァ（男性）は、1983年にＣ（女性）と婚姻し、Ｃとの間に女児Ｍをもうけた。1990年にＣと別居し、以来彼は同性パートナーのＬ（男性）と暮らしている。Ｃとの離婚は、1993年に成立した。離婚調停の過程で、Ｃが親権（parental responsibility）を持ち、申立人はＭと接触する権利を持つという合意が結ばれた。しかし、Ｃは、この合意を履行せず、Ｍが申立人に会うことを許さなかった。さらに、Ｍは祖母のもとで暮らしていた。そこで申立人は、親権の付与を求めて提訴した。これに対しＣは、申立人の同性パートナーであるＬが、Ｍを性的に虐待したと主張したが、リスボン家事裁判所は関係者に面接を行ったカウンセラーの報告書に照らして、Ｌによる性的虐待の訴えが事実無根で、他人に吹き込まれたものであると考えられるとし、申立人に親権を付与した。続くリスボン控訴裁判所は、原判決を破棄し、Ｃに監護権を与え、申立人には接触する権利のみを与えた。その理由は以下のようなものであった。

・Ｌによる性的虐待が、事実だという証拠もないが、事実でないということもできない。
・裁判所は、子の利益を促進するため、子が育つべき権威ある家族、教育的社会的価値を考慮に入れるべきであり、原則として養育義務は母に認められるべきである。
・最初の合意を覆すべき十分な理由がない
・Ｍは、ポルトガルの伝統的な家族の中で暮らすべきである。同性愛*は異常の１つであ

るから、Ｍは、「暗い異常な状況」で暮らすべきではない。

　この判決に対して上訴はなされなかった。控訴裁判所は申立人がＭに会う権利を認めたが、Ｃはこれをまたもや尊重しなかった。申立人は、控訴審判決の履行を求めて、リスボン家事裁判所に申立を行った。その過程で、申立人は、Ｍが、北ポルトガルにいることを知り、2度探索を行ったがＭを見つけることができなかった。

　申立人は、自分ではなく元妻Ｃに親権を付与した控訴審判決は、彼の性的指向*のみを根拠としており、ヨーロッパ人権条約（以下、条約）8条（私生活の尊重を受ける権利*）および14条（権利の平等享有*）違反であるとしてヨーロッパ人権裁判所に提訴した。

●判決要旨

　当裁判所は、リスボン控訴裁判所が、数多くの事実上及び法律上の点を検討するにあたって、とりわけ子の利益を尊重し、それが一方の親に有利に働きうることを否定するものではない。しかしながら、控訴裁判所は、リスボン家事裁判所の判決を覆し、父親ではなく母親に親権を付与するにあたって、新たな要素、すなわち申立人が同性愛者であり、別の男性と暮らしていたことを持ち込んでいる。従って、当裁判所は、申立人とＭの母親（元妻Ｃ）の間に取扱の差異があり、それが申立人の性的指向に基づいていると結論せざるを得ない。そして、性的指向が、条約14条によってカバーされる概念であることは疑いを入れない。当裁判所は、当該規定の列

●性的マイノリティ判例解説●

挙事由は、例示であって限定ではないことを認めている。(28段落)

判例に従えば、取扱の差異は、客観的かつ合理的な理由がないときには、14条の意味での差別に当たる。つまり、取扱の差異が、正当な目的を追求していないとき、あるいはその目的と目的達成手段の間に均衡のとれた合理的関連がないときである。(29段落)

控訴審判決が、子の健康と権利の保護という正当な目的を追求していることは否定できない。そこで今度は、均衡のとれた合理的関連という2つ目の要件について検討する。(30段落)

リスボン控訴裁判所は、申立人の同性愛という新たな要素を導入して、親権付与に関する判断を下した。この決定が合理的根拠を欠いた差別的扱いであるか否かを決定するためには、この新しい要素が、問題となっている事案の結果に直接的な影響のない傍論なのか、反対に、決定的であったのか否かを立証しなければならない。(31段落)

控訴裁判所は、年少の子の養育権は、それと矛盾する最優先の理由がない限り、一般的に、母親に与えられるべきであるという。同裁判所はさらに、当事者の合意で母親が持つことになった親権を奪う十分な理由はないとみなしている。

しかしながら、そのような所見の後で控訴裁判所は、「子はポルトガルの伝統的な家族の中で暮らすべきであり」、「同性愛が病気であるか否か、同性の人に対する性的指向であるか否かを知ることは裁判所の任務ではない。いずれにしても、それは異常であり、子どもたちは、暗い異常な状況の中で育つべきではない」と述べて、申立人が同性愛者であり、男性と暮らしているという事実を考慮している。(34段落)

このくだりは、単なる不手際や不適切、あるいは傍論であるとは到底言えず、反対に、申立人の同性愛が、最終的判断において、決定的な要素であったことを暗示している。(35段落)

したがって、控訴裁判所は、人権条約の下では許されない区別であるところの、申立人の性的指向に基づく区別を行ったと認定せざるを得ない。追求される目的と目的達成手段の間に均衡ある合理的関連を見出すことはできず、8条と結びついた14条違反があったといえる。(36段落)

● 評　釈

本判決まで、同性愛者に対する不利な取扱は、条約8条の私生活の尊重を受ける権利（いわゆるプライバシー権）を主戦場として争われてきた。本判決は、性的指向が、条約14条の権利の平等享有・差別禁止原則によってカバーされる概念であることを明確に打ち出すことで、性的指向による取扱の差異があらゆる領域について問い直される可能性を開いた。のちの判決に大きな影響を与えたまさにエポックメイキングな判決である。

1　権利の平等享有・差別禁止原則と性的指向

かつて、性的指向に基づく不利な取扱の最たるものは、同性間性行為に対する刑事処罰であった。このような不利益扱いは、すぐに8条違反とされたわけではなく、同条2項が定める「民主的社会において道徳の保護のために必要な」規制として条約適合性をしばらくの間認められていた。こうした流れを変えたのがダジャン対イギリス（→本書 1 ）である。しかし、その射程も限られていた。ダジャン判決によって示されたのは、21歳以上の成人男性間で、私的に行われた合意ある関係への介入が、プライバシー侵害に当たるということである。その含意は、不道徳な行いであっても、成人が強制されずにひっそりと寝室で行う行為にまで立ち入ることが、プライバシーの侵害に当たるとされた、というにとどまる。つまり、同性愛行為に異性愛の場合よりも高い性的成人年齢を課すといった不利な取扱の差異が、差別に当たるわけでは

VIII 性的指向と親子関係

なかった。ヨーロッパ人権委員会は、サザランド事件において、このような規制が14条違反であるとしたが（Sutherland v. UK, no.25186/94）、人権裁判所が、このことを明らかにするには、さらに10年を要する（→本書③ L.V 対オーストリア）。本判決から遡ること数か月、人権裁判所は、別の事件において、性的指向を理由とした免職を8条違反としているが、14条については検討されていない（→本書24 及び Smith and Grady v. UK, 27 September 1999 *Reports* 1999-VI）。

このように性的指向に基づく不利益取扱の余地が狭くなりつつあったところで、本判決は、14条に明示的に列挙されていなくとも、性的指向による差別が14条によって禁じられることは疑いがないとした（28段落）。権利の平等享有を定める14条は、「性、人種、皮膚の色…」と特定の差別禁止事由を列挙している。これら列挙事由は網羅的なものではなく、例示であると解釈された。それまで性的指向は、私生活尊重という限定された領域で争われていたが、この判決によって問われる領域が拡大したことになる。事実、このあと、LおよびV対オーストリア（→本書③）によって性的成人年齢の差異について、カルナー対オーストリア（→本書30）によって同性カップルの居住権について、E.B 対フランス（→本書40）においては養子縁組について、性的指向に基づく取扱の差異が次々に14条違反とされるに至る。端緒をひらいたのは、本判決であると言ってよいであろう。

1999年5月に発効したアムステルダム条約によってヨーロッパ共同体設立条約が改正され、性的指向による差別が禁止された。本判決により、ヨーロッパ人権条約の差別禁止事由が、共同体設立条約のそれに歩調を合わせることになる。ところで、条約14条は、単独では適用されない。条約で保障される権利の享受にあたっての取扱の差異があったことが要求される。しかし、厳密に条約によって保障される権利でなくても、条約の影響下にある利益であれば足りるので、実際には広範な利益を条約下で問題とすることができるのである。

2　14条違反の認定

14条適合性の審査にあたって、人権裁判所は、問題となっている国家行為の目的の正当性、目的と目的達成手段の間に比例性を満たす合理的関連を要求する。採用される目的達成手段について、国家に認められる裁量の余地は事由によって異なる。例えば、「性別」が問題となっているときには、裁量の余地は限定されると解される。

人権裁判所は、本件において、ポルトガル政府が主張した「子の利益の保護」という目的の正当性を認めたが（31段落）、目的と目的達成手段の合理的関連はないと判断した。合理的関連の判断にあたって、重点的に検討されているのが、リスボン控訴裁判所が母親であるCに親権を与えるという判断をする上で、申立人の同性愛に言及しているくだりが決定的な意味をもったか否かである。親権を与える親を1人選ばなければならないという状況においては、父親を退けるためのそれらしい理由は、実のところいくらでもある。にもかかわらず、リスボン控訴裁判所のように、あえて「同性愛は異常」であるから母親が親権者とされるべきであると述べるには、「特別に研ぎ澄まされた挑発のセンスが必要」（Marguénaud, p. 433）である。従って、今回は、親権者の決定が、父親の同性愛を理由として行われたことは、比較的容易に見て取ることができるケースであったと言えるだろう。

際立つのは、合理的関連の審査が、父親の同性愛を決定的な要素として考慮したか否かのみに絞られていることである。そのような考慮自体に合理性があるか否かは一切検討の対象となっていない。つまり、父親の同性愛を母親への親権付与の決定的要素としたこと、そのこと自体が目的と目的達成手段の間に合理的関連がないことを証明しており、条約では許されない区別であるということになる。親権の付与にあ

たって、性的指向を考慮することになぜ合理性がないのかについて、一応説明をする方が筋が通ったようにも思われる。しかし、おそらくは、性的指向のみを理由に、すでに確立された親子関係に制約を加えることに、合理性がないことについては、共通の了解があるのではないかと推測できる。

3　日本への示唆

人権条約下では、既に法律上確立された家族関係の中にある人に、性的指向のみを理由として不利益を課すことが許される余地は全くないと言ってよい。実際、本判決後の争点は、新たに家族の関係を形成する養子縁組に移る。日本においても、離婚や子の親権をめぐる争いで性的指向を考慮することが問題となりうる（→本書31）。日本国憲法14条1項の後段列挙事由が、例示であることは揺るぎなき通説を形成しており、性的指向が14条によってカバーされることは問題なく承認できるように思う。さらには、列挙事由の1つである「社会的身分」に含まれると解して、厳しい違憲審査を課すという可能性も説かれるところである（君塚正臣「同性愛者に対する公共施設宿泊拒否」『憲法判例百選Ⅰ〔第5版〕』69頁、ただし、「社会的身分」性は、被差別部落出身者や婚外子などを念頭に置く結果、「自分の意思や努力では変えることのできない社会的地位」として構想されてきており、ここにこのまま同性愛者を含めるのがよいかどうかは分からない。変えることができるか否かを性的指向について問題にすべきではないと思うからである）。本件は、問題となった事案の性質（日本に存在しない制度をめぐるものではなく、親権付与であったこと）、平等原則の解釈の類似点などからして、日本についても十分示唆的な判決であると言えるだろう。

【参考文献】

RTD. civ.(2), avr.-juin 2000, p.433, chron. Marguénaud

Ⅷ 性的指向と親子関係

39 同性愛者に対する養子縁組禁止の合憲性
── ロフトン対子ども家庭省

〈アメリカ〉第11巡回区合衆国控訴裁判所・2004年1月28日・判決
Lofton v. Secretary of the Department of Children and Family Services, 358 F.3d 804 (11th Cir. 2004)

〔鈴木伸智〕

●事実概要

　原告であるスティーブン・ロフトン（Steven Lofton）は、小児科の正規の看護師で、多くの障害児の里親である。ロフトンは、1991年に、ジョン・ドゥ（John Doe）の里親になった。ドゥは、出生時には、HIV陽性であった。

　ロフトンは、1994年に、フロリダ州の子ども家庭省（Department of Children and Families〔以下、DCFと略す〕）にドゥとの養子縁組を申し立てた。しかし、ロフトンは、申立書の性的指向*に関する欄への記入を拒否し、また、彼の世帯の一員として、同棲中のパートナーである男性、ロジャー・クロトー（Roger Croteau）の存在についても明かさなかった。DCFは、ロフトンに対して、これらの情報を提供するように要請したが、ロフトンがこれを拒絶したため、「養親となろうとする者が同性愛*者であるときは、養子縁組をすることはできない」と規定する州法（FLA. STAT. § 63.042(3)）にもとづき、ロフトンの申立を拒絶した。

　DCFは、1997年に、ドゥがロフトンの家庭で長期間にわたって養育されていることを考慮して、ロフトンをドゥの法律上の後見人にするという妥協案を提示した。しかし、ロフトンは、ロフトンとドゥとの関係が後見関係になってしまうと、里親委託の補助金月額300ドルを失うことになるばかりか、ドゥの医療扶助の保障をも失いかねないため、DCFの提案を受け容れなかった。

　その後、ロフトンは、ロフトンと同様に養子縁組を求める他の男性同性愛者とともに訴訟を提起した。第1審（United States District Court for the Southern District of Florida）は、ロフトンらの訴えを認めなかった（157 F. Supp. 2d 1372 (S.D.Fla. 2001).）。ロフトンらは上訴した。

　ロフトンらは、同性愛者が養親となる養子縁組を禁止する州法は、およそ3つの理由によって違憲であると主張した。第1は、フロリダ州法は、連邦憲法修正14条のデュー・プロセス条項のもとで、家族のプライバシー、親密な関係（intimate）および家族の保全（family integrity）に対する基本的権利を侵害するという主張である。第2は、ローレンス事件（→本書❷）において、合衆国最高裁判所は、私的な性関係に対する基本的権利を承認しており、フロリダ州法がこの権利の行使を妨げているという主張である。第3は、フロリダ州法は、同性愛者にのみ養子縁組を禁止しており、これは平等保護条項に違反するという主張である。さらに、ロフトンらは、社会科学の研究結果などから、同性愛者が養親となっても養子に何ら悪影響は生じないと主張した。

●判決要旨

　合衆国控訴裁判所（United States Court of Appeals for the Eleventh Circuit）は、ロフトンらの第1の主張について、州政府は、子の福祉のために、養子縁組については、多くの他の領域では憲法上疑わしいとされるような分類を設けることができ、里親にも法律上の後見人にも、州による監督や干渉のない、子どもたちとの永続的な関係を築く可能性はないと判示した。第

2の主張について、合衆国控訴裁判所は、ローレンス事件は、単に、州は私的な同意のある成人間の同性愛行為を刑法をもって禁止することはできないと判断したに過ぎず、私的な性関係に対する基本的権利を創設したわけではないと判示した。第3の主張について、合衆国控訴裁判所は、合理的根拠の基準（rational basis test）のもとで当該州法を分析し、州政府の主張（詳しくは後述）を合理性のあるものと判示した。さらに、合衆国控訴裁判所は、社会科学の研究結果について、「婚姻家族の構造は、何世紀にもわたって、その実績が証明されているが、代替的な家族の構造が婚姻家族の構造と同等であることは、未だ立証されていない」などの理由にもとづき、十分に確立しているとはいえないと説示した。

●評　釈

1　フロリダ州法は、未成年者あるいは成年者（18歳以上）は、誰でも養子となることができると規定し、養子となる者についての年齢制限を設けていない（成年養子縁組も可能である）（FLA. STAT. § 63.042⑴）。一方、養親となる者については、夫婦は共同で（FLA. STAT. § 63.042⑵(a)）、独身の成年者は単独で養子縁組をすることができ（FLA. STAT. § 63.042⑵(b)）、夫婦の一方が養親とならない、あるいは、夫婦一方が養子縁組に同意しない場合であっても、十分な理由が証明され、子の最善の利益にかなうのであれば、他方との単独での養子縁組が認められる。（FLA. STAT. § 63.042⑵(c)）。さらに、肉体的な障害がある者については、その障害によって、親としての責務が果たせない場合を除いては、養親となることは禁じられていない（FLA. STAT. § 63.042⑷）。ところが、1977年以降、フロリダ州は、同性愛者が養親となる養子縁組を明文をもって禁止している。現在、フロリダ州は、同性愛者であれば誰でも、養親となることを認めないとする合衆国唯一の州である。

ロフトン事件の主要な論点は、同性愛者が養親となる養子縁組を包括的に禁止するフロリダ州法が合憲であるか否かである。

2　アメリカ合衆国には、司法審査の基準として、合理的根拠の基準、厳格審査の基準（strict scrutiny test）、厳格な合理性の基準（中間の審査基準）（strict rationality test）という3段階の審査基準があるといわれる。合理的根拠の基準は、基本的権利が問題とされず、疑わしい分類も存在しない場合の審査基準であり、正当な立法目的を達成するための合理的関連性のある手段であることが否定されないかぎり、自由の規制や差別は合憲とされる。合理的根拠の基準のもとでは、立法者の行為に対して強い合憲性の推定が与えられ、違憲を主張する側が立証責任を負うことになるため、合理的根拠の基準が採られた場合にはほとんど合憲という結果になる。これに対して、厳格審査の基準は、立法目的が止むに止まれぬ利益を有し、かつ、その手段が目的達成のために必要不可欠であることの立証を立法者側に負わせるものである。この基準は、法律の設けた分類が基本的権利および疑わしい分類に関連する場合に適用され、当該立法の違憲性が強く推定される。基本的権利に属するのは、選挙権、裁判所へのアクセス権、移動の自由およびプライバシー権とされており、法律の設けた分類が憲法上保障された基本的権利ないし基本的利益に不利な影響を及ぼす場合、当該法律は厳格審査の基準に服することになる。もう一方の疑わしい分類は、法律による分類が人種、外国人であること、国籍などを根拠としてなされる場合であり、やはり厳格審査の基準に服する。厳格な合理性の基準とは、「（性にもとづく）分類は、重要な政府目的に役立たねばならず、かつその目的達成に実質的に関連するものでなければならない」という手段─目的の審査基準である。合衆国最高裁判所は性差別を厳格な合理性の基準にしたがって審査している。また、合衆国最高裁判所は、非嫡出子が疑わし

VIII 性的指向と親子関係

い分類であることを否定してはいるが、しばしば、正当な州の利益と実質的関連性が存在すればよいと述べ、例えば、ウェーバー事件（Weber v. Aetna Casualty & Surety Co.,406 U.S. 104 (1972).)では、立法目的とその目的を達成する手段との関係について、合理的根拠の基準よりも厳格性の強い審査を行っている。

ロフトン事件において、合衆国控訴裁判所は、本件は、基本的権利にも疑わしい分類にも関連しないとしているが、このような合衆国控訴裁判所の判断には批判も多い。

(1) 私的な性関係に対する基本的権利は承認されているか

ロフトンらは、合衆国最高裁判所は、ローレンス事件において、私的な性関係に対する基本的権利を承認しており、フロリダ州法がこの権利の行使を妨げるのは、連邦憲法修正14条のデュー・プロセス条項のもとで、基本的権利を侵害するものであると主張した。これに対して、合衆国控訴裁判所は、合衆国最高裁判所は、ローレンス事件において、テキサス州ソドミー法を合理的根拠の基準のもとで分析したに過ぎないと述べ、合衆国最高裁判所が私的な性関係に対する基本的権利を承認したとするロフトンらの主張を排斥した。

ここで問題となるのは、合衆国最高裁判所が、ローレンス事件において、私的な性関係に対する基本的権利を承認したか否かである。フロリダ州において、同性愛者が養親となる養子縁組が包括的に禁止されるのは、同性愛者が同性愛者としての性関係—私的な性関係を有するからである。この私的な性関係が基本的権利として承認されているのであれば、養親となる者が同性愛者であることを理由として養子縁組を包括的に禁止するフロリダ州法は、厳格審査の基準のもとで分析されなければならないということになるだろう。

ローレンス事件において、合衆国最高裁判所は、①「州は、私的な性行為を犯罪とすることで、その身をさげすんだり、その運命を支配したりすることは許され」ず、②「デュー・プロセス条項のもとでの自由に対する権利は、彼らに、政府から干渉されることなく、自分たちの行為を行う完全な権利を与える。…政府が干渉することができない私的な自由の領域がある」と判示した。①に重点を置くのであれば、「ローレンス事件は、単に、テキサス州は私的な同意のある成人間の同性愛行為を刑法をもって禁止することはできないと判示したものに過ぎない」と理解せざるを得ない。しかし、②にもとづけば、「ローレンス事件において、私的な性関係が基本的権利として承認された」とみることも困難ではないだろう。

フロリダ州政府は、養子縁組を規制する主たる目的は、子の最善の利益をはかることであると述べている。したがって、厳格審査の基準が採られた場合の、政府の止むに止まれぬ利益は、子の最善の利益ということになるだろう。しかし、後述するように、同性愛者が養親となることを包括的に禁止することが、子の最善の利益につながるのだろうか。それどころか、包括的な禁止は、合理的根拠の基準の分析のもとでの、正当な立法目的を達成するための合理的関連性のある手段であるということさえ疑わしいように思われる。

(2) 同性愛者が養親となることを禁止するフロリダ州法は平等保護条項に違反するか

フロリダ州法は、同性愛者が養親となることを、親（あるいは養親）としての養育能力とは無関係に、包括的に禁止するものである。このような州法は、平等保護条項に違反しないのだろうか。デュー・プロセス条項のもとでの分析と同様に、疑わしい分類が存在するのであれば、当該州法は、厳格審査の基準のもとで分析されることになる。

フロリダ州政府は、州法は、養子に可能なかぎり核家族に類似する家庭を提供することを企図した養子縁組政策の1つに過ぎないと主張し

た。一方、ロフトンらは、①「州政府が主張する婚姻夫婦による養子縁組の促進という政策からみれば、同性愛者は独身者と同様の立場にあり、目下のところ養子縁組の25％が独身者によるものである」、②「同性愛者が養親となる養子縁組を禁止したからといって、養子に核家族を提供するという州の目的を満足させられるほど、婚姻夫婦が増えるわけではない」、③「フロリダ州は、同性愛者が里親になることおよび永続的な後見人となることを認めている」などと主張した。合衆国控訴裁判所は、①については、「独身の異性愛*者は、いつかは婚姻をして、州政府が望むような家庭環境を養子に提供する可能性が著しく高い」、②については、「同性愛者が養親となる養子縁組を禁止しておくことで、子どもが、長期間、里親制度のもとにおかれることになっても、いつかは婚姻夫婦と養子縁組されるかもしれない」、③については、「これらは行政部によるものであり、フロリダ州の養子縁組法体系の法律上の理論的根拠の問題とは無関係であ」り、「里親や永続的な後見人と養親との相違は、養子縁組は著しく永続的な状態であるが、里親や永続的な後見人であれば、州政府の要求によって、いつでも子どもを引き離すことができる点にある」と判示した。

さらに、ロフトンらは、州政府などの機関が同性愛者を差別から保護することを禁止したコロラド州憲法改正規定を違憲としたローマー事件（→本書13）を引用したが、合衆国控訴裁判所は、本件とローマー事件とは無関係であると判示した。

しかし、合衆国最高裁判所は、ローマー事件において、「個人の１つの特性にもとづいて分類を設け、その分類に対する保護を否定することは、合理的根拠の基準のもとでも厳格な合理性の基準のもとでも、平等保護を侵害する」と判示し、同性愛者に対する敵意にもとづく法律は、それが「道徳的」な基礎を有するものであっても、違憲であるとした。フロリダ州政府は、ただ１つの特性、すなわち同性愛指向にもとづいてフロリダ州民を分類し、同性愛者の養育能力をまったく考慮せずに、これを養子縁組を禁止するための基礎として利用している。はたして、このような状況が、ローマー事件とは無関係といえるのだろうか。

(3) 養親の同性愛指向は養子にいかなる影響を及ぼすか

親の同性愛指向が子どもに悪影響を及ぼすか否かについては、長い間、議論されているが、未だ明確な結論には達していないようである。合衆国控訴裁判所も、原告らが依拠した研究結果について、「そのような研究は十分に確立したものとはいえない」と説示している。

ここでまず確認しておかなければならないことは、何を「悪影響」と捉えるかである。懸念されるのは、およそ、①養親が同性愛者であることによって養子の精神的な成長や発達が阻害されないか、②養子が社会からの偏見や差別の目にさらされないか、という２点であると思われる。

合衆国控訴裁判所は、「婚姻をした異性愛者による安定した家庭で養育されることが子の最善の利益である。そのような家庭は、養子に適切な性的アイデンティティを形成させ、性的役割のモデリングを提供するという極めて重要な役割を果たす。母と父がいる家庭が、子のバランスの取れた成長および発達にとって重要である」というフロリダ州の主張を、疑う余地のないものと判断した。したがって、合衆国控訴裁判所も、養親が同性愛者であることが、養子の精神的な成長や発達に悪影響を及ぼす可能性があると考えているとみてよいだろう。しかし、予てから論じられている通り、親の同性愛指向が子どもの精神的な成長や発達に悪影響を及ぼすということも立証されていないのである。

他方、養親が同性愛者であることによって養子が社会からの偏見や差別の目にさらされるという可能性を否定することはできない。しかし、この「悪影響」を必要以上に重要視することに

VIII 性的指向と親子関係

は疑問を感じる。パルモア事件（Palmore v. Sidoti, 466 U.S. 429 (1984).）では、離婚をした元妻が子どもの監護権を有しており、元妻がアフリカ系アメリカ人男性と再婚をしたところ、元夫が監護権者の変更を申し立てた。合衆国最高裁判所は、私的な偏見や、そこから生じる可能性のある損害は、元妻から子どもを引き離すために考慮すべき事項ではないと判示した。つまり、人種を、監護権者を決定する際に考慮すべきではないとしたのである。パルモア事件とロフトン事件とでは、人種と性的指向、監護権者の変更と養子縁組というように争点は大きく異なるが、それでも、パルモア事件の判断は、この「悪影響」をどの程度考慮すべきかという考察をするにあたっては、一定の指針として参考になるのではないだろうか。さらに、各家庭は、歴史上、民族、人種、宗教あるいは性的指向の相違に順応してきたのであり、子どもたちもそれらの相違に順応し、養親が同性愛者であることによって及ぼされる影響も、それらの相違から生じる影響とほとんど変わらないとする研究結果もある。

これらの「悪影響」に対して、「よい影響」を主張する論者もいる。「もし、あなたがレズビアン*だったら、子どもを得るのにたくさんの困難を切り抜けなければならない。だから、あなたは（子どもとして）本当に望まれたのだということがわかるでしょう」。これは、ある研究で引用されたレズビアンの母の子どもに対する発言である。同性愛者である親は、自分たちの親としての適格性について、その性的指向がさまざまな考慮事項の最前線にあり、自分たちの行動が絶えず評価されていることを知っている。だからこそ、模範的な親になろうと一生懸命努力するのである。このような環境のもとで養育される養子には、「よい影響」を期待することもできるのではないだろうか。

このようにみると、懸念される①および②を「悪影響」と断定することには疑問の余地が残るだろう。しかし、これらの懸念は、「子の最善の利益」にかかわる問題として、前述の憲法上の分析においても考慮される最も重要な要素の1つとなっているのである。

(4) 子の最善の利益

フロリダ州政府は、同性愛者が養親となる養子縁組を包括的に禁止する州法は、州政府による幅広い養子縁組政策の1つの側面に過ぎず、それは、養子に「可能なかぎり核家族に類似する」家庭を提供することを企図するものであると述べ、同性愛者が養親となる養子縁組を禁止することは、婚姻夫婦による養子縁組を促進するという州政府の利益を合理的に促進すると主張する。したがって、少なくとも、州政府は、同性愛者が養親となる養子縁組は、子の利益にはならないと考えているとみてよい。

しかし、州政府が、子の利益にならないと考える根拠は何であろうか。前述の通り、親の同性愛指向は、子どもに悪影響を及ぼすと断定することはできず、むしろ利益となる可能性も否定できないのであるから、子の利益にならないと考える根拠としては不十分である。さらに、子の利益にならないと考える根拠が、同性愛者に対する偏見や差別にもとづくものであるとすれば、それを基礎とする州法は、平等保護を侵害すると判断されることになるだろう。

里子のなかには、養子縁組の望みもほとんどないままに、里親のもとからまた別の里親のもとへと転々としている子どもがいるという。そのような子どもの現状の不利益に目をつぶり、あるかどうかわからない将来の最善の利益―婚姻をした異性愛者による安定した家庭で養育されること―を求めることが、本当に「子の最善の利益」につながるといえるのだろうか。

婚姻をしていない異性愛者による家庭のなかにも、安定した愛情のある家庭が存在するのと同様に、同性愛者による家庭のなかにも、安定した愛情のある家庭は存在する。このような家庭において養育されることと、里親家庭を転々とさせられることとでは、どちらが子どもに

とってより不利益となるのだろうか。

　子の最善の利益を追求すること自体は望ましいことであるが、子どもに対する不利益を最小限にとどめることも考慮する必要があるだろう。養育能力がある婚姻をした異性愛者による安定した家庭で養育されることが子の最善の利益であるにしても、里子にとっては、不完全ではあっても永続的な家庭で生活するほうが利益となる場合もある。

　同性愛者が養親となる養子縁組の包括的な禁止は、子の最善の利益をはかるための手段としては、問題が多いように思われる。むしろ、養親となる者が同性愛者であるということを、考慮事項の1つにとどめておくか、あるいはまったく考慮しないことによって、現実的な「子の最善の利益」がはかられるのではないだろうか。

　3　本判決後の2008年に、フロリダ州は、憲法で同性婚を禁止し、同性のカップルには何の承認も与えないとした（FLA. STAT. ch. 741.212）。一方で、他州に目を向けると、ニューヨーク州は、同性婚を認容し、2011年7月から、同性のカップルに対しても婚姻許可状を発給している。これらのことからすると、アメリカ合衆国各州での同性のカップルへの対応については、二極分化が進んでいるように思われる。そうであれば、本判決は、そのような過程におけるフロリダ州の法政策を明確にした事例として、理解することも可能だろう。

【参考文献】
① Elizabeth L. Maurer, Note, *Errors That Won't Happen Twice: A Constitutional Glance at a Proposed Texas Statute That Will Ban Homosexuals from Foster Parent Eligibility*, 5 APPALACHIAN J. L. 171 (2006).
② Jenni Hetzel-Gaynor, Note, *What about the Children? The Fight for Homosexual Adoption after Lawrence and Lofton*, 51 WAYNE L. REV. 1271 (2005).
③ Rachael L. Armstrong, Case Note, *Eleventh Circuit Update: Homosexual Adoption: Not a Fundamental Right*, 6 FL. COASTAL L. REV. 217 (2004).
④ Lance Eric Neff, Case Note, *Eleventh Circuit Update: Gay Pride and Prejudice: Competing Politics in Homosexual Adoption Debate Ignores Best Interests of Children*, 6 FL. COASTAL L. REV. 227 (2004).

VIII 性的指向と親子関係

40 性的指向と養子縁組——E.B 対フランス

〈国際〉ヨーロッパ人権裁判所・2008年1月22日・判決
E.B v. France, no. 43546/02

〔齊藤笑美子〕

●事実概要

　フランス法においては、婚姻カップルのほかに、単身者も養子をとることができる（民法典343条、343-1条）。国家が後見人となっている子や外国籍の子については、先だって行政の承認（agrément）を得なければ養親になることはできない。承認は、承認委員会の所見の後、県会長によって付与される。

　申立人の女性Bは、別の女性Rと1990年以来安定した生活を送る幼稚園教諭である。申立人は、単身で外国から養子を迎えたいと考え、ジュラ（Jura）県の厚生福祉課に承認申請をした。申請に際して、Bは自らの性的指向＊を明らかにしていた。その後、カウンセラーらの調査とその否定的な所見に基づいて、県会長の不承認がBに通知された。不承認の理由は、Bの「養子縁組の計画が養子の調和の取れた発達を促すことのできる父親の像や指標を欠くことが明らかになったこと」（理由①）とBの「恋人が子の生活において占める位置が十分に明確でなく、彼女が養子に反対でないとしても、かかわろうとしているようには見えないこと」（理由②）であった。

　Bは、不承認処分に対して異議申立を行ったが、県会は処分を支持した。そこで申立人は、ブザンソン行政裁判所に処分取消を申し立てた。行政裁判所は、「養子の調和の取れた発達を促すことのできる父親の像や指標に一方で依拠し、他方で、Bの恋人が子の生活において占める位置に基づく」という理由は、それ自体、不承認を合法に正当化できないとしてジュラ県の処分を取り消した（TA Besançon, 24 fév. 2000）。

　ジュラ県が上訴し、ナンシー行政控訴院は、県会長はBのライフスタイルの選択（同性愛のこと）を原則的に拒否して不承認としたわけではないとして、原判決を取り消した（CAA Nancy, 21 déc. 2000）。

　申立人はコンセイユ・デタに破毀申立を行った。2002年6月5日、コンセイユ・デタは、以下のような理由で申立を棄却した（CE 5 juin 2002, *AJDA*, p.615, 2002）。

(1)　法律が単身者による養子縁組を認めていても、父親の「イメージや指標」を養親候補者が提供する可能性を行政機関が求めることは禁じられていない。同様に、候補者と法律上の紐帯がない共同生活者についても、その振る舞いや人格が養子の受け入れを促すか否かを確かめることは妨げられない。

(2)　Bが安定した同性愛＊関係にあったことは、養子となる子にとっての必要と利益に照らして考慮に入れられるべきであるから、行政控訴院は申立人の性的指向について原則的に拒否したのでもなければ、ヨーロッパ人権条約（以下、条約）8条（私生活の尊重を受ける権利＊）および14条（権利の平等享有＊）の解釈を誤ったのでもない。

　そこでBは、性的指向に基づく差別的取扱を受け、私生活の尊重を受ける権利を侵害されたと主張し、条約8条の保障する権利についての条約14条違反をヨーロッパ人権裁判所に訴えた。

●判決要旨

　本件は、単身者による養子縁組のみに関係する。条約8条はこの問題について沈黙している

が、フランスの法律は、養子をとるための承認申請をする権利を明示的に単身者に与え、そのための手続を定めている。従って、本件の状況は条約8条の領域に入る。8条から生じる義務を超えてさらにこのような権利を創設する国家は、この権利の適用実施において、条約14条の意味で差別的な措置をとることはできない。(49段落)

父親あるいは母親の指標が欠如していることを理由とすること（理由①）、それ自体に問題はない。しかしながら、結果として、申立人の周囲に他性の存在証明を要求し、単身者の持つ養親資格を申請する権利の実質を奪う危険のあるこのような理由の正当性を問うことは可能である。というのも、本件は、カップルではなく単身者による申請に関するものであるからである。このような理由は、申立人の申請を恣意的に拒否し、申立人が同性愛者であることを理由としてその申請を退けるための口実として使われえたように見える。(73段落)

「父親あるいは母親指標の欠如」という理由への依拠についての、申請者の性的指向ごとの統計情報のみが、行政実務を忠実に反映し、そのような理由の使用に差別がないことを証明できるが、立証責任を負うフランス政府は、そのような統計を提出することができる状態にない。(74段落)

他方で、Bのパートナーの態度を理由とすること（理由②）は、申立人の性的指向に関する考慮とは無縁であり、養子の受け入れに関する事実状況とその帰結の分析に基づくにすぎない。従ってこの点については申立人の性的指向に基づく差別はない。それでもなお、どちらか一方の理由の不当な性質は、処分の全体を汚染する（contaminer）効果を持つ。(75-80段落)

国内諸機関の理由づけにおいて、申立人の同性愛がこれほどよく出てくることの意味は明白である。処分を行う県会長は、承認委員会の意見を参考にするが、委員会のメンバーは、申立人の同性愛に決定的な形で言及している。特に、児童福祉課の男性カウンセラーは、「男性を拒否しているという意味での、男性に対する特殊な態度」に言及して否定的な所見を出している。(85段落)

「父性の指標」の欠如を定型的に持ち出すことに利益があることは認めるが、国内諸機関がそれに与える重大さには当裁判所は疑いを持っている。そのような要素を考慮することが正当であっても、本件においてその使用が過剰であることは否定できない。(87段落)

申立人が公然たる同性愛者であることが申請に影響したことは明らかで、その影響は決定的な性質を帯びており、それが申請拒否を導いた。(89段落)

従って、申立人は異なる取扱の対象となったのであり、その取扱の差異の目的とその正当性などについて検討されなければならない。(90段落)

何らかの区別は、客観的合理的正当性を欠くとき14条の意味で差別となる。つまり、「正当な目的」を追求していない、あるいは「目的と達成手段との間の均衡のとれた合理的な関連」がないときである。性的指向が争点となっているとき、8条の影響下にある権利に関係する取扱の差異を正当化するには、特に重要で説得力ある理由が必要である。(91段落)

フランス法は、単身者が養親となることを認めており、同性愛者が単身で養親となる道を開いていることは明白である。この国内の法的体制を考えると、〔世論や専門化のコンセンサスの欠如など〕政府によって主張された理由は申立人に対する拒否を正当化するほど特に重要で説得力があるとは形容できない。(94段落)

以上のことから、フランス国内の諸機関は、申立人の申請を拒否するにあたり、性的指向に基づく区別を行ったのであり、条約ではこれを許すことはできない。(96段落)

Ⅷ 性的指向と親子関係

● 評　釈

1　はじめに

　本件では、養親となることを希望するレズビアン*が、行政の承認を拒否されたことが、条約14条（権利の平等享有）に反するとされた事例である。本件から6年前の2002年2月、人権裁判所は、酷似した事例（ただし申立人は男性）においてフランス勝訴の判決を下していた（Fretté v. France, 26 February 2002, Reports 2002-I, 以下、フレテ事件）。人権裁判所は、フレテ事件との相違を強調しているが（71段落）、申立人の性的指向が決定的な要素となって承認が拒否された疑いが強いのは、むしろフレテ事件の方である。人権裁判所自身もフレテ事件判決の中で、「申立人が問題にする処分は、申立人の公然の同性愛指向に決定的に基づいていた」（37段落）と述べている。従って、本件で、同性愛者の養子縁組に関して人権裁判所が大きく方向転換をしたと言えるだろう。以下、フレテ判決と比較しつつ本判決の意義を考える。理由②および理由①と②の関係も論点として残るが省略する。

2　養子縁組とヨーロッパ人権条約

　条約14条は、独立の権利を保障したものではなく、条約によって保障された権利の享受についての平等を定めた規定である。従って、14条違反を主張するには、条約の他条項によって保障された権利に関して差別されたと言えなければならない。そこで、本件では、養親資格の承認が8条によって保障された権利と言えるかが問題となる。

　フレテ判決は、「条約は養子縁組の権利それ自体は保障していない」（32段落）として、承認申請の拒否が8条の保障する権利を侵害するものとは考えられないとした。本件 E.B 判決は、養子縁組をする権利が、8条によって単独で保障される領域に含まれるか否かを判断する必要はないと述べるにとどまったものの、包摂の可能性も排除しなかった。他方で、本判決は、14条の権利の平等享有が、国家が自発的に保障する追加的な権利で、条約の何らかの規定の一般的な適用領域に属する権利にも適用される（48段落）とした上で、養子縁組を行う目的で単身者が承認申請する権利がこのようなものに当てはまるとして14条の適用を認めた。従って、養子縁組へのアクセスは、8条の保障する私生活の領域に含まれ、14条の適用があることが明らかにされたと言える。人権裁判所の判例によれば、「私生活」とは、個人的自律への権利、個人的発達の権利、他の人や外界と関係を結び維持する権利とされており、この中に養子縁組が包摂されうることになったのである。その一方で、人権裁判所は、同じく8条の保障する「家族生活」は家族の存在を前提としており、新たに家族を「形成する」ことは「家族生活」に含まれないという立場を維持している。

3　「異性指標」の要求

　単身者の養親資格拒否は、申請者の性別や申請者が独身であるということのみに基づいてはならない。性的指向のみに基づく養親資格の原則的拒否も差別にあたるが、他方で性的指向を考慮したケースバイケースの拒否は適法でありうる。

　しかしながら、この区別はきわめて形式的である。承認申請者が同性愛者であることを隠さない場合、ほぼ確実に承認を拒否されるといわれる（Gross, p.38）。この拒絶は、父母二重の性的指標という抽象的な要請を論拠として引き出される。フレテ事件の場合には「母性指標の恒常的な欠如」が、E.B 事件においては、「父親の像や指標の欠如」が不承認理由の1つとなっていた。「父母二重の性的指標が子のアイデンティティ形成によって必要である」という考え方が、心理学者や精神分析学者によって主張され、フランスにおいて一定の影響力を持っているためである（→本書41評釈参照）。これらの主張は形而上的で実証が伴うわけではない点に特

徴がある。

また、フレテ事件においては、養親候補者である申立人に対して執拗な調査が行われたが、候補者が単身の男性同性愛者であるということ以外に拒否を根拠づける理由は示されていない。つまり、異性指標要求が、現実には異性愛＊指向要求として機能していたということになる。

いずれにしても異性指標は、カップルの外側で、すなわち拡大家族やカップルの交友関係の中でも提供されうるのであり、この要求を厳密に「同じ屋根の下」に課すことは、単身者および同性愛者を排除することに等しく、単身での養子縁組を認めている現行法の趣旨を没却することになる。本判決はその矛盾をついている。E.B事件において人権裁判所は、異性指標要求そのものを否定してはいないが、それに過剰な重要性を与えることに歯止めをかけた。

4 転換の射程

E.B判決とフレテ判決を分けているのは、国家の裁量の余地についての人権裁判所の立場の変化である。フレテ判決においては、同性愛者の養子縁組について、ヨーロッパ民主国家の共通了解はないということから、各締約国の広い裁量を認めて（40-41段落）、申立人の利益と「子の利益」の考量を行ったことが14条違反なしとの結論に結びついた。

他方、E.B事件において、人権裁判所はこのヨーロッパ共通了解の存否にはふれていない。逆に、カルナー判決（→本書30）を引きながら、異性指標要求が単身の異性愛者にも課されていることを立証する責任をフランス政府に求め、フランスがこれを立証できないことを確認している（74段落）。性的指向に基づく区別が8条領域（私生活）について問題となるときは、特別に重要で説得的な理由が必要であり、性的指向の考慮のみに基づく取扱の差異は14条の禁ずる差別に当たるという点は、ダ・シウヴァ判決（→本書38）やカルナー判決を通じて確立され

てきたことである。今後ヨーロッパでは、カップル間の平等な処遇が拡大していくであろうことを考慮すると、今後、異性指標の欠如を理由とした単身者の排除は著しく正当化困難となることが予想される。

ただし、判決の射程が単身者によるものに限定されることに注意が必要である。カップルによる養子縁組や同性パートナーの子を養子とする場合のように、「2人の父」、「2人の母」を法律上認めることまでが、本判決から帰結されるわけではなく、そこには依然高いハードルがある（→本書41）。その意味では、本判決は、フランス法が単身の養親を認めているという国内法体制に忠実な判断を下し、事実上の差別を糾弾したにとどまる。

その後ジュラ県会長は、この判決にもめげずBに対して再び不承認処分を行った。しかし、2009年11月10日、ブザンソン行政裁判所は、2週間以内にBに承認を交付することを命じ、県会長はこれに従う意志を示した（*Le monde*, 10 nov. 2009）。性的指向を隠さずに養親となる資格を求めるBの闘いは10年の時を費やして幕を閉じることになった。

【参考文献】

① Gouttenoire et Sudre (note) 2008 *JCP G*, II 10071
② Rome 2008《 Elles se marièrent et eurent beaucoup d'enfants... 》, *D*. p.401
③ Gross 2005, *L'homoparentalité*, PUF
④ Chaltiel 2008《 Les homosexuels et l'adoption devant la cour européenne des droits de l'homme : une première qui fera la date 》, *PA*, n° 28, p.9
⑤ Deukwer-Défossez (note) 2008, *PA*, n°145, p.15
⑥ Tahri (note) 2008, *Gaz. Pal*, p.2657
⑦ Hennion-Jacquet (note) 2008, *D*. p.2038
⑧ Travade-Lannoy (note) 2008, *Gaz. Pal*, p.4025

VIII 性的指向と親子関係

41 同性パートナーへの親権行使の委譲の可能性
―― カミーユとル事件

〈フランス〉破毀院第1民事部・2006年2月24日・判決
Recueil Dalloz, 2006, p.897

〔齊藤笑美子〕

●事実概要

　XとY（ともに女性）は、1989年以来共同生活を送っており、1999年には、パックス（→本書33参照）を締結していた。Xは2人の子、カミーユ（1999年出生）とル（2002年出生）の母親である。これらの子の父子関係は存在せず、2人の子に対し、法律上親権を行使するのはXひとりである。ところで民法典377条は、親権の全部あるいは一部委譲を定めている。この手続を利用して、XとYは、YにXの親権の一部を委譲することの許可を裁判所に求めた。アンジェ大審裁判所は、この親権の委譲を認めることは、親権委譲に関する規定を偽装養子縁組に変質させることにつながるとして、これを認めなかった（TGI Angers, 5 janvier 2004）。しかし、アンジェ控訴院は、この判断を覆した。自発的な委譲については、裁判官は、親権の処分不能性と子の利益の命ずるところとの間のバランスを審査するのみであること、このケースでは、子ども達は、母親とそのパートナーの愛情と親イメージしか知らないこと、子ども達は、周囲の目から見て、調和のとれた発達をしていることを指摘して親権の一部委譲を認めた。この判断に対して、検察が破毀申立を行った。
　検察の主張によると、民法典377条は、第三者への自発的な親権の委譲を特殊な状況の存在にかからしめているのであって、何らかの出来事の到来のおそれという憶測に基づかせているのではない。Xが親権を行使できなくなるという明白あるいは予見しうる状況を確認することなく、単なる憶測にすぎない出来事へのおそれに基づいて、しかも一般的な言い回しで、Xの申請を認めた判決は法律上の根拠を欠く（第1の申立理由）。
　第1の理由に加えて、1人の親が単独で保持している親権を、その申出に応じて、安定的で継続した生活を共に送る同性の人に、全部または一部委譲することができるのかという争点が、職権で取り上げられた（他の理由については省略）。

●判決要旨

破毀申立棄却
　第1の理由および職権で取り上げられた理由
　民法典377条1項は、それが必要な状況であり、その措置が子の最上の利益に合致する限り、単独で親権を保持する母親が、その全部または一部を自らが安定し継続した生活を共に送る同性の人に委譲することを妨げない。
　カミーユとルは、発達に必要とされる親の愛情、尊重、権威と静謐さを享受しており、バランス良く発達した幸せな子どものようである。XとYを結ぶ関係は、長い間安定し、子ども達に対する役割の尊重に基づいており、調和のとれた関係と見なされている。父子関係が不在であるため、職業上日常的に長距離を移動する母親が、自らの意思を表明することができないような事故にあった場合に、Yは、Yがそれまで2人の子どもに対して引き受けてきた養育役割を果たすことが法律上できないおそれがある。以上のことから、控訴院は、XがYに親権を一部委譲し、2人で親権を共同行使することが子

の利益にかなうと決定したのであろう。そういうわけで、控訴院の判決は法的根拠を備えている。

これらの理由によって、申立を棄却する。

● 評　釈

　同性愛*者が子の養育に関わる状況には様々な形態が考えられる。①異性との関係から生じた子に対する関係（→本書38）、②単独で養親となろうとする場合（→本書40）が考えられる。③単身での人工生殖の利用を認める国において、同性愛者が子をもうける場合も考えられる。これらはいずれも、同性愛者が、法律上は単独で子と関係する場合である。これに対して、同性愛者がカップルで、子との関係を結ぶことは、法律上、フランスでは原則不可能である。カップルによる養子縁組は婚姻している２者に限られており、パックスはこの点において婚姻とは明白に異なる。人工生殖の利用に婚姻は要求されないが、異性カップルに限られる。

　このような状況において、困難が予想されるのは、現実に同性カップルに育てられている子と養育に携わる人の関係である。このような人々は実際にはカップルで子の養育にあたっており、同性パートナーが子に対して親子としての実体的な関係を築いていたとしても、法律上、パートナーの子は他人である。法律上の親であるパートナーに万一のことがあった場合、法律上親ではないパートナーは、子の養育にあたって多大な困難にぶつかることが予想され、それが子の利益を害する可能性も否定できない。

　本件ではこのような困難に対抗するために、民法典377条の定める親権行使の委譲を、パックスを結んだ同性カップル間で行うことができるかが争点となった。

1　親権行使の委譲〜親役割の付与

　民法典377条は、父と母が共同で、あるいはそれぞれが、家族のメンバーや信頼できる近親者、児童福祉施設といった第三者に親権行使を委譲することができる旨定める。2002年の改正以前は、親権行使の委譲には、子をその第三者に引き渡すことと親権行使の放棄が要件となっていた。親が子の養育を引き受けないときの措置というべきもので、親が、養育親や継親との親権の共同行使を望む場合には明らかに不適当な方策であった。2002年の改正によって、第三者との間で共同親権行使が可能になったが、主たる立法者意思は、離散と再結合から生まれる再構成家族において一定の役割を期待される継親に法律上の地位を与えることにあった。

　それと同時に、この改正によって、同性カップル間での親権共同行使の可能性が開かれたのである。377条１項は、親権行使の委譲に、「状況が必要とする場合」という要件を課しており、裁判所がこの要件をどのように解するかが注目されてきた。

　本件では、控訴院と破毀院によって親権の行使の委譲についての条件がある程度明らかにされた。まず、377条１項は、１人で親権者となっている母が、その同性パートナーに親権行使を委譲することを妨げないことを明らかにした。そして、「必要とされる状況」については、母親が事故に遭う可能性という抽象的な可能性でよしとしている（しかし、破毀院は、2010年に至り、377条１項の「状況」を厳しく解釈して親権行使の委譲の道を閉ざし始めている。Cass. 1er civ., 8 juill. 2010, n° 09-12.623）。

　これに対して、学説は、親権行使の委譲を、親権の処分不可能性に対する例外と解し、「必要とされる状況」を狭く解釈する。そして破毀院のような解釈が、フランス国内では違法な、単身者による人工生殖医療の利用を促進するのではないかと批判している（Vigneau, p.899）。このような批判は、単身者による人工生殖の利用を禁ずる立法者意思が、子の利益を、「伝統的で完全なモデルの上に構築された家族の中で生まれること、従って１人の男性と１人の女性によって受け入れられること」（Vigneau, p.899）

VIII 性的指向と親子関係

に同視していると考える。

　他方で、377条1項によれば、祖父母や家族の友人、内縁の相手方などが受託者として選ばれることは当然に想定されている。そこでは、委託者と受託者が同性であることも含まれている。委託者と同性であるというだけでその人を排除することはできない、というのが破毀院の判断であろう。「子の利益」への適合や「必要とされる状況」については、具体的状況に照らした事実審裁判官の評価によるところになる。アプリオリに同性のパートナーを排除することは、ヨーロッパ人権条約8条および14条に照らして正当化しがたいことになろう（*gaz. pal*, p. 18）。

2　パートナーによる単純養子縁組〜親の地位の付与

　親権行使の委譲の可能性が開かれたことによって、同性のカップルが親の「役割」を共有することが実現可能になった。しかし、破毀院は親の「地位」の付与については、ストップをかけている（Cass. 1re civ. 20 février 2007, *Gaz. Pal.* 27 février 2007, p.480, 19 décembre 2007, *D.* 2007, p.1028）。やはり、母親に対してのみ親子関係が確立されている子を、母親とパックスを結んでいる女性が単純養子に望んだケースである。

　単純養子は、実親との親子関係を保ったまま、養親との親子関係に入る（反対は完全養子）。民法典365条によれば、養親が実親の配偶者でない限り、未成年子に対する親権は、養親が単独で持つ。相続や姓の継承に関してのみ、実方との間に法律上の効果が生ずることになる。

　破毀院は、民法典365条によれば、単純養子縁組によって、生母が、今後も子と暮らすことを予定しているにもかかわらず親権を奪われてしまう結果になることから、この養子縁組は子の利益に合致しないと判断した。下級審判決は、単純養子縁組に加えて、親権行使の委譲を行うことよって、生母に親権を取り戻すという可能性を肯定的に考慮したが、そのような親権行使の委譲は、親権を養親のみに授けるという単純養子縁組とは矛盾するというのが、破毀院の応答であった。一言で言うならば、親役割の付与は良いが、親の地位は同性カップルには与えないということになる。

　実親の同性パートナーが養親となることを認めないとする判決は、実親が親権を失うという単純養子縁組の逆説的な効果を根拠とするもので当事者の性的指向*を直接的に問題とはしていない。破毀院判決に依拠すれば、同様の状況において、養親になろうとする者が異性パートナーであった場合にも、同様の判断が下されなければならないことになる。そうなると、制度自体が、婚姻せずに子を育てようとするカップルの状況に適していないと言える。婚姻カップル間であれば、単純養子縁組によって実親が親権を失うということは避けられるが、婚姻は、フランスの同性カップルには現状では不可能な方法である（→本書34）。

　ところで、養親が単独で親権を行使することを定める民法典365条から、パートナーによる単純養子縁組を禁じるという破毀院の民法典「解釈」は、2010年に違憲審査の対象となった。2008年の憲法大改正により、フランスでも法律の事後的な違憲審査が行われるようになったためである。これにより、破毀院の民法典365条解釈が、憲法前文で保障する通常の家族生活を送る権利及び平等原則を侵害するかが問われた（司法裁判所による「解釈」が違憲審査の対象になるかという論点を含んでいるが省略する）。しかし、憲法院は、婚姻カップルとパートナー関係は同じ状況にないことや立法裁量を指摘して、パートナーの子の養子縁組の禁止を合憲と判断した（n° 2010-39 QPC du 6 oct. 2010, *JO.* 2010 p. 18154 ; Gouttenoire et Radé 2010《La jurisprudence relative à l'adoption de l'enfant du concubin devant le conseil constitutionnel》*JCP G*, 1145 ; Chénedé 2010《QPC : le contrôle de l'interprétation jurisprudentielle et l'interdiction de l'adoption au sein d'un couple homosexuel》D. 2744)。婚姻の禁止の場合（nº 2010-92 QPC du 28 janv. 2011, JO. 2011, p.1894）と同様に、立法に問題を投げかけるミニマムの内容の判断と言える。

なお、フランスが被告となる同趣旨の申立がヨーロッパ人権裁判所で受理された（CEDH 31 août 2010, nº 25951/07）。この問題は、この憲法院判決で幕を閉じるには程遠いと言わねばならないだろう。

3　同性カップルが両親となることの禁止

養子が実親との関係を完全には断ち切らず2つの系統の親を持つことを認める単純養子縁組の制度では、子が2人の父あるいは2人の母を持つ可能性は想定の範囲内にあるはずである。他方で、同性愛者が単身で養親となることは法律上否定されない。従って、現状、否定されているのは、2人の父あるいは2人の母が性的関係を含意する同性のカップルである場合である。そして、本判決が示すとおり、親役割は、同性カップル間で分かち合うことが認められることは明らかとなった。つまり、同性のカップルを両親とすることだけが認められていない。

結局のところ、親子関係と同性カップルの問題は、フランスでは同性カップルへの婚姻開放の問題と現実的には連動しており、最大の論点を構成しているように思われる。養子のように擬制的なものも含めて、親子関係（filiation）は、血統を登録するものであり、血統は父系と母系の2つが合体したものでしかあり得ない、とする考え方が、同性の2者を親とすることに対立している。こうした考え方は、一見すると同性カップルの自然生殖不可能性を根拠としてはいない。実際、養親子関係は、自然的血統ではなく擬制的な血統の関係であるし、「不妊」の異性カップルが、第三者からの精子や卵子の提供を受けて人工生殖を行うことがフランスでも許されている今日、同性カップルの自然生殖不可能性に直接的に依拠する主張は説得力がない。そこで、今度は、文化や象徴が根拠になる。こ

41　同性パートナーへの親権行使の委譲の可能性

うした主張には様々なバリエーションがあるように思うが、同性の2者を親とすることで「人間性の根本にあるジェンダー」を消去することが、子や社会や、さらには文明に何らかの損害をもたらすという論調が特徴的である。

同性親に対する反対が、左右両翼の論者において共有されていることについて、イアキュブは、かつては婚姻が親子関係の準拠であったのに対して、現在はこれに「性行為」がとってかわりつつあることを指摘する（Iacub, pp.201-202）。例えば、父親が誰かを決めるにあたって、かつての大原則であった父子関係の推定にかわり実際の生殖者が誰かという生物学的真実が重要視されている。また、フランスの人工生殖法制では、性行為が、子の誕生の起源にあると思わせることのできる者に限って人工生殖へのアクセスを認め、人工生殖の痕跡を消去するようつとめる。「両親」としての同性カップルは、そのような「性行為の真実」の条件と見かけからして対立するために、単独養親や親権行使の委譲の可能性にもかかわらず、最も強い反対にあうというわけである。

4　日本への示唆

日本において、同性カップルの子育てへの関わりについて、これを支えるためにどのような法的枠組が見いだせるのだろうか。親権を共同で行使できるのは法律婚をしている夫婦のみであり、離婚した男女ですらも共同親権・共同監護は認められない。普通養子縁組では、養子は実親との関係を引き続き保持するが、未成年子に対する親権は養親に移るため、フランスの単純養子縁組と同様の問題が生じる。万一に備えるという意味で考えられるのは、未成年後見人として同性パートナーを遺言で指定するような方策であろうか。フランスでは、再構成家族における事実上の「親」の役割の認知という文脈から親権行使の委譲の見直しが行われたが、日本でも、まずは、多様化する家族形態の中で、子の利益を擁護するための第三者の関わり方に

VIII 性的指向と親子関係

おいて、同性パートナーの問題を考えてはどうだろうか。

【参考文献】
① *Gaz. Pal.* 2006 21-22, juill., p.17
② Chénedé (obs.) 2006, *Actualité Juridique Famille*, p.159
③ Vigneau (note) 2006, *D.* p.897
④ Fluchiron 2006《 Parenté, parentalité, homoparentalité 》*D.* p.876
⑤ Sainte-Rose 2006《 Vers une reconnaissance de l'homoparentalité ? 》*Actualité Juridique Famille*, p.395
⑥ Iacub 1999《 Homoparentalité et ordre procréatif 》dir. Borrillo et al., *Au-delà du PaCS*, PUF, 1999

◆ IX ◆
国境を越える問題

IX 国境を越える問題

42 同性愛者の難民該当性 ── シェイダ事件

〈日本〉東京地方裁判所・2004（平成16）年2月25日・判決
訟務月報51巻1号102頁

〔髙佐智美〕

●事実概要

　Xは、同性愛*者であり、イランにおいて、14才から21才までの間、家族や知人には内緒で幼なじみの男性と性的な関係をもっていた。Xは1991年8月、商用目的で在留資格「短期滞在」および在留期間90日の許可を受けて、日本に上陸した。その翌日、Xは知り合いのイラン人を頼って、福島県郡山市に赴き、工事現場などで不法就労を始めた。そして、在留期間の更新の許可申請を行うことなく、在留期限を超えて日本に不法残留するに至った。Xは1994年8月に、在東京イラン大使館において旅券の有効期限の延長手続をし、さらに、翌年8月には、同大使館において、有効期間を2002年8月までとする新旅券の発給を受けた。

　一方、Xは来日後、イラン人の同性愛者団体であるホーマンに加入、1999年には東京都新宿区で行われた日本のゲイ*グループらが主催するイベントで、ホーマンの構成員として、自らが同性愛者であることをカミングアウトしたうえで、イランを始めとするイスラム圏の国々で同性愛者が抱えている様々な問題について説明するなどした。その後も同性愛者のパレードや、アムネスティ・インターナショナル日本支部主催の「人権のためのパレード」などに参加した。

　Xは2000年4月、不法残留の容疑で現行犯逮捕され、収容された。そしてXは、同年6月、法務大臣に対し、本件難民認定申請をするに至ったが、同年7月に上陸後60日間を過ぎてから申請を行ったことを理由に不認定処分を受けたため、今度は、条約上の難民であるにもかかわらず、法務大臣が特別在留許可を認めないのは裁量権の逸脱であるとして本件訴えを提起した。

●判決要旨

　「イラン刑法は、成人がソドミー（→ Column 1）の罪を犯した場合には死刑に処する旨を定めている。そして、イランの司法長官や最高裁判所長官は、かかる刑法の規定が実際にもそのまま適用されることを述べたことがあり、イラン政府も、国連人権委員会特別代表からの問い合わせに対し、同趣旨の回答をしたことがあり、現に、昭和54（1979）年以降をみても、新聞等によれば、イランにおいて、男性が同性間性行為あるいはこれを含む複数の罪で告発され、処刑された旨の報道が行われたことは、まれではない。

　しかしながら、前記のカナダ移民局……の各報告は、いずれも、具体的な例を挙げながら、イランにおいては、同性愛ないし同性間性行為は、法律上・宗教上は否定されているにもかかわらず、実際には決して珍しいものではなく、同性間性行為も、それが公然と行われるのでない限り、積極的な取締りの対象となっていないこと、同性間性行為のみによって処刑された例が確認されていないこと、社会的にみても、同性愛の関係が分別のある方法で処理されている限り、嫌がらせの危険も極めて少ないことを示す報告をしており……新聞報道等にしても、比較的最近のものは……ソドミーないし同性間性行為だけでなく、他の罪も処罰理由となっているものが多く、処罰理由として同性間性行為だけしか掲載されていない報道についても、他の報道の引用であるものもあり、当該事案の処罰

理由が同性間性行為だけであったのか否かは、明らかでないといわざるを得ない。
……そこで、これらの事実関係を前提にイランにおける同性愛者の状況を検討すると、イランにおいては、同性愛者は相当数存在し、これらの者の間で行われる同性間性行為も、前記のようなソドミー条項の存在にもかかわらず、それが公然と行われるのでない限り、それだけで刑事訴追を受ける危険性は相当に低い状況にあるということはでき、同国においても、同性愛者は、その意思により、訴追等の危険を避けつつ、同性愛者としての生活を送ることができると認めるのが相当である。

したがって、Xが同性愛者であるというだけでは、イランにおいては、難民条約1条A(2)にいう『迫害を受けるおそれがあるという十分に理由のある恐怖』を有する客観的事情が存在するとは認め難い。

ところで、Xが、イランの同性愛者の団体であるホーマンの構成員であり、平成11年6月のイベントで、同性愛者であることを公言（カミングアウト）したものであることは、前記認定のとおりである。しかし、Xは、イランにいる間は、同性愛者であることを隠していたものであり、平成11年6月にカミングアウトした後も、イラン当局に知られるのを防ぐために、本名を隠して通称名を用いるなどの措置を講じてきたものであり、イラン当局が、日本におけるホーマンの活動に多くの関心を払っているとも認め難い……ことなどからすると、本件裁決の時点において、イラン当局が、Xの同性愛について認識し、あるいはこれに関心を払っていたと認めることはできない。

Xの行動をみても、Xは、本邦上陸後、直ちに難民として保護を求めることもなく、郡山市に赴いて不法就労を開始し、本邦上陸後9年近く経ち、不法残留の容疑で逮捕され、退去強制手続が始まってから、初めて本件難民認定申請をするに至ったというものであり、このような行動自体、自らに対する迫害を強く危惧していた者の態度と認めるには疑問を抱かせるものといわざるを得ない。」

●評　釈

1　難民認定と在留特別許可

日本における難民認定手続は、2004年の法改正以前は、厳格な60日間ルールの適用のために、明らかに条約難民に該当すると思われる申請者であっても、手続的不備を理由に難民不認定とされ、迫害の恐れのある本国に送還される危険性があった。しかし、60日間ルールのために、形式的には難民不認定とされた外国人であっても、事実上条約難民に該当する場合には、法務大臣は「送還先について条約33条〔＝ノンルフールマン原則〕に反することのないよう十分に検討した上で、在留特別許可をするか否かを判断すべき」であり、それを怠った場合には、「在留特別許可に際しての被告大臣の広範な裁量権を前提としても、それを逸脱ないし濫用するものというほかない」という裁判例も出ている（名古屋地判2003年9月25日判タ1148号139頁）。したがって、本件のように60日間をすぎた場合であっても、条約難民に該当すると認められれば、法務大臣は原則として在留特別許可を認めなければならないと解すべきである。

2　難民該当性

では、同性愛者であることは難民条約の定める「難民」の定義にあてはまるのか。難民条約には迫害の理由として「人種、宗教、国籍若しくは特定の社会的集団の構成員であること又は政治的意見」が掲げられるのみであり、同性愛については言及されていない。しかし、条文の文言に該当しない者であっても、「特定の社会的集団の構成員であること」という文言を根拠に解釈によってその救済がはかられている。

ある集団が「特定の社会的集団」に該当するかどうかについては、「不可変特性」テスト（「ある集団が、不可変の特性または、人間の尊厳

にとって非常に根本的であるためにそれを捨てるように強制されるべきでないような特性によって集まったものであるかどうか」（西(1)424頁））、あるいは「社会的認知」テスト（「その集団が出身国において、『構成員を結びつけている同じ特性、態度、活動、信念、関心、若しくは目的を理由に』別個の社会的集団であると認知されているかどうか」（西(1)427-8頁））によって、各国で独自に判断されてきた。UNHCRはこの両方の有効性を認める全体的アプローチを採用し、そのガイドラインで「特定の社会的集団」とは「先天的または歴史的な特性を変更することができない人、及び、それらの人と同様にそのような特性を変更するよう要求されるべきではない人──つまり、迫害主体によって反対派あるいは脅威をもたらす集団であると認識されている集団の構成員──を含む」と述べている（西(1)429頁）。

いずれの基準にせよ、同性愛者は各国で「特定の社会的集団」として難民該当性を認められており、UNHCRも1996年に「自らが同性愛者であることを理由に、攻撃、非人道的扱いまたは深刻な差別に直面している者で、政府が彼らまたは彼女達を保護するができないか保護しようとしない者は、難民と認められるべきである」としている（その他「政治的意見」が根拠とされる場合もある。詳しくは谷口4頁）。

3 迫害をうけるおそれ

では、本件Xは同性愛者であることを理由に本国で「迫害をうけるおそれがある」といえるか。本判決は、イラン刑法では確かにソドミー行為に対し死刑が科せられているが、「イランにおける同性愛者の状況」に鑑みれば、「同性間性行為も、前記のようなソドミー条項の存在にもかかわらず、それが公然と行われるのでない限り、それだけで刑事訴追を受ける危険性は相当に低い状況にあるということはでき、同国においても、同性愛者は、その意思により、訴追等の危険を避けつつ、同性愛者としての生活を送ることができる」として迫害のおそれを否定している。これは同性愛者の難民該当性判断に際し、「慎重」要件を課すものということができる。「慎重」要件とは、「ある者が難民該当性が認められるためには、その者が当該迫害理由に関して『慎重』であっても迫害を避けることができないか、または『慎重』であることができない、ということを立証しなければならない」というものであり（西(2)246頁）、各国において同性愛者の難民該当性判断の際に用いられてきたものである。同性愛者の難民該当性判断につき、このような基準が要求されるのは、「国際人権法上、同性愛行為の違法化は基本的人権の侵害であるという解釈が確立している」ものの、難民法においては「基本的人権の侵害」と「迫害」は必ずしも同義ではないことからきている（西(2)249-50頁）。

しかし、「同性愛者にとって、自らが同性愛であることは人間としての尊厳にとって根本的なことであり、同性愛であるという性的指向を尊重される権利は保護されるべき基本的人権である」から、「慎重」要件は否定されるべきであるし、実際に各国においてもこの要件は否定される傾向にある（西(3)284-5頁。→本書43評釈参照）。したがって、「同性愛であるという事実が露見しただけで迫害を受けるために同性愛であることを慎重に隠さねばならない、という場合には難民該当性が認められるべき」であろう（西(3)288頁）。

この点につき、本判決は、同性愛者が実際に処罰されるのは、公然と行為が行われる場合や自らの4回の告白、あるいは4人の男性による証言がある場合に限られるため、実例が少ないこと、同性愛者が死刑に処せられた場合でも、その他の犯罪行為があったことなどを根拠に、「迫害のおそれ」はないとの判断を下している。

しかし、このように法律の文言だけではなく法適用の実態を重視する姿勢は必要だとしても、具体的に「『ソドミー』の公然性という意味は何か、4回の告白または4人の証言が公正に行われるのか、その公正・客観性はどのような制

度によって確保されるのか」は不明である（本間286頁）。すなわち、「法の適正手続」が十分に立証されていない状態においては、「迫害のおそれ」はないと安易に結論づけるのは危険であろう。また、同性愛の罪が他の犯罪行為とともに累積的に刑罰に考慮されていることも裁判所は軽視しすぎではないだろうか。この点につき、「同性愛に対する社会的な不寛容や敵対意識に対して、国家権力が積極的に荷担している場合はもちろんのこと、消極的に荷担している場合…にも、状況によっては『迫害』と認定される可能性がある」との指摘もある（谷口13頁）。

また、本判決は、Xの来日後のカミングアウトや同性愛者団体の構成員としての活動についても、「イラン当局が、Xの同性愛について認識し、あるいはこれに関心を払っていたと認めることはできない」としているが、判決も認めるとおり、これはあくまでも本件裁決時のことであり、本件難民認定申請などを通じてその存在や主張を本国に知られることになったXが帰還後も「迫害のおそれ」がないとの保証はどこにもない。取消訴訟における処分の違法性判断の基準時は処分時とするのが判例であるが、場合によっては処分後、判決時までの事情を考慮すべきであろう（処分後の事情も考慮して退去強制処分の取消を認めた事例として福岡高判2007年2月22日判例集未搭載）。

4 マンデート難民の認定

なお、Xは2003年3月にUNHCRにより「マンデート難民」の認定を受けており、控訴審ではそのことを根拠に、Xの条約難民性を認めないのは違法であるとの主張がなされた。これに対し控訴審判決は、「UNHCRによる難民認定は、難民条約所定の保護を与えることを目的とする加盟国による難民認定とは目的・対象を異にするものというべきであるから、条約難民についても、加盟国とUNHCRとの間でその該当性の判断に食違いが生じることは十分にあり得ることというべきである。……そして、難民条約の加盟国とUNHCRとの間で条約難民該当性の判断に食違いが生じた場合に、UNHCRの判断が当然に加盟国の判断を拘束するものと解すべき理由はない」として、その主張を退けている（東京高判2005年1月20日判例集未搭載）。

しかし、UNHCRは条約難民以外に国際保護を必要とする者に対して広範囲に「マンデート難民」の認定を行っているわけではなく、あくまでも難民条約の趣旨を踏まえた上でその範囲を限定している。しかもXはUNHCRによって「条約難民に該当する難民」として「マンデート難民」の認定を受けているのである。確かに、高裁がいうように、UNHCRが「条約難民」の認定を行ったとしても、難民条約の締約国がそれに拘束されるわけではない。しかし、難民条約35条には、締約国に対するUNHCRとの協力義務がうたわれている。したがって、難民問題の専門機関であるUNHCRが下した判断については、少なくとも締約国として十分に尊重する義務があるといえるが、高裁がUNHCRの認定を当局の認定と十分に比較検討した上でこの判決に至ったのかは甚だ疑問である（ちなみにその後Xは、2005年に第3国出国を果たした）。

【参考文献】
① 本間浩「同性愛者の難民該当性」平成16年度重要判例解説（ジュリスト増刊1291号）284頁
② 西倫子「同性愛者の難民該当性―『慎重』要件の検討を中心に(1)」国際公共政策研究11巻1号417頁
③ 同「同性愛者の難民該当性―『慎重』要件の検討を中心に(2)」国際公共政策研究11巻2号245頁
④ 同「同性愛者の難民該当性―『慎重』要件の検討を中心に(3・完)」国際公共政策研究12巻1号273頁
⑤ 谷口洋幸「同性愛者の庇護申請と難民条約」法とセクシュアリティ1号1頁

IX 国境を越える問題

43 同性パートナーの滞在権──CおよびL.M対イギリス

〈国際〉ヨーロッパ人権委員会・1989年10月9日・決定
C. and L.M. v. UK, no.14753/89

〔齊藤笑美子〕

●事実概要

オーストラリア国籍の女性Cは、1984年にイギリスに入国し、6ヶ月間の滞在許可を得た。Cは、英連邦出身の若者に最大2年間の労働権付き滞在を認める規定により1986年2月22日までの滞在を許された。Cは、滞在期限の年の1月および2月に、現在の常勤の職にとどまる許可と、イギリス人女性Eとの関係を根拠に永住許可を申請した。しかし、いずれも認められなかった。Cはこの処分に対して、不服申立を行ったが、1987年に却下された。Cは、内務大臣に申立を行ったが、1988年内務大臣はこれを退けた。同年、Cは再度内務大臣に申立を行い、精子提供を受けた人工授精で妊娠していること、生まれてくる子を自分とEで育てたいこと、このような家族的単位を引き裂くことは、ヨーロッパ人権条約（以下、条約）違反となることを訴えたが、妊娠は出入国に関する規制を逸脱させるには十分な理由とならず、条約には反しないというのが内務省の回答であった。Cは1984年からEと暮らしており、1985年頃に関係を永続的にすることを決めた。1989年に第2申立人であるL.Mが生まれている。

CとL.Mは、条約8条、12条、および潜在的な14条違反をヨーロッパ人権委員会（以下、委員会）に申し立てた。申立の内容は以下の通りである。

Cはイギリスでの合法な滞在の間に、人間関係を形成しており、この関係はイギリス法で違法ではない。この関係はイギリス以外では続けることができず、この関係を理由としてEにオーストラリア入国の権利が認められることは

ないと考えられる。Eを含む事実上の家族単位においてL.Mを育てることが期待されている。Cの在留特別許可を正当化する事由として、Eとの関係およびL.Mの出生を考慮しないことは条約8条の定める私生活および家族生活への干渉となる。L.Mにとっても、同様の干渉を構成し、子どもの権利宣言違反ともなる。これらの干渉は民主的な社会において必要なものではない。この家族単位はイギリス国籍者のEによって扶養されるので公的な負担を増大させない。さらに、婚姻していない異性カップルに対する内務大臣の政策がより寛大であることからすると、退去強制による家族単位の破壊は性的好みに基づく差別である。

●決定要旨

・8条違反について

条約は、特定国への入国および滞在の権利を与えるものではないが、委員会は、近親者の滞在国からの退去強制は、8条の問題となることを常に認めてきた。Cとそのレズビアン*パートナーとの関係が8条によって保護されるか否かについては、先例が明らかにしているように、その関係は家族生活の尊重*の領域には入らず、同じ8条の私生活尊重*の問題になる。

合法な送還は、それが私生活に影響を与えるとしても、条約が出入国管理について国家に特権を与えている以上、本条約の規定に照らして干渉と見なされることは原則としてない。本件においても、このような考慮からの逸脱を正当化する例外的な事由を認定することはできない。従って、申立人らの私生活の尊重を受ける権利

の干渉はない。

・14条違反について

　問題の入国管理規制は、レズビアンパートナーシップのような関係よりも、伝統的な家族に優先権とより手厚い保障を与えている。伝統的な家族に特別の保護を与えることを考慮すると、14条に反する差別があったと認めることはできない。

・12条違反について（省略）

●評　釈

　条約8条が尊重を要求する家族生活は、婚姻に基づく夫婦と子からなる核家族のみを指すものではなく、婚外子や単親家族のように婚姻に基づかない親子関係や、子を含まないカップルなども包摂する。また、親子間の紐帯としては、生物学的紐帯のみを重視するわけではなく、同居や実質的な扶養の事実などの関係の実効性も家族生活の存在を認める基準となっている。トランスセクシュアルと、そのパートナーの子との間の事実上の親子関係も、家族生活に含まれると考えられている（X.Y. and Z v. UK, 22 April 1997, Reports 1997-II）。家族生活の尊重は、国家の積極的作為義務を含む。従って、家族生活概念に包含されるか否かによって保障される利益が大きく異なるのである。

　実のところ、同性カップルの関係は、このような広範性を誇る家族生活の概念から除外され続けている。委員会は、生存パートナーの居住権や外国人同性パートナーの滞在資格をめぐる事案で、一貫して同性カップルには家族生活の存在を否定し、結果として居住権や滞在資格を認めてこなかった。同性カップルが子を育てている場合の事実上の親子関係も家族生活には含まれないとされている（Kerkhoven and Hinke v. the Netherlands, 19 May 1992, no.15666/89）。他方で、同じく婚姻外であっても異性カップルの生活は家族生活に含まれるが、このような取扱の差異は14条に違反しないとされている。

　本件もそのような委員会の判断の1つである。同性カップルの関係を家族生活ととらえる判決はいまだに存在しないものの、その後居住権に関する判例変更を行ったカルナー事件（→本書30）の存在や、当決定がまだパートナーシップ制度がヨーロッパで一般的ではなかった1980年代のものであることを考慮すれば、先例としての重要性には疑問を付すこともできよう。しかし、婚姻外異性カップルと同性カップルを同一視することを否定した先例としては完全に覆されていない。ヨーロッパ司法裁判所においても同様である（→本書28）。

　そして、同性カップルの関係が、国家による積極的保護の対象となる家族生活として認められないことは、本件のように出入国管理が問題となるときは、大きな弱点となる。条約は、個人が外国に滞在する権利を保障せず、多くの国内法同様、出入国管理を国家の特権とみなす。家族のメンバーへの国外退去命令が8条の問題を惹起することは認められ、犯罪を犯した外国籍の配偶者の追放が8条違反であるとされたケース（Beljoudi v. France, 26 March 1992, Series A 234-A）もあるが、同性カップルは家族生活を送っているとはみなされないため、問題となる追放措置が私生活尊重に反しないかが問われるのみである。出入国管理政策の優位は大きく、追放措置が、原則として同性パートナーの私生活の侵害にあたるとみることはできない。あたるとしても出入国管理という正当な目的によって正当化され、本件のように締約国の裁量を制約する「特別の事情」が要求される。同様のことは同性愛行為が犯罪とされている出身国への送還が問題とされたケースでも確認されていた（Z. B. v. UK, 10 February 1990, no. 16106/90）。

　ただし、14条違反の主張を退けるにあたって依拠されてきた居住権に関して取扱の差異を正当化した先例は、今日ではカルナー事件（→本書30）によって覆されており、「伝統的家族の保護」が同性カップルの排除を直ちに正当化しないことが明らかにされている。とはいえ、出

IX 国境を越える問題

入国管理に認められる締約国の裁量が著しく縮減されるとは思われないので、締約国国内法が同性パートナーにいかなる保護を与えていくのかが重要になろう。

ところで、難民認定に関して、英国最高裁では、同性愛が抑圧されている国への送還について注目すべき判決が現れた（HJ v. Secretary of State for the Home Department, HT v. Secretary of State for the Home Department, Judgment of 7 July 2010)。同性愛が抑圧される国で、性的指向＊を隠せば迫害を逃れられるかという慎重要件を難民認定に課すことは誤りであるとする判断が下されている（→本書42と比較）。

【参考文献】

① Sudre et al. 2007, *Les grands arrêts de la Cour européenne des Droits de l'homme, 4ᵉ éd.mise à jour*, PUF, pp.534 et s.

② 近藤敦2004「『移民国家』化と家族呼び寄せの権利：グローバル時代における入管行政」産業経済研究所報36号103頁

44 同性婚の無効と戸籍訂正 ── フィリピン人事件

〈日本〉佐賀家庭裁判所・1999（平成11）年1月7日・審判
家庭裁判月報51巻6号71頁

〔大村芳昭〕

●事実概要

日本人男性Xは、1995年頃、福岡市内のいわゆるフィリピンパブで働いていたフィリピン国籍のAと知り合い、まもなく親密な交際を始めて、性行為類似の関係も持つようになった。Aが親身にXの身の回りの世話をし、またXに求婚したことから、XとAは1996年1月8日にフィリピン国内でAの両親立会いのもと同国の方式により婚姻した。そして、その報告的届出を同月12日にXの本籍地町役場で行い、その結果Xの本籍地に新戸籍が編製された。

Xは婚姻後、Aと同居していたが、1997年4月中旬ころ、Aの入国査証の更新のため福岡入国管理局にAとともに赴いたところ、同局の職員から、Aが偽造旅券を使って日本に入国したこと、また真正の旅券ではAは男性となっていることを告げられた（後にA本人も入国管理局の事情聴取に際して自ら男性であることを認めている）。

その後、本籍地町役場からXに対して、1997年6月6日付でAとの婚姻届出が不法である旨の戸籍法24条1項による通知がなされ、Xは同年9月17日に本件戸籍訂正の申立をした。これが本件である。なお、Aは同年8月末ころ、福岡入国管理局職員によって身柄を拘束され、まもなくフィリピンへ強制送還された。

●審判要旨

「婚姻の実質的成立要件は、法例13条1項により各当事者の本国法によるところ、Xの本国法である日本法によれば、男性同士ないし女性同士の同性婚は、男女間における婚姻的共同生活に入る意思、すなわち婚姻意思を欠く無効なものと解すべきであり、Xと婚姻したAの本国法であるフィリピン家族法によれば婚姻の合意を欠き無効になるものと解される。前記認定事実によれば、Xの戸籍中、前記婚姻事項は、Aの偽造旅券に基づいて作成されたフィリピン国の婚姻証書の提出により記載されたものであること、したがって、前記の報告的婚姻届出により、戸籍に錯誤ないし法律上許されない戸籍記載がされたことが明らかである。

そして、このように、明らかに錯誤ないし法律上許されない戸籍記載がされている場合、それが重大な身分事項に関するものであっても、その真実の身分関係につき当事者間において明白で争いがなく、これを裏付ける客観的な証拠があるときは、ことさらその真実の身分関係について確定判決を経るまでもなく、直ちに戸籍法113条にしたがい戸籍の訂正をすることができるものと解するのが相当である。」

●評釈

1　はじめに

本審判は、日本人男性と外国で婚姻したフィリピン人が男性であることを理由に、日本法・フィリピン法に照らして当該婚姻を無効と判断し、当該婚姻に基づいてなされた日本人男性の戸籍について、婚姻無効に関する確定判決を経ることなく、戸籍法113条に従って訂正することができるとして、当該婚姻に基づく記載事項の抹消を許可したものである。筆者の知る限り、わが国で同性婚の効力について（争点になった

とまでは言えなくても）正面から判断した裁判例は本件以前には見当たらず、その意味で、本件は貴重な裁判例であると言える。

2　本審判の判示事項と疑問点

本審判の判示事項は、(i)同性者間の婚姻の有効性、(ii)戸籍訂正許可に関する戸籍法上の規定の適用関係、の2点である。本審判自体は、(i)についても(ii)についても、特に詳細な議論を展開することなく淡々と、法の適用に関する通則法24条1項および戸籍法113条を適用して訂正許可の結論を出している。これに対して、本審判に関する評釈3件（村重・後掲参考文献①、澤田・後掲参考文献②、種村・後掲参考文献③）を見ると、いずれも(ii)を中心的な論点として取り上げており、それについては比較的詳細な検討を加えている。しかし、(i)については何も検討しないか、あるいはせいぜい、法の適用に関する通則法24条1項を適用した帰結として確認する程度に過ぎない。

しかし、大島俊之教授も指摘されているように（後掲参考文献④266-267頁）、本件の事実関係には曖昧な点がある。すなわち、Xと婚姻したAは、Xと「フィリピンパブ」で「知り合い」、「親密に交際」し、「性行為類似の関係も持つようになった」、また、AはXの「身の回りの世話をし」、ついにはXに「求婚」して「フィリピン国の方式で婚姻」し、わが国で「同居」していた、と判示されているが、これは、XがAを女性と認識して行ったことなのか、それとも男性であることを承知の上で行ったことなのか、という点が本審判では明確にされていない。この点は、Xの婚姻意思を考える際に考慮すべき要素となり得る。

また、Aの真正の旅券ではAは男性とされており、A本人も自らが男性であることを認めた、とあるが、Aの性別について、わが国の「性同一性障害*者の性別の取扱の特例に関する法律」のような取扱が認められているか否か、そしてAがその要件をどの程度満たしているか

（要件を満たしており、正式な性別変更が行われているのに、その事実が旅券に反映されていない可能性はないのか）、といった点も全く不明のままである。

本件の事実関係については、筆者としても確認する手段を持ち合わせておらず、疑問を提示するにとどめるほかないが、フィリピン法における性別変更については、今後の検討課題として意識しておきたい。

以下では、本審判をきっかけとして、性別変更及び同性婚に関する国際私法上の若干の問題点について検討してみたい。

3　性の二分法と性別変更・同性婚

ジョン・マネーが『性の署名』（1979年・人文書院）の「日本版への序文」で述べているように、「性の在り方とは人の数だけある」。しかし、おおよそいかなる国であっても（少なくとも筆者自身はその例外を知らない）、法制度上、人の性別は女性と男性の2つしか存在しない。そして従来、それは主として外性器や遺伝子の性染色体によって判断され、それらによって明確に判断できない場合に限って、手術等により何れかの性別に帰属させる処理が行われてきた。しかし現在では、性別変更のための手術により外形的な性別を変更し、それにあわせて法律上の性別をも他方に変更できる制度を持つ国が増えつつある。わが国でも、2004年に「性同一性障害者の性別の取扱の特例に関する法律」が施行され、厳格な要件のもとではあるが、法律上の性別を他方に変更することができるようになった。

他方、婚姻法の分野では、従来、婚姻とは女性と男性との法的結合を意味するものとされ、同性者間の結合は婚姻制度から排除されてきたが、1980年代末以降、一部の国において同性者間の生活共同体を法的に保護する動きが進み、中には従来の婚姻と同様の効果を認める立法例まで現れるようになった。なお、わが国には現在のところ同様の立法はなく、また残念ながら

近い将来に成立する見込みもないように思われる。

4　性別変更と国際私法

このような各国実質法の動きは、国際私法の平面にどのような影響を与え、または与え得るのであろうか。この点を考える場合、最も重要なのは、実質法と抵触法をあわせた各国法が、性別変更や同性婚に対していかなるポリシーを持つか、という点であるように思われる。

例えばわが国の場合、性別変更については国内実質法ですでにその法的効力を認めているのであるから、準拠外国法が変更後の性に基づく婚姻の効力を認めるのであれば、その結果は基本的にはわが国でも承認されることになろう。しかし、準拠外国法が性別変更の法的効力を否定し、変更後の性に基づく婚姻の成立を否定した場合、わが国で性別変更が認められていることを国際私法上どう評価するのか、という疑問が生じる。

この点につき、大島・後掲参考文献④248-264頁によれば、スイスとオーストリアには、準拠外国法が性別変更の法的効力を認めない場合でも性別変更の効力を認めた裁判例がある。その理由としてスイスの裁判例では、人の性別は人格権の構成要素であり、住所地であるスイスの裁判所が管轄を有し住所地法（スイス法）が適用されるから、当事者の本国の態度いかんにかかわらず、スイス法による新しい性の確認を請求することができるとし、オーストリアの裁判例では、タイ国法では性別変更があっても出生証明書の作成時にその事実を考慮することはできないが、そのような結論は欧州人権条約12条に反し、オーストリアの公序に反するので、タイ国法に代わってオーストリア法により性別変更の効果を認めるべきであるとした。スイスの裁判例では準拠法選択の段階での問題として、オーストリアの裁判例では準拠法適用（国際私法上の公序）の段階での問題として処理されているという違いはあるものの、当事者の本国法上否定されている性別変更の効力を、自国法に基づいて肯定したケースとして共通の意義を持つものと言えよう。

これらの裁判例は、わが国にとってもおおいに参考になる。特に、準拠外国法が性別変更の法的効力を認めない場合に、国際私法上の公序の問題として、性別変更後の性別による婚姻を認めないことはわが国の国際私法上の公序に反する、と判断する素地は、特例法の施行により、すでに出来つつあるように思われる。

5　同性婚と国際私法

同性婚は、これまで異性間の結合としてのみ認められてきた婚姻制度に異議申し立てをするものであり、そのインパクトは大きい。1980年代末以降、同性婚あるいはそれに部分的に近い法制度が、一部欧米諸国で次第に認められるようになってきた。それらの全体を広い意味での同性婚と呼ぶこともできなくはないが、その効力の幅には国によってかなりの開きがある（杉浦他・後掲参考文献⑥102-125頁）。よって、その効力を国際私法の側でどのように受け止めるのか、という問題を検討する場合には、各国の制度に関する個別具体的な検討が不可欠となる。

例えばわが国において、これらの制度を有する外国法が準拠法となった場合、その効力をわが国でも認めるか否か。婚姻は異性間に限る、という従来の立場を前提とする限り、婚姻と同程度の効力（ただし嫡出推定等の点で従来の婚姻と異なる）を認めるタイプの同性婚（登録パートナーシップ等を除いたもの）については、わが国の公序（法の適用に関する通則法42条）に反するとしてその効力を否定するとの見解にもそれなりの理由はあろう。しかし、婚姻の効力のうち一部分のみが認められる登録パートナーシップ制度については、婚姻とは異なる何らかの法律関係（例えば契約関係）としてその効力をわが国でも認める余地は十分にある。さらに、民法上、同性者間の婚姻が必ずしも明文で禁止されているわけではない状況の下で、婚姻は本当

IX 国境を越える問題

に異性間に限られるのか、その根拠は何か、という議論の展開次第では、同性婚を内縁ないし事実婚として承認するという考え方も成り立ち得るのであって（清水・後掲参考文献⑦74-91頁）、そのような議論の蓄積が国際私法上の議論にも影響を与えることを期待したい。

【参考文献】

① 村重慶一、2000年「戸籍判例ノート99・戸籍訂正の許可」戸籍時報511号48-49頁
② 澤田省三、2000年「ピックアップ判例戸籍法56・戸籍訂正申立事件」戸籍701号34-39頁
③ 種村好子、2000年「戸籍上明らかに錯誤ないし法律上許されない戸籍記載がされている場合、それが重大な身分事項に関する記載であっても、戸籍法116条によらずに、直ちに同法113条に従って戸籍の訂正をすることができるとされた事例」判例タイムズ1036号173-174頁
④ 大島俊之、2002年『性同一性障害と法（神戸学院大学法学研究叢書11）』日本評論社
⑤ Jun'ichi Akiba and Minoru Ishikawa, 1995, "Marriage and Divorce Regulation and Recognition in Japan" 29-3 Family Law Quarterly 589-601
⑥ 杉浦郁子・野宮亜紀・大江千束・編著、2007年『パートナーシップ・生活と制度』緑風出版
⑦ 清水雄大、2007年「日本における同性婚の法解釈＜上＞」法とセクシュアリティ2号45-91頁

［解説　1］

裁判制度解説

ヨーロッパ人権裁判所（European Court of Human Rights）

　ヨーロッパ人権条約に関連する具体的な事件をあつかうために1959年に発足した国際裁判所。同条約および裁判所はヨーロッパ評議会を母体とするものであり、ヨーロッパ連合を母体とするヨーロッパ司法裁判所（ECJ）とは別組織である。ヨーロッパ人権条約の組織体制は1998年の第11選択議定書発効の前後で異なる。

　1998年以前の手続は、ヨーロッパ人権委員会（以下、委員会）、ヨーロッパ人権裁判所、ヨーロッパ評議会閣僚委員会の3機関によるものである。個人から人権侵害の申立がなされると、委員会は人的・時間的・事項的管轄について受理可能性を審査する。受理された申立は対審審理や調査に付され、友好的解決の達成が図られる。友好的解決がなされる場合は、事実と解決について報告書が作成され、友好的解決が不調となった場合は、報告書の中で条約違反について委員会の意見が述べられる。委員会または締約国が必要と認める場合は、事件を人権裁判所に付託することができる。付託された事件は小法廷（Chambers）において審理され、特別に重大な問題を提起する事件や判例法の相当な変更を必要とする事件は大法廷（Grand Chamber）へと回付される。委員会で友好的解決がなされず、裁判所にも付託されない申立は、閣僚委員会によって条約違反の有無と講じるべき措置が決定される。

　第11議定書後は、かつての3機関の機能が裁判所に一本化された。裁判所には個人の資格で選出される47名の常勤の裁判官が5つの部（Sections）に分かれて在籍している。各部には事件の受理可能性を審査する3名構成の委員会があり、受理された事件は7名構成（各部の部長を含む）の小法廷（Chamber）に送付され、判決が下される。小法廷から回付または当事者から上訴された事件は、17名の裁判官（裁判所長、裁判所次長、各部の部長を含む）で構成される大法廷（Grand Chamber）へと付託され、審理が行われる。小法廷から回付されるのは条約解釈に重大な問題が提起される事件や判例変更の可能性がある事件に限られる。出訴権者は個人、個人の集団、団体、国家であるが、被告は国家（ヨーロッパ評議会加盟国）のみである。旧制度と同じく、事件の申立には国内救済完了の原則（国内における利用可能な救済手段（裁判、行政手続など）をすべて尽くしていること）が要件とされる。判決は、手続、事実、理由および主文により構成されており、条約違反が認定された場合は、本案判決に加えて、公正な満足（just satisfaction）としての金銭補償（精神的損害、物質的損害、訴訟費用など）が同時または個別に命じられる。

　なお、ヨーロッパ人権条約関連機関の判決等は、データベースHUDOCよりダウンロードできる（www.echr.coe.int/ECHR/EN/hudoc）。

　［参考文献］
　・戸波江二ほか編『ヨーロッパ人権裁判所の判例』（信山社・2008）　　　　　〔谷口洋幸〕

規約人権委員会（Human Rights Committee）

　国際人権自由権規約（市民的・政治的権利に関する国際規約、International Covenant on Civil and Political Rights）の履行監視機関として、同規約28条のもとで設立された委員会である。18人の個人資格で選ばれる委員によって構成されている。会期は春・夏・秋の年3回、各4週間で開催される。主な活動としては、①政府報告書審査、②個人通報審査、③一般的意見などがある。なお、同規約は1966年に成立し、2011年現在の締約国は162カ国である（日本は1979年批准）。

　本書で取り扱われている判例（→29）は、これらの活動のうち、②個人通報審査の事例にあたる。締約国において人権侵害を受けた個人が委員会に対して事件を通報し、当該事件の条約違反の有無について委員会が見解（Views）を示すものである。同制度を利用するためには、当該締約国が条約の選択議定書を批准しなければならない。2011年現在、112カ国が選択議定書を批准している（日本は未批准）。選択議定書批准国の管轄下において、規約上の権利の侵害にあたると疑われる事案が生じた際に、被害をうけた個人は、国内

における利用可能な救済手段（裁判、行政手続など）をすべて尽くした上で、委員会に対して当該事案を通報する。委員会は受理可能性を審査した後に、本案が規約上の権利侵害にあたるか否かを審査し、見解を下す。この見解は厳密な意味での法的拘束力をもたず、勧告としての効力しかもたない。ただし、締約国は見解が出された後に講じた措置を同委員会に報告しなければならないため、実際に多くの締約国が見解にしたがった国内措置を講じている。また、委員会の見解は各国の国内判例においても解釈基準として援用されることがある。このため、個人通報審査は「準司法的制度」と評されている。

　なお、通報審査以外の委員会の活動は以下のとおり。①政府報告書審査は、各締約国から条約の履行状況について5年ごとに提出される定期報告書を審査し、さらなる改善点や具体的方法について総括所見（Concluding Observation）という勧告をまとめる制度である。②一般的意見（General Comments）は、規約の条文解釈や具体的事例への適用可能性について、特定の国家や事例を名指しせずに、委員会が採択する文書である。2011年までに34の一般的意見が採択されている。

［参考文献］
・阿部浩己・今井直・藤本俊明『テキストブック国際人権法（第3版）』（日本評論社・2008）
・アムネスティインターナショナル編『個人通報制度って知ってる？』（現代人文社・1998）

〔谷口洋幸〕

アメリカ合衆国

　アメリカ合衆国の統治機構は、連邦国家であることによって、大きく特徴づけられている。合衆国の権限は合衆国憲法によって与えられたものに限られ、連邦議会の立法権限も憲法によって権限を与えられた事項に限定される。これに対して、州は、合衆国憲法及び州憲法で禁止されていない限りいかなる立法でもなしうる。裁判所・裁判権も連邦制に由来する二重構造をとる。立法権同様、連邦の裁判権も合衆国憲法によって与えられた権限の範囲内で及ぶことが原則である。

　連邦の裁判所には、合衆国地方裁判所、合衆国控訴裁判所（巡回控訴裁判所）、そして合衆国最高裁判所が存在する。合衆国最高裁判所は、特殊な事件での1審の管轄権とその他の事件での上訴管轄権を有する。上訴については、合衆国地裁・合衆国控訴裁判所の裁判のほか、州の最高の裁判所の終局判決についての上訴を管轄する。しかし、合衆国最高裁判所への上訴がすべて認められるわけではなく、上訴審理を認めるか否かは最高裁の裁量にゆだねられる（裁量上訴）。合衆国最高裁判所は、1人の首席裁判官と8名の陪席裁判官からなり、裁判官の人事は常に大きな政治的争点となる。

　州の裁判所は各州の法律によって設置されるため、組織や名称にはばらつきがある。各州とも巡回裁判所、地方裁判所、上位裁判所といった名称の第1審裁判所と最高の裁判所を有し、2つの審級の間に中間控訴裁判所を設置する州も多い。ちなみに、州裁判官を公選で選任する州が多く、陪審制同様に司法にもアメリカ的民主主義が表れている。

　最後に、アメリカの司法を特徴づける要素として、司法権の行使に付随して全ての裁判所が行使しうる違憲審査（司法審査）を挙げておく。これは、裁判所が、何らかの事件において、適用される連邦や州の立法の憲法適合性を審査し、憲法違反であればその事件においてはその立法の適用を退ける作用である。本書に取り上げたアメリカの多くの事件が、これにかかわる。アメリカの裁判所は、違憲審査を行うにあたって、問題となっている権利の性質や主体などに応じて使用する違憲審査基準を精緻化しており、その動向は日本の判例や学説に大きな影響を与えている（→例えば平等について、本書13）。

［参考文献］
・松井茂記『アメリカ憲法入門』（有斐閣・2004）
・木下毅『アメリカ法入門・総論』（有斐閣・2000）
・田中英夫『英米法総論・下』（東京大学出版会・1980）

〔齊藤笑美子〕

イギリス

 俗にイギリスと呼ばれる「大ブリテンおよび北アイルランド連合王国」は、主に「イングランド・ウェールズ」、「スコットランド」、「北アイルランド」の３つの法域から構成され、裁判制度もそれぞれ独自に存在する。ここでは、ここでは「イングランド・ウェールズ」の裁判制度を概観する。

 「イングランド・ウェールズ」の裁判制度は、大まかに次の３つのレベルから構成される。まず、①訴額の低い民事事件の１審を担う県裁判所や、陪審のない刑事の１審を担う治安判事裁判所である。次に②控訴院、高等法院、刑事法院である（これらを合わせて上法院と呼ぶ）。控訴院は、民事部と刑事部に分かれ、高等法院は、コモン・ローとこれを補完するエクイティというイギリス独特の判例法の分類を背景に、前者に関連して主に契約法と不法行為法を扱う女王座部、後者に関連して主に不動産や信託を扱う大法官部、そして主に家事を扱う家事部に分かれる。そして③最上級審である連合王国最高裁判所（最高裁。2009年10月より前は、貴族院上告委員会または単に貴族院）である。上訴は①→②→③の順に行われるが、高等法院が訴額の高い民事事件の１審、刑事法院が陪審有りの刑事事件の１審としても機能し、この流れで高等法院から控訴院へ上訴が行われることもある。また、控訴院への上訴は裁判所の許可が通常必要であり、貴族院への上訴は、裁判所が一般的重要性をもつ法律問題が含まれていると判断した場合に限られる。

 こうした普通裁判所に加えて、特定の問題領域については審判所が設置され、ここに申立が行われる。例えば雇用問題については雇用審判所（1998年以前は労働審判所）とこれの上訴を扱う雇用上訴審判所がある。これらは複雑な労働実態を考慮するために公労使の３者で構成される。雇用上訴審判所の判断に対する不服は控訴院へ行われる。

 また、イギリスはEU加盟国であることから、EU法の影響も受ける。国内裁判所は、その判断にあたりEU法の解釈について争いがある場合にはヨーロッパ司法裁判所に付託し、その判断に拘束される。ヨーロッパ人権条約に規定される権利に関する争いについては、国内裁判所に訴えることも可能だが、ヨーロッパ人権裁判所に訴えることも認められている。

［参考文献］
・幡新大実『イギリスの司法制度』（東信堂・2009）
・我妻学『イギリスにおける民事司法の新たな展開』（東京都立大学出版会・2003）　　〔長谷川聡〕

フランス

 フランスの裁判システムの特徴は、①司法裁判組織と②行政裁判組織が分かれていることにある。また、法律の違憲審査を行うことができるのは、①や②の通常裁判所ではなく、③憲法院だけであることもフランスの特色である。

 １．司法裁判とは、私人間の紛争（民事事件）や刑事事件を扱うもので、原則として、第１審を大審裁判所、控訴審を控訴院、最上級法律審を破毀院が担当する（→本書34、本書41）。ただし、少額の民事事件や不動産賃貸借事件等の第１審は小審裁判所、商行為に関する事件の第１審は商事裁判所、労働事件の第１審は労働審判所（→本書27第１事例）、社会保障関係事件の第１審は、社会保障事件裁判所（旧・社会保障第１審委員会→本書27第２事例）が行うなどの多くの例外が存在する。なお、刑事事件については、司法裁判組織の中に作られた特別機関（たとえば大審裁判所の特別組織である軽罪裁判所）といった独自の刑事裁判機関が存在するが、本書に関係しないため省略する。最高司法裁判機関である破毀院には、民事部（第１民事部〜第３民事部）、商事部、社会部、刑事部があるほか、事件の性質及び重要性に応じて、合同部や大法廷で判断がなされることがある。破毀院が扱うのは、裁判所による法律解釈の統一を主たる目的とする法律審であり、事実審は下級審に留保されている。

 ２．行政裁判とは、国家と私人との間の紛争（公的機関の処分に対する不服申立）を扱うもので、原則として、第１審を（地方）行政裁判所、控訴審を行政控訴院、最上級審をコンセイユ・デタ（国務院）が担当する（関連→本書40）。この例外も存在するが、本書と関係しないため省略する。最高行政裁判機関たるコ

ンセイユ・デタは、政府機関の1つである（首相が長官を兼ねることになっているのはその象徴であるし、政府からの諮問に答えるという役割も担っている）。コンセイユ・デタは、行政事件について、原審が法を適切に解釈したか否か（法律を遵守したか）を判断するが、司法裁判（破毀院）のように、控訴院に差し戻す（移送する）ということは行わない（事実審も行うことができる）などの違いがある。

3．法律の違憲審査は、憲法院に留保されている。憲法院は、9年任期の9人の委員（大統領、国民議会〔下院〕議長、元老院〔上院〕議長がそれぞれ3名ずつ任命）と、終身委員たる元大統領で構成されている。2008年の憲法改正以前、フランスでは、法律の違憲審査は事前の抽象的審査のみであった。すなわち、採択後・審署前の法律について、大統領、首相、国民議会議長、元老院議長、または60名以上の国民議会議員・60名以上の元老院議員の連名による申立により、合憲性を審査するというものであった（→本書33）。しかし、2008年7月23日の憲法改正によって、事後的な違憲審査が可能となった。よって今日では、既に発効している法律についても、訴訟においてその違憲性が問題となり、破毀院等からの合憲性の先決問題（la question prioritaire de constitutionnalité）の付託を受けた場合、憲法院がその合憲性を判断することができる（関連：憲法院2011年1月28日→本書34評釈参照）。

〔参考文献〕
・滝沢正『フランス法（第4版）』（三省堂・2010年）179頁以下　　　　　　　　　　　〔大島梨沙〕

ドイツ

　ドイツの裁判所の特徴は、基本的な5系列の裁判所が存在し、さらに憲法問題を担当する憲法裁判所が存在することである。

　ドイツの裁判所は主に5つの系列に分かれている。まず、民事・刑事事件を担当する通常裁判所、行政事件を担当する行政裁判所、租税事件を担当する財政裁判所、労働事件を担当する労働裁判所、そして社会保障関係の事件を担当する社会裁判所である。

　ドイツは16の州（ラント）から成る連邦国家であり、各系列の裁判所は、州と連邦の各レベルに存在する。例えば通常裁判所の場合、区裁判所、地方裁判所、高等裁判所が各州に存在し、最終的な判断は最上級審である連邦通常裁判所が下すことになる。

　ドイツには上記の5系列とは別に連邦憲法裁判所が存在し、法令などの合憲性判断をはじめとする権限を持つ。連邦憲法裁では以下のような手続を取扱う。

・抽象的規範統制：連邦政府、州政府、または3分の1以上の連邦議会議員の提訴により、連邦憲法裁が法令等の合憲性を判断する手続（→本書32）。
・具体的規範統制：5系列の裁判所が扱う事件内で法令等の合憲性が問題となった場合、当該裁判所が手続を一時中断して、連邦憲法裁に合憲性の判断を求める手続（→本書8）。
・憲法異議（憲法訴願）：裁判など国内のあらゆる救済手続を利用した上でなお、自己の基本権（憲法上の権利）が侵害されていると考える者が連邦憲法裁に救済を求める手続。

その他には、連邦や州の機関相互の権限争いの判断や、「自由で民主的な基本秩序（基本法21条2項）」に敵対する政党を禁止する判断なども行う。なお、連邦憲法裁の判例は「BVerfGE 105, 313」のような記号で表示されることがある。これは「連邦憲法裁判所の公式判例集105巻313頁に掲載されている判例」という意味である。

　ドイツは1952年にヨーロッパ人権条約を批准し、第11議定書（ヨーロッパ人権裁判所への個人申立制度）を1998年に批准している。

　ドイツでは日本と異なり、条約は通常の法律と同等の地位しか持たないと一般に考えられてきた。その一方で従来から連邦憲法裁は、法律解釈に際してヨーロッパ人権条約やヨーロッパ人権裁判所判決に配慮することをドイツの国内裁判所に求めており、その傾向は年々強まっている。したがって、事実上現在のドイツでは、ヨーロッパ人権条約に通常の法律以上の地位が認められているといえよう。

[参考文献]
・村上淳一ほか『ドイツ法入門〔改訂第7版〕』（有斐閣・2008年）
・ドイツ憲法判例研究会編『ドイツの憲法判例〔第2版〕』（信山社・2003年）、『ドイツの憲法判例Ⅱ〔第2版〕』（同・2006年）、『ドイツの憲法判例Ⅲ』（同・2008年）
・門田孝「ヨーロッパ人権条約とドイツ」戸波江二ほか編『ヨーロッパ人権裁判所の判例』（信山社・2008年）

〔岡田健一郎〕

韓　国

　韓国は、日本の最高裁判所に該当する大法院、高等裁判所に該当する高等法院、また地方裁判所に該当する地方法院、さらに憲法裁判所などを設けている。以下、韓国の特徴である憲法裁判所と本書に登場する国家人権委員会について説明する（→本書17）。

　韓国の憲法裁判所は、憲法裁判所集中型である点でいわゆるドイツ型であるが、抽象的規範統制ではなく付随審査制である点ではアメリカ型であり、韓国独特の制度である。管掌事項は、法院の提訴（提請）による法律の違憲の有無の審判、一定の高位公務員に対する弾劾の審判、政党の解散審判、国家機関相互間と国家機関と地方公共団体間及び地方公共団体相互間の権限争議に関する審判、憲法訴願の審判である（憲法111条1項）。統計によると、設立から2011年5月までの法律の違憲審判の件数は591件（違憲279件、合憲264件）、弾劾審判1件、政党解散審判0件、権限争議52件、憲法訴願18565件（違憲369件、合憲1224件）である。

　国家人権委員会（以下、委員会）は、「すべての個人が持つ不可侵の基本的人権を保護して、その水準を向上させることによって、人間としての尊厳と価値を実現して民主的基本秩序の確立に尽くすことを目的とし」（国家人権委員会法1条）、2001年に設立された。委員会は、人権の保護及び向上に関するすべての事項を扱う総合的な人権全担機関である。業務の独立性が保障され、立法・司法・行政のどの国家機関からも干渉を受けない。人権侵害の実態調査と救済措置を図る側面では準司法機関であり、国際的な人権規範の国内的な実行担当という側面からは準国際機関でもある。その業務の独立性と多様性を保障するために、人権委員は、国会選出の4名、大統領指名の4名、大法院長指名の3名で構成され、委員長は委員の中から大統領が任命する。主な業務内容は、①政策面で、法令、制度、政策、慣行の調査・研究及び改善勧告・意見表明と国家の人権条約加入及び条約の履行に関する勧告と意見表明、②調査・救済面では、国家機関・自治体及び拘禁・保護施設の人権侵害や差別行為の調査・救済、法人・団体・私人による差別行為・性差別の調査・救済、③「障害者差別禁止及び権利救済に関する法律」及び「雇用上の年齢差別禁止及び雇用促進に関する法律」に伴う調査・救済、④国民の意識を向上させるための教育と広報及び国内外の人権団体との協力と交流である。②の調査・救済は、国家権力が犯している各種の人権侵害行為と平等権を侵害する差別行為についての調査と救済であり、被害者と被害の実態を知る者や団体による陳情があれば、委員会は救済措置として、被害実態調査、被陳情人や責任者の所属機関長への懲戒勧告、刑事告発、法律扶助の要請をすることができる。委員会の勧告を受けた関係機関の長などには、その勧告事項を尊重し履行すべき努力義務が課せられ、その他にも委員会の人権擁護の業務を妨害した者には、5年以下の懲役または3千万ウォン以下の罰金が科せられる。人権政策・意見表明の主要な事例としては、2004年10月の憲法裁判所に対する戸主制の廃止意見表明があり、実際2005年2月の関連規定に対する憲法裁判所の違憲判断の後に、同年3月に民法が改正された。委員会の設立以来、2011年5月までの統計で人権侵害の決定件数は924件、差別事件の決定件数は702件、法令・制度・政策の勧告及び意見表明の決定件数は188件である。

[参考文献]
・李東洽「韓国民主主義の発展における憲法裁判所の貢献」法律時報82巻5号（2010）
・韓国の法制署の国家法令情報センターホームページ　http://www.law.go.kr
・国家人権委員会ホームページ　http://www.humanrights.go.kr

韓国憲法裁判所ホームページ　http://www.ccourt.go.kr/　　　　　　　　　　　　　〔李ジュヒ〕

台湾

　台湾における最高の司法機関は司法院であり、①民事・刑事・行政訴訟の審判を管掌するとともに（中華民国憲法77条）、②憲法・法律・命令の解釈権を有する（同法78条）。司法院は、①について各級法院、行政法院を設置し（司法院組織法7条）、②のために司法院大法官会議を組織する（同法3条）。

　①台湾において、民事事件と刑事事件の審判については原則として3審制が採られ、それぞれ地方法院、高等法院および最高法院が担当する（法院組織法1、2条）。それに対して、行政訴訟の第1審は高等行政法院で行われ、控訴審（最上級審）は最高行政法院で行われる。行政訴訟を一般の紛争と区別して行政法院に集中させる点で、日本の裁判制度と異なる。また、台湾には日本の簡易裁判所や家庭裁判所のような独立の裁判所があるのではなく、単に地方法院に簡易「庭」（法廷のこと、法院組織法10条）や少年及び家事庭（同法14条）を設けているという点にも注意されたい。そのほかに、「智慧財産」（知的財産のこと）法院組織法と智慧財産案件審理法が2007年3月28日に公布され、2008年7月1日に施行されたため、智慧財産法院が専門的法院として新たに成立した。

　②憲法解釈および違憲審査は、通常裁判所でなく、15人の大法官からなる司法院大法官会議によってなされている（→本書16）。

　（司法）院長1名、副院長1名を含む大法官15人は、総統が、最高法院の法官や、立法委員、大学法学部の教授など一定の条件を満たした者から推薦し、立法院の同意を得た上で任命する（憲法増修条文5条1項、司法院組織法4条）。大法官の任期は8年で、再任はできないとされる（憲法増修条文5条2項）。

　大法官会議による憲法解釈は、(1)中央あるいは地方行政機関、または(2)立法委員がその職権を行使する際に憲法疑義が生じたとき、(3)最高法院あるいは行政法院がその受理している案件につき、その適用法令に違憲の疑いがあるとき、(4)人民などがその憲法上の権利を侵害され訴訟を提起したが、確定した終局判決において適用された法令に違憲の疑いがあるときなど、それぞれが憲法解釈を申請した場合になされる（司法院大法官審理案件法5条）。もっとも、大法官会議の決議や解釈によって、特定の法院に限らずあらゆる法官が違憲審査を申請すること（大法官釈字第371号解釈）、また、終局判決までの段階でも当事者が違憲審査を申請すること（1999年9月10日の大法官第1125回会議の決議）が、可能になった。憲法解釈は、現在在位する大法官の2／3の出席、かつ出席者の2／3の同意を得なければ、可決できない（司法院大法官審理案件法14条1項）。そのように形成された大法官解釈は、既判力、拘束力、および法的効力を有する。大法官会議の違憲審査の結果は、「大法官解釈」というかたちで公布し、日付の順で「釈字第〇〇〇号」または「釈字第〇〇〇号解釈」として表現される。

　［参考文献］
　・蕭文生『国家法Ⅰ－国家組織篇』（元照・2008）407-419、441頁以下　　　　　　　　　　〔黄浄愉〕

[解説　2]

用語解説（50音順）

● **異性愛**（いせいあい）⇨同性愛／両性愛／異性愛

● **インターセクシュアル／IS**（いんたーせくしゅある／あいえす）
身体の性別が男か女か判別できない状態にある者を意味する言葉。英語のintersexualからきた言葉であり、略してISとも呼ばれる。なお、男か女か判別できないのは、あくまでも身体の次元での話であり、性別自認の次元の話ではない（自分を男でも女でもない・男か女か分からないなどと認識しているとは限らない）点に注意する必要がある。⇨インターセックス、性別自認

● **インターセックス**（いんたーせっくす）
半陰陽、両性具有などの語と同様に、身体の性別が男か女か判別できない状態を表す言葉である。「男か女か判別できない」と言っても、その具体的な状況は、当事者によって様々である。男性器と女性器の双方を有していたり、性器が不完全でどちらともいえない状態であったり、一見男性器（女性器）をもっているようであっても性染色体がXXでもXYでもなかったり、などの状況がありうる。最近では「性分化疾患（Disorders of sex development、DSDs）」という医学用語が用いられることが多い。⇨インターセクシュアル／IS

● **FTM／MTF**（えふてぃーえむ／えむてぃーえふ）
身体的には男性であるが、自らを女性であると認識している人のことをMTF（Male to female）、身体的には女性であるが、自らを男性であると認識している人のことをFTM（Female to male）という。⇨性同一性障害、トランスセクシュアル・トランスジェンダー、性別自認、性別適合手術

● **LGBT**（えるじーびーてぃー）
レズビアン（Lesbian）・ゲイ（Gay）・バイセクシュアル（By-sexual）・トランスジェンダー（Transgender）の頭文字をとった性的マイノリティを包括的に指す略称として定着しつつあるが、「性的マイノリティ」よりは限定される。インターセクシュアル（Intersexual）や何者かまだ決めていない人（Questioning）を加えて、LGBTI、LGBTQということもある。⇨性同一性障害、トランスセクシュアル／トランスジェンダー、同性愛／両性愛／異性愛、インターセクシュアル／IS

● **家族生活の尊重を受ける権利**（かぞくせいかつのそんちょうをうけるけんり）⇨私生活の尊重を受ける権利

● **間性**（かんせい）⇨インターセックス

● **ゲイ**（げい）
性自認が男性で性的指向が男性である人を指す言葉。もともと「不道徳な、放蕩な」という意味で売春婦や同性愛者の蔑称として利用されてきた語であるが、この語の「陽気な、楽しい」という意味合いを再利用する形で、英語圏の当事者によって好んで使用されるようになってきた。現在では世界規模で通用する言葉となっているが、英語圏ではゲイ男性とレズビアンを含めて「ゲイ」と総称することもある。日本では1980年代頃から定着しているものの、戦後に「ゲイボーイ」（現在でいう女装者、ニューハーフ）という言葉が用いられていたことにも注意が必要である。なお、性的指向は性自認との関係から定義づけられるため、性的指向が男性であるFTMは「FTMゲイ」と称される。⇨性的指向、レズビアン、FTM／MTF

● **権利の平等享有**（けんりのびょうどうきょうゆう）
ヨーロッパ人権条約（人権および基本的自由の保護のための条約）14条では、同条約が定める権利の享有における差別を禁止している。同条は「この条約に定める権利および自由の享受は、性、人種、皮膚の色、言語、宗教、政治的意見その他の意見、国民的もしくは社会的出身、民族的少数者への所属、財産、出生またはその他の地位によるいかなる差別もなしに、保障される。」と定める。

● **婚姻・家族形成の権利**（こんいんかぞくけいせいのけんり）
ヨーロッパ人権条約（人権と基本的自由の擁護に関する条約）12条が保障している権利。12条は「婚姻することができる年齢の男女は、権利の行使を規制する国内法に従って婚姻し、家族を形成する権利を有する。」と定める。

● **GID**（じーあいでぃー）⇨性同一性障害

● **ジェンダー適合手術**（じぇんだーてきごうしゅじゅつ）⇨性別適合手術

● **私生活の尊重を受ける権利**（しせいかつのそんちょうをうけるけんり）
家族生活の尊重を受ける権利とともに、ヨーロッパ人権条約（人権および基本的自由の保護のための条約）8条によって保障されている。同条約8条は、1項において「すべての者は、その私的および家族的生活、住居、ならびに通信の尊重を受ける権利を有する。」と定め、2項において「この権利の行使に対しては、法律に基づき、かつ、国の安全、公共の安全、また、無秩序もしくは犯罪の防止のため健康もしくは道徳の保護のため、または他の者の権利および自由の保護のため、民主的社会において必要なもの以外のいかなる公の機関による介入もあってはならない。」と例外事由を定めている。

● **性自認**（せいじにん）⇨性別自認

● **性適合手術**（せいてきごうしゅじゅつ）⇨性別適合手術

● **性的指向**（せいてきしこう）
個人の深遠な感情的・情緒的または性的な関心や親密な関係性への期待が、どの性別に向かっているかを示す言葉。セクシュアル・オリエンテーション（sexual orientation）の日本語訳。「指向」の文字には、生来的で変更不可能、または変更を強制されるべきものではないとの意味合いがあるため、「志向」ではなく「指向」が用いられることが多い。性的指向は自らの性自認と相手方の性別（一般には相手方の性自認）の関係性によって分類される性的指向は、同性指向、両性指向、異性指向となる。なお、もともと性的指向を自覚する前の心理学用語であったasexualは、性欲をもたない人々を指す言葉（アセクシュアル、無性指向）としても用いられている。⇨同性愛／両性愛／異性愛

● **性転換手術**（せいてんかんしゅじゅつ）⇨性別適合手術

● **性転換症**（せいてんかんしょう）⇨性同一性障害

● **性同一性障害**（せいどういつせいしょうがい）
生物学上の性別が男または女と確定されているものの、本人の意識はそれと反対の性別であると認識している状態を意味する。もともとは医学用語である。かつては、この状態を、性転換症（transsexualismの訳）などと呼んでいたが、今日の日本では、性同一性障害と呼ぶことが一般的になっている。性同一性障害は、英語のGender Identity Disorderの訳語であり、その頭文字をとって、GIDとも呼ばれる。⇨FTM／MTF、トランスセクシュアル・トランスジェンダー

● 性分化疾患（せいぶんかしっかん）⇨インターセックス

● 性別再指定手術（せいべつさいしていしゅじゅつ）⇨性別適合手術

● 性別自認（せいべつじにん）
自らを男であると考えるか、女と考えるか。こういった性別に関する本人の認識のことを性別自認または性自認という（英語では sexual identity または gender identity）。多くの場合、性別自認は、身体の性別と一致しているが、身体の性別と一致しない場合も一定程度存在する。⇨性同一性障害、FTM／MTF

● 性別適合手術（せいべつてきごうしゅじゅつ）
自認している性別に体の性別を合わせるための手術。性同一性障害と診断された者であっても、この手術を済ませていなかったり（プレオペラティブ）、手術を施さないことにする場合もありうることに注意が必要である。⇨性同一性障害

● TS（てぃーえす）⇨トランスセクシュアル・トランスジェンダー

● 同性愛／両性愛／異性愛（どうせいあい／りょうせいあい／いせいあい）
「同性愛」はホモセクシュアル（homosexual）の訳語として作られた造語。性的指向が同性である状況を指す言葉。かつては、同種性欲、同性的色情、同性恋愛症など、さまざまな訳語が用いられていたが、肉体性を暗示する「色情」や「性欲」だけでなく、精神性を重視する「愛」という語を含む同性愛の語が一般的に用いられるようになった。これに対して「異性愛」は、同性愛という概念の出現によって生み出された造語であり、性愛の対象が異性であることが当然視される社会においては自覚されにくい特徴をもつ。また「両性愛」は性的指向が男女両性である状況を指す言葉であるが、同性愛と異性愛の双方の立場を複雑に共有している。⇨性的指向、ホモセクシュアル、レズビアン

● 同性愛嫌悪（どうせいあいけんお）
同性愛(者)を拒絶する心理状態、さらに明白な、あるいは暗黙の態度・言動を指す。ヘイトクライムにまで至る物理的暴力や侮辱的言動といった明白な敵意だけでなく、日常的なからかいや冗談、科学的・知的・宗教的言説の中にも同性愛嫌悪は見いだせる。同性愛嫌悪は、「嫌悪」という言葉が想像させるような単なる個人の心理の問題としてではなく、今日では社会の異性愛主義と表裏一体の関係にある問題であることが指摘されている。⇨同性愛／両性愛／異性愛

● トランスジェンダー（とらんすじぇんだー）⇨トランスセクシュアル・トランスジェンダー

● トランスセクシュアル・トランスジェンダー（とらんすせくしゅある・とらんすじぇんだー）
体の性別とは異なる性別自認をもつ人のことを指す言葉。性同一性障害者と呼ぶこともありうるが、性同一性障害という言葉は、身体の性別と性別自認との不一致を「精神疾患」と捉えるものである。これに対し、トランスセクシュアル（transsexual、略して TS）またはトランスジェンダー（transgender、略して TG）という呼称には、「疾患」「病気」というニュアンスがないため、（当事者を中心として）使われるようになった。なお、トランスセクシュアルは、性適合手術を受けて体を変えようとする者という趣旨を含意するのに対し、トランスジェンダーは、体と性別自認とが一致しないことを認識している人一般を指す。⇨性別自認、性同一性障害、FTM/MTF、性別適合手術

● ニューハーフ（にゅーはーふ）
MTF のうち、女性の風貌や仕草または身体的特徴を用いた職業に従事している人々を指す和製英語。時代により、ブルーボーイ、ゲイボーイ、おかま、Mr.レディー、シーメールなどの呼称が用いられている。自

らの性別に違和感を感じている場合（性別違和、性同一性障害など）が多いといわれるが、必ずしも性同一性障害の診断や性別適合手術を受けているわけではない。⇨FTM／MTF、トランスセクシュアル・トランスジェンダー、性同一性障害、性別適合手術

● 半陰陽（はんいんよう）⇨インターセックス

● ホモセクシュアル（ほもせくしゅある）
1868年にハンガリーの医師カール・ベンケルトによる造語とされる。日本語では「同性愛の、同性愛的な」または「同性愛者」と訳される。ホモセクシュアルの短縮語である「ホモ」は、もともと「同一の、同じ」という意味であるが、従来から同性愛者に対して侮蔑的な文脈で使用されてきたため、一般に「ホモ」は差別語のひとつとして位置づけられている。⇨同性愛／異性愛／両性愛、同性愛嫌悪

● ホモフォビア（ほもふぉびあ）⇨同性愛嫌悪

● 両性愛（りょうせいあい）⇨同性愛／両性愛／異性愛

● 両性具有（りょうせいぐゆう）⇨インターセックス

● レズビアン（れずびあん）
性自認が女性で性的指向が女性である人を指す言葉。語源は古代ギリシャの詩人サッフォーが女性との劇的な恋愛の末に自殺したことにちなみ、彼女が生まれたレスボス島の名前からつけられたとされる。短縮形である「レズ」は、従来から侮蔑的な意味合いで使用されてきたため、差別語として位置づけられ、「レズビアン」あるいは「ビアン」という呼称が好んで使われる傾向にある。なお、性的指向は性自認との関係から定義づけられるため、性的指向が女性であるMTFは「MTFレズビアン」と称される。⇨性的指向、ゲイ、FTM／MTF

【参考文献】
・ジョー・イーディー編著／金井克哉訳『セクシュアリティ基本用語事典』（明石書店・2006）
・VIVID『VIVIDAS：セクシュアリティを考えるための用語集』（VIVID・1999）
・Louis-Georges Tin ed., *Dictionnaire de l'homophobie*, PUF, 2003（=（英語訳）. Marek Redburn, *The Dictionary of Homophobia: A Global History of Gay and Lesbian Experience*, Arsenal Pulp Press（2008））（=日本語訳、明石書店・近刊予定）
・河口和也『クイア・スタディーズ』（岩波書店・2003）
・ヴァネッサ・ベアード／野口哲生訳『性的マイノリティの基礎知識』（作品社・2005）
・野宮亜紀ほか『性同一性障害って何？』（緑風出版・2003）
・戸波江二ほか編『ヨーロッパ人権裁判所の判例』（信山社・2008）
・日本社会学会社会学事典刊行委員会編『社会学事典』（丸善・2010）

判 例 索 引

(国〔五十音〕毎に年代順・数字は各項目見出し番号を表す)

〈アメリカ〉合衆国最高裁判所・1987年6月25日・判決
 S. F. Arts & Athletics, Inc. v. United States Olympic Committee, 483 U.S. 522 (1987) ……18
〈アメリカ〉合衆国最高裁判所・1996年5月20日・判決
 Romer v. Evans, 517 U.S. 620, 116 S. Ct. 1620(1996) ……13
〈アメリカ〉合衆国最高裁判所・2000年6月28日・判決
 Boy Scouts of America v. Dale, 530 U.S. 640, 120 S.Ct. 2446(2000) ……14
〈アメリカ〉合衆国第9巡回区控訴裁判所・2001年7月16日・判決
 Michelle Nichols, Antonio Sanchez, Anna Christine Lizarraga v. Azteca Restaurant Enterprises, Inc. 256 F.3d. 864 ……26
〈アメリカ〉合衆国最高裁判所・2003年6月26日・判決
 Texas v. Lawrence, 539 U.S. 558 (2003) ……2
〈アメリカ〉マサチューセッツ州最高裁判所・2003年11月18日・判決
 Goodridge v. Department of Public Health, 440 Mass. 309, 798 N.E. 2d 941 ……35
〈アメリカ〉合衆国第11巡回区控訴裁判所・2004年1月28日・判決
 Lofton v. Secretary of the Department of Children and Family Services, 358 F.3d 804 (11th Cir. 2004) ……39
〈アメリカ〉合衆国最高裁判所・2006年3月6日・判決
 Rumsfeld v. Forum for Academic & Institutional Rights, 547 U.S. 47, 126 S.Ct. 1297(2006) ……15
〈イギリス〉貴族院・2003年6月19日・判決
 Macdonald v. Advocate General for Scotland, [2003] IRLR 430 HL ……25
〈イギリス〉貴族院・2004年5月6日・判決
 Av. Chief Constable of West Yorkshire Police and another, [2004] IRLR 573 HL ……23
〈カナダ〉最高裁判所・2004年12月9日・判決
 Reference re Same-Sex Marriage (2004 S.C.C 79) ……36
〈韓国〉ソウル高等法院・2003年12月16日・判決、解釈　2002누14418 ……17
〈国際〉規約人権委員会・2003年9月18日・見解
 Young v. Australia, UN.Doc.CCPR/C/78/D/941/2000 ……29
〈国際〉ヨーロッパ人権裁判所・1981年10月22日・判決
 Dudgeon v. the United Kingdom, Series A No.45. ……1
〈国際〉ヨーロッパ人権委員会・1989年10月9日・決定
 C. and L.M. v. UK, no. 14753/89 ……43
〈国際〉ヨーロッパ司法裁判所・1996年4月30日・判決
 P v. S and Cornwall County Council, Case C-13/94, [1996] IRLR 347 ……22
〈国際〉ヨーロッパ司法裁判所・1998年2月17日・判決
 Grant v. South-West Trains Ltd, Case C-249/96, [1998] ECR I-621 IRLR 165 I FLR 839 ……28
〈国際〉ヨーロッパ人権裁判所・1999年9月27日・判決

〈国際〉ヨーロッパ人権裁判所・1999年12月21日・判決
　　　Lustig-Prean and Beckett v. UK, no. 31417/96; 32377/96 (See, Reports 1999-VI) ……………24
〈国際〉ヨーロッパ人権裁判所・1999年12月21日・判決
　　　Salgueiro da Silva Mouta v. Portugal, Reports 1999-IX ……………38
〈国際〉ヨーロッパ人権裁判所・2002年7月11日・判決
　　　Christine Goodwin v. UK, 11 July 2002, Reports 2002-VI. ……………9
〈国際〉ヨーロッパ人権裁判所・2003年1月9日・判決
　　　L and V v. Austria, Reports 2003-I. ……………3
〈国際〉ヨーロッパ人権裁判所・2003年7月24日・判決
　　　Karner v. Austria, Reports 2003-IX ……………30
〈国際〉ヨーロッパ人権裁判所・2007年5月3日・判決
　　　Bączkowski and others v. Poland. no.1543/06 ……………20
〈国際〉ヨーロッパ人権裁判所・2008年1月22日・判決
　　　E.B v. France, no.4-3546/02 ……………40
〈台湾〉司法院大法官会議・2006年10月26日・大法官解釈　釈字第617号……………16
〈中国〉香港控訴院・2006年9月20日・判決
　　　Leung T. C. William v. Secretary for Justice, [2006] 4 HKLRD 211 ……………4
〈ドイツ〉連邦憲法裁判所第1法廷・1993年1月26日・決定
　　　BVerfGE 88, 87 ……………8
〈ドイツ〉連邦憲法裁判所第1法廷・2002年7月17日・判決
　　　BVerfGE 105, 313 ……………32
〈日本〉名古屋地方裁判所・1972（昭和47）年2月29日・判決
　　　判例時報670号77頁 ……………31
〈日本〉名古屋高等裁判所・1979（昭和54）年11月8日・決定
　　　家庭裁判月報33巻9号61頁、判例時報955号77頁、判例タイムズ404号137頁 ……………5
〈日本〉浦和家庭裁判所川越支部・1989（平成元）年5月25日・審判
　　　判例集未登載（戸籍時報384号64頁解説参照） ……………5
〈日本〉札幌高等裁判所・1991（平成3）年3月13日・決定
　　　家庭裁判月報43巻8号48頁 ……………6
〈日本〉東京高等裁判所・1997（平成9）年9月16日・判決
　　　判例タイムズ986号206頁、判例地方自治175号64頁 ……………19
〈日本〉佐賀家庭裁判所・1999（平成11）年1月7日・審判
　　　家庭裁判月報51巻6号71頁 ……………44
〈日本〉東京地方裁判所・1999（平成11）年4月28日・判決
　　　判例タイムズ1018号288頁 ……………12
〈日本〉水戸家庭裁判所土浦支部・1999（平成11）年7月22日・審判
　　　家庭裁判月報51巻12号40頁 ……………5
〈日本〉東京高等裁判所・2000（平成12）年2月9日決定
　　　高等裁判所民事判例集53巻1号79頁、判例時報1718号62頁、判例タイムズ1057号215頁 ……………5
〈日本〉東京地方裁判所・2002（平成14）年6月20日・決定
　　　労働判例830号13頁 ……………21

〈日本〉東京地方裁判所・2004（平成16）年2月25日・判決
　　　訴務月報51巻1号102頁 …………………………………………………………………42
〈日本〉東京地方裁判所・2006（平成18）年3月29日・判決
　　　判例時報1935号84頁 ……………………………………………………………………10
〈日本〉東京高等裁判所・2006（平成18）年10月18日・判決
　　　判例時報1946号48頁 ……………………………………………………………………11
〈日本〉最高裁判所第3小法廷・2007（平成19）年10月19日・決定
　　　家庭裁判月報60巻3号36頁 ………………………………………………………………7
〈日本〉最高裁判所第1小法廷・2007（平成19）年10月22日・決定
　　　家庭裁判月報60巻3号36頁 ………………………………………………………………7
〈フランス〉破毀院社会部・1989年7月11日・判決
　　　Recueil Dalloz, 1990, p.582 ……………………………………………………………27
〈フランス〉憲法院・1999年11月9日・判決
　　　n° 99-419 DC,9 nov.1999, J.O. lois et décrets, 15 et 16 nov.1999, p.16962 ………33
〈フランス〉破毀院第1民事部・2006年2月24日・判決
　　　Recueil Dalloz, 2006, p.897 ……………………………………………………………41
〈フランス〉破毀院第1民事部・2007年3月13日・判決
　　　Recueil Dalloz, 2007, p.935 ……………………………………………………………34
〈南アフリカ〉憲法裁判所・2005年12月1日・判決
　　　Minister of Home Affairs v Fourie & Another（Case CCT 60/04）; Lesbian and Gay Equality
　　　Project and Others v Minister of Home Affairs and Others（Case CCT 10/04）(2005) ………37

事 項 索 引
（数字は各項目見出し番号を表す）

◆ あ 行

慰謝料……………………………………12,31
異性愛主義……………………6,Column4,19,26,40
移民権……………………………………37,43
インターセックス／性分化疾患……………………6

◆ か 行

解　雇…………………………………21,22,24
家族生活の尊重を受ける権利………28,30,34,40,43
カトリック……………… Column1,Column4,Column8
居住権……………………………27,30,Column7
軍　隊……………………………………15,24
警　察………………………1,2,3,10,20,Column6,23
刑　法…………………………1,2,3,4,Column4,16,43
結社の自由………………………………13,14,15,23
厳格審査……………………………6,13,18,19,35,39
憲　法…………………2,6,7,8,13,14,15,16,17,
　　　　　　　　　18,Column8,32,33,34,35,37
　憲法13条（日本）……………5,6,7,8,10,21
　憲法裁判所………………………3,8,32,33,37
合意年齢………………………………………3,4
合理性の基準／合理的根拠の基準………7,13,18,
　　　　　　　　　　　　　　　　　　19,35,39
戸籍（訂正）…………… 5,6,7,Column3,9,10,44
子の福祉／子の利益………………7,38,39,40,41
コモン・ロー………………………………4,28,35,37
婚　姻………7,9,27,28,32,Column8,33,34,35,36,37,
　　　　　　　　　　　　　　　　Column9,39,44

◆ さ 行

差　別……………………2,3,4,13,14,15,17,18,19,
　　　　　　　　20,22,23,24,25,27,28,38,40
　差別表現……………………………Column5,11
　性差別（禁止法）……………3,4,22,23,24,25,26,28,32
シヴィル・ユニオン／シビル・パートナー……28,
　　　　　　　　　　　　　　　　　　　35,37
ジェンダー公認法……………………………9,22,23
自己決定権／幸福追求権……2,5,6,7,8,9,17,21,25,32
事実婚……………………………Column7,Column8,28

私生活の尊重を受ける権利…………1,3,4,9,24,25,
　　　　　　　　　　　　　30,34,38,40,43
私的自治……………………………………………14
市民運動／当事者運動／ NGO ……… Column4,19,20
社会権規約……………………………………5,29
社会保険……………………………………27,Column7
集会の自由……………………………19,20,Column6
宗　教………………13,14,Column4,28,36,37,42
　宗教の自由／信教の自由……………………37
自由権規約……………………………………4,29
人　格……………………………………7,8,32
人格権……………………………5,8,10,17,Column5,26
親　権……………………………………38,41
　親権行使の委譲……………………………………41
スティグマ………………………………2,13,20
青少年（保護）………………………3,16,17,19
生　殖………………………………………32,34,35
　人工受精…………………………………………37
　人工生殖……………………………Column8,43
　生殖補助医療……………………………………34
性転換（症）…… 5,6,Column3,9,10,21,22,23,25,44
性同一性障害／ GID ……………5,7,Column3,8,
　　　　　　　　　9,10,21,22,23,25,44
性同一性障害者の性別の取扱いの特例に関する
　法律／特例法………………………5,Column3,7
性別適合手術／性転換手術………Column3,5,7,8,9,
　　　　　　　　　　　　　10,12,21,22,23,44
性別二元制／性別二元論……………6,Column4,26
セクシュアル・ハラスメント……………………26
ソドミー（法）………………1,2,Column1,3,4,29,37,42

◆ た 行

滞在権／滞在資格……………………………32,41,42
多文化主義／多文化社会／多元主義………… 16,
　　　　　　　　　　　　　　　Column5,19,20
知的財産権……………………………………18
デュー・プロセス／適正手続………2,13,35,39,42
ドイツ基本法……………………………………8,32
同性愛嫌悪／ホモフォビア／敵意………2,3,4,13,
　　　　　　　　　　Column4,Column6,20,24,26

同性愛行為	11,31
同性婚	Column8,34,35,36,44
道　徳	1,2,3,4,16,35
ドメスティック・パートナーシップ	35
トランスセクシュアル(TS)	5,6,Column3,7,8,9,10,12,21,22,23,25,43

◆ な 行

内　縁	27,Column8,34
難　民	42
人間の尊厳	8,16,32
年　金	29,Column7

◆ は 行

パートナーシップ（法／制度）	28,32,Column8,33,34
パックス	27,33,34
パレード	20,Column6
表現の自由	11,13,14,15,16,17,18,Column5,24
性表現	16,17
平　等	1,2,3,4,7,8,13,16,18,19,22,23,25,28,29,30,32,33,34,37,38,39,40
権利の平等享有	1,3,4,30,34,38,40
比例原則／比例性／均衡性	1,3,8,16,19,24,30,38,40
プライバシー／プライヴァシー	2,3,4,9,21,29,38
ヘイト・クライム	Column5
ヘイト・スピーチ	Column5

◆ ま 行

民　法	12,27,30,31,32,33,34,40,41
名誉（毀損）	10,11

◆ や 行

養子縁組	32,Column8,35,37,39,40,41
ヨーロッパ	Column8
──司法裁判所	22,24,25,28
──人権委員会	1,3,4,24,30,38,43
──人権裁判所	1,3,4,9,20,22,23,24,30,38,40
──人権条約	1,3,4,9,20,22,23,24,28,30,34,38,40,43
──連合／共同体	22,28,34
──連合基本権憲章	34

◆ ら 行

離　婚	7,31,Column9,38
労働法	21,22,23,24,25,26,27,28

国 名 索 引

アイルランド	1
アフリカ	37
アメリカ合衆国	2,13,14,15,18,26,35,39
イギリス	1,4,Column3,9,22,23,24,25,28,Column8,43
イラン	42
オーストラリア	29,43
オーストリア	3,30,44
オランダ	Column8
カナダ	36
韓　国	17
スイス	Column8,44
スウェーデン	Column3,Column8
タ　イ	44
台　湾	16
デンマーク	Column8
ドイツ	Column3,8,32,Column8
ハンガリー	Column6
フィリピン	44
フランス	Column3,9,22,27,Column8,33,34,40,41
ベルギー	Column8
ポーランド	20
ポルトガル	38
香　港	4
南アフリカ	37
ラトビア	Column6
ロシア	Column6

● 編者紹介 ●

谷口洋幸（Taniguchi Hiroyuki）
　中央大学大学院法学研究科博士後期課程修了、博士（法学）。現在、高岡法科大学法学部准教授。
　〈主要著作〉「国際法における性的指向・性別自認と人権」法学新報116巻3・4号（2009）、「インターセックスの子どもたち」玉井真理子ほか編著『子どもの医療と生命倫理』（法政大学出版局、2009）、"The Legal Situation facing on Sexual Minorities in Japan" INTERSECTIONS: Gender, History and Culture in Asian Context, vol.12（2006）

齊藤笑美子（Saito Emiko）
　一橋大学大学院法学研究科博士課程修了、博士（法学）。現在、茨城大学人文学部准教授。
　〈主要著作〉「親子関係の法と性差——フランスにおける同性カップルの親子関係へのアクセスをめぐって」ジェンダー研究11号（2008）、「性的指向と人権フランスにおける同性間婚姻論議」一橋法学5巻2号（2006）、ペルサン著『パックス』訳・解説（緑風出版、2004）

大島梨沙（Oshima Lisa）
　北海道大学大学院法学研究科博士後期課程修了、博士（法学）。現在、北海道大学大学院法学研究科助教。
　〈主要著作〉「フランスにおける非婚カップルの法的保護（1／2・完）——パックスとコンキュビナージュの研究——」北大法学論集57号6号・58巻1号（2007）、「『法律上の婚姻』とは何か（1／2・連載中）」北大法学論集62巻1号・3号（2011）

● 執筆者紹介 ●
（執筆順）

志田陽子（Shida Yoko）
　早稲田大学大学院法学研究科博士後期課程単位取得退学、博士（法学）。現在、武蔵野美術大学造形学部教授。
　〈主要著作〉『文化戦争と憲法理論——アイデンティティの相剋と模索』（法律文化社、2006）、『新版　表現活動と法』（武蔵野美術大学出版局、2009）、「表現の自由とマルチカルチュラリズム」駒村圭吾・鈴木秀美編『表現の自由Ⅰ　状況へ』（尚学社、2011）

石田　仁（Ishida Hitoshi）
　中央大学大学院文学研究科博士後期課程修了、博士（社会学）。現在、椙山女学園大学ほか非常勤講師。
　〈主要著作〉『性同一性障害：ジェンダー・医療・特例法』（編著）（御茶の水書房、2008）、「セクシュアリティのジェンダー化」江原由美子・山崎敬一編『ジェンダーと社会理論』（有斐閣、2006）、矢島正見編『戦後日本女装・同性愛研究』（中央大学出版部、2006）

廣江倫子（Hiroe Noriko）
　一橋大学大学院法学研究科博士課程修了、博士（法学）。現在、大東文化大学国際関係学部准教授。
　〈主要著作〉『香港基本法の研究——「一国両制」における解釈権と裁判管轄を中心に——』（成文堂、2005）、「香港基本法第23条立法化における外国政治団体との関係樹立の禁止—香港特別行政区基本法第23条の実施に関する諮問文書および国家安全条例草案の検討を中心に—」社会体制と法10号（2009）、廣江倫子・吉川雅之「1974年の公用語条例改正と中文の使用」吉川雅之編『「読み・書き」から見た香港の転換期—1960〜70年代のメディアと社会』（明石書店、2009）

國分典子（Kokubun Noriko）
　慶応義塾大学大学院法学研究科博士課程単位取得退学、エアランゲン・ニュルンベルク大学（ドイツ）法学博士。現在、筑波大学人文社会系教授。
　〈主要著作〉稲正樹・孝忠延夫・国分典子編『アジアの憲法入門』（日本評論社、2010）、「北東アジア—『非西洋』のアイデンティティ：韓国を中心に」辻村みよ子・長谷部恭男編『憲法理論の再創造』（日本評論社、2011）、「性同一障害と憲法」愛知県立大学文学部論集52号（日本文化学科編6号）（2004）

清水弥生（Shimizu Yayoi）
　中央大学大学院法学研究科博士課程後期課程単位取得退学。現在、中央大学非常勤講師。
　〈主要著作〉「『ワーク』・ライフ・バランスと新卒非正社員」『労働者人格権の研究（下巻）』（信山社、2011）、「生活保護世帯における自立助長と学資保険を含む貯蓄等の法的性格」賃金と社会保障1338号（2005）、「検討—労働者と家族介護の課題」労働法律旬報1610号（2005）

清水雄大（Shimizu Yudai）
　明治大学大学院法務研究科法務専攻修了。現在、法律事務所職員。
　〈主要著作〉「日本における同性婚の法解釈〈上〉〈下〉」法とセクシュアリティ2号・3号（2007、2008）、「同性婚反対論への反駁の試み——「戦略的同性婚要求」の立場から」ジェンダー＆セクシュアリティ3号（2008）

二宮周平（Ninomiya Shuhei）
　大阪大学大学院法学研究科博士後期課程単位取得退学。現在、日本学術会議連携会員、ジェンダー法学会副理事長。
　〈主要著作〉『事実婚の現代的課題』（日本評論社、1990）、『家族法（第3版）』（新世社、2009）、『家族と法』（岩波新書、2007）

大島俊之（Oshima Toshiyuki）
　大阪大学法学部卒業。法学博士。現在、弁護士（大阪弁護士会、弁護士法人淀屋橋・山上合同）。（大阪府立大学専任講師、助教授、神戸学院大学法学部教授、神戸学院大学法科大学院教授、九州国際大学大学院法学研究科長を経て現職）
　〈主要著書〉『債権者取消権の研究』大阪府立大学経済研究叢書（1986）、『性同一性障害と法』（日本評論社、2002）

嶋崎健太郎（Shimazaki Kentaro）
　中央大学大学院法学研究科博士後期課程単位取得退学。現在、新潟大学大学院実務法学研究科（法科大学院）教授。
　〈主要著作〉「子どもの医療をめぐる4極関係と基本権保護」小山・玉井編『子どもの医療と法』（尚学社、2008）、「生命の権利と人間の尊厳」栗城壽夫先生古稀記念『日独憲法学の創造力（上巻）』（信山社、2003）、「憲法における生命権の再検討—統合的生命権に向けて」法学新報108巻3号（2001）

建石真公子（Tateishi Hiroko）
　東京都立大学大学院社会科学研究科基礎法学専攻、博士課程満期退学。現在、法政大学法学部教授。
　〈主要著作〉『男女平等参画社会へ—女性のエンパワーメントと自治体—』編著（公人社、2009）、「『ジェンダーに基づく差別』禁止と人権条約—フランスにおける性差別禁止に関する国内法制と人権条約—」（財）東海ジェンダー研究所記念論集編集委員会編『越境するジェンダー研究』（明石書店、2010）、「国際刑事裁判所における犯罪としての性暴力」宮地尚子編著『性的支配と歴史』（大月書店、2008）

岡田久美子（Okada Kumiko）
　一橋大学大学院法学研究科博士後期課程単位修得。現在、札幌学院大学法学部准教授。
　〈主要著作〉「女性に対する暴力——性的侵害行為と明白かつ強度の威嚇」水谷規男ほか編『刑事法における人権の諸相』（成文堂、2010）、「DV殺人と正当防衛」浅倉むつ子・角田由紀子編『比較判例ジェンダー法』（不磨書房、2007）

髙佐智美（Tomomi Takasa）
　一橋大学大学院法学研究科博士後期課程、法学博士。現在、獨協大学法学部国際関係法学科准教授。
　〈主要著作〉『アメリカにおける市民権—歴史に揺らぐ「国籍」概念』（勁草書房、2003）、「外国人の人権——現代国際社会における出入国管理のあり方」ジュリスト2009年5月1-15日合併号（2009）、『憲法四重奏』大津浩他共著（2008）

山下敏雅（Yamashita Toshimasa）
　東京大学法学部卒業。現在、弁護士（東京弁護士会所属、弁護士法人東京パブリック法律事務所）、所属団体、過労死弁護団、LGBT支援法律家ネットワーク等。
　〈主要著作〉「過労自殺」（共著）『チーム医療のための最新精神医学ハンドブック』（弘文堂、2006）、「過労死と労災補償」『実務社会保障法講義』（民事法研究会、2007）、「第7章　子どもの人権」川人博編著『テキストブック・現代の人権〔第4版〕』（日本評論社、2009）

大野友也（Ono Tomoya）
　早稲田大学大学院法学研究科博士後期課程単位取得退学。現在、鹿児島大学法文学部准教授。
　〈主要著作〉「同性婚と平等保護」鹿児島大学法学論集43巻2号（2009）、「裁判員裁判傍聴記」鹿児島大学法学論集44巻2号（2010）、「『戦後補償問題』から行き当たった憲法問題」法と民主主義458号（2011）

金澤誠（Kanazawa Makoto）
　北海道大学大学院法学研究科博士後期課程修了、博士（法学）。現在、帝京大学法学部講師。
　〈主要著作〉「政府の言論と人権理解(3)」北大法学論集61巻5号（2011）、「最近の判例　ある宗教団体が、十戒のモニュメントがすでに展示されている公園に、同宗教団体の格言のモニュメントの展示を求めたことに対して、市がそれを拒否したことが第1修正に違反しないとされた事例」アメリカ法2010-1号（2010）、「アメリカにおける市民権法と表現的結社の自由との相克」憲法理論研究会編『憲法変動と改憲論の諸相』（敬文堂、2008）

堀江有里（Horie Yuri）
　同志社大学大学院神学研究科博士課程（前期）修了、神学修士。大阪大学大学院人間科学研究科博士後期課程修了、博士（人間科学）。現在、立命館大学ほか非常勤講師、日本基督教団牧師。
　〈主要著作〉『「レズビアン」という生き方——キリスト教の異性愛主義を問う』（新教出版社、2006）、『하느님과 만난 동성애〔神と出会った同性愛〕』共著（ソウル・ハヌル出版、2010）、「性的少数者の身体と国家の承認——『性同一性障害・特例法』をめぐって」解放社会学研究21号（2010）

呉　煜宗（Kure Yosoh）
　東北大学大学院法学研究科博士課程修了、博士（法学）。現在、世新大学法学部教授。
　〈主要著作〉「日本の近代化の憲法的位相—個人・家族・国家をめぐる『統治』の再発見（一）（二）（三・完）」法學62巻3号、4号、63巻1号（1998-1999）、「台湾憲法における行政権の意味—総統の『統率権』から『統帥権』への史的展開」日本台湾法律家協会雑誌5号（2005）、「台湾における中国人配偶者の法的地位—政治に揺れるマイノリティの権利」マイノリティ研究創刊号（2009）

李錫兌（Lee Suk-Tae）
ソウル大学法学部卒業、法学学士。現在、弁護士（ソウル弁護士会）。
〈主要著作〉『韓国の共益人権訴訟』共著（キョンイン文化社、2010、韓国語）

山下梓（Yamashita Azusa）
新潟大学法学部卒業、法学士。現在、岩手大学男女共同参画推進室特任研究員。
〈主要著作〉「国内人権機関の『独立性』とNGOとの『ROCKY』な関係—アジア・太平洋国内人権機関フォーラム（APF）第13回年次会議に参加して見えたもの」アジア・太平洋人権情報センター『アジア・太平洋人権レビュー2009』（現代人文社、2009）、「オーストラリアにおけるホモフォビアという陰—オーストラリアにおけるLGBT教育」ダニエル・ウィットハウス著翻訳『セクシュアルマイノリティをめぐる学校教育と支援—エンパワメントにつながるネットワークの構築にむけて—』（開成出版、2010）、『女性への暴力防止・法整備のための国連ハンドブック—政府・議員・市民団体・女性たち・男性たちに』共訳（梨の木舎、2011）

田巻帝子（Tamaki Teiko）
新潟大学大学院現代社会文化研究科後期3年博士課程修了、博士（法学）。現在、新潟大学法学部准教授。
〈主要著作〉「自治体の提供する相談サービスと当事者ニーズ」松村良之・村山眞維編『法化社会における紛争処理と民事司法①』（東京大学出版会、2010）、「英国における同性カップルの子育てと養子」民商法雑誌138巻4・5号（2008）

長谷川　聡（Hasegawa Satoshi）
中央大学大学院法学研究科民事法専攻博士後期課程修了、博士（法学）。現在、中央学院大学法学部准教授。
〈主要著作〉「性差別禁止の現代的展開—差別的構造に着目して—」日本労働法学会誌117号15頁（2011）、「イギリス障害者差別禁止法の差別概念の特徴」季刊労働法225号（2009）、「雇用におけるポジティブ・アクションと間接差別法理の相互関係」中央学院大学法学論叢第21巻第2号（2008）

池田弘乃（Ikeda Hirono）
東京大学大学院法学政治学研究科修士課程修了。現在、東京大学大学院法学政治学研究科博士課程在籍中。
〈主要著作〉「家族の法からホームの権利へ—ジェンダー・親密圏・ケア」井上達夫編『現代法哲学講義』（信山社、2009）。「ケア（資源）の分配　—ケアを『はかる』ということ」齋藤純一編『政治の発見3　支える—連帯と再分配の政治学』（風行社、2011）

馬場里美（Baba Satomi）
早稲田大学大学院法学研究科博士後期課程単位取得退学。現在、立正大学法学部准教授。
〈主要著作〉「ヨーロッパ人権裁判所におけるマイノリティーの権利——民族的マイノリティーの法的保護に関する予備的考察——」早稲田法学80巻3号（2005）、「外国人の入国と国家の裁量——『家族呼び寄せ』との関連で——」立正大学法制研究所研究年報13号（2008）

杉浦郁子（Sugiura Ikuko）
中央大学大学院文学研究科博士後期課程社会学専攻単位取得満期退学。現在、中央大学文学部ほか非常勤講師。
〈主要著作〉「レズビアンの欲望／主体／排除を不可視にする社会について——現代日本におけるレズビアン差別の特徴と現状」好井裕明編著『セクシュアリティの多様性と排除』（差別と排除の〔いま〕⑥）（明石書店、2010）

著者紹介

角田由紀子（Tsunoda Yukiko）
　東京大学文学部卒業。現在、弁護士（静岡弁護士会）、明治大学法科大学院教授。
　〈主要著作〉『性差別と暴力』（有斐閣、2001）

三宅雄彦（Miyake Yuuhiko）
　早稲田大学法学部卒業、早稲田大学大学院博士後期課程満期退学。現在、埼玉大学経済学部教授。
　〈主要著作〉『憲法学の倫理的転回』（信山社、2011）、『企業の憲法的基礎』（共著）（日本評論社、2010）、『憲法のレシピ』（共著）（尚学社、2007）

渡邉泰彦（Watanabe Yasuhiko）
　同志社大学大学院法学研究科博士後期課程私法学専攻修了、博士（法学）。現在、京都産業大学大学院法務研究科教授。
　〈主要著作〉「ヨーロッパにおける同性カップルの法的保護」東北学院大学論集法律学63号（2004）、「性別変更の要件の見直し　―性別適合手術と生殖能力について」産大法学45巻1号（2011）

榎澤幸広（Enosawa Yukihiro）
　専修大学大学院法学研究科博士後期課程公法学専攻修了。現在、名古屋学院大学経済学部専任講師。
　〈主要著作〉『リアル憲法学』石埼学ほか編10.12.14章担当（法律文化社、2009）、「地方自治法下の村民総会の具体的運営と問題点―八丈小島・宇津木村の事例から―」名古屋学院大学論集（社会科学篇）47巻3号（2011）、「公職選挙法8条への系譜と問題点―青ヶ島の事例をきっかけとして―」名古屋学院大学論集（社会科学篇）47巻3号（2011）

鈴木伸智（Suzuki Shinchi）
　青山学院大学大学院法学研究科私法専攻博士後期課程標準修業年限満了退学。現在、愛知学院大学法学部准教授。
　〈主要著作〉「相続欠格における意思の介入」中川淳先生（共著）傘寿記念論集『家族法の理論と実務』（日本加除出版、2011）、『はじめての家族法』常岡史子編（成文堂、2008）、「同性のカップルに対する法的保護―From Baker to Baker―」青山法学論集42巻4号（2001）

大村芳昭（Ohmura Yoshiaki）
　東京大学大学院法学政治学研究科博士課程満期退学。現在、中央学院大学法学部教授。
　〈主要著作〉「タラーク離婚の渉外的効力」アジア・アフリカ研究34巻2号（1994）、「国際家族法と人際法」中央学院大学法学論叢10巻1号（1996）、「生後認知による日本国籍の取得について」中央学院大学法学論叢22巻2号（2009）

〈執筆協力者〉
澤田つばさ（Sawada Tsubasa）
李　ジュヒ（Lee Juhee）一橋大学大学院法学研究科博士後期課程
岡田健一郎（Okada Ken'ichiro）一橋大学大学院法学研究科博士後期課程
黄浄愉（Hwang Chingyu）北海道大学大学院法学研究科博士後期課程